アクチュアリーのための
生命保険数学入門

京都大学理学部アクチュアリーサイエンス部門 編

アクチュアリーのための
生命保険数学入門

$_tV_x = E[{}_tL_x | K_x > t]$

岩波書店

はじめに

本書は生命保険数学を初めて勉強する学生・社会人を対象にした，確率的アプローチによる生命保険数学の基本テキストとして作成された．確率的アプローチは欧米では既に標準的な方法であり多数の教科書が出版されている．我が国においてもアクチュアリーを目指す学生・社会人向けに本格的な基本テキストが作成されることが望まれていた．

生命保険数学を取り巻く環境は近年大きく変化している．保険会社が扱う保険商品がますます多様化する中で，度重なる金融経済の大きな変動やパンデミックなど保険商品に内在するリスクが改めて見直されている．この中で保険会社は保持しているリスクを適切に評価し，リスク管理を高度化していくことが強く求められている．この要求は，我が国だけでなく国際的な潮流であり，生命保険に関する会計基準や監督制度も国際的に見直しが進められている．このような中で，より厳密なリスク管理に役立つ生命保険数学への要望がますます高まっている．

従来の保険料や責任準備金計算を中心にすえた生命保険数学では，例えばある被保険者群団において95% の確率で保険金支払を行うには保険会社はどれくらい資金が必要かという問題に対して必ずしも答えきれなかった．一方，確率的アプローチではこのような問題に答えられるメリットがある．さらに金利変動によるリスクを含めた生命保険商品が持つリスク全体を扱うのは，(本書の範囲を超えてしまうが)この確率的アプローチを発展させることで可能となる．リスク管理に役立つ生命保険数学とは確率的なアプローチに他ならない．本書は生命保険数学を確率の言葉で説明することにより，リスク管理にも役立てられる現代的な生命保険数学の入門書である．

なお，本書は生命保険数学を初めて勉強する学生・社会人を対象として，分かりやすく記述するとともに，確率の応用分野として理論的・実務的な面白みも感じられるように心がけたつもりである．また，アクチュアリーの実務家にとっても，本格的な確率的モデリングの習得に向けた入り口として役立つと考える．

以下，各章の特徴を簡単に説明しよう．

第1章と第2章は生命保険数学の基礎である利息計算と確率の説明である．特に確率は，二項分布や正規分布など基本的な確率分布から大数の法則や中心極限定理といった保険に深く関係する内容が初心者にも学べるように工夫した．保険において大数の法則を活用することは広く知られているが，中心極限定理も重要であることを理解してほしい．

第3章は生命保険を確率モデルとして扱うための基本的な事柄を記述する．医学や工学で活用されているモデルに，病気による死亡や機械が故障するまでの時間を確率変数とする生存時間解析がある．生命保険も確率的にはこのモデルの仲間であり，人の余命を確率変数とする確率モデルを考えていく．これを基にして生存関数やハザード関数など様々な関数を導入する．

第4章はアクチュアリーが従来活用してきた生命表を説明する．また，発展では，動的な死亡率モデルであるリー・カーター法など最新の動向も紹介した．

第5章は終身保険や養老保険などの基本的な生命保険を余命(確率変数)の関数として確率モデルで説明している．また第6章では終身年金など生命年金モデルを解説している．様々な生命保険・生命年金モデルの期待値や分散の計算式を説明しているが，これらの間にある興味深い関係について理解を深めてほしい．

第7章は保険者損失という保険会社のキャッシュフローを表す確率変数の期待値計算から平準払純保険料が求められることを理解してほしい．収支相等の原則とは契約時における期待値計算に他ならないことが理解できよう．また，発展では収支相等の原則を使用しないパーセンタイル保険料も紹介した．

第8章の責任準備金も保険期間の途中において保険者損失を考え，その(条件付)期待値として導入する．またハッテンドルフの定理から分散計算も容易であることが分かる．この章の後半では金融機関でよく活用されているリスク尺度のVaR(バリューアットリスク)を用いてリスクの評価を行い，リスク管理へ応用する例をいくつか説明している．確率的アプローチのリスク管理における有用性が理解できるだろう．

第9章は被保険者が複数となる連合生命モデルであるが，モデルを無用に複雑にすることを避けるため2人のモデルに限定している．また，第10章は多重脱退モデルを取り扱っている．どちらも確率的な視点から説明しており，第8章までの単生モデルに類似した様々な関係式が出てくることが理解できよう.

第 11 章では保険会社の実務で使用する保険料や責任準備金について解説している. 実際の営業保険料の算出方法が説明され, これに関連してチルメル式などの責任準備金の積立方法も説明している. また, 利源分析や計算基礎の変更についても解説した.

第 12 章と第 13 章は確率過程を用いたモデルを説明している. 第 12 章では確率過程を用いることで利率一定という前提を取り除き, 第 13 章ではマルコフ過程により様々な状態を推移する一般的な生命保険モデルが扱えることが理解できよう. このように確率過程を導入することにより, 生命保険数学の世界も大きく広がるが, 本書ではあくまで基本的な内容にとどめた.

大嶋孝造
南　嘉博
鈴木　剛
淺野　淳
中山素生
鈴木浩吾
谷田篤史

改訂増補にあたり

本書の初刊より2年余りが経過した．この間，京都大学理学部では本書を用いて保険数学の講義・演習を行ってきたが，保険数学の仕組みをよく理解するためには，やはり実際に数値を扱う機会を増やすことが効果的ではないかと実感している．こうした背景から，今般の改訂増補版の刊行にあたり，いくつかの工夫を行っている．具体的には，(1)章末問題にExcel等での計算を前提とした問題を追加，(2)応用範囲の広い多重状態モデルの章に数値例や例題を追加，(3)巻末に実務上有用な計算基数のページを追加したことがあげられる．Excelを用いた計算事例は，実際に本学の講義・演習でも取り入れており，本書に対応したExcelワークシートを京都大学数学教室アクチュアリーサイエンス部門のHP上に掲載しているので，適宜利用してほしい(https://www.math.kyoto-u.ac.jp/actuary/)．

今般の改訂にあわせて，本書のタイトルを『アクチュアリーのための生命保険数学入門』に変更した．アクチュアリーは，「確率・統計などの手法を用いて不確実な事象を扱う数理のプロフェッショナル」と言われ，保険，年金，金融などの多彩なフィールドで活躍をしている．詳細は日本アクチュアリー会の公式サイトを参照してほしいが，本学でも生命保険数学を学んだ学生が数多くアクチュアリーへの道を志している．初版の刊行に際して，欧米で標準的な方法とされる確率的アプローチによる生命保険数学の紹介を意図した我々であったが，本書をアクチュアリーを目指す学生・社会人にとって有用で実務的な内容を多く含んだ入門書として拡充したい意図から，今回『確率で考える』を『アクチュアリーのための』に変更した次第である．

また，今回のこれらの改訂は，平成24年度のアクチュアリー資格試験から，本書が「生保数理」科目の参考書に指定されたこととも無縁ではない．今後とも，多くの利用者の存在を念頭に置きつつ，内容の充実を図っていきたい．

大嶋孝造
南　嘉博
淺野　淳
中山素生
杉本和大

目 次

1　利息の計算

保険会社はその資産を運用して利息を得る．生命保険数学はこの利息の計算(複利計算)と確率論を基礎としている．この章では，金利の取扱いに関する基本的な事項について解説する．なお，特にことわりのない限り金利は基本的に期中で変動しないものとして取り扱う．

1.1　資金の時間価値

現在保有している資金を運用すると，利息が加わって将来の価値は増加する．例として次の2つの状況を考える．

(1) 現在100万円を受け取る．

(2) 現在100万円は受け取らずに年利率5%の預金に1年間預け，1年後に105万円を受け取る．

これらはともに，現在の資金は100万円である．ならば年利率5%のもとでは，1年後の105万円は現在の価値が100万円であると考えることができる．すなわち，異なる時点に受け取る資金は，単に金額の大小を比較しただけでは等価か否か判断できず，時間の概念を取り込んで比較する必要がある．長期の保険期間を扱う生命保険数学では，この資金の時間価値を評価することは最も基礎的な内容である．

一般に，資産の運用を開始したときの資金 P が，一定の条件のもとで運用して将来の時点で S になったとする．このとき，P を S の**現価**(present value)，S を P の**終価**(accumulated value)といい，一定の条件のもとでの運用を将来の時点まで行うことを前提として，P と S とは**等価**(equivalent)であると考える．P と S は，いずれも同じ資産の価値を特定の時点で表現した金額(評価額)であるが，評価する時点が異なるため，便宜上，現価・終価と呼び分けている．

以下では，資金の時間価値を評価する際に基本的な道具となる利率の取扱いについて見ていく．

1.2　単利と複利

運用された資金にかかる利息を計算する方法は，**単利**(simple interest)と**複利**(compound interest)の 2 つがある．それぞれについて説明しよう．

1.2.1　単利

一定期間ごとに発生する利息が運用開始時の**元本**(principal)のみから発生し，運用期間に比例した額の利息を資金提供者に支払う仕組みを単利という．元本が P，1 年間に i の利率で n 年間単利で運用した場合，資金提供者に支払われる利息 I は

$$I = Pni \tag{1.2.1}$$

の額となる．

例えば元本 1,000 を年利率 5% の単利で運用した場合，1 年間の利息は $1{,}000 \times 0.05 \times 1 = 50$，5 年間の利息は $1{,}000 \times 0.05 \times 5 = 250$ となる．

1.2.2　複利

対して複利とは，一定期間ごとに発生した利息がそのときの元本に加えられて新たな元本となり，次の期間にはその新たな元本全体に対して利息が発生する仕組みのことである．元本が P，1 年間に i の利率で n 年間複利で運用した場合，運用終了時の元本 S は

$$S = P(1+i)^n \tag{1.2.2}$$

となる．

例えば元本 1,000 を年利率 5% の複利で運用した場合，1 年後には元本は $1{,}000 \times 1.05 = 1{,}050$ となり，さらに 1 年後には $1{,}000 \times (1.05)^2 = 1{,}102.5$ となる．

以後本書では，特に断らない限り資金は全て複利で運用するものとする．

1.3　実利率と名称利率

前節の例にあるように，利率は，期間の長さと対で表される．この期間を単位期間という．例えば年利率 6% というときの単位期間は 1 年である．単位期間は特にことわりのない限り 1 年とされる．この節では，単位期間と対で表される 2 種類の利率について見ていく．

1.3.1 実利率

前節の年利率 i の例では，ある期間の始め(年始)の元本 P と年利率 i を用いると，その期間の終わり(年末)の元本 S は，次の式で定まった：

$$S = P(1+i). \tag{1.3.1}$$

逆に，ある期間の始めの元本 P，終わりの元本 S が与えられたとき，その期間の利率 i が(1.3.1)から定まる，とも言える．

特に，単位期間に対してこの式で定めた利率を**実利率**(effective rate of interest)といい，通常これを i で表す．実利率 i の資産運用が単位期間より長い期間 n のあいだ継続されるならば，(1.2.2)のとおり，期間 n 経過後の元本は $P(1+i)^n$ となる．

次に，単位期間内の元本の変動を考えよう．単位期間とは別に，利息が元本に繰り入れられるまでの期間を決める．これを**転化期間**(conversion period)という．前節の例では単位期間と転化期間はともに1年で一致していた．しかし，例えば，銀行預金では半年ごとに利息が口座に振り込まれるものがある．この場合，転化期間は半年である．ただし転化期間は，その整数倍が単位期間となるようにとる．単位期間内に利息が元本に繰り入れられる回数を**転化回数**(frequency of conversion)という．

転化期間を $1/m$ 年，各転化期間には一定の利率 j_m の複利による利息が元本に繰り入れられるとしよう[*1]．この場合，各転化期間末での元本は，$(1+j_m)^1$, $(1+j_m)^2$, $(1+j_m)^3, \cdots$ となるので，単位期間(1年)経過後の元本 S は

$$S = P(1+j_m)^m \tag{1.3.2}$$

となる．これと(1.3.1)から，単位期間の実利率 i と転化期間の利率 j_m との関係は，次のとおりとなる：

$$(1+j_m)^m = 1+i. \tag{1.3.3}$$

例題1 転化期間を1/2年，転化期間の利率を1.5%とするとき，年間実利率を求めよ．また，転化期間を1/2年，年間実利率を3%とするとき，転化期間の利率を求めよ．

解 j_2=1.5%ならば，$i=1.015^2-1=0.030225$ であるから，年間実利率は3.0225%となる．i=3%ならば，$j_2=1.03^{1/2}-1=0.014889$ であるから，転化期間の利率は1.4889%となる．

---

*1 j_m は本章のみで用いる記号であり，一般に用いられるものではない．

1.3.2 名称利率

実利率とは別に，単位期間に対して**名称利率**(nominal interest rate)が定義できる．例を挙げる．単位期間を1年，転化期間を1/4年(つまり3カ月)とする．転化期間の利率を1.5%とすると，その利息が3カ月ごとに元本に繰り入れられる．運用開始時の元本が1であれば，1年後には$1.015^4=1.06136$となっているので，年間実利率は6.136%となる．これとは別に，転化期間の利率に転化回数を乗じた利率6%(=1.5%×4)を，年間名称利率という．

より一般に，転化期間が$1/m$年とする．年間名称利率を$i^{(m)}$で表すと

$$i^{(m)} = m\cdot j_m \tag{1.3.4}$$

であるから，(1.3.3)と合わせて，年間実利率iと年間名称利率$i^{(m)}$は次の関係式で結ばれる：

$$\left(1+\frac{i^{(m)}}{m}\right)^m = 1+i \tag{1.3.5}$$

$$i^{(m)} = m\cdot\{(1+i)^{1/m}-1\}. \tag{1.3.6}$$

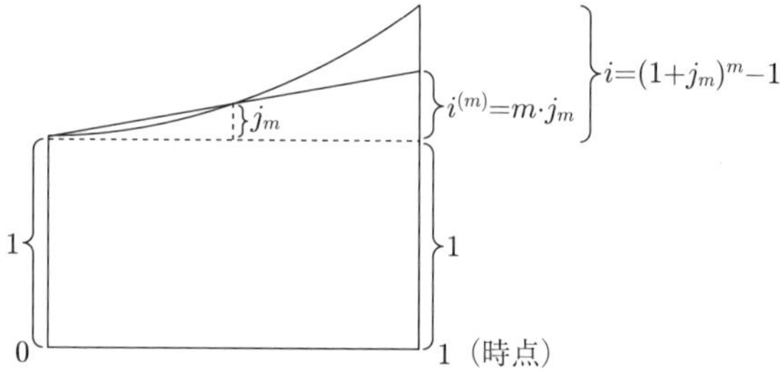

例題2

(1) 転化期間を1/2年とする．年間名称利率を3%とするとき，年間実利率を求めよ．

(2) 年間実利率を3%とする．$m=4$のときの年間名称利率$i^{(m)}$を求めよ．

解

(1) $i^{(2)}=3\%$より1/2年間の利率は$i^{(2)}/2=1.5\%$である．

$$1+i = \left(1+\frac{i^{(2)}}{2}\right)^2 = 1.015^2 = 1.030225$$

よって$i=3.0225\%$である．

(2) $i^{(m)}=4\cdot\{(1.03)^{1/4}-1\}\fallingdotseq 0.02967=2.967\%$.

1.4　現価率と割引率

前節までは，P に対する S の割合，すなわち現価 1 と等価になる終価に着目して利率を定めた．この節では，逆に，終価 1 と等価になる現価 P に着目して，現価率および割引率というものを定める．

実利率 i に対して v を

$$v = \frac{1}{1+i} \tag{1.4.1}$$

と定義し，(1.2.2)を変形すると

$$P = v^n S \tag{1.4.2}$$

となる．この v を**現価率**(discount factor)という*2．実利率 i のもとで，「現価 1 と終価 $(1+i)^n$ は等価」であるが，「現価 v^n と終価 1 は等価」とも表現できることを意味している．

d を

$$d = \frac{i}{1+i} \tag{1.4.3}$$

と定義し，これを**割引率**(discount rate)という．d は(1.4.1)より

$$d = iv \tag{1.4.4}$$

と変形して，1 年後の利息分 i の現価と見ることができる．

i, v, d の間には次のような関係式が成り立っている：

$$v = 1-d, \quad d = 1-v, \quad (1-d)(1+i) = 1 \tag{1.4.5}$$

$$id = i-d \tag{1.4.6}$$

$$\frac{1}{d} = 1+\frac{1}{i}. \tag{1.4.7}$$

これらの関係を 1 つの図にまとめると右図のようになる．

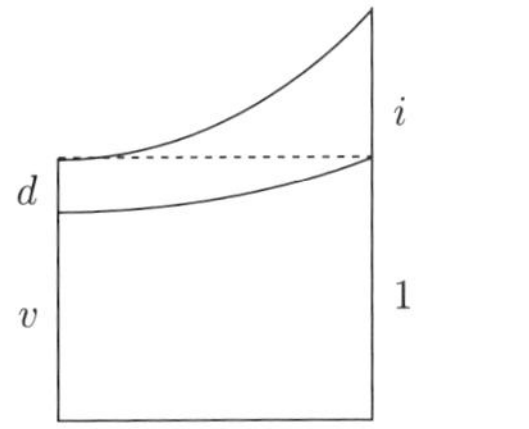

*2　ファイナンス用語では v を割引率と呼ぶこともある．

名称利率と同じように，割引率にも**名称割引率**(nominal discount rate)を設定する．

転化期間の利率 j_m に対する転化期間の割引率 e_m [*3]

$$e_m = \frac{j_m}{1+j_m} \tag{1.4.8}$$

を用いれば

$$(1-e_m)^m = \frac{1}{1+i} = v = 1-d \tag{1.4.9}$$

ここで，名称割引率 $d^{(m)}$ を

$$d^{(m)} = m \cdot e_m \tag{1.4.10}$$

とすれば次を得る．

$$\left(1-\frac{d^{(m)}}{m}\right)^m = 1-d \tag{1.4.11}$$

$$d^{(m)} = m \cdot \{1-(1-d)^{\frac{1}{m}}\} = m \cdot (1-v^{\frac{1}{m}}) \tag{1.4.12}$$

最後に，名称利率と名称割引率の関係を見ておこう．(1.4.8)から

$$\frac{d^{(m)}}{m} = \frac{i^{(m)}/m}{1+i^{(m)}/m} \tag{1.4.13}$$

を得る．この両辺の逆数をとれば

$$\frac{1}{d^{(m)}} = \frac{1}{m} + \frac{1}{i^{(m)}} \tag{1.4.14}$$

が得られる．これは，(1.4.7)の一般化である．

また，各転化期間ごとに

$$(1-e_m)(1+j_m) = \left(1-\frac{d^{(m)}}{m}\right)\left(1+\frac{i^{(m)}}{m}\right) = 1 \tag{1.4.15}$$

であり，名称利率，名称割引率においても，利率，割引率と同じ関係性にある．

利率，名称利率，割引率，名称割引率の間に

$$d < d^{(m)} < i^{(m)} < i \tag{1.4.16}$$

の関係がある(章末問題)．

名称利率と名称割引率の定義は一見煩雑であるが，これはのちに扱う年 m 回払の確定年金の計算に役立つ．

[*3] e_m は本章のみで用いる記号であり，一般に用いられるものではない．

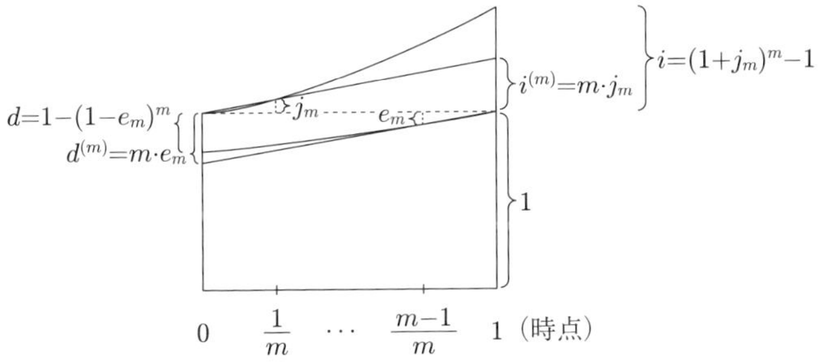

1.5　利力

前節までは，銀行預金のように一定期間ごとに元本が増加する資産運用を考えてきた．しかし，複数の預金口座を持っていたり，さらには預金以外の資産も運用している場合の財産の合計額を考えると，もはや一定期間ごとに増加する状況とはいえなくなる．そこで，常に増加する元本に対する利率を考えてみよう．

前節の転化回数 m を無限大に近づけることで，利息を元本に転化する時点が連続する状況を考える．この場合の複利を特に連続複利という．このとき

$$\delta = \lim_{m\to\infty} i^{(m)} \tag{1.5.1}$$

を実利率 i の**利力**(force of interest)という．この極限は以下のように求められる．(1.3.6)を変形すると

$$i^{(m)} = \frac{(1+i)^{1/m}-(1+i)^0}{1/m} \tag{1.5.2}$$

となり，その極限 δ は関数 $(1+i)^x$ の $x=0$ における微分係数となるので，導関数を求めることで

$$\delta = \log(1+i) \tag{1.5.3}$$

を得る．すなわち

$$e^{\delta} = 1+i, \quad e^{-\delta} = v \tag{1.5.4}$$

である．また，(1.4.14)で $m\to\infty$ の極限をとることで次も分かる：

$$\lim_{m\to\infty} d^{(m)} = \lim_{m\to\infty} i^{(m)} = \delta. \tag{1.5.5}$$

年間実利率が i であって，利力が $\delta=\log(1+i)$ である意味は次のように解釈される．

元本 1 を利力 δ のもと微小期間 Δt だけ運用したとき，利息は $\delta\cdot\Delta t$ である．

これは転化回数が年 m 回のときの $1/m$ 年間の利息 $i^{(m)}\cdot 1/m$ に相当する．この利息の転化を Δt ごとに 1 年間繰り返すと，年末に元本が $1+i$ になっている．

今まで利率や利力は運用期間を通じて一定の値である場合を考えてきた．だが，利力をさらに理解するために，時間とともに変動する場合を考える．

変動する利力のもとで，時点 0 から初期資金 1 を運用し続けることを考える．時点 $t\,(t\geqq 0)$ に対し，その時点での利力を δ_t とし，この利力のもとで運用した資金の時点 t での終価を関数 $M(t)$ で表す $(M(0)=1)$．

すると，時点 t から $t+\Delta t$ までの期間 Δt の間の資金の変動額は

$$M(t+\Delta t)-M(t) \tag{1.5.6}$$

である．その値は $M(t)$ にかかった利息の額であり，

$$M(t+\Delta t)-M(t)=M(t)\delta_t\Delta t+o(\Delta t) \tag{1.5.7}$$

となる[*4]．ここで両辺を Δt で割り，$\Delta t\to 0$ の極限をとると $M(t)$ の微分方程式

$$M'(t)=M(t)\delta_t \tag{1.5.8}$$

が得られる．ここで，

$$\delta_t=\frac{M'(t)}{M(t)}=\frac{d}{dt}\log(M(t)) \tag{1.5.9}$$

を用いて当初の $M(t)$ の条件と合わせてこれを解くことで

$$M(t)=\exp\left(\int_0^t \delta_s ds\right) \tag{1.5.10}$$

が得られる．利力が一定 $(\delta_t=\delta)$ であれば，さらに次を得る：

$$M(t)=e^{\delta\cdot t}. \tag{1.5.11}$$

1.6 確定年金

一般に，特定の時点 $t=t_1,t_2,t_3,\cdots$ に定まった金額 $C(t_i)$ を支払う（受け取る場合はマイナスの支払いと考える．支払い・受取りのどちらをプラスとするかはそのときの定義による）とした場合に，この金銭の流れをキャッシュフローといい，キャッシュフローの現価 PV を次のとおり定める：

---

*4 誤差項の $o(\Delta t)$ は，$\Delta t\to 0$ のとき $o(\Delta t)/\Delta t\to 0$ となる関数を表す記号である．

$$PV = \sum v^{t_i} \cdot C(t_i). \qquad (1.6.1)$$

つまり，各時刻の支払金額 $C(t_i)$ の時点 $t=0$ における現価 $v^{t_i} \cdot C(t_i)$ の合計を，キャッシュフローの現価と定める．

キャッシュフローのうち，あらかじめ定められた期間中に，定期的な金銭の支払いが継続的に行われるものを年金という．その中でも，年金支払が被保険者の生存にかかわりなく行われるものを**確定年金**(annuity certain)という．確定年金でない年金としては，第6章で紹介する，年金支払が被保険者の生存を条件とする**生命年金**(life annuity)がある．

確定年金のうち，支払額が毎回一定である年金について，支払期間が異なる場合の現価と終価を計算する方法を見ていこう．

1.6.1 年払(年1回払)の場合

年金の支払いはあらかじめ定めた間隔で行われるが，支払いが各間隔の始めに行われるものを**期始払年金**(immediate annuity-due)といい，逆に各間隔の終わりに行われるものを**期末払年金**(immediate annuity)という．

支払期間 n 年，各年度の始めに金額1の支払われる期始払確定年金を考える．年金は下の図のように支払われる．

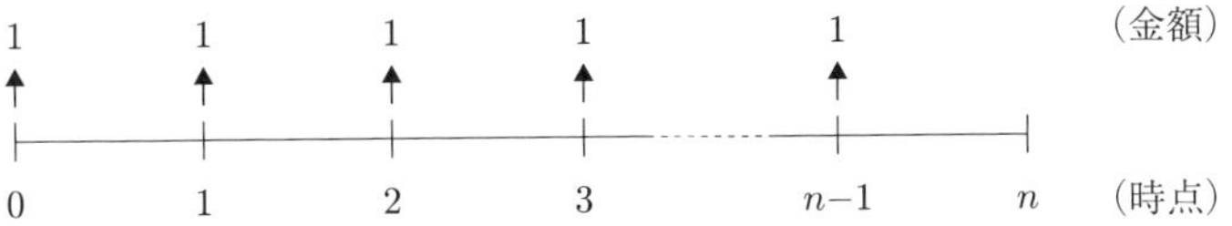

期始払の場合，各年度の始めに金額1が支払われ，最終年度(第 n 年度)の終わりでは支払われない．よって年金の支払回数は n 回である．

この年金の時点0での現価を $\ddot{a}_{\overline{n}|}$ と表す．その値は

$$\ddot{a}_{\overline{n}|} = 1+v+v^2+\cdots+v^{n-1} = \frac{1-v^n}{d} \qquad (1.6.2)$$

となる．これを変形して

$$1 = d\ddot{a}_{\overline{n}|}+v^n \qquad (1.6.3)$$

も得られる．この式は次の2つのキャッシュフローの現価が等しいことを示している．

(1) 現在1を支払う．

(2) 現在1は支払わずに年利率 i の預金に n 年間預け，この預金から各年

度の始めに d ずつ n 年間支払い，n 年後に 1 を支払う．

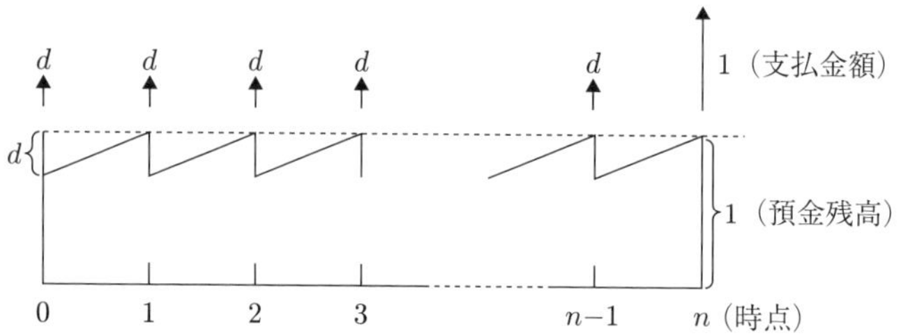

一方，終価を $\ddot{s}_{\overline{n}|}$ と表す．これは時点 n での評価額を示し，

$$\ddot{s}_{\overline{n}|} = (1+i)^n+(1+i)^{n-1}+\cdots+(1+i) = \frac{(1+i)^n-1}{d} \tag{1.6.4}$$

となる．$\ddot{a}_{\overline{n}|}$ と $\ddot{s}_{\overline{n}|}$ の間には，次が成立する（章末問題）：

$$(1+i)^n\cdot\ddot{a}_{\overline{n}|} = \ddot{s}_{\overline{n}|}, \quad \ddot{a}_{\overline{n}|} = v^n\cdot\ddot{s}_{\overline{n}|} \tag{1.6.5}$$

$$\frac{1}{\ddot{a}_{\overline{n}|}}-\frac{1}{\ddot{s}_{\overline{n}|}} = d. \tag{1.6.6}$$

次に支払期間 n 年，各年度の終わりに金額 1 が支払われる期末払確定年金を考える．今度は期末払なので，初年度の始めである時点 0 では金額 1 は支払われず，最終年度の終わりである時点 n では支払われる．

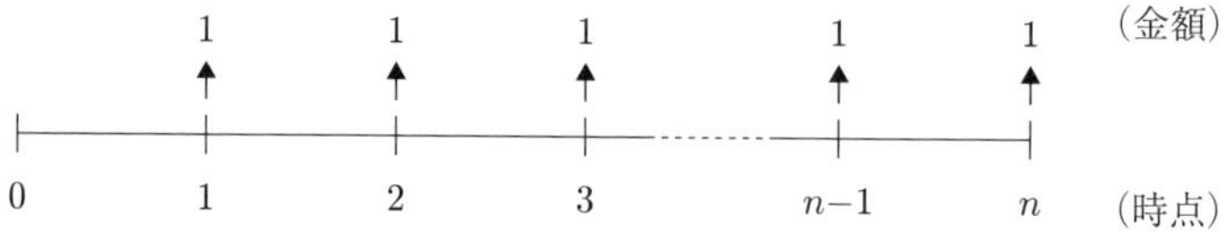

この年金の現価を $a_{\overline{n}|}$ で表すと，

$$a_{\overline{n}|} = v+v^2+v^3+\cdots+v^n = \frac{1-v^n}{i} \tag{1.6.7}$$

となる．一方，時点 n での終価を $s_{\overline{n}|}$ と表すと，

$$s_{\overline{n}|} = (1+i)^{n-1}+(1+i)^{n-2}+\cdots+(1+i)+1 = \frac{(1+i)^n-1}{i} \tag{1.6.8}$$

となる．$a_{\overline{n}|}$ と $s_{\overline{n}|}$ の間には

$$\frac{1}{a_{\overline{n}|}}-\frac{1}{s_{\overline{n}|}} = i \tag{1.6.9}$$

が成立する（章末問題）．期始払年金と期末払年金の間に次の関係式が成り立つ

ことは自明であろう：

$$a_{\overline{n}|}=v\ddot{a}_{\overline{n}|}=\ddot{a}_{\overline{n+1}|}-1,\quad s_{\overline{n}|}=v\ddot{s}_{\overline{n}|}=\ddot{s}_{\overline{n-1}|}+1. \tag{1.6.10}$$

なお(1.6.2)および(1.6.7)の両辺を $n\to\infty$ とすると

$$\ddot{a}_{\infty}=\frac{1}{d}\qquad \left(a_{\infty}=\frac{1}{i}\right) \tag{1.6.11}$$

が得られる．これは永久に年金が支払われる**永久年金**(annuity in perpetuity)の現価である．

給付を初年度からではなく，何年か経過してから開始する年金もある．これを**据置期間付年金**(deferred annuity)という．f 年据置期間付の支払期間 n 年の期始払確定年金という場合，これは第 1 年度から第 f 年度までの計 f 回の支払いは行わず，第 $f+1$ 年度から第 $f+n$ 年度までの支払いを行う．

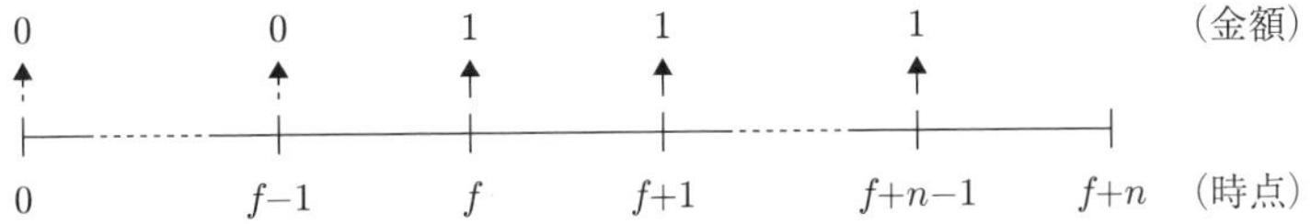

この年金の時点 0 での現価を ${}_{f|}\ddot{a}_{\overline{n}|}$ で表す．

$${}_{f|}\ddot{a}_{\overline{n}|}=v^f+v^{f+1}+\cdots+v^{f+n-1}=v^f\cdot\frac{1-v^n}{d} \tag{1.6.12}$$

となる．また，次が成り立つ：

$${}_{f|}\ddot{a}_{\overline{n}|}=v^f\cdot\ddot{a}_{\overline{n}|}=\ddot{a}_{\overline{f+n}|}-\ddot{a}_{\overline{f}|}. \tag{1.6.13}$$

f 年据置期間付期末払確定年金も，同様に考えられる．支払期間 n 年であればその現価は ${}_{f|}a_{\overline{n}|}$ で表し，

$${}_{f|}a_{\overline{n}|}=v^{f+1}+v^{f+2}+\cdots+v^{f+n}=v^f\cdot\frac{1-v^n}{i} \tag{1.6.14}$$

となる．当然，次も成り立つ：

$${}_{f|}a_{\overline{n}|}=v^f\cdot a_{\overline{n}|}=a_{\overline{f+n}|}-a_{\overline{f}|}. \tag{1.6.15}$$

1.6.2 年 m 回払の場合

年額 1 の年金を，年 m 回に分けて支払う確定年金を考える．現価計算には，年間実利率が i となる転化期間 $1/m$ 年の年間名称利率 $i^{(m)}$ を用いる．

支払期間 n 年，毎回金額 $1/m$ を支払う年 m 回期始払確定年金を考える．次の図は $m=4$ の場合である．

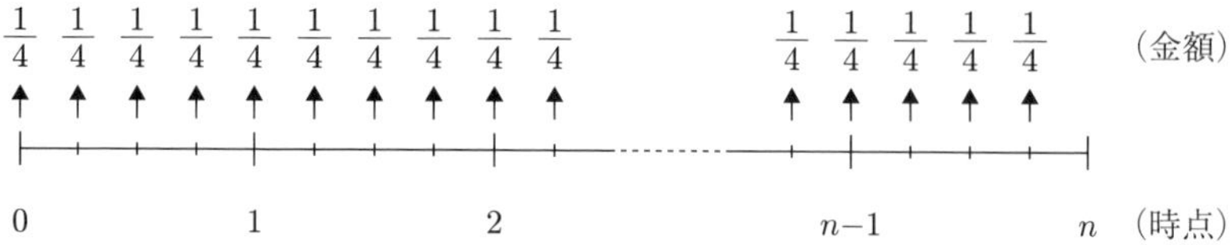

その現価は $\ddot{a}_{\overline{n|}}^{(m)}$ で表し，(1.4.12)の名称割引率 $d^{(m)}$ を用いて

$$\ddot{a}_{\overline{n|}}^{(m)} = \frac{1}{m} + \frac{1}{m}\cdot v^{\frac{1}{m}} + \frac{1}{m}\cdot v^{\frac{2}{m}} + \cdots + \frac{1}{m}\cdot v^{\frac{nm-1}{m}} = \frac{1}{m}\cdot\frac{1-v^n}{1-v^{\frac{1}{m}}}$$
$$= \frac{1-v^n}{d^{(m)}} \tag{1.6.16}$$

となる．一方その終価は $\ddot{s}_{\overline{n|}}^{(m)}$ で表し，

$$\ddot{s}_{\overline{n|}}^{(m)} = \frac{1}{m}\cdot(1+i)^n + \frac{1}{m}\cdot(1+i)^{n-\frac{1}{m}} + \cdots + \frac{1}{m}\cdot(1+i)^{\frac{1}{m}}$$
$$= \frac{(1+i)^{\frac{1}{m}}}{m}\cdot\frac{(1+i)^n-1}{(1+i)^{\frac{1}{m}}-1}$$
$$= \frac{(1+i)^n-1}{d^{(m)}} \tag{1.6.17}$$

となる．これらの間でも次が成立する(章末問題)：

$$(1+i)^n\cdot\ddot{a}_{\overline{n|}}^{(m)} = \ddot{s}_{\overline{n|}}^{(m)}, \quad \ddot{a}_{\overline{n|}}^{(m)} = v^n\cdot\ddot{s}_{\overline{n|}}^{(m)} \tag{1.6.18}$$

$$\frac{1}{\ddot{a}_{\overline{n|}}^{(m)}} - \frac{1}{\ddot{s}_{\overline{n|}}^{(m)}} = d^{(m)}. \tag{1.6.19}$$

次に同じ条件で年 m 回期末払の確定年金を考える．その現価は $a_{\overline{n|}}^{(m)}$ で表し，

$$a_{\overline{n|}}^{(m)} = \frac{1}{m}\cdot v^{\frac{1}{m}} + \frac{1}{m}\cdot v^{\frac{2}{m}} + \frac{1}{m}\cdot v^{\frac{3}{m}} + \cdots + \frac{1}{m}\cdot v^n = \frac{1-v^n}{i^{(m)}} \tag{1.6.20}$$

となる．一方その終価は $s_{\overline{n|}}^{(m)}$ で表し，

$$s_{\overline{n|}}^{(m)} = \frac{1}{m}\cdot(1+i)^{n-\frac{1}{m}} + \frac{1}{m}\cdot(1+i)^{n-\frac{2}{m}} + \cdots + \frac{1}{m}$$
$$= \frac{(1+i)^n-1}{i^{(m)}} \tag{1.6.21}$$

となる．これらの間でも次が成立する(章末問題)：

$$\frac{1}{a_{\overline{n}|}^{(m)}}-\frac{1}{s_{\overline{n}|}^{(m)}}=i^{(m)}. \tag{1.6.22}$$

(1.6.16)および(1.6.20)の両辺を $n\to\infty$ とすれば，次が成立することが分かる：

$$\ddot{a}_{\infty}^{(m)}=\frac{1}{d^{(m)}},\quad a_{\infty}^{(m)}=\frac{1}{i^{(m)}}. \tag{1.6.23}$$

年 m 回払の年金に f 年の据置期間を設定した期始払の現価は，${}_{f|}\ddot{a}_{\overline{n}|}^{(m)}$ で表し，

$$\begin{aligned}{}_{f|}\ddot{a}_{\overline{n}|}^{(m)}&=\frac{1}{m}\cdot v^{f}+\frac{1}{m}\cdot v^{f+\frac{1}{m}}+\frac{1}{m}\cdot v^{f+\frac{2}{m}}+\cdots+\frac{1}{m}\cdot v^{f+n-\frac{1}{m}}\\&=v^{f}\cdot\frac{1-v^{n}}{d^{(m)}}\end{aligned} \tag{1.6.24}$$

となる．年 1 回の場合と同様に

$${}_{f|}\ddot{a}_{\overline{n}|}^{(m)}=v^{f}\cdot\ddot{a}_{\overline{n}|}^{(m)}=\ddot{a}_{\overline{f+n}|}^{(m)}-\ddot{a}_{\overline{f}|}^{(m)} \tag{1.6.25}$$

も成立する．期末払の現価は ${}_{f|}a_{\overline{n}|}^{(m)}$ で表し，次のとおりとなる．

$${}_{f|}a_{\overline{n}|}^{(m)}=\frac{1}{m}\cdot v^{f+\frac{1}{m}}+\frac{1}{m}\cdot v^{f+\frac{2}{m}}+\cdots+\frac{1}{m}\cdot v^{f+n}=v^{f}\cdot\frac{1-v^{n}}{i^{(m)}} \tag{1.6.26}$$

1.6.3　連続払の場合

年間支払回数 m の極限をとる，すなわち $m\to\infty$ とする場合を考えよう．これを**連続払年金**(continuous annuity)といい，あらゆる時間に年金の支払いと利息の転化が行われている．支払期間が n 年で 1 年間あたりの支払金額が 1 である連続払確定年金を考える．

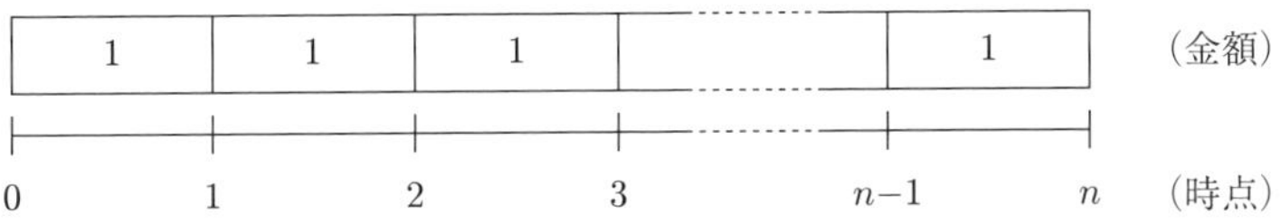

1 年間あたり金額 1 の支払いを，m 回払年金では金額 $1/m$ ずつ $1/m$ 年ごとに支払うとした．連続払では，非常に細かく均等に分けて各年度の 1 年間のあらゆる時間に支払うと考えるとよい．連続払ではもはや期始払と期末払の区別が意味をなさない．

支払期間 n 年での連続払確定年金の現価を $\bar{a}_{\overline{n}|}$，終価を $\bar{s}_{\overline{n}|}$ で表す．これら

の値を求めるには積分を用いる必要がある．順を追って見ていこう．

この年金では年間あたりに金額 1 を支払うので，時点 t から $t+\Delta t$ までの微小期間 Δt に支払う金額は Δt に等しい．よってその額の時点 0 における現価は，利力の記号 δ を用いて(1.5.4)より $v^t\Delta t=e^{-\delta t}\Delta t$ となる．これを t について 0 から n まで積分すると，全体の現価 $\overline{a}_{\overline{n}|}$ となる．よって

$$\overline{a}_{\overline{n}|}=\int_0^n v^t dt=\int_0^n e^{-\delta t}dt \tag{1.6.27}$$

である．これは年 m 回払の場合の現価(1.6.16)の $m\to\infty$ での極限であると見ることもできる．これを計算すると次のとおりとなる：

$$\overline{a}_{\overline{n}|}=\frac{1-v^n}{\delta}=\frac{1-e^{-\delta n}}{\delta}. \tag{1.6.28}$$

また同様に，微小期間に払い込まれた金額 Δt を時点 n までの $n-t$ 年間運用した終価は $(1+i)^{n-t}\Delta t=e^{\delta(n-t)}\Delta t$ となるので，全体の終価 $\overline{s}_{\overline{n}|}$ はこれを積分したもので

$$\begin{aligned}\overline{s}_{\overline{n}|}&=\int_0^n(1+i)^{n-t}dt=\int_0^n e^{\delta(n-t)}dt\\&=\frac{(1+i)^n-1}{\delta}=\frac{e^{\delta n}-1}{\delta}\end{aligned} \tag{1.6.29}$$

となる．これもまた年 m 回払の場合の(1.6.17)の極限と見ることができる．

これらの間でも

$$\frac{1}{\overline{a}_{\overline{n}|}}-\frac{1}{\overline{s}_{\overline{n}|}}=\delta \tag{1.6.30}$$

が成立する(章末問題)．f 年据置期間付年金の現価は，次のとおりとなる：

$$_{f|}\overline{a}_{\overline{n}|}=\int_f^{f+n}v^t dt=v^f\cdot\frac{1-v^n}{\delta}. \tag{1.6.31}$$

(1.6.28)を $n\to\infty$ とすれば，次が得られる：

$$\overline{a}_{\infty}=\frac{1}{\delta}. \tag{1.6.32}$$

1.7　変動年金

前節では毎回支払額が一定である年金を見てきたが，そのような年金を**定額**

年金(level annuity)という．一方，支払額が変化していく確定年金もある．それらを**変動年金**(non-level annuity)というが，その中でも代表的なものを，年払で支払期間が n 年の確定年金の場合について見ていく．

累加年金(unit increasing annuity)と呼ばれる，支払額が $1, 2, 3, \cdots, n$ と均等に増加していく年金を考える．累加年金は，変動年金のうち支払額が増加していく**逓増年金**(increasing annuity)と呼ばれるものの一種である．

期始払 n 年累加年金の現価を $(I\ddot{a})_{\overline{n|}}$ で表し，

$$(I\ddot{a})_{\overline{n|}} = 1+2v+3v^2+\cdots+nv^{n-1} \tag{1.7.1}$$

である．これを求めるため両辺に v をかけると

$$v(I\ddot{a})_{\overline{n|}} = v+2v^2+3v^3+\cdots+nv^n \tag{1.7.2}$$

よって(1.7.1)から(1.7.2)を引いて整理することで

$$\begin{aligned}(I\ddot{a})_{\overline{n|}}-v\cdot(I\ddot{a})_{\overline{n|}} &= 1+v+v^2+\cdots+v^{n-1}-nv^n \\ (1-v)\cdot(I\ddot{a})_{\overline{n|}} &= \ddot{a}_{\overline{n|}}-nv^n \\ (I\ddot{a})_{\overline{n|}} &= \frac{\ddot{a}_{\overline{n|}}-nv^n}{d} \end{aligned} \tag{1.7.3}$$

が得られる．同じ年金の終価は $(I\ddot{s})_{\overline{n|}}$ と表し，$(I\ddot{a})_{\overline{n|}}$ と同様にして次を得る：

$$(I\ddot{s})_{\overline{n|}} = 1\cdot(1+i)^n+2\cdot(1+i)^{n-1}+\cdots+n\cdot(1+i) = \frac{\ddot{s}_{\overline{n|}}-n}{d}. \tag{1.7.4}$$

期末払の累加年金は，期始払の各年金の支払いをそれぞれ1年後ろに動かしたものである．現価を $(Ia)_{\overline{n|}}$，終価を $(Is)_{\overline{n|}}$ と表し，次のとおりとなる：

$$(Ia)_{\overline{n|}} = v+2v^2+3v^3+\cdots+nv^n = \frac{\ddot{a}_{\overline{n|}}-nv^n}{i} \tag{1.7.5}$$

$$(Is)_{\overline{n|}} = 1\cdot(1+i)^{n-1}+2\cdot(1+i)^{n-2}+\cdots+n = \frac{\ddot{s}_{\overline{n|}}-n}{i}. \tag{1.7.6}$$

逓増年金とは逆に，毎回の支払額が減少していく年金を**逓減年金**(decreasing annuity)という．その中でも累加年金と逆のパターンであるもの，すなわち支給額が $n, n-1, n-2, \cdots, 1$ となっている**累減年金**(unit decreasing annuity)を見る．

この年金の現価と終価は累加年金と類似の方法で直接計算することもできるが，毎回の支払額が $n+1$ の平準払年金から累加年金を引いたものだと考えればより計算しやすい．この年金が期始払の場合の現価と終価，期末払の場合の

現価と終価はそれぞれ $(D\ddot{a})_{\overline{n}|}$，$(D\ddot{s})_{\overline{n}|}$，$(Da)_{\overline{n}|}$，$(Ds)_{\overline{n}|}$ と表し，次のとおりとなる：

$$(D\ddot{a})_{\overline{n}|} = n+(n-1)v+(n-2)v^2+\cdots+v^{n-1}$$

$$= (n+1)\ddot{a}_{\overline{n}|}-(I\ddot{a})_{\overline{n}|} = \frac{n-a_{\overline{n}|}}{d} \tag{1.7.7}$$

$$(D\ddot{s})_{\overline{n}|} = (n+1)\ddot{s}_{\overline{n}|}-(I\ddot{s})_{\overline{n}|} = \frac{n(1+i)^n-s_{\overline{n}|}}{d} \tag{1.7.8}$$

$$(Da)_{\overline{n}|} = nv+(n-1)v^2+(n-2)v^3+\cdots+v^n$$

$$= \frac{n-a_{\overline{n}|}}{i} \tag{1.7.9}$$

$$(Ds)_{\overline{n}|} = \frac{n(1+i)^n-s_{\overline{n}|}}{i}. \tag{1.7.10}$$

1.8　章末問題

問題 1.1　次を示せ.

(1) $(1+i)^n\cdot\ddot{a}_{\overline{n}|} = \ddot{s}_{\overline{n}|}$，$\ddot{a}_{\overline{n}|} = v^n\cdot\ddot{s}_{\overline{n}|}$　(2) $\dfrac{1}{\ddot{a}_{\overline{n}|}}-\dfrac{1}{\ddot{s}_{\overline{n}|}} = d$

(3) $\dfrac{1}{a_{\overline{n}|}}-\dfrac{1}{s_{\overline{n}|}} = i$　(4) $\dfrac{1}{\ddot{a}^{(m)}_{\overline{n}|}}-\dfrac{1}{\ddot{s}^{(m)}_{\overline{n}|}} = d^{(m)}$

(5) $\dfrac{1}{a^{(m)}_{\overline{n}|}}-\dfrac{1}{s^{(m)}_{\overline{n}|}} = i^{(m)}$　(6) $\dfrac{1}{\bar{a}_{\overline{n}|}}-\dfrac{1}{\bar{s}_{\overline{n}|}} = \delta$

問題 1.2　年間実利率が i のとき，次を示せ：

$$d < d^{(m)} < \delta < i^{(m)} < i.$$

問題 1.3　年間実利率が 5% のとき，次を求めよ.

(1) $\ddot{a}_{\overline{10}|}$，$a_{\overline{10}|}$，$\ddot{s}_{\overline{10}|}$，$s_{\overline{10}|}$　(2) ${}_{3|}\ddot{a}_{\overline{10}|}$，$\ddot{a}^{(4)}_{\overline{10}|}$，$\bar{a}_{\overline{10}|}$. ただし δ=0.0488 とする.

(3) $(I\ddot{a})_{\overline{10}|}$，$(Ia)_{\overline{10}|}$，$(I\ddot{s})_{\overline{10}|}$，$(Is)_{\overline{10}|}$

問題 1.4　$\ddot{a}_{\overline{8}|}$=7.11454，$\ddot{a}_{\overline{16}|}$=12.51741 のとき，利率を求めよ.

問題 1.5　100 万円を年利率 5% で借り入れ，これを 10 年間で完済する. ただし，返済は年に 1 回，返済額は，最初の 5 年間は次の 5 年間の 2 倍となるようにする. それぞれの期間の毎年の返済額はいくらか.

問題 1.6　$\bar{s}_{\overline{20}|}=4\bar{s}_{\overline{10}|}$ のとき，利力 $\delta(\neq 0)$ を求めよ．なお，$\log_e 3=1.099$ とする．

問題 1.7　次の式を示せ．

(1) $a_{\overline{n+m}|}=a_{\overline{n}|}+v^n a_{\overline{m}|}$　(2) $\dfrac{(I\ddot{a})_{\overline{n}|}}{\ddot{a}_{\overline{n}|}}<\ddot{a}_{\overline{n}|}$　(3) $(Ia)_{\overline{n}|}+n\cdot{}_{n|}a_{\infty}=a_{\overline{n}|}\cdot\ddot{a}_{\infty}$

(4) $\ddot{a}^{(m)}_{\overline{n}|}=\ddot{a}^{(m)}_{\overline{1}|}\cdot\ddot{a}_{\overline{n}|}$

問題 1.8　資産の利回りを近似する公式として，年始の資産が A，年末の資産が B，年間利息収入が I であるとき，

$$i=\frac{2I}{A+B-I}$$

と近似する公式があり，これを**ハーディの公式**(Hardy's formula)という．

ある会社のある年度の決算において，

年始総資産	7 億円
年末総資産	8 億円
利息収入	5,000 万円

であるとき，ハーディの公式を用いて総資産利回りを求めよ．また，次の前提のもとで，ハーディの公式を近似的に導け．

- 利息収入は，各瞬間の総資産に対して一定の利力で得られる．
- 資産は，利息収入以外の増減要因もあるため直線的に増加する．

問題 1.9　元金 1,000 万円，返済期間 10 年，年 1 回年末返済，金利 5% で利息は年 1 回元金に繰り入れられる借金をした．この借金に対して次の 2 つの返済方法を考える．

- 返済額が毎回同額となるように返済する方法(**元利均等返済**)
- 元金は均等に返済することとし，これに加えて毎返済時には未返済元金に対する利息を支払う方法(**元金均等返済**)

(1) 元利均等返済で返済する場合の，毎回の返済額を求めよ．

(2) 元金均等返済で返済する場合の，毎回の返済額を求めよ．

問題 1.10　転化期間 1 年，年間実利率 i で複利による利息がつく金額 1 の借金をした．これを次の方法で返済することを考える．

(1) 毎年末に，直前 1 年間に付利された利息のみを返済する(したがって元金は 1 のまま)．

(2) 元金返済のために，別途一定額を積み立て，n 年目に積立金が 1 になったときに，この積立金で元金を返済する．ただし積立金には転化期間 1 年，年間実利率 i で複利による利息がつくものとする．

このとき，毎年末に必要となる(1)の返済額と(2)の一定額との合計が，$\dfrac{1}{a_{\overline{n}|}}$ に等しくなることを示せ．なお，元金返済のための積立金(2)を**減債基金**(sinking fund)という．

問題 1.11 (前問の続き)借入金利率 $i\%$ に対して，減債基金の積立利率を $j\%$ とする．

(1) 毎年の返済額と減債基金への積立額の合計額を求めよ．なお，利率 $i\%$ による年金現価を $a_{\overline{10}|}^{(i)}$(終価も同様)と表すこととする．

(2) 借入金利率が $k\%$ の借金をして，これを n 年間の元利均等返済で返済する場合に，毎年の返済額が(1)で求めた合計額と等しくなったとする．j=5%, k=3%, n=10 のとき，i を求めよ．(すなわち，減債基金を利用して返済することで，借入金利率は $i\%$ から実質 $k\%$ となることを意味している．)

2 確率の基礎

この章では，生命保険数学に用いる確率の基礎的な事項を，本書で必要とされる範囲に絞って記述する．

2.1 確率変数と確率分布

2.1.1 はじめに

偶然に左右される試行の結果によって種々の値をとりうる変数を**確率変数**(random variable)という．例えば，公平なサイコロを投げるときに出る目の数を $\boldsymbol{X}$ とすれば[*1]，$\boldsymbol{X}$ は1から6までの値をとりうる確率変数で，その確率は各値について1/6である．$\boldsymbol{X}=k$ となる確率を $\Pr(\boldsymbol{X}=k)$ で表せば，このことは次のように記述される：

$$\Pr(\boldsymbol{X}=k)=\frac{1}{6}\quad(k=1,2,\cdots,6).$$

Pr は probability の頭文字である．一般に，事象 A が起こる確率を $\Pr(A)$ で表す．確率変数の値域として様々なものが考えられるが，値域の部分集合に対して，確率変数がそこに属する確率を記述するものを**確率分布**(probability distribution)という．確率変数のとりうる値が離散的または連続的な場合について，順番に見ていくことにする．

2.1.2 離散型確率変数

確率変数 $\boldsymbol{X}$ のとりうる値全体がとびとびの値をとるとき，確率変数 $\boldsymbol{X}$ は**離散型**(discrete)であるという[*2]．$\boldsymbol{X}$ が $\{x_k\}_{k=1}^{\infty}$ に値をとりうるとき，$\boldsymbol{X}=x_k$ となる確率を $\Pr(\boldsymbol{X}=x_k)$ で表す．$p(x_k)=\Pr(\boldsymbol{X}=x_k)$ とおくとき，この p を**確率関数**(probability mass function)と呼ぶ．このとき以下が成り立つ：

[*1] 本書では原則的に，確率変数を太字(ボールド体)で表す．保険数学では記号を多用することから，式中のどれが確率変数かを分かりやすくするためである．

[*2] 具体的には，値域全体が有限または可算無限である場合である．

$$\sum_{k=1}^{\infty} p(x_k) = 1. \tag{2.1.1}$$

確率変数 $\boldsymbol{X}$ の各値に確率で重みをつけた和を $\boldsymbol{X}$ の**期待値**(expected value)と呼び，$\mathrm{E}[\boldsymbol{X}]$ という記号で表す．すなわち定義は

$$\mathrm{E}[\boldsymbol{X}] = \sum_{k=1}^{\infty} x_k \cdot p(x_k) \tag{2.1.2}$$

となる．確率変数が平均的にどの値をとるかという「見込み」を示すもので，その意味で**平均**(mean)とも呼ばれる．一般に g を実数上の関数としたとき，$g(\boldsymbol{X})$ も確率変数となり，その期待値は

$$\mathrm{E}[g(\boldsymbol{X})] = \sum_{k=1}^{\infty} g(x_k) \cdot p(x_k) \tag{2.1.3}$$

となる．$\boldsymbol{X}$ の期待値は(2.1.3)で $g(x)=x$ とした場合と見ることができる．

保険数学で扱う $\mathrm{E}[\boldsymbol{X}]$ は，一時払純保険料を表すことがある．このとき $g(x_k)$ は第 k 年度に支払う保険金の現価，$p(x_k)$ は第 k 年度の死亡率を表す[*3]．

期待値の演算では，c を定数(ただひとつの値をとる確率変数ともみなせる)，$\boldsymbol{X}, \boldsymbol{Y}$ を確率変数として以下が成り立つ：

$$\mathrm{E}[c] = c \tag{2.1.4a}$$

$$\mathrm{E}[c\boldsymbol{X}] = c\,\mathrm{E}[\boldsymbol{X}] \tag{2.1.4b}$$

$$\mathrm{E}[\boldsymbol{X}+\boldsymbol{Y}] = \mathrm{E}[\boldsymbol{X}]+\mathrm{E}[\boldsymbol{Y}]. \tag{2.1.4c}$$

証明は(2.1.2)の定義に戻れば容易である．

さて，$\mathrm{E}[g(\boldsymbol{X})]$ で特に重要なのは $g(x)=x^k$ の場合であって，このとき $\mathrm{E}[\boldsymbol{X}^k]$ を $\boldsymbol{X}$ の k 次の**モーメント**(moment)または積率という．すなわち通常の期待値は1次のモーメントということになる．

また，$\mathrm{E}[(\boldsymbol{X}-\mathrm{E}[\boldsymbol{X}])^2]$ を $\boldsymbol{X}$ の**分散**(variance)といい，$\mathrm{Var}(\boldsymbol{X})$ で表される．定義から，

$$\begin{aligned}
\mathrm{Var}(\boldsymbol{X}) &= \mathrm{E}[(\boldsymbol{X}-\mathrm{E}[\boldsymbol{X}])^2] \\
&= \mathrm{E}[\boldsymbol{X}^2-2\mathrm{E}[\boldsymbol{X}]\cdot\boldsymbol{X}+\mathrm{E}[\boldsymbol{X}]^2] \\
&= \mathrm{E}[\boldsymbol{X}^2]-2\mathrm{E}[\boldsymbol{X}]\cdot\mathrm{E}[\boldsymbol{X}]+\mathrm{E}[\boldsymbol{X}]^2 \quad (\text{(2.1.4a)}\sim\text{(2.1.4c)より}) \\
&= \mathrm{E}[\boldsymbol{X}^2]-\mathrm{E}[\boldsymbol{X}]^2
\end{aligned} \tag{2.1.5}$$

[*3] 厳密には，第 $(k-1)$ 年度末まで生存し，かつ，第 k 年度に死亡する確率を表す．

となる．以降本書では，分散を計算する際には(2.1.5)を用いることが多い．分散は定義から必ず非負の値をとるが，その平方根 $\sqrt{\mathrm{Var}(\boldsymbol{X})}$ を**標準偏差**(standard deviation)といい，通常 σ で表される．分散や標準偏差は，確率変数の値域が期待値からどれだけばらけているか，すなわち不確実性を表す統計量であり，保険や運用の分野ではリスクを計る指標のひとつとなる．分散の演算では，以下が成り立つ：

$$\mathrm{Var}(c) = 0 \tag{2.1.6a}$$

$$\mathrm{Var}(c\boldsymbol{X}) = c^2\mathrm{Var}(\boldsymbol{X}) \tag{2.1.6b}$$

$$\mathrm{Var}(\boldsymbol{X}+c) = \mathrm{Var}(\boldsymbol{X}). \tag{2.1.6c}$$

証明は(2.1.5)を用いれば容易である．ちなみに確率変数 $\boldsymbol{X}, \boldsymbol{Y}$ について $\mathrm{Var}(\boldsymbol{X}+\boldsymbol{Y})=\mathrm{Var}(\boldsymbol{X})+\mathrm{Var}(\boldsymbol{Y})$ は一般には成り立たないので注意されたい(2.3.3節)．

2.1.3 連続型確率変数

確率変数が連続的な値をとりうるとき，**連続型**(continuous)であるという．

実数に値をとる連続型確率変数 $\boldsymbol{X}$ を考えよう．このとき，$\boldsymbol{X}$ がある区間 $[a, b]$ に値をとる確率を $\Pr(a \leqq \boldsymbol{X} \leqq b)$ で表す．任意の $a \leqq b$ について

$$\Pr(a \leqq \boldsymbol{X} \leqq b) = \int_a^b f(x)dx \tag{2.1.7}$$

となる関数 $f(x)$ が存在するとき，$f(x)$ を $\boldsymbol{X}$ の**確率密度関数**(probability density function)または密度関数と呼ぶ．このとき

$$\int_{-\infty}^{\infty} f(x)dx = 1 \tag{2.1.8}$$

となる．以下では $\boldsymbol{X}$ が確率密度関数をもつと仮定する．このとき実数 a について

$$\Pr(\boldsymbol{X} = a) = \int_a^a f(x)\,dx = 0 \tag{2.1.9}$$

となる．すなわち，(確率密度関数をもつ)連続型確率変数では，ある1点をとる確率は0になる．これは離散型の場合との大きな違いであり，ゆえに $\Pr(a \leqq \boldsymbol{X} \leqq b)$ は $\Pr(a < \boldsymbol{X} \leqq b)$ や $\Pr(a < \boldsymbol{X} < b)$ に等しいことが分かる．

連続型の場合も期待値，分散を考えることができる．$\boldsymbol{X}$ の期待値 $\mathrm{E}[\boldsymbol{X}]$ は

$$\mathrm{E}[\boldsymbol{X}] = \int_{-\infty}^{\infty} x \cdot f(x)\, dx \tag{2.1.10}$$

で定義される．k 次のモーメントも同様に定義され，

$$\mathrm{E}[\boldsymbol{X}^k] = \int_{-\infty}^{\infty} x^k \cdot f(x)\, dx \tag{2.1.11}$$

となる．連続型においても，(2.1.10)の定義から，(2.1.4a)～(2.1.4c)などが同様に成り立つことが分かるだろう．また分散 $\mathrm{Var}(\boldsymbol{X})$ の定義も離散型の場合と同様に，

$$\mathrm{Var}(\boldsymbol{X}) = \mathrm{E}[(\boldsymbol{X}-\mathrm{E}[\boldsymbol{X}])^2] = \int_{-\infty}^{\infty} (x-\mathrm{E}[\boldsymbol{X}])^2 \cdot f(x)\, dx \tag{2.1.12}$$

となる．この場合も(2.1.5)，(2.1.6a)～(2.1.6c)が成り立つ．

x を実数とするとき，$\Pr(\boldsymbol{X} \leqq x)$ は x の関数と見ることができる．$F(x) = \Pr(\boldsymbol{X} \leqq x)$ を $\boldsymbol{X}$ の**分布関数**(distribution function)または**累積分布関数**(cumulative distribution function)という．確率密度関数 $f(x)$ を用いて表せば

$$F(x) = \Pr(\boldsymbol{X} \leqq x) = \int_{-\infty}^{x} f(t)\, dt \tag{2.1.13}$$

である．両辺を x で微分すれば

$$\frac{d}{dx} F(x) = f(x) \tag{2.1.14}$$

であることも分かる．よって(2.1.7)から

$$\begin{aligned} \Pr(a \leqq \boldsymbol{X} \leqq b) &= \int_a^b f(x)\, dx = \int_{-\infty}^{b} f(x)\, dx - \int_{-\infty}^{a} f(x)\, dx \\ &= F(b) - F(a) \end{aligned} \tag{2.1.15}$$

となる．

また Δx が微小な量であれば，

$$\Pr(x \leqq \boldsymbol{X} \leqq x + \Delta x) \fallingdotseq f(x) \Delta x \tag{2.1.16}$$

と近似できる．

$\alpha = F(x) = \Pr(\boldsymbol{X} \leqq x)$ とおき，分布関数の逆関数 $x = F^{-1}(\alpha)$ を考えるとき，この x を $\boldsymbol{\alpha}$ **分位点**(**パーセンタイル**，percentile)という．2.2.7 節で紹介する $F(2) = 0.977$ を例にとれば，「正規分布の 97.7 パーセンタイルは 2σ である」ということになる．パーセンタイルの利用例については，7.5 節や 8.3 節で

紹介する．

2.2 代表的な確率分布

ここでは，本書で必要とされる範囲に限って代表的な確率分布の例を挙げる．前半のベルヌーイ分布，二項分布，幾何分布，ポアソン分布は離散型，後半の一様分布，指数分布，正規分布は連続型の確率分布である．

2.2.1 ベルヌーイ分布

例えばコイントスのように，結果が表か裏のどちらかしかない試行を考える．このとき確率変数 $\boldsymbol{X}$ を表なら 1 を，裏ならば 0 をとるものとする．この $\boldsymbol{X}$ の分布を**ベルヌーイ分布**(Bernoulli distribution)と呼ぶ．表が出る確率を p とするとき(すなわち裏が出る確率は $1-p$)，その確率関数は

$$\Pr(\boldsymbol{X}=k)=\begin{cases} p & k=1 \\ 1-p & k=0 \\ 0 & \text{それ以外} \end{cases} \tag{2.2.1}$$

で表される．期待値と分散も容易に計算できて，

$$\mathrm{E}[\boldsymbol{X}]=p \tag{2.2.2}$$

$$\mathrm{Var}(\boldsymbol{X})=p(1-p) \tag{2.2.3}$$

となる．最も単純な確率分布のひとつである．

保険数学では，p を人が 1 年以内に死亡する確率(すなわち $1-p$ は 1 年間生存する確率)としたとき，1 年以内に死亡が発生するかを考える際にこの分布を用いる．

なお，死亡確率を表す記号は p ではなく q を使うのが保険数学の慣例であるが，確率分布を紹介する本章では，一般の数学書にならって p を使うこととする．以降の章では死亡確率に q を使うので，注意されたい．

2.2.2 二項分布

ベルヌーイ分布で考えたような試行(結果が表か裏のどちらかしかない試行)を，n 回繰り返すことを考えよう．各試行は独立で，かつ表の出る確率は一定の p とする．この試行を n 回繰り返したときの表の出る回数の分布を**二項分

布(binomial distribution)と呼ぶ．確率変数 $\boldsymbol{X}$ がパラメータ n, p の二項分布に従うとき，$\boldsymbol{X}$ は 0 から n までの整数をとる．k 回の表が n 回の試行の何回目で出るかを考えれば，その確率関数は

$$\Pr(\boldsymbol{X}=k)=\binom{n}{k}p^k(1-p)^{n-k} \quad (k=0,\cdots,n) \tag{2.2.4}$$

で表される．$\binom{n}{k}$ は二項係数であり，$\binom{n}{k}={}_nC_k=\frac{n!}{(n-k)!k!}$ である．特に $n=1$ とした場合，これは前述のベルヌーイ分布であることが分かる．

期待値と分散は

$$\mathrm{E}[\boldsymbol{X}]=np \tag{2.2.5}$$

$$\mathrm{Var}(\boldsymbol{X})=np(1-p) \tag{2.2.6}$$

となる．

いくつか具体的なパラメータを与えて，確率関数の値をプロットしたグラフを以下に載せておく($k \geqq 0$ に対し $\Pr(\boldsymbol{X}=k)$ の値をプロットした)．

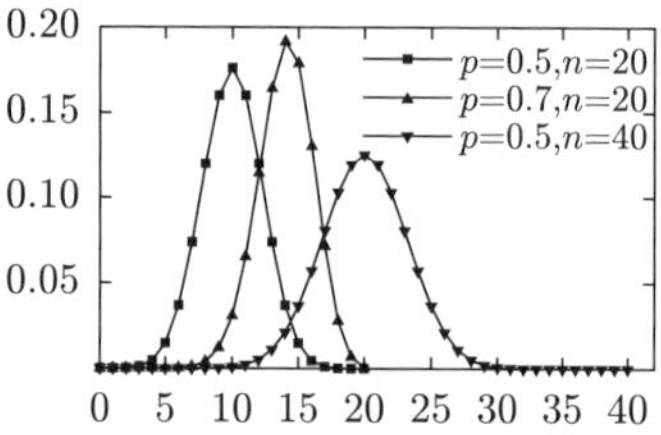

二項分布の確率関数

保険数学では，p を人が 1 年以内に死亡する確率としたとき，n 人のうち何人が死亡するかを考える際にこの分布を用いる．

2.2.3 幾何分布

二項分布の場合と同じ試行を考えよう．今度は回数を決めずに，表が出るまで試行を続け，初めて表が出た時点でやめる．このとき試行を繰り返した回数を $\boldsymbol{X}$ とすれば，$\boldsymbol{X}$ は自然数全体をとりうる確率変数であり，その分布を**幾何分布**(geometric distribution)と呼ぶ*4．確率関数は

$$\Pr(\boldsymbol{X}=k)=p(1-p)^{k-1} \quad (k=1,2,\cdots) \tag{2.2.7}$$

---

*4 初めて表が出るまでに裏の出た回数 $\boldsymbol{X}'=\boldsymbol{X}-1$ の分布を幾何分布と呼ぶこともある．

となることが分かるだろう．さらに

$$\mathrm{E}[\boldsymbol{X}] = 1/p \tag{2.2.8}$$

$$\mathrm{Var}(\boldsymbol{X}) = (1-p)/p^2 \tag{2.2.9}$$

となる．この場合，確率関数のグラフは以下のようになる．

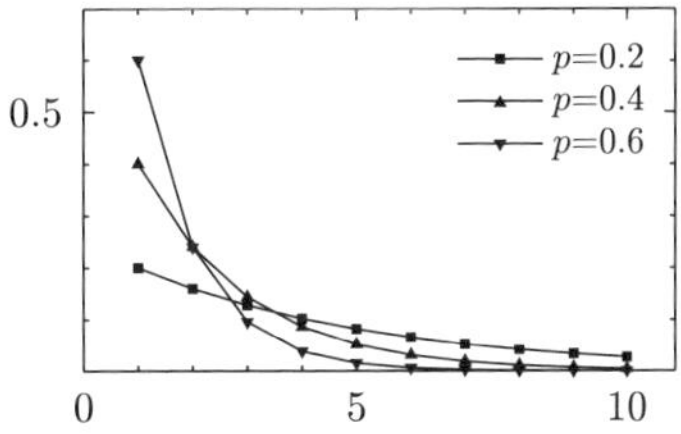

幾何分布の確率関数

人が1年以内に死亡する確率 p が将来にわたって一定であると仮定したとき，ある人があと何年生存するかは幾何分布に従う[*5]．

2.2.4 ポアソン分布

ポアソン分布(Poisson distribution)は，試行が独立に数多く繰り返されたときの，希少な事象の発生数の分布として知られている．二項分布の np を一定としたまま，$n\to\infty$ $(p\to 0)$として得られる極限分布である．具体的には，工場の生産ラインにおける不良品の個数や，単位時間に特定の交差点を通過する車両の台数などが，ポアソン分布によく当てはまるものの例としてよく知られている．

確率変数 $\boldsymbol{X}$ がパラメータ $\lambda(>0)$ のポアソン分布に従うとき，その確率関数は

$$\Pr(\boldsymbol{X} = k) = \frac{e^{-\lambda}\lambda^k}{k!} \quad (k = 0, 1, \cdots) \tag{2.2.10}$$

と表される．この場合 $\boldsymbol{X}$ の期待値と分散は，共に λ に等しい：

$$\mathrm{E}[\boldsymbol{X}] = \lambda \tag{2.2.11}$$

$$\mathrm{Var}(\boldsymbol{X}) = \lambda. \tag{2.2.12}$$

保険数学では，主に損害保険の分野でよく用いられる．例えば，単位期間あたりの保険金請求(クレーム)件数の平均が分かっているときに，実際に単位期

[*5] 通常，死亡率は年齢とともに上昇するが，仮にそれが将来にわたって一定であるとした場合に，適用できる分布である．

間に請求される件数の分布がポアソン分布に従うものとするのである．

2.2.5　一様分布

一様分布(uniform distribution)は最も単純な連続型確率分布のひとつで，確率密度関数が定数で与えられる分布である．確率変数 $\boldsymbol{X}$ が区間 $[a,b]$ に値をとる一様分布に従うとき，その確率密度関数は

$$f(x)=\begin{cases}\dfrac{1}{b-a} & a\leqq x\leqq b\\ 0 & \text{それ以外}\end{cases}\tag{2.2.13}$$

で与えられる．グラフは以下のようになる．

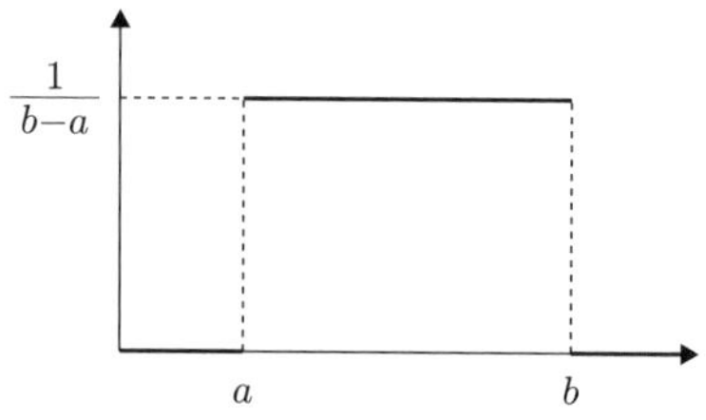

一様分布の確率密度関数

よって分布関数はそれを積分することにより

$$F(x)=\begin{cases}0 & x<a\\ \dfrac{x-a}{b-a} & a\leqq x\leqq b\\ 1 & b<x\end{cases}\tag{2.2.14}$$

となる．期待値と分散はそれぞれ

$$\mathrm{E}[\boldsymbol{X}]=\frac{a+b}{2}\tag{2.2.15}$$

$$\mathrm{Var}(\boldsymbol{X})=\frac{(b-a)^2}{12}\tag{2.2.16}$$

となる．

離散型の一様分布というものも考えられる．すなわち値域が有限である確率変数において，各値をとりうる確率が全て等しいような確率分布であり，最初に考えたサイコロの例や，表裏が等しく出るコイントスなどがそれにあたる．

保険数学では，「死亡が年間を通して一様に発生する」という仮定をおいた

場合に一様分布がよく用いられる．

2.2.6 指数分布

指数分布(exponential distribution)は，いわゆる「待ち時間」の分布として知られている．故障率が一定の機械の寿命や，銀行や病院の窓口に客が到着する時間間隔などがおおむね指数分布に従う．このため，銀行や病院など，行列に並ぶようなシステムの混雑状況や待ち時間の解析に応用される．

$\lambda>0$ をパラメータとして確率密度関数が

$$f(x) = \begin{cases} \lambda e^{-\lambda x} & x \geqq 0 \\ 0 & x < 0 \end{cases} \tag{2.2.17}$$

で与えられる分布である．分布関数も容易に計算できて，

$$F(x) = \begin{cases} 1-e^{-\lambda x} & x \geqq 0 \\ 0 & x < 0 \end{cases} \tag{2.2.18}$$

となる．確率密度関数のグラフは以下のようになる．

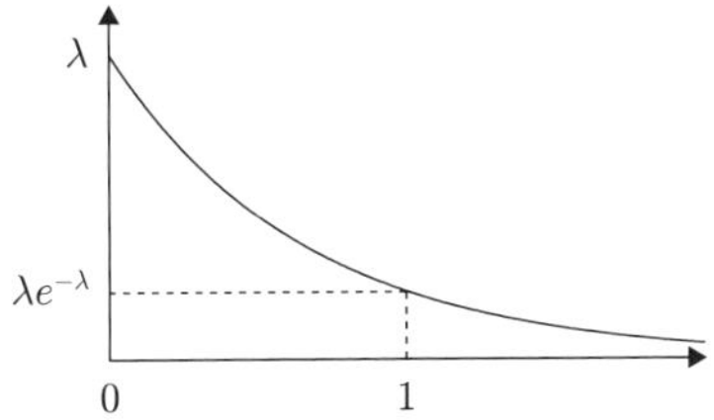

指数分布の確率密度関数

期待値と分散はそれぞれ

$$\mathrm{E}[\boldsymbol{X}] = \frac{1}{\lambda} \tag{2.2.19}$$

$$\mathrm{Var}(\boldsymbol{X}) = \frac{1}{\lambda^2} \tag{2.2.20}$$

となる．

なお，形式的に $\lambda=-\log(1-p)$ とすると，$F(x)=1-(1-p)^x$ となり，$F(x)-F(x-1)=p(1-p)^{x-1}$ となる．x が整数ならば幾何分布の確率関数 $\Pr(\boldsymbol{X}=x)$ に対して $\Pr(\boldsymbol{X}=x)=F(x)-F(x-1)$ となることから，指数分布が幾何分布の

連続化であり，いわゆる「待ち時間」を表すことが分かるであろう．

第3章で定義される「死力」を一定とすれば，人の余命は指数分布に従う．

ここまでに紹介した分布のうち，一様分布以外の関係を図示すると，次のとおりである．

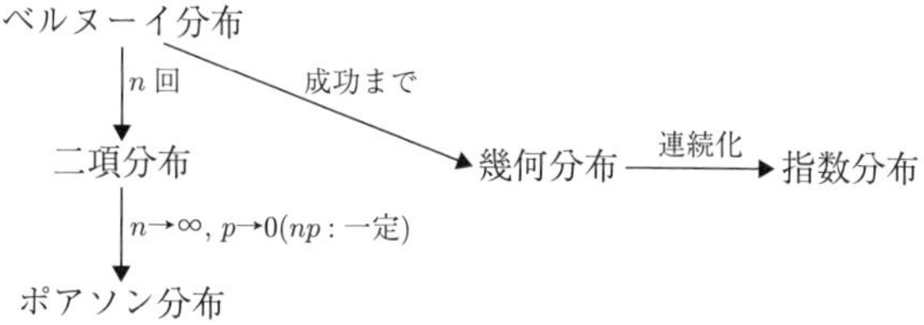

2.2.7　正規分布

正規分布(normal distribution)はガウス分布とも呼ばれ，連続型確率分布の中でも非常によく利用されるものである．自然現象や社会現象の中にもこの分布に当てはまるものは非常に多く，様々な分野に登場する．

確率変数 $\boldsymbol{X}$(値域は実数全体)が正規分布に従うとき，その確率密度関数は $\mu,\ \sigma(>0)$ をパラメータとして

$$f(x)=\frac{1}{\sqrt{2\pi}\sigma}\exp\left(-\frac{(x-\mu)^2}{2\sigma^2}\right) \tag{2.2.21}$$

で与えられる．確率密度関数のグラフは以下のようになる．

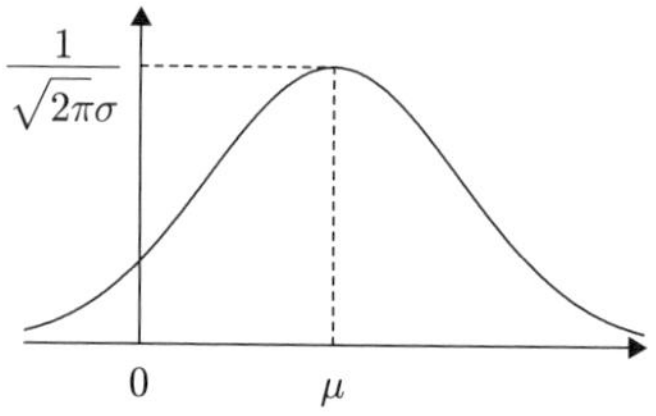

正規分布の確率密度関数

期待値と分散はそれぞれ

$$\mathrm{E}[\boldsymbol{X}]=\mu \tag{2.2.22}$$

$$\mathrm{Var}(\boldsymbol{X})=\sigma^2 \tag{2.2.23}$$

となる．

期待値 μ，分散 σ^2 の正規分布を $N(\mu,\sigma^2)$ という記号で表し，$N(0,1)$ を特に**標準正規分布**(standard normal distribution)と呼ぶ．$\boldsymbol{X}$ が $N(\mu,\sigma^2)$ に従

うとき，確率変数 $(\boldsymbol{X}-\mu)/\sigma$ は $N(0,1)$ に従う（この操作を標準化という．証明は例題とした）．これにより正規分布の確率計算は標準正規分布の場合に帰着される．

標準正規分布表は，$N(0,1)$ の分布関数

$$F(x)=\int_{-\infty}^{x}\frac{1}{\sqrt{2\pi}}e^{-t^2/2}dt \tag{2.2.24}$$

の数値を $x \geqq 0$ の値に応じて与えたものであり，実際はそれを用いて数値計算を行う[*6]．

簡単な計算例として，$\boldsymbol{X}$ が $N(\mu,\sigma^2)$ に従うとき，$\boldsymbol{X}$ の期待値 μ からのずれが $\pm 2\sigma$ に収まっている（区間 $[\mu-2\sigma,\mu+2\sigma]$ に属する）確率はどれくらいになるかを計算してみよう．求める確率は，標準化することによって $\boldsymbol{Z}$ が $N(0,1)$ に従うとき $[-2,2]$ に属する確率に等しいので

$$\begin{aligned}\Pr(\mu-2\sigma \leqq \boldsymbol{X} \leqq \mu+2\sigma) &= \Pr(-2 \leqq \boldsymbol{Z} \leqq 2)\\ &= \Pr(\boldsymbol{Z} \leqq 2)-\Pr(\boldsymbol{Z} < -2)\\ &= F(2)-F(-2)\\ &= 2F(2)-1\end{aligned}$$

となる．標準正規分布表を用いると $F(2)=0.977$ であるため $\Pr(\mu-2\sigma \leqq \boldsymbol{X} \leqq \mu+2\sigma)=0.954$ となる．

ちなみにずれが $\pm 3\sigma$ に収まる確率は同様の計算から 0.997 となる．99.7% の確率で平均からのずれはそれぐらいに収まるわけである．

保険数学において，この分布が重要である理由として次の事実がある．すなわち，試行を n 回繰り返した結果として，互いに独立で，かつ同じ分布に従う（このことを略して**独立同分布**(independent and identically distributed)であるという）確率変数の族（集まり）$\boldsymbol{X}_1,\boldsymbol{X}_2,\cdots,\boldsymbol{X}_n$ が得られたとしよう．このとき和 $\boldsymbol{S}_n=\boldsymbol{X}_1+\boldsymbol{X}_2+\cdots+\boldsymbol{X}_n$ や，平均 $\overline{\boldsymbol{X}}_n=(\boldsymbol{X}_1+\boldsymbol{X}_2+\cdots+\boldsymbol{X}_n)/n$ は，繰り返す回数 n が十分大きいとき，正規分布に従うものと見なすことができる．これが有名な**中心極限定理**である（2.4.2 節）．

保険数学では，「試行を n 回繰り返す」ことは，「n 件の契約を持つ」ことに対応し，確率変数 $\boldsymbol{X}_i$ は i 件目の契約への支払保険金額，$\boldsymbol{S}_n$ はそれらの和

---

*6 表によっては積分区間が $[0,x]$ の数値であったり，$1-F(x)$ を与えている場合もある．$x<0$ のときは $F(-x)=1-F(x)$ という事実を用いればよい．実際の表は参考文献[12]等を参照のこと．

である保険会社の支払保険金額に対応する．十分大きな保険群団の $\boldsymbol{S}_n$ や $\overline{\boldsymbol{X}}_n$ は正規分布に従うものとして，リスクの定量化が可能となる．

例題 1

確率変数 $\boldsymbol{X}$ が正規分布 $N(\mu, \sigma^2)$ に従うとき，確率変数

$$\boldsymbol{Z} = (\boldsymbol{X} - \mu)/\sigma$$

は標準正規分布 $N(0, 1)$ に従うことを示せ．

解

$\boldsymbol{X}$ の確率密度関数を $f(x)$（定義は(2.2.21)）とおけば，$\boldsymbol{Z}$ の分布関数は

$$\Pr(\boldsymbol{Z} \leqq z) = \Pr(\boldsymbol{X} \leqq \mu + \sigma z) = \int_{-\infty}^{\mu+\sigma z} f(x)\, dx$$

と表される．この式の右辺を z で微分することにより，$\boldsymbol{Z}$ の確率密度関数は

$$\sigma \cdot f(\mu + \sigma z) = \frac{1}{\sqrt{2\pi}} e^{-z^2/2}$$

となる．これは標準正規分布 $N(0, 1)$ の確率密度関数に他ならない．

2.3 複数の確率変数

この節では，より一般に，独立とは限らない複数の確率変数の間にどういう関係があるかを調べる方法について解説する．条件付期待値や共分散は，重要な概念である．

2.3.1 結合確率分布

まず離散型の場合を考えよう．2つの離散型確率変数 $\boldsymbol{X}, \boldsymbol{Y}$ が $\{x_k\}_{k=1}^{\infty}$，$\{y_l\}_{l=1}^{\infty}$ にそれぞれ値をとるとし，「$\boldsymbol{X}=x_k$ かつ $\boldsymbol{Y}=y_l$」となる確率を $\Pr(\{\boldsymbol{X}=x_k\} \cap \{\boldsymbol{Y}=y_l\})$ と表す．任意の k, l に対して

$$\Pr(\{\boldsymbol{X} = x_k\} \cap \{\boldsymbol{Y} = y_l\}) = \Pr(\boldsymbol{X} = x_k) \cdot \Pr(\boldsymbol{Y} = y_l) \qquad (2.3.1)$$

となるとき，$\boldsymbol{X}$ と $\boldsymbol{Y}$ は互いに**独立**(independent)であるという．ちなみにそのとき，$\mathrm{E}[\boldsymbol{XY}] = \mathrm{E}[\boldsymbol{X}]\mathrm{E}[\boldsymbol{Y}]$ が成り立つことは基本的である．以下の $\boldsymbol{X}$ と $\boldsymbol{Y}$ は独立とは限らないとする．このとき，

$$f(x_k, y_l) = \Pr(\{\boldsymbol{X} = x_k\} \cap \{\boldsymbol{Y} = y_l\}) \qquad (2.3.2)$$

とおく．この f を，2次元の離散型確率変数 $(\boldsymbol{X}, \boldsymbol{Y})$ の**結合確率関数**(joint probability function)または同時確率関数という．ちなみに1次元の場合と同様に

$$\sum_{k,l} f(x_k, y_l) = 1 \tag{2.3.3}$$

となる．f が与えられているとき，排反性から，$\boldsymbol{X}, \boldsymbol{Y}$ それぞれの確率関数が

$$\Pr(\boldsymbol{X} = x_k) = \sum_{l=1}^{\infty} f(x_k, y_l) \tag{2.3.4a}$$

$$\Pr(\boldsymbol{Y} = y_l) = \sum_{k=1}^{\infty} f(x_k, y_l) \tag{2.3.4b}$$

によって得られることが分かる．$g(x_k)=\Pr(\boldsymbol{X}=x_k)$，$h(y_l)=\Pr(\boldsymbol{Y}=y_l)$ とすれば

$$g(x_k) = \sum_{l=1}^{\infty} f(x_k, y_l), \quad h(y_l) = \sum_{k=1}^{\infty} f(x_k, y_l) \tag{2.3.5}$$

である．このとき g, h をそれぞれ $\boldsymbol{X}, \boldsymbol{Y}$ の**周辺確率関数**(marginal probability function)という．

$\boldsymbol{X}, \boldsymbol{Y}$ が連続型の場合は，上の f や g, h を確率密度関数と見て似た議論が通用する．すなわち任意の $a \leqq b$，$c \leqq d$ に対して

$$\Pr(\{a \leqq \boldsymbol{X} \leqq b\} \cap \{c \leqq \boldsymbol{Y} \leqq d\}) = \int_c^d \int_a^b f(x, y)dxdy \tag{2.3.6}$$

となる f を $(\boldsymbol{X}, \boldsymbol{Y})$ の**結合確率密度関数**(joint p.d.f.[*7])と呼び，これを用いて $\boldsymbol{X}, \boldsymbol{Y}$ それぞれの確率密度関数が

$$g(x) = \int_{-\infty}^{\infty} f(x, y)dy, \quad h(y) = \int_{-\infty}^{\infty} f(x, y)dx \tag{2.3.7}$$

によって与えられる．それぞれ $\boldsymbol{X}, \boldsymbol{Y}$ の**周辺確率密度関数**(marginal p.d.f.)という．

2.3.2　条件付期待値

A, B を事象とし，B が起こったという条件での A が起こる**条件付確率**(conditional probability)を，$\Pr(A|B)$ で表す．$\Pr(B)>0$ のとき，それは

[*7] p.d.f. は probability density function(確率密度関数)の略である．

$$\Pr(A|B) = \frac{\Pr(A \cap B)}{\Pr(B)} \tag{2.3.8}$$

と表される．ここで $\Pr(A \cap B)$ は A, B が同時に起こる確率を表す．A と B が独立であれば，上の条件付確率は $\Pr(A)$ に等しくなる．

保険数学では，ある年度始における生存を条件として，その年度末までに死亡する確率を考えることが重要となっている．この場合，B は年度始における生存，A は年度末までの死亡を表すものとして考える．

さて，$\boldsymbol{X}$ を $\{x_k\}_{k=1}^{\infty}$ に値をとる離散型確率変数，A を事象としたとき，A が起こったという条件での $\boldsymbol{X}$ の期待値，すなわち**条件付期待値**(conditional expectation)は $\mathrm{E}[\boldsymbol{X}|A]$ という記号で表され，

$$\mathrm{E}[\boldsymbol{X}|A] = \sum_{k=1}^{\infty} x_k \cdot \Pr(\boldsymbol{X} = x_k|A) \tag{2.3.9}$$

によって定義される．

$$\mathrm{E}[\boldsymbol{X}, A] = \sum_{k=1}^{\infty} x_k \cdot \Pr(\{\boldsymbol{X} = x_k\} \cap A) \tag{2.3.10}$$

という記号を導入すれば

$$\mathrm{E}[\boldsymbol{X}|A] = \frac{\mathrm{E}[\boldsymbol{X}, A]}{\Pr(A)} \tag{2.3.11}$$

である．

これから考える条件付期待値では，上の事象 A としては他の確率変数についての条件が入る．$\boldsymbol{X}, \boldsymbol{Y}$ を離散型確率変数として，f をその同時確率関数，h を $\boldsymbol{Y}$ の周辺確率関数としたとき，

$$\Pr(\boldsymbol{X} = x_k|\boldsymbol{Y} = y_l) = \frac{\Pr(\{\boldsymbol{X} = x_k\} \cap \{\boldsymbol{Y} = y_l\})}{\Pr(\boldsymbol{Y} = y_l)} = \frac{f(x_k, y_l)}{h(y_l)} \tag{2.3.12}$$

となるから($h(y_l) \neq 0$ と仮定している)，右辺を $g(x_k|y_l)$ という記号でおけば，

$$\mathrm{E}[\boldsymbol{X}|\boldsymbol{Y} = y_l] = \sum_{k=1}^{\infty} x_k \cdot g(x_k|y_l) \tag{2.3.13}$$

となる．$\boldsymbol{X}$ と $\boldsymbol{Y}$ が互いに独立なときは，これは $\mathrm{E}[\boldsymbol{X}]$ に等しい．

連続型の場合は，$\boldsymbol{Y}$ が区間 $[a, b]$ に値をとるという条件付の $\boldsymbol{X}$ の確率密度関数 $g(x|a \leqq \boldsymbol{Y} \leqq b)$ が

$$g(x|a \leqq \boldsymbol{Y} \leqq b) = \frac{\int_a^b f(x,y)dy}{\int_a^b h(y)dy} \tag{2.3.14}$$

となり(この場合も分母が0でないと仮定する)，条件付期待値は

$$\mathrm{E}[\boldsymbol{X}|a \leqq \boldsymbol{Y} \leqq b] = \int_{-\infty}^{\infty} x \cdot g(x|a \leqq \boldsymbol{Y} \leqq b)dx \tag{2.3.15}$$

となる．

分散についても同様なことが考えられる．事象 A が起こったという条件付での分散，すなわち**条件付分散**(conditional variance)は確率変数 $\boldsymbol{X}$ について，

$$\mathrm{Var}(\boldsymbol{X}|A) = \mathrm{E}[(\boldsymbol{X}-\mathrm{E}[\boldsymbol{X}|A])^2|A] \tag{2.3.16}$$

と定義される．もう離散・連続型それぞれの場合について具体的な形を書くことはしないが，この場合も(2.1.5)と同様に

$$\mathrm{Var}(\boldsymbol{X}|A) = \mathrm{E}[\boldsymbol{X}^2|A]-\mathrm{E}[\boldsymbol{X}|A]^2 \tag{2.3.17}$$

が成り立つ．

2.3.3 共分散

一般に分散は和を保存しない．実際 $\boldsymbol{X}, \boldsymbol{Y}$ を任意の確率変数とすれば

$$\mathrm{Var}(\boldsymbol{X}+\boldsymbol{Y}) \neq \mathrm{Var}(\boldsymbol{X})+\mathrm{Var}(\boldsymbol{Y}) \tag{2.3.18}$$

となりうることは，$\boldsymbol{X}=-\boldsymbol{Y}$ の場合を考えればすぐ分かる．つまり

$$\mathrm{Var}(\boldsymbol{X}+\boldsymbol{Y}) = \mathrm{Var}(-\boldsymbol{Y}+\boldsymbol{Y}) = 0 \neq \mathrm{Var}(\boldsymbol{X})+\mathrm{Var}(\boldsymbol{Y}) \tag{2.3.19}$$

$\mathrm{Var}(\boldsymbol{X}+\boldsymbol{Y})$ は，(2.1.5)から

$$\mathrm{Var}(\boldsymbol{X}+\boldsymbol{Y}) = \mathrm{Var}(\boldsymbol{X})+\mathrm{Var}(\boldsymbol{Y})+2(\mathrm{E}[\boldsymbol{X}\boldsymbol{Y}]-\mathrm{E}[\boldsymbol{X}]\mathrm{E}[\boldsymbol{Y}]) \tag{2.3.20}$$

と計算できる．このとき

$$\begin{aligned}\mathrm{Cov}(\boldsymbol{X}, \boldsymbol{Y}) &= \mathrm{E}[(\boldsymbol{X}-\mathrm{E}[\boldsymbol{X}])(\boldsymbol{Y}-\mathrm{E}[\boldsymbol{Y}])] \\ &= \mathrm{E}[\boldsymbol{X}\boldsymbol{Y}]-\mathrm{E}[\boldsymbol{X}]\mathrm{E}[\boldsymbol{Y}]\end{aligned} \tag{2.3.21}$$

と定義すれば，

$$\mathrm{Var}(\boldsymbol{X}+\boldsymbol{Y}) = \mathrm{Var}(\boldsymbol{X})+\mathrm{Var}(\boldsymbol{Y})+2\mathrm{Cov}(\boldsymbol{X}, \boldsymbol{Y}) \tag{2.3.22}$$

と表される．

$\mathrm{Cov}(\boldsymbol{X}, \boldsymbol{Y})$ は $\boldsymbol{X}$ と $\boldsymbol{Y}$ の**共分散**(covariance)と呼ばれる量である．この値が正なら，$\boldsymbol{X}$ が増加(減少)すれば $\boldsymbol{Y}$ も増加(減少)する傾向にあり，負なら

その反対の傾向があるということになる．(2.3.21)からもそれは分かるだろう．$\boldsymbol{X}$ と $\boldsymbol{Y}$ が増減を同じくする傾向があるなら $\boldsymbol{X}-\mathrm{E}[\boldsymbol{X}]$ と $\boldsymbol{Y}-\mathrm{E}[\boldsymbol{Y}]$ が正負を同じくする確率が高く，反対ならば正負も反対となる確率が高いといった意味合いである．

$\mathrm{Cov}(\boldsymbol{X},\boldsymbol{Y})=0$ であるとき，$\boldsymbol{X}$ と $\boldsymbol{Y}$ は**無相関**(uncorrelated)であるという．$\boldsymbol{X}$ と $\boldsymbol{Y}$ が独立ならば無相関となる(そのとき(2.3.18)で等号が成立する)が，逆は一般には成立しない．

例えば，$\{-1,0,1\}$ に値をとる離散型確率変数 $\boldsymbol{X},\boldsymbol{Y}$ の結合確率関数が，次の表で与えられた場合を考えよう．

$\boldsymbol{X}\backslash\boldsymbol{Y}$	-1	0	1
-1	0	1/4	0
0	1/4	0	1/4
1	0	1/4	0

$$\mathrm{E}[\boldsymbol{XY}]=\mathrm{E}[\boldsymbol{X}]=\mathrm{E}[\boldsymbol{Y}]=0$$

であるから，$\mathrm{Cov}(\boldsymbol{X},\boldsymbol{Y})=0$ となるので $\boldsymbol{X}$ と $\boldsymbol{Y}$ は無相関である．しかし，

$$\Pr(\boldsymbol{X}=1,\ \boldsymbol{Y}=1)=0,\quad \Pr(\boldsymbol{X}=1)\Pr(\boldsymbol{Y}=1)=1/16$$

であるから，$\boldsymbol{X}$ と $\boldsymbol{Y}$ は独立ではない．

保険数学では，第 k 年度の保険者損失 $\boldsymbol{\Lambda}_k$ について，$k<l$ のとき，

$$\mathrm{Cov}(\boldsymbol{\Lambda}_k,\boldsymbol{\Lambda}_l)=0 \tag{2.3.23}$$

という関係が成り立っている(第 8 章例題 4)．

2.4　大数の法則と中心極限定理

前節では，複数の確率変数についての分布を扱った．しかし結合確率分布を求めることは，2 変数であってもかなり煩雑な計算を要する．例えばサイコロを 1 万回投げた際の出た目の平均値や合計値の分布を知りたいとき，いちいち各回の出た目の値を確率変数とみて，その結合確率分布を求めて計算を行わねばならないのだろうか？ コンピュータを用いたとしてもそれは現実的な方法とはいえないだろう．

実は独立同分布な確率変数の族 $\boldsymbol{X}_1,\boldsymbol{X}_2,\cdots$ について，その和 $\boldsymbol{X}_1+\boldsymbol{X}_2+\cdots$

$+\boldsymbol{X}_n$ や平均 $\overline{\boldsymbol{X}}_n=(\boldsymbol{X}_1+\boldsymbol{X}_2+\cdots+\boldsymbol{X}_n)/n$ については，非常に有用な事実が成り立つ．それが以下に紹介する大数の法則と中心極限定理である．

2.4.1 大数の法則

大数の法則(law of large numbers, LLN)は，短く述べれば「試行を独立に何度も繰り返せば，(もとの分布がどのようなものであっても)平均は期待値に近づいていく」という法則である．

よく考えられる例として，成功率 p のベルヌーイ分布($n=1$ の二項分布)に従う確率変数 $\boldsymbol{X}$ を考えよう．すなわち確率 p で $\boldsymbol{X}=1$ となり，$1-p$ で $\boldsymbol{X}=0$ となる試行を考える．この試行を独立に何度も繰り返す(コイントスを思い出せばよい)．繰り返した回数を n としたとき，

$$\frac{(n\text{ 回の試行のうち，}\boldsymbol{X}=1\text{ となった回数})}{n} \xrightarrow[n\to\infty]{} p$$

となるというのが大数の法則である．このことから，試行を実際に多く行えば，確率をかなり正確に読み取ることができることが分かる．

これを数学的に一般的な形で述べると以下のようになる．

独立同分布な確率変数の族 $\boldsymbol{X}_1, \boldsymbol{X}_2, \cdots$ を考える(離散・連続どちらでもよい)．このとき，$\boldsymbol{X}_i$ の期待値(同じ分布なので全て等しい)を μ とおけば[*8]，n 個の確率変数の平均 $\overline{\boldsymbol{X}}_n=(\boldsymbol{X}_1+\boldsymbol{X}_2+\cdots+\boldsymbol{X}_n)/n$ について，

$$\Pr(\lim_{n\to\infty} \overline{\boldsymbol{X}}_n = \mu) = 1 \tag{2.4.1}$$

となる．これが大数の法則である[*9]．

2.4.2 中心極限定理

中心極限定理(central limit theorem, CLT)は，「独立同分布な n 個の確率変数の和や平均は，n が十分大きければ(もとの分布がどのようなものであっても)正規分布に従うと見なせる」という法則である．数学的には以下のような形で述べられる．

独立同分布な確率変数の族 $\boldsymbol{X}_1, \boldsymbol{X}_2, \cdots$ を考える．このとき $\boldsymbol{X}_i$ の期待値を μ，分散を σ^2 とおくと[*10]，n 個の和 $\boldsymbol{S}_n=\boldsymbol{X}_1+\cdots+\boldsymbol{X}_n$ について，以下が成

[*8] 期待値が存在する場合のみを考えている．

[*9] 大数の法則には弱法則と強法則があり，ここで述べているのは強法則のほうである．

[*10] 期待値と分散が存在する場合のみを考えている．

り立つ：

$$\Pr\left(\frac{\boldsymbol{S}_n - n\mu}{\sqrt{n}\sigma} \leqq x\right) \xrightarrow[n\to\infty]{} \frac{1}{\sqrt{2\pi}}\int_{-\infty}^{x} e^{-t^2/2}dt. \quad (2.4.2)$$

$n\mu, \sqrt{n}\sigma$ はそれぞれ $\boldsymbol{S}_n$ の期待値と標準偏差なので，左辺で考えているのは $\boldsymbol{S}_n$ を標準化した変数である．n 個の確率変数の平均 $\overline{\boldsymbol{X}}_n$ を用いれば，左辺は

$$\Pr\left(\frac{\overline{\boldsymbol{X}}_n - \mu}{\sigma/\sqrt{n}} \leqq x\right) \quad (2.4.3)$$

とも書ける．

大数の法則は，n を大きくしたとき $\overline{\boldsymbol{X}}_n$ は期待値 μ に収束することをいっているが，それに対して中心極限定理では，$\overline{\boldsymbol{X}}_n$ は正規分布 $N(\mu, \sigma^2/n)$ に従うといっている．そのような意味で，中心極限定理は大数の法則の精密化であるともいえよう．

例として，「40 歳の被保険者が 1 年以内に死亡したら保険金 1 を支払う (利率は考えない)」という保険契約を n 件保有した場合を考えよう (n は十分大きい)．期待値の情報を与える大数の法則に対して，中心極限定理を用いれば，保険金総額 $\boldsymbol{S}_n$ は正規分布に従うものとして扱える．$\mathrm{Var}(\boldsymbol{X}_i)=p(1-p)$ であるから，$\boldsymbol{S}_n$ が正規分布 $N(np, np(1-p))$ に従うと見なせる．わざわざ煩雑な結合確率分布の計算を行うことなく，保険金総額を正規分布に従う確率変数として扱うことができるのである．第 8 章では，正規分布近似を用いて，定期保険や養老保険のリスクはどれくらいか，実際に計算を行う．

例題 2 上の例で，契約 1 件あたりの保険金額 $\overline{\boldsymbol{X}}_n=\boldsymbol{S}_n/n$ の分散を計算することにより，多くの契約を有すれば，1 件あたりの保険金額の分散を軽減できることを示せ．

解

$$\mathrm{Var}(\overline{\boldsymbol{X}}_n) = \mathrm{Var}\left(\frac{\boldsymbol{X}_1 + \cdots + \boldsymbol{X}_n}{n}\right) = \frac{n\cdot\mathrm{Var}(\boldsymbol{X}_i)}{n^2} = \frac{\mathrm{Var}(\boldsymbol{X}_i)}{n}$$

であるから，n を大きくしたとき，1 件あたりの分散は $1/n$ 倍となり小さくなる (標準偏差は $1/\sqrt{n}$ 倍)．分散をリスクと見れば，これは多くの契約を有すれば 1 件あたりのリスクを軽減できることを示しているといえよう．

発展：二項分布の近似

確率変数の族 $\boldsymbol{X}_1, \boldsymbol{X}_2, \cdots$ について，各 $\boldsymbol{X}_i$ が発生確率 p のベルヌーイ分布に従うものとし，$\boldsymbol{S}_n=\boldsymbol{X}_1+\cdots+\boldsymbol{X}_n$ とおく．このとき $\boldsymbol{S}_n$ はパラメータ n, p の二項分布に従う．よって中心極限定理から，$\boldsymbol{S}_n$ は正規分布により近似できることが分かる．この場合，n がどれくらい大きければ正規分布と見なせるか，という問題がある．保険数学において二項分布は，死亡確率を p として，n 人のうち何人が死亡するかの分布と考えられる．何人の被保険者のデータをもってして近似を行えばよいかは，非常に重要な問題である．

経験則として，$np \geqq 5$ であれば，大体正規分布と見なしてよいということが知られている．二項分布の確率関数のグラフからも分かるように，p が $1/2$ に近ければ n がそれほど大きくなくてもグラフが大体つりがね型になり，正規近似もうまくいきそうな感じがある．逆に p が 1 や 0 に近い場合は歪みが大きく，n がだいぶ大きくないとあまり正規近似は当てはまらない．この経験則によれば，例えば死亡確率 $p=0.001$ であれば，$n=5{,}000$ 人以上の標本が必要となるが，これはかなり大きな被保険者集団でないと正規近似はできないことを示している．

一方 $np<5$ の場合，特に p が極めて小さい場合，二項分布を近似する術はないのだろうか．

それに対するひとつの答えとしては，ポアソン分布による近似が挙げられる．p がとても小さい場合でも n をある程度大きくすれば，$\boldsymbol{S}_n$ はパラメータ $\lambda=np$ のポアソン分布に従うものとして近似できるという性質がある(**ポアソンの小数の法則**)．経験則としては，$p \leqq 0.05$ かつ $n \geqq 20$ が近似できる大体の目安だといわれている．

2.5　章末問題

問題 2.1　6 面のサイコロを何回か投げる．

(1) 4 回投げるとき，1 の目が連続して 2 回以上出る確率を求めよ．

(2) 4 回投げるとき，同じ目が連続して 2 回以上出る確率を求めよ．

(3) 1 回目に出た目以上の目が出るまで投げるという試行を行う．投げる回数が全部で 3 回となる確率を求めよ．

問題 2.2　6 面のサイコロを 2 個投げ，2 つの目のうち大きいほうの値を表す確率変数を $\boldsymbol{X}$ とする(2 つのサイコロの目が等しいときはその値をとる)．$\boldsymbol{X}$ の期待値と分散を求めよ．

問題 2.3　6 本のくじがあり，このうち 2 本が当たりであることが分かっている．このくじを 1 本ずつ引いていき，当たりを全て引いた時点で引くのをやめる．やめるまでに引いたくじの数を $\boldsymbol{X}$ とするとき，$\boldsymbol{X}$ の期待値と標準偏差を求めよ．ただし一度引いたくじは戻さないものとする．

問題 2.4　区間 $[-1,1]$ に値をとる連続型確率変数 $\boldsymbol{X}$ が次の確率密度関数 $f(x)$ を持つとき，$\Pr(-1/2 \leqq \boldsymbol{X} \leqq 1/2)$, $\mathrm{E}[\boldsymbol{X}]$, $\mathrm{Var}(\boldsymbol{X})$ をそれぞれ求めよ：

$$f(x) = \begin{cases} 1/2 & -1 \leqq x < 0 \\ 1-x & 0 \leqq x \leqq 1 \\ 0 & \text{それ以外}. \end{cases}$$

問題 2.5　赤と白のサイコロを 1 つずつ用意し，両方を 1 回ふる．$\boldsymbol{X}$ を赤いサイコロの目，$\boldsymbol{Y}$ を 2 つの目のうち大きいほうの値とする（等しければその値をとる）．

(1) $(\boldsymbol{X}, \boldsymbol{Y})$ の結合確率関数 $f(k,l)$ と，$\boldsymbol{X}$，$\boldsymbol{Y}$ の周辺確率関数 $g(k)$, $h(l)$ をそれぞれ求めよ．

(2) $\boldsymbol{Y}=4$ という条件付の，$\boldsymbol{X}$ の期待値と分散を求めよ．

問題 2.6　n 個のサイコロ（6 面）をふったとき，1 の目の出る個数を $\boldsymbol{X}$，2 の目の出る個数を $\boldsymbol{Y}$ とおく．このとき $\mathrm{Cov}(\boldsymbol{X}, \boldsymbol{Y})$ を求めよ．

以下の問題については，標準正規分布 $N(0,1)$ の分布関数 $F(x)=\Pr(\boldsymbol{X} \leqq x)$ に，次の値を用いよ．

x	0.000	0.500	1.000	1.282	1.580	1.645	2.000	2.576
$F(x)$	0.500	0.691	0.841	0.900	0.943	0.950	0.977	0.995

問題 2.7　確率変数 $\boldsymbol{X}_1, \boldsymbol{X}_2, \cdots$ が互いに独立にそれぞれ発生確率 p のベルヌーイ分布に従うとき，$\boldsymbol{Y}=\sum_{i=1}^{n} \boldsymbol{X}_i$ について次の問に答えよ．

(1) $\mathrm{E}[\boldsymbol{Y}], \mathrm{Var}(\boldsymbol{Y})$ を求めよ．

(2) $p=0.01$ のとき，$\Pr(|\boldsymbol{Y}-\mathrm{E}[\boldsymbol{Y}]| \leqq \mathrm{E}[\boldsymbol{Y}]) \geqq 0.90$ となる最小の n を，n が

十分大きいものとして中心極限定理を用いて近似的に求めよ．

問題 2.8　確率変数 $\boldsymbol{X}_1, \boldsymbol{X}_2, \cdots$ が互いに独立にそれぞれ平均 1 のポアソン分布に従うとき，確率変数 $\boldsymbol{Y}=\sum_{i=1}^{n} \boldsymbol{X}_i$ について次の問に答えよ．

(1) $\boldsymbol{Y}$ が従う分布は何か．

(2) $\Pr(\boldsymbol{Y} \leqq \mathrm{E}[\boldsymbol{Y}])$ を，n が十分大きいものとして中心極限定理を用いて近似的に求めよ．

問題 2.9　40 歳の人が 10,000 人いる．ある年の初めに，あなたが「1 年以内に死亡したら，年末に 100 万円支払う」という契約を個々の人と交わす．大数の法則を用いて，支払金の総額を見積もってみよ．また支払金の総額が 1,500 万円以上となる確率を，中心極限定理を用いて近似的に求めよ．ただし個々人の死亡は独立に起こるものとし，40 歳の人が 1 年以内に死亡する確率を 0.001 とする．

問題 2.10　あなたが 40 歳の人と，ある年の初めに次のような契約を交わす．支払金額を $\boldsymbol{X}$ としたとき，$\boldsymbol{X}$ の期待値と分散をそれぞれ計算せよ．その結果から，リスクを分散によって測る意味を考えてみよ．ただし，40 歳の人が 1 年以内に死亡する確率を 0.001 とし，利息は考えない．

(1) 1 年以内に死亡したら，年度末に 100 万円を支払わねばならない契約．

(2) 1 年間生存したら，年度末に 100 万円を支払わねばならない契約．

(3) 生死にかかわらず，1 年後(年度末)に 100 万円を支払わねばならない契約．

3　余命の確率分布

本章ではまず，生命保険数学に用いられる数学的な道具立てが，統計学においてどのように位置づけられているのかを見ていく．その後，${}_tp_x$ や μ_{x+t} といった，保険数学特有の記号を導入していくことにする．特に**余命** $\boldsymbol{T}_x$ の確率密度関数の表記は，第5章以降で重要な役割を果たす．

3.1　生存時間解析の基礎

3.1.1　生存関数，生存分布関数及び確率密度関数及びハザード関数

医薬学や生物学などの分野では，生物やウイルスの死亡・消滅までの時間などのデータをもとにして，その時間の確率分布を特徴づける種々の量を推定する**生存時間解析**[*1](survival analysis)が用いられている．この節では，これらイベント発生までの時間を生存時間と呼び，その生存時間の確率分布を表現する種々の統計量の導入をする．生存時間解析は，信頼性工学，経済学，人口統計学など科学の様々な分野で広く応用されている．

$\boldsymbol{T}$ を正の値を取る確率変数とする．$\boldsymbol{T}$ は生物の死亡やウイルスの消滅，または機械の故障など，対象の死亡・故障までの時間を表す確率変数と考えることができる．この $\boldsymbol{T}$ の分布を特徴づける種々の統計量を以下のように定義する．まず始めに，

$$S(t) = \Pr(\boldsymbol{T} > t) \tag{3.1.1}$$

で定義される単調減少な関数 $S(t)$ を $\boldsymbol{T}$ の**生存関数**(survival function)，または**生存分布関数**(survival distribution function)と呼び，時刻0から観察される対象が時刻 t でまだ生存している確率を表す．この量は生存時間解析で扱う諸量の中で最も基本的なものである．次に，

$$F(t) = 1-S(t) = \Pr(\boldsymbol{T} \leqq t) \tag{3.1.2}$$

[*1] 生存時間解析とは，得られたデータから生存関数やハザード関数を推定したり，あるいはその検定を行ったりする統計学の一大分野である．本書ではそれら統計には踏み込まず，生存時間解析で用いられる生存関数やハザード関数の導入にのみ触れることにする．

とおき，この単調増加な関数 $F(t)$ を分布関数と呼ぶ．これは時刻 0 から観察された対象が，時刻 t ですでに死亡している確率を表す．また，

$$f(t) = F'(t) = -S'(t) \tag{3.1.3}$$

で定義される関数 $f(t)$ を確率密度関数，または単に密度関数と呼び，時刻 0 から観察される対象が，時刻 $[t, t+\Delta t]$ の微小時間の間に死亡する確率は

$$f(t)\Delta t \tag{3.1.4}$$

で表現することができる．特に時刻 $[a, b]$ の間に死亡する確率は積分

$$\Pr(a \leqq \boldsymbol{T} \leqq b) = S(a) - S(b) = F(b) - F(a) = \int_a^b f(t)dt \tag{3.1.5}$$

で表される．確率密度関数のその定義から，$f(t)\Delta t$ は時刻 t まで生存する確率 $S(t)$ とその直後の微小時間 Δt の間に死亡する確率の積であると考えられる．そこでこの値を $S(t)$ で除して

$$\lambda(t)\Delta t = \frac{f(t)\Delta t}{S(t)} \tag{3.1.6}$$

とおき，この非負の関数 $\lambda(t)$ を**ハザード関数**(hazard function)，または**故障率関数**(hazard rate function)と呼ぶ．この量は，時刻 t で生存している個体のその瞬間の死亡発生割合を表現しているものと考えることができる．ハザード関数は考察対象の分布の各時刻における死亡発生割合を直接表すことができるため，分布の表現に密度関数 $f(t)$ を用いるよりもハザード関数 $\lambda(t)$ を用いる方が直感的にも分かりやすい．最後に，

$$\Lambda(t) = \int_0^t \lambda(s)ds \tag{3.1.7}$$

で定義される単調増加な関数を**累積ハザード関数**(cumulative hazard function)と呼ぶ．

3.1.2 諸量の関係

$\boldsymbol{T}$ の確率分布を表現するこれらの 5 つの量 $S(t), F(t), f(t), \lambda(t), \Lambda(t)$ はいずれかひとつが決定すれば，残りは代数的に計算することができる．ここでいくつかの関係式を与えておく．まず，

$$\lambda(t) = \frac{f(t)}{S(t)} = -\frac{S'(t)}{S(t)} = -\frac{d}{dt}\log(S(t)) \tag{3.1.8}$$

であるから，$S(0)=1$ に注意すれば，

$$S(t)=\exp\left(-\int_0^t \lambda(s)ds\right)=\exp(-\Lambda(t)) \qquad (3.1.9)$$

である．またこれを用いれば，確率密度関数 $f(t)$ は

$$f(t)=\lambda(t)\cdot S(t)=\lambda(t)\cdot\exp(-\Lambda(t)) \qquad (3.1.10)$$

によって求めることができる．

3.1.3 生存分布の具体例

具体的な分布を例にして，生存関数やハザード関数の形を見てみよう．まず最も簡単な例として，$\boldsymbol{T}$ が指数分布に従う場合がある．このとき $\boldsymbol{T}$ の生存関数は

$$S(t)=e^{-\lambda t} \quad (t \geqq 0) \qquad (3.1.11)$$

で表され，確率密度関数は

$$f(t)=\lambda e^{-\lambda t} \quad (t \geqq 0) \qquad (3.1.12)$$

であるから，$\boldsymbol{T}$ のハザード関数は

$$\lambda(t)=\lambda \quad (t \geqq 0) \qquad (3.1.13)$$

となり，時間によらず一定である．放射性原子の崩壊が起きるまでの時間などはこの指数分布に従うことが知られている．

次に時刻によってハザード関数の値が変化する例として，$\boldsymbol{T}$ がワイブル分布(Weibull distribution)に従う場合を見てみよう．これは指数分布とは対照的に，いわゆる経年劣化(人間ならば，年をとれば身体も弱くなり死亡しやすくなると考えられよう)を織り込んだモデルを考えるときなどに使われる．ワイブル分布の生存関数は，形状パラメータ γ と尺度パラメータ θ を用いて

$$S(t)=e^{-(t/\theta)^{\gamma}} \quad (t \geqq 0) \qquad (3.1.14)$$

で定義される．ワイブル分布は指数分布の一般化であると考えられ，特に $\gamma=1$ のときは $\lambda=\frac{1}{\theta}$ の指数分布と一致する．確率密度関数は

$$f(t)=\frac{\gamma}{\theta}\left(\frac{t}{\theta}\right)^{\gamma-1}e^{-(t/\theta)^{\gamma}} \quad (t \geqq 0) \qquad (3.1.15)$$

であるから，$\boldsymbol{T}$ のハザード関数は

$$\lambda(t)=\frac{\gamma\cdot t^{\gamma-1}}{\theta^{\gamma}} \quad (t \geqq 0) \qquad (3.1.16)$$

である．

一般的に，機械の故障のようなモデルでは，ハザード関数は次のような形をしていることが知られている．

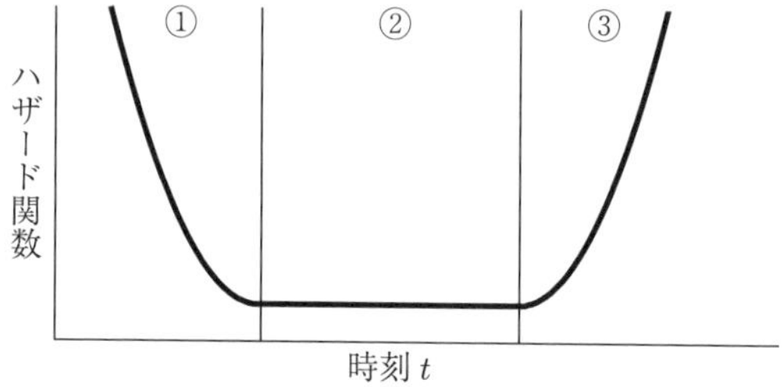

この形は，機械の故障に即して見れば次のように解釈できる．まず使い始めの時期①には初期不良による故障によって高い値をとる．初期不良による故障が落ち着けば，時期②の，経年によらない偶発的な要因によってのみ故障する時期が続く．最後に経年劣化による磨耗故障が起こってくる時期③になるとまた高くなっていく．この曲線の概形を，風呂の浴槽になぞらえ**バスタブ曲線**(bathtub curve)と呼ぶ．

ワイブル分布によるハザード関数は，$\gamma<1$ で時期①を，$\gamma=1$ で時期②を，$\gamma>1$ で時期③をそれぞれ表すことができる．このようにワイブル分布を用いれば，γ の値を変化させれば機械の様々な故障モードを表すことができるので，信頼性工学の分野ではよく用いられる分布である．

3.2　生命保険数学における記号

この節では，前節で導入した生存時間分布に関する諸量と対比しながら，生命保険数学で使われる記号を導入する．特に確率密度関数の公式は，第5章以降の純保険料の計算や分散の計算などでたびたび用いられる重要なものである．

以下では，ある x 歳の被保険者が死亡するまでの時間の長さを $\boldsymbol{T}_x$ とおき，これを x 歳の余命を表す確率変数，以後単に余命と呼ぶ．$\boldsymbol{T}_x$ は正の値を取る確率変数であるから，$\boldsymbol{T}_x$ に対応する生存関数 $S_x(t)$，分布関数 $F_x(t)$，確率密度関数 $f_x(t)$，ハザード関数 $\lambda_x(t)$ がそれぞれ定義される．しかしながら，年齢 x ごとに異なる分布を持つ確率変数 $\boldsymbol{T}_x$ を考察するのは扱いが不便であるので，$x=0$ のときの $\boldsymbol{T}_0$ に対応するこれらの諸量を添え字を省略して $S(t), F(t)$,

$f(t), \lambda(t)$ と書き，一般の $\boldsymbol{T}_x$ の場合についてもこれらの記号で表すことを考えよう．

3.2.1 生存率と死亡率

$\boldsymbol{T}_x$ の生存関数 $S_x(t)$ は，x 歳の被保険者が t 年間生存する確率を表す．これは 0 歳の被保険者が，x 歳でまだ生存しているという条件の下で，$x+t$ 歳まで生存するという条件付確率に等しいと考えられるから，

$$S_x(t) = \Pr(\boldsymbol{T}_x > t) = \Pr(\boldsymbol{T}_0 > x+t | \boldsymbol{T}_0 > x) = \frac{S(x+t)}{S(x)} \tag{3.2.1}$$

と表すことができる．これを x 歳の **t 年生存確率**と呼び，保険数学の記号では ${}_tp_x$ と書く．特に，$t=1$ のとき 1 を省略して p_x と書き，x 歳の**生存率**(survival rate)と呼ぶ．

同様に $\boldsymbol{T}_x$ の分布関数 $F_x(t)$ は，

$$F_x(t) = \Pr(\boldsymbol{T}_x \leqq t) = \frac{S(x)-S(x+t)}{S(x)} \tag{3.2.2}$$

となり，これを x 歳の **t 年死亡確率**と呼び，記号 ${}_tq_x$ で表す．$t=1$ のとき，やはり 1 を省略して，q_x を x 歳の**死亡率**(mortality rate)と呼ぶ．

明らかに

$${}_tp_x + {}_tq_x = 1 \tag{3.2.3}$$

が成り立つ．

実務上は，人は必ず有限の期間内に死亡するので，人が生存し得ない年齢の下限を ω とおく．これを**最終年齢**と呼ぶ．このとき

$${}_{\omega-x}p_x = 0, \quad {}_{\omega-x}q_x = 1 \tag{3.2.4}$$

である．巻末の例示用生命表では，$\omega=112$ という値をとっている．

また記号 ${}_{t|s}q_x$ で，x 歳の被保険者が t 年間だけ生存し，その後 s 年以内に死亡する確率を表す．すなわち

$${}_{t|s}q_x = \Pr(t < \boldsymbol{T}_x \leqq t+s) = \Pr(\boldsymbol{T}_x \leqq t+s) - \Pr(\boldsymbol{T}_x \leqq t) = {}_{t+s}q_x - {}_tq_x \tag{3.2.5}$$

である．この場合も，特に $s=1$ のときは 1 を省略する．すなわち ${}_{t|}q_x$ は x 歳の被保険者が t 年間生存してその後 1 年以内に死亡する確率であり，

$${}_{t|}q_x = \Pr(t < \boldsymbol{T}_x \leqq t+1) = {}_{t+1}q_x - {}_tq_x \tag{3.2.6}$$

である．

次にいくつかの重要公式を与えておく．まず

$$ {}_{s}p_{x+t} = \frac{S(x+t+s)}{S(x+t)} = \frac{S(x+t+s)/S(x)}{S(x+t)/S(x)} = \frac{{}_{t+s}p_x}{{}_{t}p_x} \tag{3.2.7} $$

となるから，

$$ {}_{t+s}p_x = {}_{t}p_x \cdot {}_{s}p_{x+t} \tag{3.2.8} $$

が成立する．この式は異なる年齢における余命の関係を示すものであり，極めて重要である．同様に，

$$ {}_{s}q_{x+t} = \frac{\{S(x+t)-S(x+t+s)\}/S(x)}{S(x+t)/S(x)} = \frac{{}_{t|s}q_x}{{}_{t}p_x} \tag{3.2.9} $$

であるから，

$$ {}_{t|s}q_x = {}_{t}p_x \cdot {}_{s}q_{x+t} \tag{3.2.10} $$

である．特に $s=1$ とすれば

$$ {}_{t|}q_x = {}_{t}p_x \cdot q_{x+t} \tag{3.2.11} $$

も得られる．この式から，n を自然数として

$$ {}_{n}q_x = \sum_{k=1}^{n} \Pr(k-1 < \boldsymbol{T}_x \leqq k) = \sum_{k=1}^{n} {}_{k-1|}q_x = \sum_{k=1}^{n} {}_{k-1}p_x\, q_{x+k-1} \tag{3.2.12} $$

という関係式が成り立つことも分かる．この式は

$$ {}_{n}q_x = \sum_{s=0}^{n-1} {}_{s}p_x\, q_{x+s} \tag{3.2.13} $$

と書けば，後に出てくる積分形(3.2.20)との関係も見やすくなる．

3.2.2 死力と確率密度関数

$\boldsymbol{T}_x$ の分布関数 $F_x(t)$ は $\dfrac{S(x)-S(x+t)}{S(x)}$ と表されたので，これを t で微分すれば，$\boldsymbol{T}_x$ の密度関数 $f_x(t)$ は，

$$ f_x(t) = F'_x(t) = \frac{-S'(x+t)}{S(x)} \tag{3.2.14} $$

となる．0 歳の密度関数 $f(t)=-S'(t)$ を用いれば，

$$ f_x(t) = \frac{f(x+t)}{S(x)} \tag{3.2.15} $$

である．従って，$\boldsymbol{T}_x$ のハザード関数 $\lambda_x(t)$ は，

$$ \lambda_x(t) = \frac{f_x(t)}{S_x(t)} = \frac{f(x+t)/S(x)}{S(x+t)/S(x)} = \frac{f(x+t)}{S(x+t)} \tag{3.2.16} $$

となり，0 歳のハザード関数の $x+t$ における値 $\lambda(x+t)$ と一致する．そこで $\boldsymbol{T}_x$ のハザード関数 $\lambda_x(t)$ を μ_{x+t} なる記号で表し，$x+t$ 歳における**死力**(force of mortality)と呼ぶ．

(3.2.1)より $S_x(t)={}_tp_x$ なので，(3.1.8)を保険数学の記号で書き直すと，

$$\mu_{x+t}=\frac{-\dfrac{d\,{}_tp_x}{dt}}{{}_tp_x}=-\frac{d}{dt}\log{}_tp_x \tag{3.2.17}$$

であることが分かる．また，

$${}_tp_x=\exp\left(-\int_0^t\mu_{x+s}\,ds\right) \tag{3.2.18}$$

であるから，死力を用いて生存確率を計算することができる．

また，(3.1.10)を保険数学の記号で書き直すと $\boldsymbol{T}_x$ の確率密度関数 $f_x(t)$ は，

$$f_x(t)=\frac{d\,{}_tq_x}{dt}={}_tp_x\,\mu_{x+t} \tag{3.2.19}$$

と表すこともできる．よって

$${}_tq_x=\int_0^t{}_sp_x\,\mu_{x+s}\,ds \tag{3.2.20}$$

であることも分かる．$\mu_{x+s}\,ds$ を瞬間的な死亡率と考えれば，離散型の(3.2.13)を連続型にしたものとして(3.2.20)を見ることもできる．第5章以降では，保険金現価や年金現価を，余命の(連続型)確率変数 $\boldsymbol{T}_x$ の関数と見て期待値や分散を計算する際に，この確率密度関数を用いる．

$\boldsymbol{T}_x$ の期待値 $\mathrm{E}[\boldsymbol{T}_x]$ を，x 歳における**完全平均余命**(complete expectation of life)と呼び，$\mathring{e}_x$ という記号で表す．すなわち定義は

$$\mathring{e}_x=\int_0^\infty t\,{}_tp_x\,\mu_{x+t}\,dt \tag{3.2.21}$$

となる．積分区間は実際は有限であると考えれば，(3.2.17)より部分積分法を用いて

$$\mathring{e}_x=\int_0^\infty t\cdot{}_tp_x\,\mu_{x+t}\,dt=\int_0^{\omega-x}t\cdot{}_tp_x\,\mu_{x+t}\,dt \tag{3.2.22}$$

$$=[t\cdot(-{}_tp_x)]_0^{\omega-x}+\int_0^{\omega-x}{}_tp_x\,dt \tag{3.2.23}$$

$$=\int_0^\infty{}_tp_x\,dt \tag{3.2.24}$$

であることも分かる．特に $x=0$ のとき，$\mathring{e}_0$ を**完全平均寿命**と呼ぶ．

例題1 死力 μ_t が $30<t<90$ に対して以下で表されるとき，${}_{40}p_{40}$ を求めよ．

$$\mu_t = \frac{3}{90-t} - \frac{10}{240-t}$$

解 まず(3.2.18)から ${}_tp_x=\exp\left(-\int_x^{x+t}\mu_s\,ds\right)$ であることに注意する．これを用いて積分計算を行えば

$$\begin{aligned}
{}_{40}p_{40} &= \exp\left(-\int_{40}^{80}\left(\frac{3}{90-s}-\frac{10}{240-s}\right)ds\right)\\
&= \exp\left(\left[\log\left(\frac{(90-s)^3}{(240-s)^{10}}\right)\right]_{40}^{80}\right)\\
&= \frac{10^3}{160^{10}}\cdot\frac{200^{10}}{50^3}\\
&= \frac{5^7}{4^{10}} \fallingdotseq 0.074505.
\end{aligned} \tag{3.2.25}$$

3.2.3 生存数，死亡数

ある時点に $l_0=100{,}000$ 人が出生したものとする．このとき，

$$l_x = 100{,}000\cdot S(x) \tag{3.2.26}$$

とおいて，これを x 歳の**生存数**と呼ぶ．つまり，ある時点に一斉に 100,000 人が誕生して，ちょうど x 歳に l_x 人生存していることを表していると考えられる．x 歳から $x+1$ 歳の間に死亡する数 d_x を

$$d_x = l_x - l_{x+1} \tag{3.2.27}$$

と定義し，これを**死亡数**と呼ぶ．さらに一般に x 歳から $x+n$ 歳までの死亡数を ${}_nd_x$ という記号で表し，

$${}_nd_x = l_x - l_{x+n} \tag{3.2.28}$$

で定義する．(3.2.26)から，先に導入した p_x, q_x, μ_x などは $S(x)$ の代わりに l_x を用いて以下のように書き表すこともできる：

$$p_x = \frac{l_{x+1}}{l_x},\quad q_x = \frac{l_x-l_{x+1}}{l_x},\quad \mu_x = -\frac{1}{l_x}\cdot\frac{d}{dx}l_x. \tag{3.2.29}$$

3.2.4 実際の分布

ここまで $\boldsymbol{T}_x$ をもとに議論を行ってきたが，先に導入した μ_{x+t} や ${}_tp_x$ が実

際どのようになっているかを知ると理解の助けになることが多いため，実際のデータをグラフ化して掲載しておこう．データは厚生労働省による第20回完全生命表(男)によった．

まず $\boldsymbol{T}_0$ の死力 μ_t，生存関数 ${}_tp_0$ のグラフはそれぞれ以下のようになる(μ_t は対数軸で表示してあるので注意)．人の死力(ハザード関数)も，いわゆるバスタブ曲線に近い形になっていることが分かる．

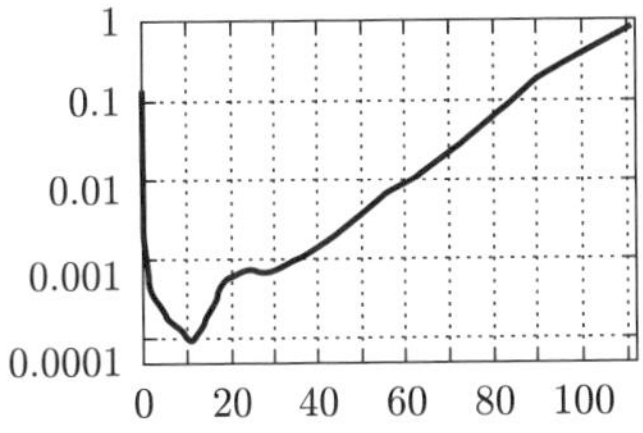

$\boldsymbol{\mu_t}$ のグラフ(対数軸表示)

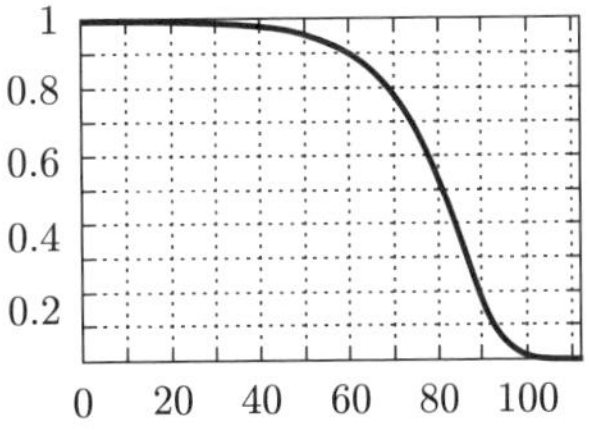

${}_t\boldsymbol{p}_0$ のグラフ

次に $\boldsymbol{T}_x$ の確率密度関数 ${}_tp_x\,\mu_{x+t}$ のグラフについて，x=0, 60, 80 の3つの場合のグラフを重ね合わせた図を掲載しておく．3つのグラフの形状を比較しやすいように，横軸に年齢 $(x+t)$ をとっている．横軸の下の数字は，それぞれ上から x=0, 60, 80 のグラフに対応する経過年数 (t) を表している．

各 x, t について

$$ {}_tp_x\,\mu_{x+t} = \frac{1}{{}_xp_0}\cdot{}_{x+t}p_0\,\mu_{x+t} \tag{3.2.30} $$

の関係があることから，${}_tp_x\,\mu_{x+t}$ のグラフは，${}_tp_0\,\mu_t$ のグラフ(x=0 歳のグラフ)の x 歳以上の部分を定数$(1/{}_xp_0)$倍したものとなり，x 歳以上の部分の形状は同じとなる．

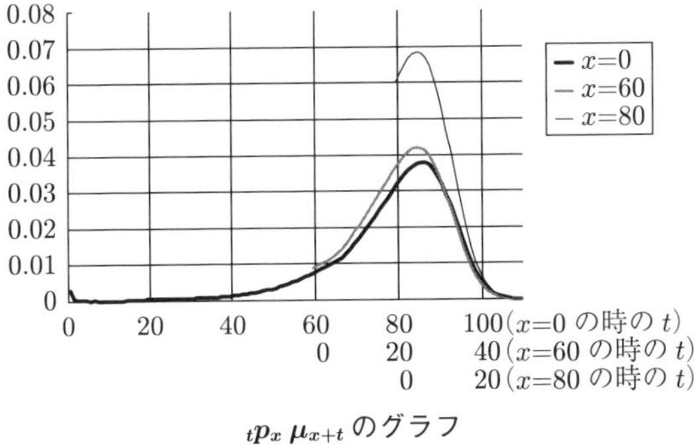

${}_t\boldsymbol{p}_x\,\boldsymbol{\mu}_{x+t}$ のグラフ

3.3　死亡法則

人の余命の分布が具体的にどのようなものかということは古くから研究されてきたテーマである．死力 μ_{x+t} や死亡率 ${}_tq_x$ を，x や t の関数として表したものを**死亡法則**(law of mortality)と呼ぶ．

死亡法則が簡単な数式であれば，死亡率も容易に計算できて，実務上非常に扱いやすくなる．扱いやすくかつ実際によく適合する死亡法則を見つけることは生命保険数学において非常に重要なテーマであった．この節では，今日まで考えられてきた死亡法則の中から著名なもの，扱いやすいものについて紹介する．

3.3.1　ド・モアブルの法則(一様分布)

ド・モアブルの法則(de Moivre's law)とは，ド・モアブルが1725年に考案したもので，$\boldsymbol{T}_x$ が一様分布に従うという法則である．最終年齢を ω とすれば，$\boldsymbol{T}_x$ の値域は0から $\omega-x$ となり，一様分布に従うことから確率密度関数は $0<t<\omega-x$ に対し

$$\frac{d\,{}_tq_x}{dt} = {}_tp_x\,\mu_{x+t} = \frac{1}{\omega-x} \tag{3.3.1}$$

となる．この両辺を0から t まで積分すれば

$${}_tq_x = \frac{t}{\omega-x} \tag{3.3.2}$$

となり，ここで $t=1$ とおけば，(3.3.1)と(3.3.2)より，

$${}_tp_x\,\mu_{x+t} = q_x \tag{3.3.3}$$

となることも分かる．また生存確率や死力は

$${}_tp_x = \frac{\omega-x-t}{\omega-x}, \quad \mu_{x+t} = \frac{1}{\omega-x-t} \tag{3.3.4}$$

と求まる．死力は t について単調増加になる．完全平均余命も $x>0$ について

$$\mathring{e}_x = \int_0^\infty {}_tp_x\,dt = \int_0^{\omega-x} {}_tp_x\,dt = \frac{\omega-x}{2} \tag{3.3.5}$$

と容易に求めることができる．

この法則は，連続的確率分布を人の余命に実際に適用した最古の例として知られている．当時としては計算を容易に行えるという利点を持っており，ド・

モアブルはこれをもとに生命年金の計算を行った．ただし，この法則は非常に単純化されており，実際の計算にはそぐわない．しかし，これも1年間など短い期間に対して適用するには有用な分布であり，これを1年未満の端数期間に適用した場合を紹介する(3.5.1節)．

ド・モアブルの法則は，数学的には比較的扱いやすいものであるが，歴史的には，次の**ゴムパーツの法則**(Gompertz's law)と**メーカムの法則**(Makeham's law)が，実態の死亡率(特に高年齢部分)をよく反映しているものとして利用されてきた．

3.3.2 ゴムパーツの法則

B. ゴムパーツが1825年に考案したもので，死力がパラメータ $B>0$, $c>1$ を用いて

$$\mu_{x+t} = Bc^{x+t} \tag{3.3.6}$$

と指数関数で表されるものである．(3.2.18)を用いれば，生存確率は

$$_tp_x = \exp\left(\frac{Bc^x}{\log c}(1-c^t)\right) \tag{3.3.7}$$

と表される．ド・モアブルの法則よりも実態を反映しており，特に高年齢部分に対してある程度適合する．

3.3.3 メーカムの法則

1860年にW.M. メーカムは，ゴムパーツの法則における死力に定数項 $A>0$ を付け加え，

$$\mu_{x+t} = A+Bc^{x+t} \tag{3.3.8}$$

とすれば実際の生存率とよく適合することを発見した．(3.2.18)を用いれば，生存率は

$$_tp_x = \exp\left(-At+\frac{Bc^x}{\log c}(1-c^t)\right) \tag{3.3.9}$$

と表される．これも特に高年齢部分に関してよく当てはまる法則であり，ゴムパーツの法則よりもよく適合する．この死亡法則を，ゴムパーツ・メーカムの法則と呼ぶこともある．

実際に用いる死亡率を計算する際には，データそのままの死亡率(粗死亡率)から補正を行うが，その際高年齢部分にこの法則を適用することが多い．

3.4　確率変数としての略算余命と死亡年度

余命 $\boldsymbol{T}_x$ の，1 年未満の端数を切り捨てた整数値を**略算余命**(curtate duration at failure)と呼ぶ．またそれに対し端数を切り上げた整数値を**死亡年度**(time interval of failure)と呼び，記号 $\boldsymbol{K}_x$ で表す[*2]．ガウス記号を用いれば略算余命は $[\boldsymbol{T}_x]$ に等しく，$\boldsymbol{K}_x=[\boldsymbol{T}_x]+1$ となる．下図では軸の下に年齢を示し，×印のついているところで死亡が起きたものとしている．

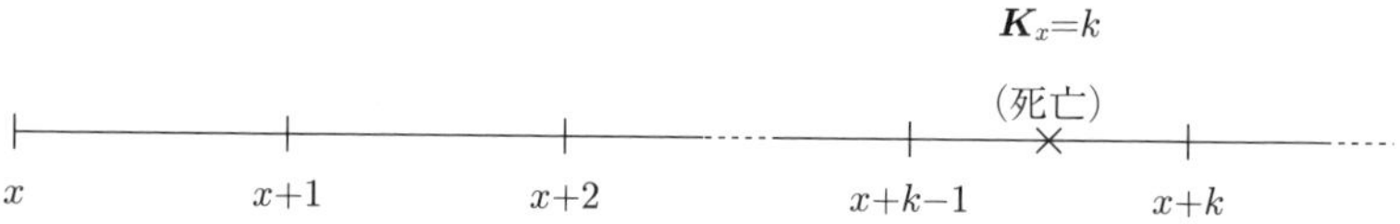

死亡年度と略算余命はどちらも離散型の確率変数になるが，略算余命は 0 以上の整数全体に，死亡年度は 1 以上の整数(自然数)全体に値をとる．特に，死亡年度 $\boldsymbol{K}_x$ の確率関数は，自然数 $k \geqq 1$ に対し

$$\Pr(\boldsymbol{K}_x = k) = {}_{k-1}p_x \, q_{x+k-1} = {}_{k-1|}q_x \tag{3.4.1}$$

となる．これは重要な式であり，連続型である $\boldsymbol{T}_x$ の確率密度関数が ${}_tp_x \, \mu_{x+t}$ と表されることに相当する．第 5 章以降で保険金現価や年金現価を離散型確率変数を用いて考える際に非常によく用いる．先に導入した記号 l_x, d_x を用いれば，以下のように表される．

$$\Pr(\boldsymbol{K}_x = k) = \frac{d_{x+k-1}}{l_x} = \frac{l_{x+k-1} - l_{x+k}}{l_x} = \frac{l_{x+k-1}}{l_x} \cdot \frac{l_{x+k-1} - l_{x+k}}{l_{x+k-1}} \tag{3.4.2}$$

以下本書では，余命の確率変数として，連続型で考える場合は $\boldsymbol{T}_x$ を，離散型で考える場合は $\boldsymbol{K}_x$ を使用していく．

端数を切り捨てた余命，すなわち略算余命 $[\boldsymbol{T}_x]=\boldsymbol{K}_x-1$ の期待値を**略算平均余命**(curtate expectation of life)と呼び，e_x で表す．定義から

$$e_x = \sum_{k=0}^{\infty} k \Pr(\boldsymbol{K}_x - 1 = k) = \sum_{k=1}^{\infty} k \, {}_kp_x \, q_{x+k} \tag{3.4.3}$$

であり，また

[*2] 略算余命のことを $\boldsymbol{K}_x$ としている書物が多いので，他書を参照される際には注意されたい．

$$e_x = \sum_{k=1}^{\infty} \Pr(\boldsymbol{K}_x - 1 \geqq k) = \sum_{k=1}^{\infty} {}_k p_x \tag{3.4.4}$$

と表すこともできる．

実務においては，p_x や q_x の値が x が整数の場合にのみ与えられていることが多いが，その場合も $[\boldsymbol{T}_x]$ の分布は知ることができて，そこから e_x も計算できる．また，積分形の $\mathring{e}_x$ よりも計算が容易である．

また，$\boldsymbol{T}_x$ の1年未満の端数部分を $\boldsymbol{S}_x$ とおくと，$\boldsymbol{S}_x$ は区間 $[0,1)$ 上に値をとる連続型の確率変数である．定義を数式で表せば，

$$\boldsymbol{S}_x = \boldsymbol{T}_x - [\boldsymbol{T}_x] = \boldsymbol{T}_x - \boldsymbol{K}_x + 1 \tag{3.4.5}$$

である．$\boldsymbol{K}_x$ の分布が分かったうえで $\boldsymbol{S}_x$ の分布に何らかの仮定をおけば，$\boldsymbol{T}_x$ の分布が得られる．詳細は次節で論ずる．

例題2 $\boldsymbol{T}_x$ が指数分布に従う場合，$\boldsymbol{K}_x$ の分布はどのようなものになるかを答えよ．

解 仮定から，$\boldsymbol{K}_x$ の確率関数は

$$\Pr(\boldsymbol{K}_x = k) = {}_{k-1}p_x \, q_{x+k-1} = e^{-\lambda(k-1)}(1-e^{-\lambda}) \tag{3.4.6}$$

となるから，$\boldsymbol{K}_x$ はパラメータ $e^{-\lambda}$ の幾何分布に従うことが分かる．

3.5 端数期間

x, t が整数値のときの l_{x+t} や ${}_t p_x$ の値だけが与えられたとき，実数 t に対してこれらの値を得るには，補間が必要になってくる．ここでは，補間に用いる仮定を2つ紹介する．以下では x は自然数，t は $0 \leqq t < 1$ なる実数であるとする．

3.5.1 死亡が年間を通して一様に発生する場合

死亡が年間を通して一様に発生すると仮定する（$d_x = 365$ であれば，1日に1人が死亡するといった意味合いである）．数式で表せば

$$l_{x+t} = l_x - t \cdot d_x = (1-t)\, l_x + t \cdot l_{x+1} \tag{3.5.1}$$

という線型補間をしていることになる．

上式から死亡確率 ${}_t q_x$，生存確率 ${}_t p_x$ は

$${}_t q_x = t \cdot q_x\,, \quad {}_t p_x = 1 - t \cdot q_x \tag{3.5.2}$$

となり，したがって死力 μ_{x+t} は，(3.2.17)を使い，

$$\mu_{x+t} = \frac{q_x}{1-t\cdot q_x} \tag{3.5.3}$$

と表され，t について増加関数となる．この場合，自然数である x において l_x は微分可能ではなくなるので注意されたい．

ここで，(3.4.5)で定義された，余命の端数期間 $\boldsymbol{S}_x$ を思い出そう．$\boldsymbol{S}_x$ は死亡年度 $\boldsymbol{K}_x=[\boldsymbol{T}_x]+1$ を用いて，$\boldsymbol{S}_x=\boldsymbol{T}_x-\boldsymbol{K}_x+1$ と定義された．このとき

$$\begin{aligned}\Pr(\boldsymbol{S}_x \leqq t) &= \sum_{k=1}^{\omega-x} \Pr(k-1 < \boldsymbol{T}_x \leqq k-1+t) = \sum_{k=1}^{\omega-x} {}_{k-1}p_x\cdot {}_tq_{x+k-1} \\ &= t\sum_{k=1}^{\omega-x} {}_{k-1}p_x\cdot q_{x+k-1} = t\cdot {}_{\omega-x}q_x = t \end{aligned} \tag{3.5.4}$$

となる．すなわち $\boldsymbol{S}_x$ は区間 $[0,1)$ 上の一様分布に従うことが分かる．このことから，

$$\mathrm{E}[\boldsymbol{S}_x] = \frac{1}{2} \tag{3.5.5}$$

となるから，$\boldsymbol{S}_x=\boldsymbol{T}_x-[\boldsymbol{T}_x]$ の両辺の期待値を取り，整理すると

$$\mathring{e}_x = e_x + \frac{1}{2} \tag{3.5.6}$$

となることも分かる．この式は，積分を用いて求めなければならない $\mathring{e}_x$ を，和として求められる e_x により近似できる式として有用である．

ところでこの場合，$\boldsymbol{S}_x$ と $\boldsymbol{K}_x$ は独立な確率変数になる．実際 k を自然数として，$\boldsymbol{T}_x=\boldsymbol{K}_x-1+\boldsymbol{S}_x$ より，

$$\begin{aligned}\Pr(\boldsymbol{K}_x = k,\ \boldsymbol{S}_x \leqq t) &= \Pr(k-1 < \boldsymbol{T}_x \leqq k-1+t) \\ &= {}_{k-1}p_x\cdot {}_tq_{x+k-1} = {}_{k-1}p_x\cdot q_{x+k-1}\cdot t \\ &= \Pr(\boldsymbol{K}_x = k)\Pr(\boldsymbol{S}_x \leqq t) \end{aligned} \tag{3.5.7}$$

となる．

3.5.2　死力が年間を通して一定である場合

死力 μ_{x+t} が，その年間を通して一定であるという仮定をおく．すなわち $0<t<1$ に対して $\mu_{x+t}=\mu_x$ であるとすれば，生存率 p_x は

$$p_x = \exp\left(-\int_0^1 \mu_{x+t}\,dt\right) = e^{-\mu_x} \tag{3.5.8}$$

と表すことができる．より一般に

$$ {}_tp_x = e^{-\mu_x t} = (p_x)^t \tag{3.5.9} $$

である．l_{x+t} も同様に，${}_tp_x = l_{x+t}/l_x$ を使うと，

$$ l_{x+t} = l_x \cdot e^{-\mu_x t} \tag{3.5.10} $$

と l_x を用いて表すことができるが，$l_{x+1} = l_x \cdot e^{-\mu_x}$ であることから $e^{-\mu_x}$ を消去すれば

$$ l_{x+t} = (l_x)^{1-t}(l_{x+1})^t \tag{3.5.11} $$

と表せる．つまり l_{x+t} について，指数関数で補間を行った形であるといえる（あるいは $\log l_x$ を線型補間した形であるともいえる）．この場合，$\boldsymbol{S}_x$ と $\boldsymbol{K}_x$ は独立ではない．

3.6 章末問題

問題 3.1 次の等式を示せ．ただし微分と積分の順序は交換できるものとする．

$$ \frac{d\,{}_tp_x}{dx} = {}_tp_x(\mu_x - \mu_{x+t}), \quad \frac{d\,\mathring{e}_x}{dx} = \mu_x\,\mathring{e}_x - 1 $$

問題 3.2 死力 μ_x が x について単調増加関数であるとき，μ_x と q_{x-1} と q_x/p_x の大小関係を求めよ．（平成 11 年度アクチュアリー試験改）

問題 3.3 $a>0$ を定数とする．死力 μ_x が $\mu_x = \dfrac{x}{a^2 - x^2}$ を満たすとき，${}_tp_x$ を求めよ．ただし，$0<t<a-x$ とする．

問題 3.4 $a>0$ を定数とする．死力 μ_x が $\mu_x = ax$ を満たすとき，完全平均寿命 $\mathring{e}_0$ を求めよ．なお，$\dfrac{1}{\sqrt{2\pi}}\displaystyle\int_{-\infty}^{\infty} e^{-\frac{1}{2}x^2}dx = 1$ に注意せよ．

問題 3.5 死力 μ_{x+t} が，定数 $k>0$ を用いて $\mu_{x+t} = k(x+t)$ と表され，${}_{10}p_{35} = 0.81$ であるとき，${}_{20}p_{40}$ の値を求めよ．

問題 3.6 生存率 ${}_tp_x$ が，定数 $a>0$ を用いて

$$ {}_tp_x = \sqrt{1 - \frac{t}{a-x}} $$

と表され，$\mathring{e}_{40} = 2\,\mathring{e}_{80}$ であるとき，$\mathring{e}_{60}$ の値を求めよ．

問題 3.7　死力 μ_x がメーカムの法則 $\mu_x=A+Bc^x$ に従うとする．また，別の死力 μ'_x が $\mu'_x=\alpha\mu_x$，${}_tp'_x={}_tp_{x+\beta}$ を満たすとする．ただし，$\alpha>1$, $\beta>0$ は定数とする．このとき，

（1）$A=0$ を示せ．

（2）β を α と c を用いて表せ．

問題 3.8　死力 μ_x がド・モアブルの法則 $\mu_x=\dfrac{1}{a-x}$ に従うとする．このとき，$\dfrac{\alpha-\mu_{x+\frac{1}{\alpha}}}{\alpha+\mu_{x+\frac{1}{\alpha}}}={}_{\frac{2}{\alpha}}p_x$ となることを示せ．

問題 3.9　死力 μ_x がゴムパーツの法則 $\mu_x=Bc^x$ に従うとする．n を自然数とすると，$\log p_x$, $\log p_{x+n}$, $\log p_{x+2n}$ はこの順に等比数列をなすことを示せ．

問題 3.10

（1）再帰式 $e_x=p_x(1+e_{x+1})$ を示せ．

（2）$e_{70}=15$, $e_{71}=14.5$, $e_{72}=14.2$ のとき，${}_2p_{70}$ を求めよ．

問題 3.11　生存関数が $S(t)=\left(1-\dfrac{t}{\omega}\right)^{\alpha}$ で与えられる死亡法則について，

（1）確率密度関数 $f(t)$ を求めよ．

（2）ハザード関数 $\lambda(t)$ を求めよ．

問題 3.12　2つの死力 μ_x と μ'_x の間に $\mu'_x=\mu_x-c$ なる関係があるとき，${}_tp'_x$ を ${}_tp_x$ を用いて表せ．ただし，$c>0$ は全ての x で $\mu_x>c$ を満たす定数とする．

4 生 命 表

本章では，実務で多用する生命表と前章で導入した諸関数との関係を述べる．また生命表の分類，定常状態について説明する．生命表と余命の確率関数との間にある密接な関係をよく理解してほしい．

4.1 生命表の観察

生命表(life table)は，年齢 x に対する生存関数 $S(x)$ の数表として定義される．一般的には 0 歳の生存数 l_0 を与え，x 歳の生存数 l_x を，

$$l_x = l_0 \cdot S(x)$$

として表される．巻末の例示用生命表では，l_0=100,000 人としている．

巻末の例示用生命表で，以下の内容を確認してほしい．

(1) 死亡数(d_x)，生存率(p_x)，死亡率(q_x)と生存数(l_x)の間に(3.2.27)(3.2.29)の関係が成り立つこと：

$$d_x = l_x - l_{x+1}, \quad p_x = \frac{l_{x+1}}{l_x}, \quad q_x = \frac{l_x - l_{x+1}}{l_x}.$$

(2) 余命の確率関数 $\Pr(\boldsymbol{K}_x=k)$ $(k=1,2,\cdots)$を生命表の諸量から以下のように求めることができること：

$$\begin{aligned}\Pr(\boldsymbol{K}_x = k) &= {}_{k-1}p_x \cdot q_{x+k-1} = (p_x \cdot p_{x+1} \cdot \cdots \cdot p_{x+k-2}) \cdot q_{x+k-1} \\ &= \left(\frac{l_{x+1}}{l_x} \cdot \cdots \cdot \frac{l_{x+k-1}}{l_{x+k-2}}\right) \cdot \frac{d_{x+k-1}}{l_{x+k-1}} = \frac{d_{x+k-1}}{l_x}.\end{aligned}$$

(3) 60 歳までの生存確率：$\prod_{t=0}^{59} p_t = l_{60}/l_0$=約 90.2%.

(4) 生存者が半数になる期間：

新しく生まれた人…${}_tp_0=0.5$ となる t=81.6 年[*1]

現在 60 歳の人…… ${}_tp_{60}=0.5$ となる t=22.9 年[*1]

---

*1 端数年齢の生存者数を 1 次関数で近似して算出している．

4.2　生命表の分類

現在日本において用いられている生命表には，大きく分けて国民表と経験表の2つがある．

4.2.1　国民表

国民表は国民全体についての統計をもとに作成されたものであり，その中でも国勢調査による人口データと人口動態統計から作成されたものを**完全生命表**と呼ぶ．1891年から1898年の統計をもとに作られたものを第1回として，国勢調査と同じく5年ごとに作成されている．

完全生命表に対し，毎年作成される**簡易生命表**がある．これは推計人口と人口動態統計に基づいたもので，計算も簡略化されている．いずれの国民表も最近のものはインターネット上で公開され，誰でも容易に閲覧することができる．

4.2.2　経験表

国民全体の統計から作られる国民表に対し，**経験表**は保険加入者についての統計をもとにしたものである．保険会社はこれをもとに保険料の算出などを行っている．

保険会社による被保険者の**危険選択**(risk selection，保険事故発生の確率が高い者は排除するなどして，群団を均質化すること)により，保険加入者の死亡状況は，国民全体のそれとは異なったものとなる．

代表的な経験表としては，民間生命保険会社の契約の死亡統計に基づいて日本アクチュアリー会が作成した**生保標準生命表**が挙げられる．死亡保険用と年金開始後用で別に表が作成されており，医療保険に用いられる表も作成されている．

さらに死亡保険についての経験表は，截断(せつだん)表，総合表，選択表，終局表，の4つに分類される．

通常保険会社は，死亡保険を契約する際には医的診査などを行う．そのため契約してから最初の数年間は，通常と比べて特に死亡率が低くなる．例えば契約後何年間かを除外し(だいたい3年間や5年間くらい)，年齢別に死亡率を算出したものを**截断表**という．除外した期間が分かるように3年截断表などとも呼ぶ．このような除外期間を設けず，全期間を対象に年齢別にまとめた死亡表を**総合表**という．

選択表(select life table)は，加入時からの経過年数別に各年齢の死亡率を調査して作成された表である．先に述べたとおり保険会社は，生命保険契約の締結にあたって医的診査などを行うため，契約締結後の経過年数が浅い時期においてはその効果が残存し，被保険者団体の死亡率に影響を及ぼす．しかしこの選択の効果は期間が経過するにしたがって薄れていき，一定年数の経過後においては，大きな差異は認められなくなる．この点を考慮して，年齢別のほかに経過年数別に各年齢の死亡率を調査して作成された表が選択表である．契約から危険選択の効果がなくなると認められるまでの期間を**選択期間**(select period)と呼ぶ．

選択表では，契約時の年齢を x としたとき，契約してから t 年後の生存数を $l_{[x]+t}$ という記号で表し，それに応じて $d_{[x]+t}$, $p_{[x]+t}$, $q_{[x]+t}$ といった記号を用いる[*2]．以下は，選択期間 3 年の選択表の例である[*3]．

$[x]$	$l_{[x]}$	$l_{[x]+1}$	$l_{[x]+2}$	l_{x+3}	$x+3$
⋮	⋮	⋮	⋮	⋮	⋮
50	95,303	→95,105	→94,786	→94,393	53
				↓	
51	94,940	→94,723	→94,372	→93,942	54
				↓	
52	94,543	→94,304	→93,920	→93,450	55
⋮	⋮	⋮	⋮	⋮	⋮

上の表の見方を説明しよう．まず x 歳で契約したときの生存数が $l_{[x]}$ であり，それから 1 年後の生存数は $l_{[x]+1}$ である．そのまま生存者数は表の右方向へ推移し，選択期間が経過した時点で選択の効果が消え，今度は下方向へ推移していくものと見る．例えば 50 歳で契約した人について，その生存者数は $l_{[50]}, l_{[50]+1}, l_{[50]+2}, l_{53}, l_{54}, \cdots$ と矢印の方向に推移していく．

死亡数や死亡率についても，通常の生命表と同様に

---

*2 記号 $l_{[x]+t}$ における $[x]$ は契約時点を明示するために括弧をつけているのであり，ガウス記号ではない．

*3 この例では，終局表が巻末の例示用生命表と同一になるようにモデル化を行っている．

$$d_{[x]+t} = l_{[x]+t} - l_{[x]+t+1}, \quad p_{[x]+t} = \frac{l_{[x]+t+1}}{l_{[x]+t}} \tag{4.2.1}$$

$$q_{[x]+t} = \frac{d_{[x]+t}}{l_{[x]+t}} = 1 - p_{[x]+t} \tag{4.2.2}$$

により得ることができる．特に，$t+1$ が選択期間となるとき，

$$d_{[x]+t} = l_{[x]+t} - l_{x+t+1}, \quad p_{[x]+t} = \frac{l_{x+t+1}}{l_{[x]+t}} \tag{4.2.1$'$}$$

である．

次の表は，上の $l_{[x]+t}$ の表に応じて死亡数と死亡率を示したものである．通常は，死亡率を示した表が選択表として用いられる．

$[x]$	$d_{[x]}$	$d_{[x]+1}$	$d_{[x]+2}$	d_{x+3}	$q_{[x]}$	$q_{[x]+1}$	$q_{[x]+2}$	q_{x+3}	$x+3$
⋮	⋮	⋮	⋮	⋮	⋮	⋮	⋮	⋮	⋮
50	198	319	393	451	0.00208	0.00335	0.00415	0.00478	53
51	217	351	430	492	0.00229	0.00371	0.00456	0.00524	54
52	239	384	470	541	0.00253	0.00407	0.00500	0.00579	55
⋮	⋮	⋮	⋮	⋮	⋮	⋮	⋮	⋮	⋮

上の表からも分かるように，選択期間を r 年としたとき，一般に選択表では同年齢の死亡率について

$$q_{[x]} < q_{[x-1]+1} < q_{[x-2]+2} < \cdots < q_{[x-r]+r} = q_x$$

という関係が成り立つ．このことは，契約直後は死亡率が最も低くなり，契約から年数が経つにしたがって本来の死亡率に近づいていき，選択期間後は本来のものに落ち着くことからも分かる．

選択期間後の，本来の死亡率の部分だけで定まる表を**終局表**(ultimate life table)という．上の表でいえば，l_{x+3} や q_{x+3} に相当する部分である．

例題 1　ある死亡保険契約を結んでいる 52 歳の男性を考える．この人が契約時点で 50 歳であった場合，現時点から 1 年間生存する確率はどれだけになるか，上の選択表を用いて計算せよ．

解　50 歳で契約した人の死亡率は $q_{[50]}, q_{[50]+1}, q_{[50]+2}, q_{53}, q_{54}, \cdots$ と推移していき，現時点で 52 歳であるから，求める確率は以下のようになる：

$$p_{[50]+2} = 1 - q_{[50]+2} = 1 - 0.00415 = 0.99585.$$

4.3 定常状態

今まで考えてきた生命表では，最初の l_0 が死亡によって減少していくだけで，新規に人が出生して加入してくることはない．このような集団を**閉集団**と呼ぶ．それに対して新規に人が出生して入ってくることを考えた集団を**開集団**と呼ぶ．

このときある生命表に基づいて，次のような開集団を考えよう．発足時点において，ちょうど x 歳の者がそれぞれ l_x 人いるような集団を考える．この集団が生命表に従って死亡していくものとすれば，1 年経過後には 0 歳の l_0 人のうち d_0 人，1 歳の l_1 人のうち d_1 人，… が死亡することになる．すなわちその合計は

$$d_0+d_1+\cdots+d_{\omega-1} = l_0 \tag{4.3.1}$$

となる．そこで 1 年経過するごとに，1 年間の死亡数の合計 l_0 人が同時に(すなわち，離散的な時点で)出生して新しくこの集団に加入するものとすれば，この集団の各年齢分布は不変となる*4．この集団のように，時間の経過に対して年齢構成が不変であるような集団を**定常人口**，または**定常状態**にあるという．このとき x 歳以上の生存数は $l_x+l_{x+1}+\cdots+l_{\omega-1}$ で与えられることが分かる．

l_x を x についての連続関数と仮定すれば，年齢が x 歳から $x+1$ 歳の間にある生存数を L_x という記号で表すと，これは

$$L_x = \int_0^1 l_{x+t}\,dt \tag{4.3.2}$$

となる．また x 歳以上の生存数を T_x で表せば，

$$T_x = L_x+L_{x+1}+\cdots+L_{\omega-1} = \int_0^{\omega-x} l_{x+t}\,dt$$

となる*5．特に T_0 はこの集団の**総人口**を表し，

$$T_0 = \int_0^{\omega} l_t\,dt \tag{4.3.3}$$

となる．

---

*4 死亡も 1 年経過した瞬間に同時に起こるものとしている．

*5 前述の，余命の確率変数 $\boldsymbol{T}_x$ (太字)と混同しないようにされたい．また L_x も，後述する保険者損失確率変数 ${}_t\boldsymbol{L}$ とは別物である．

4.3.1 中央死亡率

実際の統計をもとに生命表を作成する際には，開集団を年齢ごとに観察し，ある時点で年齢が x 歳から $x+1$ 歳の間にある生存者の中で，それから1年間に死亡した者の数を調査し，そのデータをもとに生命表を作成する．その際の生存者と死亡者の比率を**中央死亡率**(central rate of death)と呼び，m_x で表す．すなわち定義は

$$m_x = \frac{d_x}{L_x} = \frac{\displaystyle\int_0^1 l_{x+t}\,\mu_{x+t}\,dt}{\displaystyle\int_0^1 l_{x+t}\,dt} \tag{4.3.4}$$

となり，これは分子と分母を l_x で割ることにより

$$m_x = \frac{q_x}{L_x/l_x} = \frac{\displaystyle\int_0^1 {}_tp_x\,\mu_{x+t}\,dt}{\displaystyle\int_0^1 {}_tp_x\,dt} \tag{4.3.5}$$

と同値であることが分かる．

また年齢ごとではなく，年齢群団で観察をした場合の中央死亡率も考えられる．すなわちある時点で年齢が x 歳から $x+n$ 歳の間にある生存者の数は $L_x+L_{x+1}+\cdots+L_{x+n-1}$ であり，その中でそれから1年間に死亡した者の数は $d_x+d_{x+1}+\cdots+d_{x+n-1}$ であるから，その群団の中央死亡率を ${}_nm_x$ で表せば

$$\begin{aligned} {}_nm_x &= \frac{d_x+d_{x+1}+\cdots+d_{x+n-1}}{L_x+L_{x+1}+\cdots+L_{x+n-1}} \\ &= \frac{\displaystyle\int_0^n l_{x+t}\,\mu_{x+t}\,dt}{\displaystyle\int_0^n l_{x+t}\,dt} = \frac{\displaystyle\int_0^n {}_tp_x\,\mu_{x+t}\,dt}{\displaystyle\int_0^n {}_tp_x\,dt} \end{aligned} \tag{4.3.6}$$

となる．

4.3.2 平均余命との関係

x 歳の人の完全平均余命 $\mathring{e}_x$ は，T_x を用いて次のように表すことができる：

$$\mathring{e}_x = \int_0^{\omega-x} {}_tp_x\,dt = \frac{1}{l_x}\int_0^{\omega-x} l_{x+t}\,dt = \frac{T_x}{l_x}. \tag{4.3.7}$$

定常状態開集団において，ある任意の1年間における x 歳以上の死亡者(年始

において x 歳以上であった生存者のうち死亡した者の意)の総数は

$$d_x+d_{x+1}+\cdots+d_{\omega-1}=l_x \tag{4.3.8}$$

により与えられる．よって年始における x 歳以上の生存者の総数 T_x に対する割合，すなわち任意の1年間において，x 歳以上でみた死亡率は(4.3.7)より $l_x/T_x=1/\mathring{e}_x\,(={}_{\omega-x}m_x)$ により与えられることが分かる．特に，平均寿命の逆数 $1/\mathring{e}_0$ は，任意の1年間における総人口死亡率を示している．

さて，このような定常状態開集団では，(任意の1年間において)x 歳以降に死亡する者の死亡時年齢の平均は

$$x+\mathrm{E}[\boldsymbol{T}_x]=x+\mathring{e}_x=x+\frac{T_x}{l_x} \tag{4.3.9}$$

となる．これは平均余命の解釈として最も素朴なものだろう．

では，x 歳から $x+n$ 歳の間に死亡する者の死亡時年齢の平均はどうなるかを考えてみよう．(4.3.8)と(4.3.9)から，x 歳以上の死亡者の死亡時年齢の合計は $l_x(x+\mathring{e}_x)$ となり，$x+n$ 歳以上の死亡者の死亡時年齢の合計は $l_{x+n}(x+n+\mathring{e}_{x+n})$ となる．この差を死亡者総数 $d_x+d_{x+1}+\cdots+d_{x+n-1}=l_x-l_{x+n}$ で割ることにより平均年齢を求めると

$$\frac{l_x(x+\mathring{e}_x)-l_{x+n}(x+n+\mathring{e}_{x+n})}{l_x-l_{x+n}}=x+\frac{T_x-T_{x+n}-n\,l_{x+n}}{l_x-l_{x+n}} \tag{4.3.10}$$

となる．

発展：リー・カーター法

死亡率が，暦年によってどのように変化するのかを予測することは重要である．例えば高齢者死亡率が改善している状況にあって，現時点の生命表のみでもって年金の現価を計算すれば，それは過小評価となる．このように，長生きの進展を過小評価することに起因するリスクを回避する方法として，ゴムパーツやメーカムの法則のような静的な死亡率モデルではなく，死亡率が暦年変化することを含んだ動的な死亡率モデルを用いることが挙げられる．そのような死亡率モデルの中で，今日の死亡率予測の分野で国際的にもよく使用される，**リー・カーター**(Lee-Carter)**法**(以下，LC法)について簡単に紹介する．

Lee and Carter(1992)によるオリジナルのLC法では，暦年 t，年齢 x の粗死亡率(対象となる集団の死亡数を，集団の人口で単純に割ったもの)のデータ $\{m_{x,t}|x=x_1,\cdots,x_n;t=t_1,\cdots,t_T\}$ を，

$$\log m_{x,t}=\alpha_x+\beta_x\kappa_t+\varepsilon_{x,t}$$

とモデル化する．ここで，各パラメータは次のような意味合いを持つ．

- α_x：暦年によって変化しない，基準となる年齢別死亡率(の自然対数値).
- κ_t：暦年ごとの死亡率の動向．このパラメータにより暦年変化を表現する.
- β_x：死亡率の暦年変化に対する，年齢別死亡率への影響の度合い．この値が小さい年齢では，大きい年齢に比べ，死亡率の暦年変化が小さいと言える.
- $\varepsilon_{x,t}$：互いに独立な誤差項で，平均 0，分散は σ^2(t, x に依らない定数)である正規分布に従うもの.

そもそも死亡率 q_x や中央死亡率 m_x，ひいては死力 μ_x が，年齢 x について指数関数的に増大することは古くからよく知られていた．ゴムパーツ，メーカムの各死亡法則は，そのことを数式で表したモデルに他ならない．例えばゴムパーツの法則(3.3.6)は死力の対数値を

$$\log \mu_x = ax+b$$

と，1 次関数でモデリングしたものと考えられる.

Wilmoth(1990)は暦年 t，年齢 x の粗死亡率のデータ $\{m_{x,t}\}$ を，

$$\log m_{x,t} = \alpha_x+\kappa_t+\varepsilon_{x,t}$$

という加法型モデルに当てはめた．LC 法は，これに年齢による暦年変化の受けやすさ β_x を考慮し付け加えたものである.

各パラメータの推定値が得られたうえで，将来の死亡率を予測するには，暦年変化 κ_t が将来どのように推移するかを予測する．オリジナルの LC 法では，推定値 $\{\hat{\kappa}_t\}$ を時系列と見なし，時系列解析における ARIMA(AutoRegressive Integrated Moving Average)モデルが用いられる.

得られた予測値 $\{\hat{\kappa}_{t_T+s}|s=1,2,\cdots\}$ を用いれば，将来死亡率は

$$\begin{aligned}\hat{m}_{x,t_T+s} &= \exp(\hat{\alpha}_x+\hat{\beta}_x\hat{\kappa}_{t_T+s})\\ &= \hat{m}_{x,t_T}\exp(\hat{\beta}_x(\hat{\kappa}_{t_T+s}-\hat{\kappa}_{t_T}))\end{aligned}$$

と予測される．Lee and Carter が米国の死亡率統計に対して適用した結果では，κ_t は直線的に変化しており，よって死亡率は一定の割合で改善していると見なせた．日本においても，国立社会保障・人口問題研究所による「日本の将来推計人口」においてこの方法は改良された上で用いられている.

Lee and Miller(2001)は，日本を含む 5 カ国について LC 法による死亡率推計の評価を行い，この推計による平均寿命は実績より低めに推計される傾向を持ち，特に推計期間が長くなるほどその傾向が大きくなるとの結果を得ている．LC 法はその簡明さを保ちつつ実績値をよりよく反映させるべく，様々な改善・拡張が加えられている方法である.

4.4 章末問題

問題 4.1 年齢 x に対する生存関数が $S(x)=1-(0.01x)^2$，$0\leqq x\leqq 100$ で与えられているとき，$\mathring{e}_{50:\overline{30}|}$ を計算せよ．なお $\mathring{e}_{x:\overline{n}|}=\int_0^n {}_tp_x dt$ を示すものとする.

問題 4.2 生命表は以下の q_x によって与えられている.

x	0	1	2	3	4
q_x	0.10	0.20	0.40	0.70	1.00

(1) $t=1,2,3,4,5$ に対して，対応する ${}_tp_0$ の値を求めよ.

(2) $l_0=100{,}000$ として，l_x と d_x の値を表す生命表を導け.

(3) この表において ω を求めよ.

問題 4.3 $\boldsymbol{T}$ は 0 歳の余命確率変数とし，生存数 l_x は次式に従うものとする.

$$l_x = 1{,}000(81-0.90x)^{1/2} \quad (0 \leqq x \leqq 90)$$

このとき以下の値を求めよ.

(1) $f(\boldsymbol{T})$ (2) $E[\boldsymbol{T}]$ (3) $\mathrm{Var}(\boldsymbol{T})$ (4) T_0(総人口)

問題 4.4 死力が年齢とともに増加するものと仮定するとき，次の不等式を証明せよ.

$$q_x < m_x < \frac{q_x}{p_x}$$

問題 4.5 ${}_tp_x=(0.90)^t$ $(t\geqq 0)$ と $l_{x+2}=1.62$ が与えられたとき，T_{x+1} の値を求めよ.

問題 4.6 生存関数 $S(x)=\dfrac{1}{100}(100-x)$，$(0\leqq x\leqq 100)$ が与えられているとき，次の各値を求めよ.

(1) ${}_tp_x$ (2) μ_x (3) $\mathring{e}_x$

問題 4.7 ${}_nm_x \geqq {}_nq_x/n$ であることを示せ. また等号が成り立つのはどのような場合か.

問題 4.8 ある保険の選択期間 2 年の選択表及び終局表の一部を示してある.

$[x]$	$l_{[x]}$	$l_{[x]+1}$	l_{x+2}	$x+2$
55	92,499	92,170	91,671	57
56	91,879	91,518	90,978	58
57	91,206	90,815	90,234	59

死亡は年間を通じて一様に発生すると仮定した場合の ${}_{0.8}q_{[55]+0.7}$ を求めよ．

問題 4.9 保険に加入した者の生存数は，下表のとおり，契約時から 3 年を経過するまでは，選択表に従い，その後，終局表に従うとした場合，($l_{[x]}\to l_{[x]+1}\to l_{[x]+2}\to l_{x+3}\to l_{x+4}\cdots$ という形で進行)，61 歳で保険契約に加入した者の ${}_{2|}\ddot{a}_{61:\overline{3}|}$ の値を求めよ．なお ${}_{f|}\ddot{a}_{x:\overline{n}|}=\sum_{k=f}^{f+n-1} v^k{}_kp_x$ を示すものとし，必要ならば次の数値を使用すること．$v=0.9852$.

$[x]$	$l_{[x]}$	$l_{[x]+1}$	$l_{[x]+2}$	l_{x+3}	$x+3$
	選択表			終局表	
60	88,487	87,923	87,114	86,078	63
61	87,320	86,763	85,965	84,943	64
62	86,158	85,608	84,821	83,727	65
63	84,985	84,442	83,600	82,436	66

(平成 14 年度アクチュアリー試験)

問題 4.10 ある定常社会が以下の条件を満たす場合，$\mathring{e}_{20}$ の値を求めよ．

- $\mathring{e}_0=42$，$\mathring{e}_{60}=15$.
- 20 歳未満の死亡数，20 歳以上 60 歳未満の死亡数，60 歳以上の死亡数がすべて等しい．
- 20 歳以上 60 歳未満の人口が総人口の半分とする．

ただし，この社会への加入は出生のみとし，脱退は死亡のみとする．
(平成 22 年度アクチュアリー試験)

5　生命保険モデル

本章で扱う生命保険モデルは，被保険者の死亡または生存により保険金が一時金で支払われる確率モデルである．この生命保険モデルでは，保険金の支払時期や金額は，第3章で導入した被保険者の死亡年度を表す確率変数 $\boldsymbol{K}_x$ や，被保険者の余命を表す確率変数 $\boldsymbol{T}_x$ の関数で表される．利率は一定とした上で，保険金現価を表す確率変数 $\boldsymbol{Z}_x$ を導入し，期待値 $\mathrm{E}[\boldsymbol{Z}_x]$ として一時払純保険料を定義する．また，保険会社が負担する保険金支払のリスクは，$\boldsymbol{Z}_x$ の期待値だけでは評価できないため，$\boldsymbol{Z}_x$ の分散も算出する．

なお，本章の生命保険モデルでは，被保険者は1人としているが，生命表による被保険者群団を前提として算出した一時払純保険料と一致していることも確認される．

5.1　基本的な生命保険モデル

基本的な生命保険モデルにおける保険金支払の時期については2つのタイプを考える．始めに考えるのは，被保険者が死亡した年度の年度末に保険金を支払う**保険金年末支払**モデルである．このときは，x 歳の被保険者の死亡年度を表す確率変数 $\boldsymbol{K}_x$ を用いる．次に考えるのは，被保険者が死亡したとき即時に保険金を支払う**保険金即時支払**モデルである．このときは，x 歳の被保険者の余命を表す確率変数 $\boldsymbol{T}_x$ を用いる．

5.1.1　終身保険(保険金年末支払)

保険期間の制限を設けずに，被保険者が死亡した場合，死亡保険金を支払う保険を**終身保険**(whole life insurance)という．x 歳で加入した被保険者が第 k 年度の期始まで生存し，第 k 年度中に死亡したとき，その死亡年度の年度末に保険金を支払う．このとき $\boldsymbol{K}_x=k$ である．

保険金の支払時期と金額は次図のようになる．

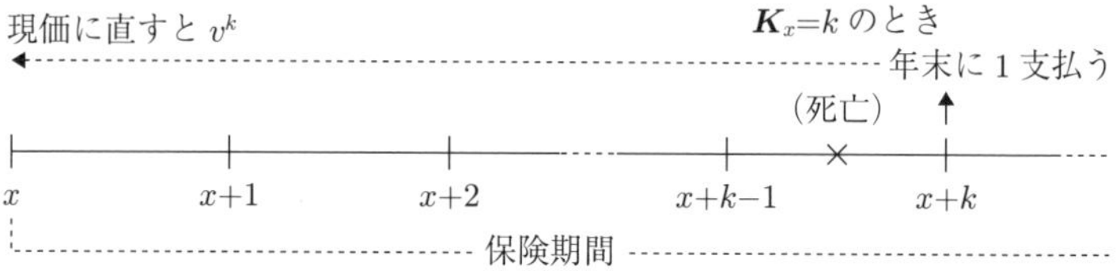

この保険の保険金現価を表す確率変数 $\boldsymbol{Z}_x$ は $\boldsymbol{K}_x$ を用いて

$$\boldsymbol{Z}_x = v^{\boldsymbol{K}_x} \tag{5.1.1}$$

と表される．

$\boldsymbol{Z}_x$ の確率分布は $\boldsymbol{K}_x$ の確率分布(3.4.1)から求められるので

$$\Pr(\boldsymbol{Z}_x = v^k) = \Pr(\boldsymbol{K}_x = k) = {}_{k-1}p_x\, q_{x+k-1} \quad (k = 1, 2, \cdots) \tag{5.1.2}$$

となる．この保険の一時払純保険料 A_x は $\boldsymbol{Z}_x$ の期待値として定義され，

$$A_x = \mathrm{E}[\boldsymbol{Z}_x] = \mathrm{E}[v^{\boldsymbol{K}_x}] = \sum_{k=1}^{\infty} v^k\ \Pr(\boldsymbol{K}_x = k) = \sum_{k=1}^{\infty} v^k\ {}_{k-1}p_x\, q_{x+k-1} \tag{5.1.3}$$

となる．

なお，**一時払保険料**(single premium)とは，保険期間の開始時点で保険料を全額支払う支払方法であり，**一時払純保険料**(net single premium)を表す記号は **APV**(actuarial present value)または **EPV**(expected present value)と書くこともある．また保険金現価の分散については分散の公式(2.1.5)より

$$\mathrm{Var}(\boldsymbol{Z}_x) = \mathrm{E}[(\boldsymbol{Z}_x)^2] - \mathrm{E}[\boldsymbol{Z}_x]^2 \tag{5.1.4}$$

である．$\mathrm{E}[\boldsymbol{Z}_x]$ は A_x であり，２次モーメント $\mathrm{E}[(\boldsymbol{Z}_x)^2]$ については，

$$\mathrm{E}[(\boldsymbol{Z}_x)^2] = \sum_{k=1}^{\infty} (v^2)^k\ {}_{k-1}p_x\, q_{x+k-1} \tag{5.1.5}$$

であるが，これは(5.1.3)の v の代わりに v^2 を用いた式となり，これを ${}^2A_x$ と表すと，(5.1.4)は

$$\mathrm{Var}(\boldsymbol{Z}_x) = {}^2A_x - (A_x)^2 \tag{5.1.6}$$

となる．今後，保険金現価 $\boldsymbol{Z}_x$ の２次モーメントは，${}^2A$ のように左肩に２を付すことにより表す．

例題1　死亡が，年度にかかわらず一様に発生するド・モアブルの法則に従うと仮定する．

i=3%, $\Pr(\boldsymbol{K}_{30}=k)=\begin{cases}\dfrac{1}{70} & k\leqq 70\\ 0 & k>70\end{cases}$ のとき，A_{30} と $\mathrm{Var}(\boldsymbol{Z}_{30})$ を求めよ．

解

$$A_{30}=\mathrm{E}[\boldsymbol{Z}_{30}]=\mathrm{E}[v^{\boldsymbol{K}_{30}}]=\sum_{k=1}^{70}v^k\frac{1}{70}=0.416049$$

$$^2A_{30}=\mathrm{E}[(\boldsymbol{Z}_{30})^2]=\mathrm{E}[v^{2\boldsymbol{K}_{30}}]=\sum_{k=1}^{70}v^{2k}\frac{1}{70}=0.230835$$

$$\mathrm{Var}(\boldsymbol{Z}_{30})={}^2A_{30}-(A_{30})^2=0.057738$$

5.1.2　終身保険(保険金即時支払)

保険金を死亡年度末に支払う年末支払モデルでは確率変数 $\boldsymbol{K}_x$ を用いたが，被保険者が死亡したとき，即時に保険金を支払う保険金即時支払モデルでは連続な確率変数 $\boldsymbol{T}_x$ を用いる．x 歳で加入した被保険者が，加入から t 経過した時点で死亡したとき，その時点で保険金を支払う．このとき $\boldsymbol{T}_x=t$ である．

保険金の支払時期と金額は下図のようになる．

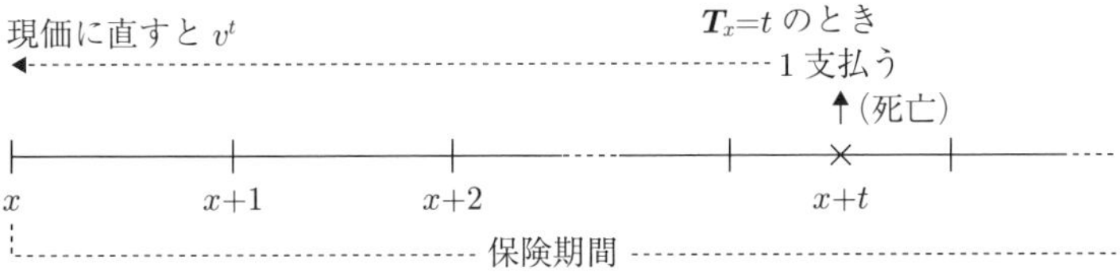

この保険の保険金現価を表す確率変数は

$$\overline{\boldsymbol{Z}}_x=v^{\boldsymbol{T}_x}\tag{5.1.7}$$

となる．ここで $\overline{\boldsymbol{Z}}_x$ のバーは即時支払を表す．$\overline{\boldsymbol{Z}}_x$ の確率分布は $\boldsymbol{T}_x$ の確率分布から求められるが，$\boldsymbol{T}_x$ の確率密度関数は(3.2.19)より ${}_tp_x\,\mu_{x+t}$ である．そこで，この保険の一時払純保険料 $\overline{A}_x$ は，$\overline{\boldsymbol{Z}}_x$ の期待値として定義され，

$$\overline{A}_x=\mathrm{E}[\overline{\boldsymbol{Z}}_x]=\int_0^\infty v^t\,{}_tp_x\,\mu_{x+t}dt\tag{5.1.8}$$

となる．なお，実務上は，被保険者の死亡が平均的に年央に発生すると仮定して，(5.1.3)の v^k を $v^{k-\frac{1}{2}}$ に置き換えて近似することが多い．

また，$\overline{\boldsymbol{Z}}_x$ の2次モーメントは

$$^2\overline{A}_x = \mathrm{E}[(\overline{\boldsymbol{Z}}_x)^2] = \int_0^\infty (v^2)^t\ {}_tp_x\ \mu_{x+t}dt \tag{5.1.9}$$

なので，保険金現価 $\overline{\boldsymbol{Z}}_x$ の分散は

$$\mathrm{Var}(\overline{\boldsymbol{Z}}_x) = {}^2\overline{A}_x - (\overline{A}_x)^2 \tag{5.1.10}$$

となる．

例題2

$i=3\%$，$\Pr(\boldsymbol{T}_{30} \leqq t) = \begin{cases} \dfrac{t}{70} & t \leqq 70 \\ 1 & t > 70 \end{cases}$ のとき[*1]，$\overline{A}_{30}$ と $\mathrm{Var}(\overline{\boldsymbol{Z}}_{30})$ を求めよ．例題1の結果と比較し，違いを説明せよ．

解

$$\overline{A}_{30} = \int_0^{70} v^t \frac{1}{70} dt = 0.422259$$

$$^2\overline{A}_{30} = \mathrm{E}[(\overline{\boldsymbol{Z}}_{30})^2] = \int_0^{70} (v^2)^t \frac{1}{70} dt = 0.237795$$

$$\mathrm{Var}(\overline{\boldsymbol{Z}}_{30}) = {}^2\overline{A}_{30} - (\overline{A}_{30})^2 = 0.059492$$

即時支払の場合は，年末支払の場合に比べて，保険金の支払時期が早くなるため保険金現価，分散とも大きくなる[*2]．

5.1.3　定期保険(保険金年末支払)

被保険者があらかじめ定めた保険期間 n 年の間に死亡したときのみ，死亡保険金を支払う保険を**定期保険**(term insurance)という．一方，被保険者が保険期間中に死亡しない場合，保険金は支払われない．

---

*1　このとき，$\Pr(\boldsymbol{K}_{30}=k) = \Pr(k-1 \leqq \boldsymbol{T}_{30} < k) = \begin{cases} \dfrac{1}{70} & k \leqq 70 \\ 0 & k > 70 \end{cases}$ となっていて，例題1と同じ死亡法則を前提としている．

*2　$\overline{A}_{30}/A_{30}$ が $i/\delta(\risingdotseq v^{-\frac{1}{2}})$，${}^2\overline{A}_{30}/{}^2A_{30}$，$\mathrm{Var}(\overline{Z}_{30})/\mathrm{Var}(Z_{30})$ が $(i/\delta)^2(\risingdotseq v^{-1})$ となっていることを確かめよ．後述(5.2.10)参照．

保険金の支払時期と金額は次のようになる．

(1)　保険期間中に死亡した場合($\boldsymbol{K}_x \leqq n$ のとき)：(下図)

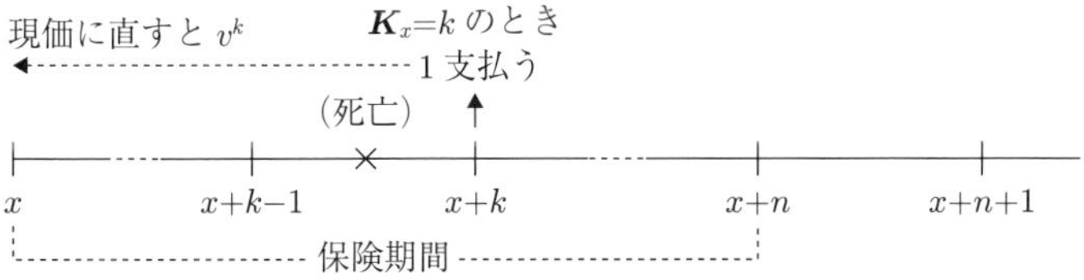

(2)　保険期間中に死亡しなかった場合($\boldsymbol{K}_x>n$ のとき)：
　保険金は支払われないため 0 となる．

この保険の保険金現価を表す確率変数 $\boldsymbol{Z}^1_{x:\overline{n|}}$ は $\boldsymbol{K}_x$ を用いて

$$\boldsymbol{Z}^1_{x:\overline{n|}} = \begin{cases} v^{\boldsymbol{K}_x} & \boldsymbol{K}_x \leqq n \text{ のとき} \\ 0 & \boldsymbol{K}_x > n \text{ のとき} \end{cases} \tag{5.1.11}$$

ここで $\boldsymbol{Z}^1_{x:\overline{n|}}$ という記号の ${}^1_{x:\overline{n|}}$ の部分は，x 歳で契約開始して，保険期間が n 年であることを表し，${}^1_{x:\overline{n|}}$ の左肩(つまり x の上)についている 1 は，x 歳の被保険者の死亡が満期 n 年より先に到来することを意味する．

この保険の一時払純保険料 $A^1_{x:\overline{n|}}$ は $\boldsymbol{Z}^1_{x:\overline{n|}}$ の期待値として定義され，

$$A^1_{x:\overline{n|}} = \mathrm{E}[\boldsymbol{Z}^1_{x:\overline{n|}}] = \sum_{k=1}^{n} v^k \cdot {}_{k-1}p_x \cdot q_{x+k-1} \tag{5.1.12}$$

と表される．

n について極限をとったものは，終身保険の一時払純保険料と一致する．

また，$\boldsymbol{Z}^1_{x:\overline{n|}}$ の 2 次モーメントは

$$^2A^1_{x:\overline{n|}} = \mathrm{E}[(\boldsymbol{Z}^1_{x:\overline{n|}})^2] = \sum_{k=1}^{n} (v^2)^k {}_{k-1}p_x \cdot q_{x+k-1} \tag{5.1.13}$$

なので，保険金現価 $\boldsymbol{Z}^1_{x:\overline{n|}}$ の分散は

$$\mathrm{Var}(\boldsymbol{Z}^1_{x:\overline{n|}}) = \mathrm{E}[(\boldsymbol{Z}^1_{x:\overline{n|}})^2] - \mathrm{E}[\boldsymbol{Z}^1_{x:\overline{n|}}]^2 = {}^2A^1_{x:\overline{n|}} - (A^1_{x:\overline{n|}})^2 \tag{5.1.14}$$

となる．

例題3

$i=3\%$, $\Pr(\boldsymbol{K}_{30}=k)=\begin{cases} \dfrac{1}{70} & k \leqq 70 \\ 0 & k>70 \end{cases}$ のとき，$A^{\ 1}_{30:\overline{30|}}$ と $\mathrm{Var}(\boldsymbol{Z}^{\ 1}_{30:\overline{30|}})$ を求めよ．

解

$$A^{\ 1}_{30:\overline{30|}} = \mathrm{E}[\boldsymbol{Z}^{\ 1}_{30:\overline{30|}}] = \sum_{k=1}^{30} v^k \frac{1}{70} = 0.280006$$

$${}^2A^{\ 1}_{30:\overline{30|}} = \mathrm{E}[(\boldsymbol{Z}^{\ 1}_{30:\overline{30|}})^2] = \sum_{k=1}^{30} (v^2)^k \frac{1}{70} = 0.194761$$

$$\mathrm{Var}(\boldsymbol{Z}^{\ 1}_{30:\overline{30|}}) = {}^2A^{\ 1}_{30:\overline{30|}} - (A^{\ 1}_{30:\overline{30|}})^2 = 0.116358$$

例題1と比べると，一時払純保険料は終身保険より定期保険の方が小さい．これは，終身保険は必ず保険金を支払うのに対し，定期保険は保険期間内に死亡しなければ保険金は支払われないからである．一方，保険金現価の分散は終身保険より定期保険の方が大きい．これは終身保険は支払いが全期間にわたり分布しているのに対し，定期保険は保険期間を過ぎると保険金が支払われないため，保険金現価のばらつき度合いは定期保険の方が大きくなるからである．保険金現価の分散をリスクと考えるならば，定期保険より終身保険の方が保険会社が負担するリスクは小さいと言える．

5.1.4 定期保険(保険金即時支払)

この保険の保険金現価を表す確率変数 $\overline{\boldsymbol{Z}}^{\ 1}_{x:\overline{n|}}$ は $\boldsymbol{T}_x$ を用いて

$$\overline{\boldsymbol{Z}}^{\ 1}_{x:\overline{n|}} = \begin{cases} v^{\boldsymbol{T}_x} & \boldsymbol{T}_x \leqq n \text{ のとき} \\ 0 & \boldsymbol{T}_x > n \text{ のとき} \end{cases} \tag{5.1.15}$$

となる．この保険の一時払純保険料 $\overline{A}^{\ 1}_{x:\overline{n|}}$，$\overline{\boldsymbol{Z}}^{\ 1}_{x:\overline{n|}}$ の2次モーメント，保険金現価 $\overline{\boldsymbol{Z}}^{\ 1}_{x:\overline{n|}}$ の分散は，それぞれ次のように計算される．

$$\overline{A}^{\ 1}_{x:\overline{n|}} = \mathrm{E}[\overline{\boldsymbol{Z}}^{\ 1}_{x:\overline{n|}}] = \int_0^n v^t \ {}_tp_x \, \mu_{x+t} dt \tag{5.1.16}$$

$${}^2\overline{A}^{\ 1}_{x:\overline{n|}} = \mathrm{E}[(\overline{\boldsymbol{Z}}^{\ 1}_{x:\overline{n|}})^2] = \int_0^n (v^2)^t \ {}_tp_x \, \mu_{x+t} dt \tag{5.1.17}$$

$$\mathrm{Var}(\overline{\boldsymbol{Z}}^{\ 1}_{x:\overline{n|}}) = {}^2\overline{A}^{\ 1}_{x:\overline{n|}} - (\overline{A}^{\ 1}_{x:\overline{n|}})^2 \tag{5.1.18}$$

5.1.5 生存保険

被保険者があらかじめ定められた保険期間 n 年の満了日(満期日と呼ぶ)まで生存したときに，生存保険金を支払う保険を**生存保険**(pure endowment)という．満期日前に死亡した場合，保険金は支払われない．

保険金の支払時期と金額は次のようになる．

(1) 保険期間中に死亡した場合($\boldsymbol{K}_x \leqq n$ のとき)：
保険金は支払われないため 0 となる．

(2) 満期日まで生存し，その後死亡した場合($\boldsymbol{K}_x > n$ のとき)[*3]：(下図)

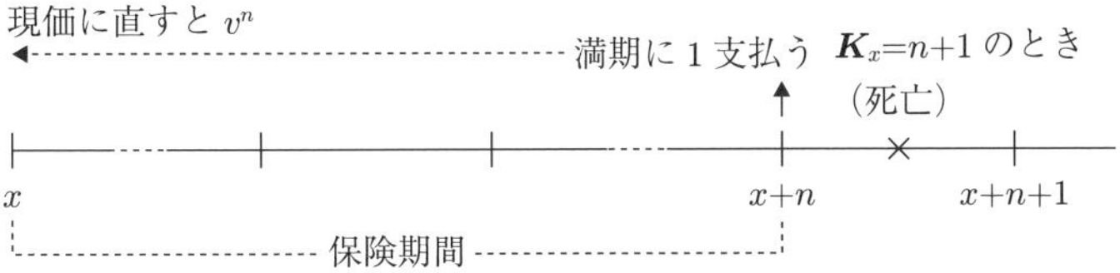

この保険の保険金現価を表す確率変数を $\boldsymbol{Z}_{x:\overset{1}{\overline{n}|}}$ とすると，

$$\boldsymbol{Z}_{x:\overset{1}{\overline{n}|}} = \begin{cases} 0 & \boldsymbol{K}_x \leqq n \text{ のとき} \\ v^n & \boldsymbol{K}_x > n \text{ のとき} \end{cases} \tag{5.1.19}$$

となる．ここで $\boldsymbol{Z}_{x:\overset{1}{\overline{n}|}}$ という記号の ${}_{x:\overset{1}{\overline{n}|}}$ の部分は，x 歳で契約開始して，保険期間が n 年の生存保険であることを表し，${}_{x:\overset{1}{\overline{n}|}}$ の右肩(つまり ${}_{\overline{n}|}$ の上)についている 1 は，x 歳の被保険者の死亡より満期 n 年が先に到来することを表している．

この保険の一時払純保険料 $A_{x:\overset{1}{\overline{n}|}}$ は，$\boldsymbol{Z}_{x:\overset{1}{\overline{n}|}}$ の期待値として定義され，

$$A_{x:\overset{1}{\overline{n}|}} = \mathrm{E}[\boldsymbol{Z}_{x:\overset{1}{\overline{n}|}}] = \sum_{k=n+1}^{\infty} v^n\ {}_{k-1}p_x\, q_{x+k-1} = \sum_{k=n+1}^{\infty} v^n\ {}_{k-1|}q_x = v^n\ {}_np_x \tag{5.1.20}$$

となる．

$\boldsymbol{Z}_{x:\overset{1}{\overline{n}|}}$ の 2 次モーメントを，

$$ {}^2A_{x:\overset{1}{\overline{n}|}} = \mathrm{E}[(\boldsymbol{Z}_{x:\overset{1}{\overline{n}|}})^2] = (v^2)^n\ {}_np_x \tag{5.1.21}$$

とおくと，保険金現価 $\boldsymbol{Z}_{x:\overset{1}{\overline{n}|}}$ の分散は

$$\mathrm{Var}(\boldsymbol{Z}_{x:\overset{1}{\overline{n}|}}) = {}^2A_{x:\overset{1}{\overline{n}|}} - (A_{x:\overset{1}{\overline{n}|}})^2 = v^{2n}\ {}_np_x(1-{}_np_x) \tag{5.1.22}$$

---

*3　n 年以降に死亡しても，満期日に支払う生存保険金の支払保険金現価は v^n となる．

となる．

例題 4　$i=3\%$, $\Pr(\boldsymbol{K}_{30}=k)=\begin{cases} \dfrac{1}{70} & k \leqq 70 \\ 0 & k>70 \end{cases}$ のとき，$A_{30:\overline{30|}}^{\ \ 1}$ と $\mathrm{Var}(\boldsymbol{Z}_{30:\overline{30|}}^{\ \ 1})$ を求めよ．

解

$$A_{30:\overline{30|}}^{\ \ 1} = \mathrm{E}[\boldsymbol{Z}_{30:\overline{30|}}^{\ \ 1}] = v^{30}\ \frac{40}{70} = 0.235421$$

$${}^{2}A_{30:\overline{30|}}^{\ \ 1} = \mathrm{E}[(\boldsymbol{Z}_{30:\overline{30|}}^{\ \ 1})^2] = (v^2)^{30}\ \frac{40}{70} = 0.096990$$

$$\mathrm{Var}(\boldsymbol{Z}_{30:\overline{30|}}^{\ \ 1}) = {}^{2}A_{30:\overline{30|}}^{\ \ 1} - (A_{30:\overline{30|}}^{\ \ 1})^2 = 0.041567$$

5.1.6　養老保険（保険金年末支払）

被保険者が保険期間 n 年の間に死亡したときには死亡保険金を支払い，満期日まで生存したときには死亡保険金額と同額の満期保険金を支払う保険を**養老保険**(endowment insurance)という．これは，定期保険と生存保険を組み合わせたものである．

この保険の保険金現価を表す確率変数は $\boldsymbol{Z}_{x:\overline{n|}}$ で表され

$$\boldsymbol{Z}_{x:\overline{n|}} = \begin{cases} v^{\boldsymbol{K}_x} & \boldsymbol{K}_x \leqq n \text{ のとき} \\ v^n & \boldsymbol{K}_x > n \text{ のとき} \end{cases} \qquad (5.1.23)$$

となる．$\boldsymbol{Z}_{x:\overline{n|}}$ は，(5.1.11),(5.1.19)から，

$$\boldsymbol{Z}_{x:\overline{n|}} = \boldsymbol{Z}_{x:\overline{n|}}^{1} + \boldsymbol{Z}_{x:\overline{n|}}^{\ \ 1} \qquad (5.1.24)$$

と，定期保険と生存保険の保険金現価の和として表される．

この保険の一時払純保険料 $A_{x:\overline{n|}}$ は，$\boldsymbol{Z}_{x:\overline{n|}}$ の期待値として定義され，

$$A_{x:\overline{n|}} = A_{x:\overline{n|}}^{1} + A_{x:\overline{n|}}^{\ \ 1} \qquad (5.1.25)$$

となる．保険金現価 $\boldsymbol{Z}_{x:\overline{n|}}$ の分散は，分散の公式(2.3.22)より

$$\begin{aligned} \mathrm{Var}(\boldsymbol{Z}_{x:\overline{n|}}) &= \mathrm{Var}(\boldsymbol{Z}_{x:\overline{n|}}^{1} + \boldsymbol{Z}_{x:\overline{n|}}^{\ \ 1}) \\ &= \mathrm{Var}(\boldsymbol{Z}_{x:\overline{n|}}^{1}) + \mathrm{Var}(\boldsymbol{Z}_{x:\overline{n|}}^{\ \ 1}) + 2\mathrm{Cov}(\boldsymbol{Z}_{x:\overline{n|}}^{1}, \boldsymbol{Z}_{x:\overline{n|}}^{\ \ 1}) \end{aligned} \qquad (5.1.26)$$

ここで，$\boldsymbol{Z}_{x:\overline{n|}}^{1}$ と $\boldsymbol{Z}_{x:\overline{n|}}^{\ \ 1}$ は同一の被保険者を対象としているため，独立ではなく，(5.1.11),(5.1.19)より必ず一方は 0，よってその積も 0 になるので，

$$\begin{aligned}\mathrm{Cov}(\boldsymbol{Z}^{1}_{x:\overline{n}|}, \boldsymbol{Z}_{x:\overset{1}{\overline{n}|}}) &= \mathrm{E}[\boldsymbol{Z}^{1}_{x:\overline{n}|}\cdot\boldsymbol{Z}_{x:\overset{1}{\overline{n}|}}] - \mathrm{E}[\boldsymbol{Z}^{1}_{x:\overline{n}|}]\cdot\mathrm{E}[\boldsymbol{Z}_{x:\overset{1}{\overline{n}|}}] \\ &= -\mathrm{E}[\boldsymbol{Z}^{1}_{x:\overline{n}|}]\cdot\mathrm{E}[\boldsymbol{Z}_{x:\overset{1}{\overline{n}|}}] = -A^{1}_{x:\overline{n}|}\cdot A_{x:\overset{1}{\overline{n}|}} \qquad (5.1.27)\end{aligned}$$

となる．そして $A^{1}_{x:\overline{n}|}>0$，$A_{x:\overset{1}{\overline{n}|}}>0$ より，$\mathrm{Cov}(\boldsymbol{Z}^{1}_{x:\overline{n}|}, \boldsymbol{Z}_{x:\overset{1}{\overline{n}|}})<0$ であることから，

$$\mathrm{Var}(\boldsymbol{Z}_{x:\overline{n}|}) < \mathrm{Var}(\boldsymbol{Z}^{1}_{x:\overline{n}|}) + \mathrm{Var}(\boldsymbol{Z}_{x:\overset{1}{\overline{n}|}}) \qquad (5.1.28)$$

が導かれる．

このことは，保険金現価の分散をリスクと考えるならば，別々の人に定期保険と生存保険を販売するより，同一人に定期保険と生存保険を組み合わせた養老保険を販売する方がリスクが小さくなることを示している．

また，(5.1.14),(5.1.22),(5.1.26)と(5.1.27)から，

$$\begin{aligned}\mathrm{Var}(\boldsymbol{Z}_{x:\overline{n}|}) &= {}^{2}A^{1}_{x:\overline{n}|} - (A^{1}_{x:\overline{n}|})^2 + {}^{2}A_{x:\overset{1}{\overline{n}|}} - (A_{x:\overset{1}{\overline{n}|}})^2 - 2A^{1}_{x:\overline{n}|}\cdot A_{x:\overset{1}{\overline{n}|}} \\ &= ({}^{2}A^{1}_{x:\overline{n}|} + {}^{2}A_{x:\overset{1}{\overline{n}|}}) - (A^{1}_{x:\overline{n}|} + A_{x:\overset{1}{\overline{n}|}})^2 \\ &= {}^{2}A_{x:\overline{n}|} - (A_{x:\overline{n}|})^2 \qquad (5.1.29)\end{aligned}$$

という関係が成り立つことが確かめられる．

5.1.7　養老保険(保険金即時支払)

この保険の保険金現価を表す確率変数は

$$\overline{\boldsymbol{Z}}_{x:\overline{n}|} = \begin{cases} v^{\boldsymbol{T}_x} & \boldsymbol{T}_x \leqq n \text{ のとき} \\ v^{n} & \boldsymbol{T}_x > n \text{ のとき} \end{cases} \qquad (5.1.30)$$

である．保険金年末支払の場合の(5.1.24)と同様に，これは，

$$\overline{\boldsymbol{Z}}_{x:\overline{n}|} = \overline{\boldsymbol{Z}}^{1}_{x:\overline{n}|} + \boldsymbol{Z}_{x:\overset{1}{\overline{n}|}} \qquad (5.1.31)$$

と，定期保険と生存保険の保険金現価の和になる．

この保険の一時払純保険料 $\overline{A}_{x:\overline{n}|}$ は $\overline{\boldsymbol{Z}}_{x:\overline{n}|}$ の期待値として定義されるので，

$$\overline{A}_{x:\overline{n}|} = \overline{A}^{1}_{x:\overline{n}|} + A_{x:\overset{1}{\overline{n}|}} \qquad (5.1.32)$$

である．

5.2　保険金支払のタイミング

5.2.1　保険金支払のタイミングが年 m 回のモデル

これまでは，保険金年末支払と保険金即時支払のモデルを考えたが，実務的

な計算の観点から，1 年を m 個の期間に分割し，死亡の発生した m 期末に保険金を支払うモデルを考える(例えば，m=12 は死亡した月末に保険金を支払うモデル，m=4 なら四半期末支払のモデルとなる)．

死亡が第 k 年度の i 番目の区間で起こる場合には，

$$(k-1)+\frac{i-1}{m} \leqq \boldsymbol{T}_x < (k-1)+\frac{i}{m} \tag{5.2.1}$$

が成り立っている．

確率変数 $\boldsymbol{K}_x^{(m)}$ は，$\boldsymbol{K}_x$ が 1 年間を単位とするのに対して $1/m$ 年間を単位とすると考えればよい．そうすると

$$\begin{aligned}\Pr\left(\boldsymbol{K}_x^{(m)}=k-1+\frac{i}{m}\right) &= \Pr\left(k-1+\frac{i-1}{m} \leqq \boldsymbol{T}_x < k-1+\frac{i}{m}\right)\\ &= {}_{k-1+\frac{i-1}{m}}p_x \cdot {}_{\frac{1}{m}}q_{x+k-1+\frac{i-1}{m}}\end{aligned} \tag{5.2.2}$$

であり，これまで同様，終身保険の保険金現価の確率変数 $\boldsymbol{Z}_x^{(m)}$ は

$$\boldsymbol{Z}_x^{(m)} = v^{\boldsymbol{K}_x^{(m)}} \tag{5.2.3}$$

となり，この終身保険の一時払純保険料 $A_x^{(m)}$ は，

$$A_x^{(m)} = \mathrm{E}[\boldsymbol{Z}_x^{(m)}] = \mathrm{E}[v^{\boldsymbol{K}_x^{(m)}}] = \sum_{s=1}^{\infty} v^{\frac{s}{m}}\ {}_{\frac{s-1}{m}}p_x \cdot {}_{\frac{1}{m}}q_{x+\frac{s-1}{m}} \tag{5.2.4}$$

である．また，保険期間 n 年の定期保険の場合は

$$A^{1\ (m)}_{x:\overline{n|}} = \sum_{s=1}^{mn} v^{\frac{s}{m}}\ {}_{\frac{s-1}{m}}p_x \cdot {}_{\frac{1}{m}}q_{x+\frac{s-1}{m}} \tag{5.2.5}$$

となる．$A_x^{(m)}$ について，m 分割の期間を微細にすると，$\lim_{m\to\infty} A_x^{(m)}=\overline{A}_x$ となる．証明は章末問題とする．

5.2.2 保険金支払のタイミングが異なる保険料の関係式

始めに保険金年末支払と保険金即時支払の一時払純保険料の関係を見る．まずは 1 年定期保険で考える．保険金即時支払の一時払純保険料は，

$$\overline{A}^1_{x:\overline{1|}} = \int_0^1 v^t\ {}_tp_x\ \mu_{x+t}dt \tag{5.2.6}$$

であったが，死亡が年間を通して一様に発生するという仮定をおくと，(3.3.3) より ${}_tp_x\ \mu_{x+t}=q_x$ なので，$\delta=-\log v$, $v=\dfrac{1}{1+i}$ を用いると，

$$\overline{A}^{1}_{x:\overline{1}|} = q_x \int_0^1 v^t dt = \frac{i}{\delta}\, v\, q_x = \frac{i}{\delta}\, A^{1}_{x:\overline{1}|} \tag{5.2.7}$$

が成り立つ．よって n 年の場合，

$$\begin{aligned}\overline{A}^{1}_{x:\overline{n}|} &= \overline{A}^{1}_{x:\overline{1}|} + v\,p_x \overline{A}_{x+1:\overline{1}|}^{\ 1} + \cdots + v^{n-1}\ {}_{n-1}p_x\, \overline{A}_{x+n-1:\overline{1}|}^{\ 1} \\ &= \frac{i}{\delta}\, A^{1}_{x:\overline{1}|} + v\,p_x\, \frac{i}{\delta}\, A_{x+1:\overline{1}|}^{\ 1} + \cdots + v^{n-1}\ {}_{n-1}p_x\, \frac{i}{\delta}\, A_{x+n-1:\overline{1}|}^{\ 1} \\ &= \frac{i}{\delta} \sum_{k=0}^{n-1} v^k\, {}_kp_x A_{x+k:\overline{1}|}^{\ 1} = \frac{i}{\delta}\, A^{1}_{x:\overline{n}|}\end{aligned} \tag{5.2.8}$$

が成り立ち，$A^{1}_{x:\overline{n}|}$ は $\overline{A}^{1}_{x:\overline{n}|}$ から簡単に求めることができる．同様に保険金 m 期末支払と保険金即時支払の一時払純保険料の関係を表す次の式が成り立つ．

$$\overline{A}^{1}_{x:\overline{n}|} = \frac{i^{(m)}}{\delta}\, A^{1\ (m)}_{x:\overline{n}|}, \quad A^{1\ (m)}_{x:\overline{n}|} = \frac{i}{i^{(m)}}\, A^{1}_{x:\overline{n}|} \tag{5.2.9}$$

ここで，$i^{(m)}$ は第 1 章で定義した年間名称利率である．証明は読者に委ねる．

また n の極限を取った場合として，終身保険についても次の関係式

$$\overline{A}_x = \frac{i}{\delta} A_x, \quad \overline{A}_x = \frac{i^{(m)}}{\delta} A^{(m)}_x, \quad A^{(m)}_x = \frac{i}{i^{(m)}} A_x \tag{5.2.10}$$

が成り立つ．

5.3　保険金額が変動するモデル

ここでは被保険者が死亡した年度によって支払う保険金額が異なる生命保険モデルを扱う．始めに，被保険者が第 k 年度に死亡した場合，年度末に b_k を支払う終身保険を考える．

この保険の保険金現価を表す確率変数は

$$\boldsymbol{Z} = b_{\boldsymbol{K}_x} \cdot v^{\boldsymbol{K}_x} \tag{5.3.1}$$

である．この保険の一時払純保険料 $(\mathrm{APV})_x$ は $\boldsymbol{Z}$ の期待値として定義され

$$(\mathrm{APV})_x = \mathrm{E}[\boldsymbol{Z}] = \sum_{k=1}^{\infty} b_k \cdot v^k\ {}_{k-1}p_x\, q_{x+k-1} \tag{5.3.2}$$

となる[*4]．$b_k{=}k$ とすると，保険金が毎年 1 ずつ増加する**逓増終身保険**

*4　APV(actuarial present value)は一般的な生命保険モデルの一時払純保険料を表す記号として用いている．

(increasing whole life insurance)となり，一時払純保険料 $(IA)_x$ は

$$(IA)_x = \mathrm{E}[\boldsymbol{Z}] = \sum_{k=1}^{\infty} k\, v^k\ {}_{k-1}p_x\, q_{x+k-1} \tag{5.3.3}$$

と表される．

保険期間を n 年とした場合の保険金現価は，

$$\boldsymbol{Z} = \begin{cases} \boldsymbol{K}_x \cdot v^{\boldsymbol{K}_x} & \boldsymbol{K}_x \leqq n \text{ のとき} \\ 0 & \boldsymbol{K}_x > n \text{ のとき} \end{cases} \tag{5.3.4}$$

となって**逓増定期保険**(increasing term insurance)の保険金現価となる．

逓増定期保険の一時払純保険料 $(IA)^{1}_{x:\overline{n}|}$ は以下のようになる．

$$(IA)^{1}_{x:\overline{n}|} = \sum_{k=1}^{n} k\, v^k\ {}_{k-1}p_x\, q_{x+k-1} \tag{5.3.5}$$

また，b_k=n+1−k とおくと，第 1 年度の保険金が n で毎年 1 ずつ保険金が減少する**逓減定期保険**(decreasing term insurance)の保険金現価となる．

$$\boldsymbol{Z} = \begin{cases} (n+1-\boldsymbol{K}_x)\, v^{\boldsymbol{K}_x} & \boldsymbol{K}_x \leqq n \text{ のとき} \\ 0 & \boldsymbol{K}_x > n \text{ のとき} \end{cases} \tag{5.3.6}$$

逓減定期保険の一時払純保険料 $(DA)^{1}_{x:\overline{n}|}$ は以下のようになる．

$$(DA)^{1}_{x:\overline{n}|} = \sum_{k=1}^{n} (n+1-k)\, v^k\ {}_{k-1}p_x\, q_{x+k-1} \tag{5.3.7}$$

ここで，記号 I は保険金が逓増，D は保険金が逓減することを示している．

次に，被保険者が死亡した時点 t で即時に b_t を支払う保険金即時支払の終身保険を考える．この保険の保険金現価は

$$\overline{\boldsymbol{Z}} = b_{\boldsymbol{T}_x} \cdot v^{\boldsymbol{T}_x} \tag{5.3.8}$$

となり，一時払純保険料 $(\overline{\mathrm{APV}})_x$ は

$$(\overline{\mathrm{APV}})_x = \mathrm{E}[\overline{\boldsymbol{Z}}] = \int_0^{\infty} b_t\, v^t\ {}_tp_x\, \mu_{x+t} dt \tag{5.3.9}$$

となる．

以下に保険金即時支払で保険金額が変動する主な保険の一時払純保険料を記載しておく．

保険金が 1 年ごとに 1 ずつ増える逓増終身保険の一時払純保険料は

$$(I\overline{A})_x = \int_0^\infty [t+1]\, v^t \,{}_tp_x\, \mu_{x+t} dt \tag{5.3.10}$$

であり保険期間が n 年の逓増定期保険の一時払純保険料は

$$(I\overline{A})^1_{x:\overline{n}|} = \int_0^n [t+1]\, v^t \,{}_tp_x\, \mu_{x+t} dt \tag{5.3.11}$$

と表される．

また保険金が1年ごとに1ずつ減少する逓減定期保険の一時払純保険料は

$$(D\overline{A})^1_{x:\overline{n}|} = \int_0^n [n-t+1]\, v^t \,{}_tp_x\, \mu_{x+t} dt \tag{5.3.12}$$

と表される．ここで $[\cdot]$ はガウス記号である．

更に保険金の増加や減少も連続的に変化する場合の一時払純保険料は

$$(\overline{I}\,\overline{A})_x = \int_0^\infty t\, v^t \,{}_tp_x\, \mu_{x+t} dt \tag{5.3.13}$$

$$(\overline{I}\,\overline{A})^1_{x:\overline{n}|} = \int_0^n t\, v^t \,{}_tp_x\, \mu_{x+t} dt \tag{5.3.14}$$

$$(\overline{D}\,\overline{A})^1_{x:\overline{n}|} = \int_0^n (n-t)\, v^t \,{}_tp_x\, \mu_{x+t} dt \tag{5.3.15}$$

と表される．

記号 $\overline{I}$ や $\overline{D}$ についているバーは，保険金が連続的に変化することを表す．

5.4 被保険者群団を前提とした一時払純保険料

ここまでは，被保険者1人の生命保険モデルにより一時払純保険料を算出した．本節では，生命表により与えられる被保険者群団 $(l_0, l_1, \cdots, l_\omega)$ を前提として一時払純保険料を算出することを考える．x 歳の者 l_x 人について，死亡年度末に保険金1が支払われる終身保険の一時払純保険料を P とすると，保険者(保険会社)は，契約時点で $P{\cdot}l_x$ の保険料収入を得る．また，保険金の支払いは，第1年度末で d_x 人に1(現価は v)を支払い，第2年度末で d_{x+1} 人に1(現価は v^2)を支払い，第3年度末で d_{x+2} 人に1(現価は v^3)を支払い，…，支払いの現価総額は $vd_x+v^2d_{x+1}+\cdots$ となる．この保険料収入現価と保険金支払現価が等しくなるように保険料 P を定めると，

$$Pl_x = vd_x+v^2d_{x+1}+\cdots = \sum_{k=1}^{\infty} v^k\, d_{x+k-1} \tag{5.4.1}$$

となる．両辺を l_x で割り，(3.4.2)の関係式を用いると

$$P = \sum_{k=1}^{\infty} v^k \frac{d_{x+k-1}}{l_x} = \sum_{k=1}^{\infty} v^k\ {}_{k-1}p_x\, q_{x+k-1} \qquad (5.4.2)$$

となる．この結果は，生命保険モデルによって確率的な手法で算出した一時払純保険料(5.1.3)と一致している．

(5.4.2)は，$P = vq_x + vp_x \sum_{k=1}^{\infty} v^k \cdot {}_{k-1}p_{x+1} \cdot q_{x+1+k-1}$ と変形できることから，

$$A_x = vq_x + vp_x A_{x+1} \qquad (5.4.3)$$

が得られる．

この形式は**再帰式**(recursive formula)と呼ばれ，プログラミングで利用されるが，実際に付表の例示用生命表の A_x は，高い年齢の A_x から順次低い年齢の値を算出している．2 次モーメント ${}^2A_x$ も同様に算出できる．

(5.4.3)を $p_x + q_x = 1$ を用いて変形すると

$$A_x = vq_x(1 - A_{x+1}) + vA_{x+1} \qquad (5.4.4)$$

となる．これは，A_x が保険金額 $(1 - A_{x+1})$ の 1 年定期保険の一時払純保険料と $x+1$ 歳以降を保障する終身保険の一時払純保険料の現価の合計に等しくなると解釈できる．

5.5 章末問題

問題 5.1 $i=5\%$，$\Pr(\boldsymbol{K}_{30}=k) = \begin{cases} \dfrac{1}{70} & k \leqq 70 \\ 0 & k > 70 \end{cases}$ のとき，A_{30} と $\mathrm{Var}(\boldsymbol{Z}_{30})$ の値を求めよ．結果を例題 1($i=3\%$ の場合)と比べ，違いを説明せよ．

問題 5.2 $i=3\%$, $\Pr(\boldsymbol{T}_{30} \leqq t) = \begin{cases} \dfrac{t}{70} & t \leqq 70 \\ 0 & t > 70 \end{cases}$ のとき，$\overline{A}^{\,1}_{30:\overline{30}|}$, $\mathrm{Var}(\overline{\boldsymbol{Z}}^{\,1}_{30:\overline{30}|})$ の値を求めよ．

問題 5.3 $i=3\%$, $\Pr(\boldsymbol{K}_{30}=k) = \begin{cases} \dfrac{1}{70} & k \leqq 70 \\ 0 & k > 70 \end{cases}$ のとき，$A_{30:\overline{30}|}$, $\mathrm{Var}(\boldsymbol{Z}_{30:\overline{30}|})$ の値を求めよ．また，$i=5\%$ の場合はどうなるか．

問題 5.4 30 歳の余命を表す確率変数 $\boldsymbol{T}_{30}$ が最終年齢 100 歳の一様分布に従うとし，保険金即時支払の終身保険を考える．$f(x)$ を保険金現価 $\overline{\boldsymbol{Z}}_{30}$ の確率

密度関数とするとき，$f(x)$ を求めよ．ただし $\delta=0.05$ とする．

問題 5.5　以下の値を用いて $\mathrm{Var}(\overline{\boldsymbol{Z}}_{x:\overline{n}|})$ を求めよ．

$\mathrm{E}[\overline{\boldsymbol{Z}}^{\ 1}_{x:\overline{n}|}]=0.25$, $v^n=0.20$, $\mathrm{Var}(\overline{\boldsymbol{Z}}^{\ 1}_{x:\overline{n}|})=0.07$, ${}_np_x=0.50$

問題 5.6　第 $n+1$ 年度以降に死亡した場合のみ保険金を支払う n 年**据置期間付終身保険**(deferred whole life insurance)の保険金現価を表す確率変数は

$$ {}_{n|}\boldsymbol{Z}_x = \begin{cases} 0 & \boldsymbol{K}_x \leqq n \text{ のとき} \\ v^{\boldsymbol{K}_x} & \boldsymbol{K}_x > n \text{ のとき} \end{cases} \tag{5.5.1} $$

と表される．

$\boldsymbol{Z}_x$ を，${}_{n|}\boldsymbol{Z}_x$ と $\boldsymbol{Z}^{\ 1}_{x:\overline{n}|}$ を用いて表し，以下の等式が成り立つことを示せ．

$$ \mathrm{Cov}(\boldsymbol{Z}^{\ 1}_{x:\overline{n}|},\ {}_{n|}\boldsymbol{Z}_x) - \frac{1}{2}\{(A^{\ 1}_{x:\overline{n}|})^2+({}_{n|}A_x)^2-(A_x)^2\} = -A^{\ 1}_{x:\overline{n}|}\cdot{}_{n|}A_x \tag{5.5.2} $$

問題 5.7　n 年据置期間付終身保険の一時払純保険料 ${}_{n|}A_x$ を ${}_kp_x\ q_{x+k}$ を用いて表し，${}_{n|}A_x=A_{x:\overline{n}|}^{\ \ 1}\cdot A_{x+n}$ を示せ．

問題 5.8

(1) 付表の例示用生命表を用いて，$A^{\ 1}_{30:\overline{30}|}$ と $\mathrm{Var}(\boldsymbol{Z}^{\ 1}_{30:\overline{30}|})$ を求めよ．ただし，i=3% とする．

(2) (1)と同じ前提で，$A_{30:\overline{30}|}$ と $\mathrm{Var}(\boldsymbol{Z}_{30:\overline{30}|})$ を求めよ．

(3) 【Excel 演習】付表の例示用生命表において，i=5% のときの A_{30} と $\mathrm{Var}(\boldsymbol{Z}_{30})$ を求めよ(Excel で例示用生命表を再現して求めよ)．

問題 5.9　死亡が一様に発生するとすると，

$$ \mu_{x+t} = \frac{1}{\omega-x-t}, \quad {}_tp_x = \frac{\omega-x-t}{\omega-x} $$

が成り立つ．このとき，終身保険，定期保険，生存保険の保険金現価の期待値と分散を求めよ．ただし，利力を $\delta(>0)$ とする．

問題 5.10　死力が一定とすると，$\mu_{x+t}=\mu$，${}_tp_x=e^{-\mu t}$ が成り立つ．このとき，終身保険，定期保険，生存保険の保険金現価の期待値と分散を求めよ．ただし，利力を $\delta(>0)$ とする．

問題 5.11 死力が年齢に関係なく一定で，$\mu(>0)$ とするとき，逓増終身保険の一時払純保険料 $(IA)_x$ を求めよ．ただし，利力を $\delta(>0)$ とする．

問題 5.12 死力が年齢に関係なく一定で，$\delta=0.05$，${}^2\overline{A}_x=0.5$ のとき，$(\overline{I}\,\overline{A})_x$ を求めよ．

問題 5.13 $A_x=0.710$，$p_x=0.95$，$i=3\%$ のときの A_{x+1} を求めよ．

問題 5.14 $(IA)_x=A_x+A_{x:\overline{1|}}^{\ \ \frac{1}{}}\cdot(IA)_{x+1}$ を示し，$A_x=0.64$, $(IA)_x=8.988$，$A_{x:\overline{1|}}=0.9709$，$p_x=0.981$ のとき $(IA)_{x+1}$ を求めよ．

問題 5.15 $(IA)^1_{x:\overline{n|}}=(IA)_x-A_{x:\overline{n|}}^{\ \ \frac{1}{}}[(IA)_{x+n}+nA_{x+n}]$ を示せ．

問題 5.16 $(IA)^1_{x:\overline{n|}}+(DA)^1_{x:\overline{n|}}=(n+1)A^1_{x:\overline{n|}}$ を示せ．

問題 5.17 各年度で死亡が一様に起こるものとしたとき，$i=5\%$，$q_x=0.01$，$\overline{A}_{x+1}=0.2$ のとき，A_x を求めよ．必要なら $\log_e 1.05=0.04879$ を用いよ．

問題 5.18 $\delta\overline{A}_x=\dfrac{d}{dx}\overline{A}_x+\mu_x(1-\overline{A}_x)$ を証明し，式の表す意味を解釈せよ．

問題 5.19 $\lim_{m\to\infty} A_x^{(m)}=\overline{A}_x$ となることを示せ．

問題 5.20 【Excel 演習】

(1) 付表の例示用生命表の 40 歳～49 歳の死亡率を用いて，$i=3\%$ のときの $A^1_{40:\overline{10|}}$ と $\mathrm{Var}(\boldsymbol{Z}^1_{40:\overline{10|}})$ を求めよ．$i=5\%$ のときはどうなるか．

(2) 付表の例示用生命表の 40 歳～49 歳の死亡率を用いて，$i=3\%$ のときの $A_{40:\overline{10|}}$ と $\mathrm{Var}(\boldsymbol{Z}_{40:\overline{10|}})$ を求めよ．$i=5\%$ のときはどうなるか．

6　生命年金モデル

本章で扱う生命年金モデルは，被保険者の生存を条件として年金が支払われる確率モデルである．生命年金モデルでは，生命保険モデルと同様に，年金支払の時期や金額は，確率変数 $\boldsymbol{K}_x$ や確率変数 $\boldsymbol{T}_x$ の関数で表される．前章と同様に利率は一定とした上で，年金現価を表す確率変数 $\boldsymbol{Y}_x$ を導入し，期待値 $\mathrm{E}[\boldsymbol{Y}_x]$ として一時払純保険料を定義する．また，$\boldsymbol{Y}_x$ の分散を算出する他に，生命年金と生命保険の一時払純保険料の関係式なども導き出す．なお，生命年金モデルでも，被保険者は 1 人としているが，生命表による被保険者群団を前提として算出した一時払純保険料と一致していることも確認される．

6.1　基本的な生命年金モデル

基本的な生命年金モデルにおける年金支払の時期については，年 1 回の年金を各年度の期始に支払う期始払と，各年度の期末に支払う期末払の 2 つのタイプを考える．各生命年金ごとに，始めに期始払のモデルを考え，期末払のモデルはそれに準じて整理している．なお，いずれのモデルでも，被保険者の生存・死亡については，被保険者の死亡年度を表す確率変数 $\boldsymbol{K}_x$ を用いる．

6.1.1　終身年金

終身年金(whole life annuity)では被保険者が生存する限り終身にわたり年金が支払われる．

x 歳の被保険者が生存する限り毎年期始に年金 1 が支払われる期始払終身年金を考える．被保険者が第 k 年度期始まで生存し，第 k 年度中に死亡した場合，年金は下図のように k 回支払われる．このとき $\boldsymbol{K}_x=k$ である．

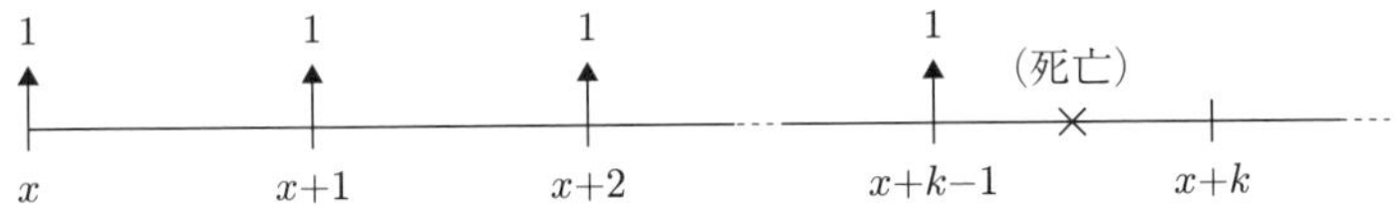

この年金の年金現価を表す確率変数を $\ddot{\boldsymbol{Y}}_x$ と表すと，$\ddot{\boldsymbol{Y}}_x$ は $\boldsymbol{K}_x$ 回支払の期始払確定年金であることから

$$\ddot{\boldsymbol{Y}}_x = \sum_{k=0}^{\boldsymbol{K}_x-1} v^k = \ddot{a}_{\overline{\boldsymbol{K}_x}|} \tag{6.1.1}$$

となる[*1]．$\boldsymbol{Y}$ や a の上についている¨は期始払を表す．$\ddot{\boldsymbol{Y}}_x$ の確率分布は，$\boldsymbol{K}_x$ の確率分布(3.4.1)から求められるので，

$$\Pr(\ddot{\boldsymbol{Y}}_x = \ddot{a}_{\overline{k}|}) = \Pr(\boldsymbol{K}_x = k) = {}_{k-1}p_x\ q_{x+k-1} \tag{6.1.2}$$

となる．この年金の一時払純保険料 $\ddot{a}_x$ は，$\ddot{\boldsymbol{Y}}_x$ の期待値として定義され，

$$\ddot{a}_x = \mathrm{E}[\ddot{\boldsymbol{Y}}_x] = \sum_{k=1}^{\infty} \ddot{a}_{\overline{k}|}\ {}_{k-1}p_x\ q_{x+k-1} \tag{6.1.3}$$

となる．確定年金現価 $\ddot{a}_{\overline{k}|}$ を v で表して変形すると，

$$\begin{aligned}
\ddot{a}_x &= \sum_{k=1}^{\infty} \ddot{a}_{\overline{k}|}\ {}_{k-1}p_x\ q_{x+k-1} = \sum_{k=1}^{\infty}\left(\sum_{i=0}^{k-1} v^i\right) {}_{k-1}p_x\ q_{x+k-1} \\
&= q_x+(1+v)p_x\ q_{x+1}+(1+v+v^2)\,{}_2p_x\ q_{x+2}+\cdots \\
&= (q_x+p_x\ q_{x+1}+{}_2p_x\ q_{x+2}+\cdots) \\
&\quad +v(p_x\ q_{x+1}+{}_2p_x\ q_{x+2}+\cdots)+v^2({}_2p_x\ q_{x+2}+\cdots)+\cdots \\
&= \sum_{k=0}^{\infty} v^k \sum_{i=0}^{\infty} {}_{k+i}p_x\ q_{x+k+i} = \sum_{k=0}^{\infty} v^k\ {}_kp_x
\end{aligned} \tag{6.1.4}$$

となる．一方，年金現価 $\ddot{\boldsymbol{Y}}_x$ を保険金現価 $\boldsymbol{Z}_x$(5.1.1)を用いて表すと，

$$\ddot{\boldsymbol{Y}}_x = \frac{1-v^{\boldsymbol{K}_x}}{d} = \frac{1-\boldsymbol{Z}_x}{d} \tag{6.1.5}$$

となる．ここで両辺の期待値をとると，$\mathrm{E}[\ddot{\boldsymbol{Y}}_x]=\ddot{a}_x$，$\mathrm{E}[\boldsymbol{Z}_x]=A_x$ より

$$\ddot{a}_x = \frac{1-A_x}{d}, \quad 1 = d\ddot{a}_x+A_x \tag{6.1.6}$$

を得る．これより，A_x と $\ddot{a}_x$ は一方が分かれば他方も求められる．なお，(6.1.6)の右式は次のように解釈できる．左辺は現時点の負債額 1 を表し，右辺は被保険者の生存中は毎年期始に利息 d を支払い，死亡年度末に元本 1 を

[*1] 確率変数 $\ddot{\boldsymbol{Y}}_x$ を，$\ddot{\boldsymbol{Y}}_x=\sum_{k=0}^{\infty}\boldsymbol{Z}_{x:\overset{1}{\overline{k}|}}$ と，生存保険の保険金現価を表す確率変数 $\boldsymbol{Z}_{x:\overset{1}{\overline{k}|}}$ の無限和(もしくは最終年齢 ω までの有限和)として定義するアプローチもある．この場合も，(6.1.4)より $\ddot{\boldsymbol{Y}}_x$ の期待値は $\ddot{a}_x$ になる．$\ddot{\boldsymbol{Y}}_x$ の高次モーメントを求めるような場合は，本文記載の定義の方が使いやすい．

返済するモデルの支払現価を表しており，両辺は利率 i のもとで等価である．

次に $\ddot{\boldsymbol{Y}}_x$ の分散を考える．(6.1.5)で分散をとると，(2.1.6b),(5.1.6)より

$$\mathrm{Var}(\ddot{\boldsymbol{Y}}_x)=\frac{\mathrm{Var}(\boldsymbol{Z}_x)}{d^2}=\frac{{}^2A_x-(A_x)^2}{d^2} \tag{6.1.7}$$

となる．利力を2倍として計算した終身年金の現価を ${}^2\ddot{a}_x$ で表すと*2，(6.1.6)と同様に

$$1=(1-v^2)\cdot{}^2\ddot{a}_x+{}^2A_x \tag{6.1.8}$$

が成り立つので，この両式を用いて(6.1.7)を変形すると

$$\mathrm{Var}(\ddot{\boldsymbol{Y}}_x)=\frac{1}{d}\{2\ddot{a}_x-(1+v)\cdot{}^2\ddot{a}_x\}-\ddot{a}_x^2 \tag{6.1.9}$$

となる．

例題1 $i=3\%$，$\Pr(\boldsymbol{K}_{30}=k)=\begin{cases}\dfrac{1}{70} & k\leqq 70\\ 0 & k>70\end{cases}$ のとき，$\ddot{a}_{30}$ と $\mathrm{Var}(\ddot{\boldsymbol{Y}}_{30})$ を求めよ．

解 (6.1.3)より

$$\ddot{a}_{30}=\sum_{k=1}^{\infty}\ddot{a}_{\overline{k}|}\ \Pr(\boldsymbol{K}_{30}=k)=\sum_{k=1}^{70}\frac{1-v^k}{d}\cdot\frac{1}{70}$$
$$=\frac{1}{70d}\left(70-\frac{v(1-v^{70})}{d}\right)=20.04899.$$

また，(6.1.7)に前章例題1で求めた $\mathrm{Var}(\boldsymbol{Z}_{30})$ を代入して計算すると

$$\mathrm{Var}(\ddot{\boldsymbol{Y}}_{30})=\frac{\mathrm{Var}(\boldsymbol{Z}_{30})}{d^2}=68.06049.$$

期末払の終身年金の年金現価を確率変数 $\boldsymbol{Y}_x$ で表す．年金現価 $\boldsymbol{Y}_x$ が期始払の年金現価 $\ddot{\boldsymbol{Y}}_x$ と初項だけ異なることに留意して一時払純保険料と分散を求めることができる．結果は次表のとおりである．

*2 左肩に2が付いている ${}^2A$ や ${}^2\ddot{a}$ は利力 δ を2倍とした，つまり v の代わりに v^2 を用いた式であることを示している．$\mathrm{E}[\boldsymbol{Z}^2]={}^2A$ であったが，$\mathrm{E}[\ddot{\boldsymbol{Y}}^2]\neq{}^2\ddot{a}$ であることに注意してほしい．

	期始払	期末払
年金現価	$\ddot{\boldsymbol{Y}}_x=\sum_{k=0}^{\boldsymbol{K}_x-1} v^k$	$\boldsymbol{Y}_x=\ddot{\boldsymbol{Y}}_x-1=\sum_{k=0}^{\boldsymbol{K}_x-1} v^k-1$
一時払純保険料	$\ddot{a}_x=\sum_{k=0}^{\infty} v^k\ {}_kp_x$	$a_x=\sum_{k=1}^{\infty} v^k\ {}_kp_x$
年金現価の分散	$\dfrac{{}^2A_x-(A_x)^2}{d^2}$	$\dfrac{{}^2A_x-(A_x)^2}{d^2}$

6.1.2　有期年金

有期年金(temporary annuity)ではあらかじめ定められた年金支払期間 n 年の間に，被保険者が生存していることを条件に年金が支払われる．まず被保険者の生存を条件に毎年期始に年金 1 が支払われる期始払有期年金を考える．

(1)　年金支払期間中に死亡した場合($1\leqq\boldsymbol{K}_x\leqq n$ のとき)

被保険者が第 k 年度期始まで生存し，第 k 年度中に死亡した場合，年金は下図のように k 回支払われる．このとき $\boldsymbol{K}_x=k$ である．また年金現価は $\ddot{a}_{\overline{\boldsymbol{K}_x|}}$ となる．

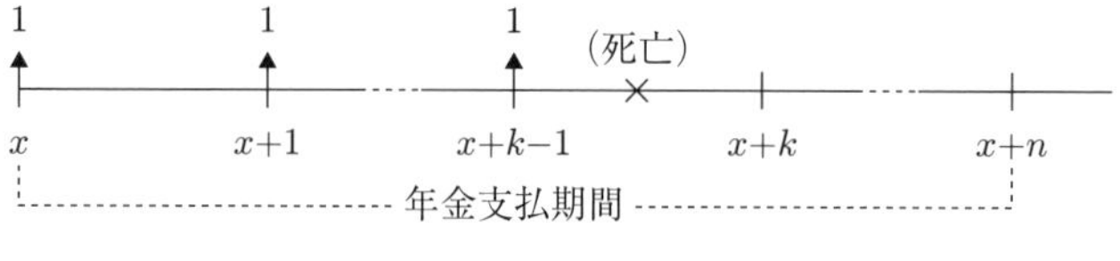

(2)　年金支払期間中に死亡しなかった場合($\boldsymbol{K}_x>n$ のとき)

被保険者は年金支払期間が終了するまで生存するため，年金は年金支払期間の満了まで毎年期始に n 回支払われる．年金現価は $\ddot{a}_{\overline{n|}}$ となる．

よって，この年金の年金現価 $\ddot{\boldsymbol{Y}}_{x:\overline{n|}}$ は

$$\ddot{\boldsymbol{Y}}_{x:\overline{n|}}=\begin{cases}\ddot{a}_{\overline{\boldsymbol{K}_x|}} & 1\leqq\boldsymbol{K}_x\leqq n \text{ のとき}\\ \ddot{a}_{\overline{n|}} & \boldsymbol{K}_x>n \text{ のとき}\end{cases} \qquad (6.1.10)$$

と表される．有期年金の一時払純保険料 $\ddot{a}_{x:\overline{n|}}$ は $\ddot{\boldsymbol{Y}}_{x:\overline{n|}}$ の期待値で表されるので

$$\ddot{a}_{x:\overline{n}|}=\mathrm{E}[\ddot{\boldsymbol{Y}}_{x:\overline{n}|}]=\sum_{k=1}^{n}\ddot{a}_{\overline{k}|}\ {}_{k-1}p_x\ q_{x+k-1}+\ddot{a}_{\overline{n}|}\ {}_np_x \tag{6.1.11}$$

である．また，(6.1.4)と同様に式変形すると

$$\ddot{a}_{x:\overline{n}|}=\sum_{k=0}^{n-1}v^k\ {}_kp_x \tag{6.1.12}$$

となる．

一方，年金現価 $\ddot{\boldsymbol{Y}}_{x:\overline{n}|}$ を(5.1.23)の保険金現価 $\boldsymbol{Z}_{x:\overline{n}|}$ を用いて表すと，

$$\ddot{\boldsymbol{Y}}_{x:\overline{n}|}=\frac{1-\boldsymbol{Z}_{x:\overline{n}|}}{d} \tag{6.1.13}$$

となる．ここで両辺の期待値をとると

$$\ddot{a}_{x:\overline{n}|}=\frac{1-A_{x:\overline{n}|}}{d} \tag{6.1.14}$$

$$1=d\ddot{a}_{x:\overline{n}|}+A_{x:\overline{n}|} \tag{6.1.15}$$

となる．次に年金現価 $\ddot{\boldsymbol{Y}}_{x:\overline{n}|}$ の分散は，(6.1.13)の分散をとると(5.1.29)より

$$\mathrm{Var}(\ddot{\boldsymbol{Y}}_{x:\overline{n}|})=\frac{\mathrm{Var}(\boldsymbol{Z}_{x:\overline{n}|})}{d^2}=\frac{{}^2A_{x:\overline{n}|}-(A_{x:\overline{n}|})^2}{d^2} \tag{6.1.16}$$

であり，(6.1.9)と同様の式変形を行うと

$$\mathrm{Var}(\ddot{\boldsymbol{Y}}_{x:\overline{n}|})=\frac{1}{d}\{2\ddot{a}_{x:\overline{n}|}-(1+v)\cdot{}^2\ddot{a}_{x:\overline{n}|}\}-\ddot{a}_{x:\overline{n}|}^2 \tag{6.1.17}$$

と表される．

例題 2　$i=3\%$，$\Pr(\boldsymbol{K}_{30}=k)=\begin{cases}\dfrac{1}{70} & k\leqq 70\\ 0 & k>70\end{cases}$ のとき，$\ddot{a}_{30:\overline{30}|}$ と $\mathrm{Var}(\ddot{\boldsymbol{Y}}_{30:\overline{30}|})$ を求めよ．

解　(6.1.11)より

$$\begin{aligned}\ddot{a}_{30:\overline{30}|}&=\sum_{k=1}^{30}\ddot{a}_{\overline{k}|}\ \Pr(\boldsymbol{K}_{30}=k)+\ddot{a}_{\overline{30}|}\ {}_{30}p_{30}\\&=\sum_{k=1}^{30}\frac{1-v^k}{d}\cdot\frac{1}{70}+\frac{1-v^{30}}{d}\cdot\frac{40}{70}\\&=\frac{1}{70d}\left(30-\frac{v(1-v^{30})}{d}\right)+\frac{1-v^{30}}{d}\cdot\frac{40}{70}=16.636996\end{aligned}$$

となる．また，(6.1.16) に，章末問題 5.3 で求めた $\mathrm{Var}(\boldsymbol{Z}_{30:\overline{30}|})$ を代入

して計算すると

$$\mathrm{Var}(\ddot{\boldsymbol{Y}}_{30:\overline{30}|}) = \frac{\mathrm{Var}(\boldsymbol{Z}_{30:\overline{30}|})}{d^2} = 30.749838.$$

期末払有期年金の年金現価を $\boldsymbol{Y}_{x:\overline{n}|}$ で表す．$\boldsymbol{Y}_{x:\overline{n}|}$ と $\ddot{\boldsymbol{Y}}_{x:\overline{n}|}$ の初項と終項の違いに留意して一時払純保険料と分散を求めることができる．結果は下表のとおりである．

	期始払	期末払
年金現価	$\ddot{\boldsymbol{Y}}_{x:\overline{n}|}=\sum_{k=0}^{\min(\boldsymbol{K}_x,n)-1} v^k$	$\boldsymbol{Y}_{x:\overline{n}|}=\ddot{\boldsymbol{Y}}_{x:\overline{n+1}|}-1=\sum_{k=0}^{\min(\boldsymbol{K}_x,n+1)-1} v^k-1$
一時払純保険料	$\ddot{a}_{x:\overline{n}|}=\sum_{k=0}^{n-1} v^k \ {}_kp_x$	$a_{x:\overline{n}|}=\sum_{k=1}^{n} v^k \ {}_kp_x$
年金現価の分散	$\frac{{}^2A_{x:\overline{n}|}-(A_{x:\overline{n}|})^2}{d^2}$	$\frac{{}^2A_{x:\overline{n+1}|}-(A_{x:\overline{n+1}|})^2}{d^2}$

例題 3

次の式

$$v\ddot{a}_{x:\overline{n}|}-a_{x:\overline{n}|} = A^{\ 1}_{x:\overline{n}|} \tag{6.1.18}$$

を示せ．

解

$$\begin{aligned} & v\ddot{\boldsymbol{Y}}_{x:\overline{n}|}-\boldsymbol{Y}_{x:\overline{n}|} \\ &= \sum_{k=0}^{\min(\boldsymbol{K}_x,n)-1} v^{k+1}-\left(\sum_{k=0}^{\min(\boldsymbol{K}_x,n+1)-1} v^k-1\right) \\ &= \begin{cases} v^{\boldsymbol{K}_x} & (1 \leqq \boldsymbol{K}_x \leqq n) \\ 0 & (\boldsymbol{K}_x > n) \end{cases} \end{aligned} \tag{6.1.19}$$

より，両辺の期待値をとり(6.1.18)を得る．

(6.1.18)の左辺の両項の k 回目の年金の差分が，

$$v^k \ {}_{k-1}p_x-v^k \ {}_kp_x = v^k \ {}_{k-1}p_xq_{x+k-1} \quad (k \geqq 1)$$

となっていることに留意されたい．

6.1.3　据置期間付終身年金

据置期間付終身年金(deferred whole life annuity)は，最初の n 年間は支払

いがなく，$n+1$ 年目から被保険者が生存する限り年金が支払われる．まず $n+1$ 年目の年始から年金 1 が支払われる n 年据置期間付期始払終身年金を考える．

被保険者が据置期間中に死亡した場合，年金の支払いはない．一方，被保険者が n 年後まで生存した場合に年金が開始し，その後第 k 年度期始まで生存し，第 k 年度中に死亡した場合，年金は下図のように $k-n$ 回支払われる．このとき $\boldsymbol{K}_x=k$ である．

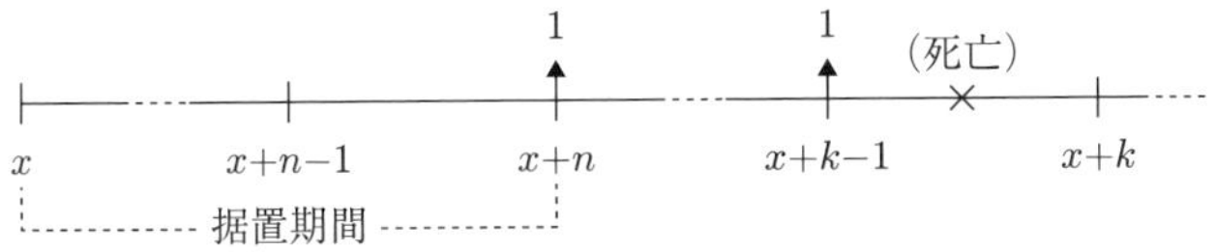

この年金の現価 ${}_{n|}\ddot{\boldsymbol{Y}}_x$ は

$$
{}_{n|}\ddot{\boldsymbol{Y}}_x = \begin{cases} 0 & (1 \leqq \boldsymbol{K}_x \leqq n) \\ \displaystyle\sum_{k=n}^{\boldsymbol{K}_x-1} v^k = v^n \sum_{k=0}^{\boldsymbol{K}_x-n-1} v^k = {}_{n|}\ddot{a}_{\overline{\boldsymbol{K}_x-n|}} & (\boldsymbol{K}_x > n) \end{cases} \tag{6.1.20}
$$

と表される．この年金の一時払純保険料 ${}_{n|}\ddot{a}_x$ は ${}_{n|}\ddot{\boldsymbol{Y}}_x$ の期待値として定義され，(6.1.4)と同様に式変形すると

$$
{}_{n|}\ddot{a}_x = \mathrm{E}[{}_{n|}\ddot{\boldsymbol{Y}}_x] = \sum_{k=n}^{\infty} v^k \ {}_kp_x \tag{6.1.21}
$$

$$
= v^n \ {}_np_x \sum_{k=0}^{\infty} v^k \ {}_kp_{x+n} = v^n \ {}_np_x \ \ddot{a}_{x+n} \tag{6.1.22}
$$

である．また，据置期間付終身年金の年金支払は，即時に支払いが開始する期始払終身年金の年金支払から期始払 n 年有期年金の年金支払を控除したものとしても考えられるから，

$$
{}_{n|}\ddot{a}_x = \ddot{a}_x - \ddot{a}_{x:\overline{n|}} \tag{6.1.23}
$$

が成り立つ．

次に ${}_{n|}\ddot{\boldsymbol{Y}}_x$ の分散を考える．

$$\mathrm{Var}({}_{n|}\ddot{\boldsymbol{Y}}_x) = \mathrm{E}[({}_{n|}\ddot{\boldsymbol{Y}}_x)^2] - \mathrm{E}[{}_{n|}\ddot{\boldsymbol{Y}}_x]^2 \tag{6.1.24}$$

$$= v^{2n}\ {}_np_x\,\mathrm{E}[(\ddot{\boldsymbol{Y}}_{x+n})^2] - v^{2n}\ {}_np_x^2\,\mathrm{E}[\ddot{\boldsymbol{Y}}_{x+n}]^2 \tag{6.1.25}$$

$$= v^{2n}\ {}_np_x\,\{\mathrm{Var}(\ddot{\boldsymbol{Y}}_{x+n}) + \mathrm{E}[\ddot{\boldsymbol{Y}}_{x+n}]^2\} - v^{2n}\ {}_np_x^2\,\mathrm{E}[\ddot{\boldsymbol{Y}}_{x+n}]^2 \tag{6.1.26}$$

$$= v^{2n}\ {}_np_x\,\mathrm{Var}(\ddot{\boldsymbol{Y}}_{x+n}) + v^{2n}\ {}_np_x\ {}_nq_x\,\mathrm{E}[\ddot{\boldsymbol{Y}}_{x+n}]^2 \tag{6.1.27}$$

と表される．(6.1.9)と同様の形式で表すと

$$\mathrm{Var}({}_{n|}\ddot{\boldsymbol{Y}}_x) = \frac{v^{2n}\ {}_np_x}{d}\{2\ddot{a}_{x+n} - (1+v)\cdot{}^2\ddot{a}_{x+n}\} - ({}_{n|}\ddot{a}_x)^2 \tag{6.1.28}$$

となる[*3]．証明は読者に委ねる．

期末払据置期間付終身年金の場合は，年金現価 ${}_{n|}\boldsymbol{Y}_x$ が期始払の年金現価 ${}_{n|}\ddot{\boldsymbol{Y}}_x$ と初項だけ異なることに留意して一時払純保険料を求めることができる．年金現価の分散は(6.1.28)と同様の形式で表すと

$$\mathrm{Var}({}_{n|}\boldsymbol{Y}_x) = \frac{v^{2n}\ {}_np_x}{d}\{2va_{x+n} - (1+v)\cdot{}^2a_{x+n}\} - ({}_{n|}a_x)^2 \tag{6.1.29}$$

となるが[*4]，${}_{n|}\boldsymbol{Y}_x = {}_{n+1|}\ddot{\boldsymbol{Y}}_x$ より

$$\mathrm{Var}({}_{n|}\boldsymbol{Y}_x) = \mathrm{Var}({}_{n+1|}\ddot{\boldsymbol{Y}}_x) \tag{6.1.30}$$

としても導くことができる．両者が一致することを確かめてほしい．結果は下表のとおりである．

	期始払	期末払
年金現価($\boldsymbol{K}_x > n$ の場合)	${}_{n\|}\ddot{\boldsymbol{Y}}_x = \sum_{k=n}^{\boldsymbol{K}_x - 1} v^k$	${}_{n\|}\boldsymbol{Y}_x = \sum_{k=n}^{\boldsymbol{K}_x - 1} v^k - v^n$
一時払純保険料	${}_{n\|}\ddot{a}_x = \sum_{k=n}^{\infty} v^k\ {}_kp_x$	${}_{n\|}a_x = \sum_{k=n+1}^{\infty} v^k\ {}_kp_x$
年金現価の分散	(6.1.27),(6.1.28)	(6.1.29),(6.1.30)

*3　(6.1.28)の右辺第1項の括弧内は，$(1 - 2A_{x+n} + {}^2A_{x+n})/d$ としても表される．

*4　(6.1.29)の右辺第1項の括弧内は，$(v^2 - 2vA_{x+n} + {}^2A_{x+n})/d$ としても表される．

6.1.4　保証期間付終身年金

据置期間付終身年金と即時開始の確定年金を組み合わせたものが**保証期間付終身年金**(life annuity certain and continuous)である．あらかじめ定めた一定の保証期間中は被保険者の生死にかかわりなく年金を支払い(すなわち確定年金)，保証期間終了後は被保険者が生存しているときのみ年金を支払う．期始払 n 年保証期間付終身年金の年金現価は

$$\ddot{a}_{\overline{n|}} + {}_{n|}\ddot{\boldsymbol{Y}}_x \tag{6.1.31}$$

となる．この年金の一時払純保険料は年金現価(6.1.31)の期待値であり

$$\ddot{a}_{\overline{n|}} + {}_{n|}\ddot{a}_x \tag{6.1.32}$$

となる．これは確定年金と据置期間付終身年金の一時払純保険料の和となっている．一方，年金現価の分散は据置期間付終身年金の場合と同一である．

6.2　年 m 回の年金を支払う生命年金モデル

ここまでは，年金の支払いは年 1 回とする生命年金モデルを扱ってきた．ここでは，1 年を m 個の期間に分割し，各 m 期ごとに $1/m$ の年金を年 m 回支払う生命年金モデルを扱う．ここでも，被保険者の生存・死亡については，被保険者の死亡年度を表す確率変数 $\boldsymbol{K}_x$ を用いる．

6.2.1　一時払純保険料と分散

被保険者が生存する限り各 m 期の期始に年金 $1/m$ が支払われる年 m 回支払の期始払終身年金を考える．例えば，m=4 のとき 1/4 の年金が四半期ごとに支払われる．被保険者が第 k 年度の第 2 期の期始まで生存し，第 2 期中に死亡した場合，下図のように $4k-2$ 回の年金が支払われる．このとき $\boldsymbol{K}_x^{(4)}=k-2/4$ である．

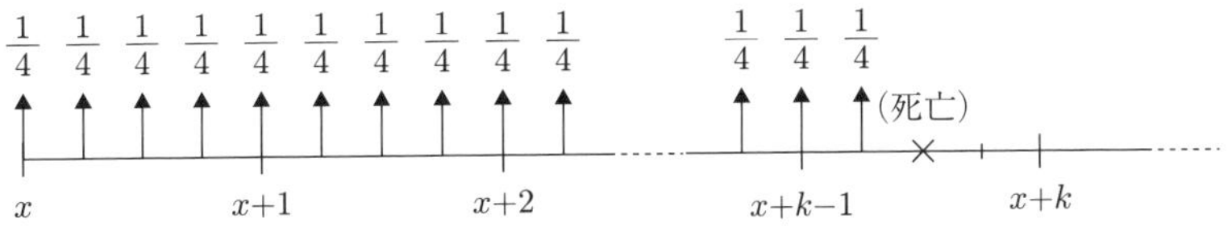

年 m 回支払の期始払終身年金の年金現価 $\ddot{\boldsymbol{Y}}_x^{(m)}$ は

$$\ddot{\boldsymbol{Y}}_x^{(m)} = \sum_{s=0}^{m\boldsymbol{K}_x^{(m)}-1} \frac{1}{m} v^{\frac{s}{m}} = \ddot{a}^{(m)}_{\overline{\boldsymbol{K}_x^{(m)}}|} \tag{6.2.1}$$

と表され，その期待値である一時払純保険料 $\ddot{a}_x^{(m)}$ は，これまでと同様に

$$\ddot{a}_x^{(m)} = \sum_{s=1}^{\infty} \ddot{a}^{(m)}_{\overline{\frac{s}{m}}|}\ {}_{\frac{s-1}{m}}p_x\ {}_{\frac{1}{m}}q_{x+\frac{s-1}{m}} = \frac{1}{m} \sum_{s=0}^{\infty} v^{\frac{s}{m}}\ {}_{\frac{s}{m}}p_x \tag{6.2.2}$$

と表される．同様にして，年 m 回支払の期始払 n 年有期年金の一時払純保険料 $\ddot{a}_{x:\overline{n}|}^{(m)}$ は

$$\ddot{a}_{x:\overline{n}|}^{(m)} = \frac{1}{m} \sum_{s=0}^{mn-1} v^{\frac{s}{m}}\ {}_{\frac{s}{m}}p_x \tag{6.2.3}$$

となる．また，年 m 回支払の期始払 n 年据置期間付終身年金の一時払純保険料 ${}_{n|}\ddot{a}_x^{(m)}$ は

$${}_{n|}\ddot{a}_x^{(m)} = \frac{1}{m} \sum_{s=mn}^{\infty} v^{\frac{s}{m}}\ {}_{\frac{s}{m}}p_x \tag{6.2.4}$$

である．終身年金，有期年金，据置期間付終身年金の一時払純保険料の関係は，(6.1.23)と同様に

$$\ddot{a}_x^{(m)} = \ddot{a}_{x:\overline{n}|}^{(m)} + {}_{n|}\ddot{a}_x^{(m)} \tag{6.2.5}$$

が成り立つ．また，(6.2.1)より年金現価 $\ddot{\boldsymbol{Y}}_x^{(m)}$ は保険金現価 $\boldsymbol{Z}_x^{(m)}$ を用いて

$$\ddot{\boldsymbol{Y}}_x^{(m)} = \frac{1-v^{\boldsymbol{K}_x^{(m)}}}{m(1-v^{\frac{1}{m}})} = \frac{1-\boldsymbol{Z}_x^{(m)}}{d^{(m)}} \tag{6.2.6}$$

と表される．両辺の期待値をとると

$$\ddot{a}_x^{(m)} = \frac{1-A_x^{(m)}}{d^{(m)}} \tag{6.2.7}$$

となる．次に，(6.2.6)で両辺の分散をとると

$$\mathrm{Var}(\ddot{\boldsymbol{Y}}_x^{(m)}) = \frac{{}^2A_x^{(m)}-(A_x^{(m)})^2}{(d^{(m)})^2}. \tag{6.2.8}$$

期末払の年 m 回支払の終身年金の場合は，年金現価 $\boldsymbol{Y}_x^{(m)}$ が期始払の年金現価 $\ddot{\boldsymbol{Y}}_x^{(m)}$ と初項だけ異なることに留意して，同様に一時払純保険料と分散を求めることができる．結果は次表のとおりである．

	期始払	期末払
年金現価	$\ddot{\boldsymbol{Y}}_x^{(m)}=\sum_{s=0}^{m\boldsymbol{K}_x^{(m)}-1}\frac{1}{m}v^{\frac{s}{m}}$	$\boldsymbol{Y}_x^{(m)}=\sum_{s=1}^{m\boldsymbol{K}_x^{(m)}-1}\frac{1}{m}v^{\frac{s}{m}}$
一時払純保険料	$\ddot{a}_x^{(m)}=\frac{1}{m}\sum_{s=0}^{\infty}v^{\frac{s}{m}}\ {}_{\frac{s}{m}}p_x$	$a_x^{(m)}=\frac{1}{m}\sum_{s=1}^{\infty}v^{\frac{s}{m}}\ {}_{\frac{s}{m}}p_x$
年金現価の分散	$\frac{{}^2A_x^{(m)}-(A_x^{(m)})^2}{(d^{(m)})^2}$	$\frac{{}^2A_x^{(m)}-(A_x^{(m)})^2}{(d^{(m)})^2}$

6.2.2　一時払純保険料の近似

死亡が年間を通して一様に発生すると仮定する．$A_x^{(m)}$ と A_x の関係式(5.2.10),(6.2.7)と $A_x=1-d\ddot{a}_x$ より，

$$\ddot{a}_x^{(m)}=\frac{id}{i^{(m)}d^{(m)}}\ddot{a}_x-\frac{i-i^{(m)}}{i^{(m)}d^{(m)}} \tag{6.2.9}$$

を得る．ここで，

$$\frac{id}{i^{(m)}d^{(m)}}=\alpha(m),\quad \frac{i-i^{(m)}}{i^{(m)}d^{(m)}}=\beta(m) \tag{6.2.10}$$

とおくと，

$$\ddot{a}_x^{(m)}=\alpha(m)\ddot{a}_x-\beta(m) \tag{6.2.11}$$

と表せる．

利力 δ が十分小さいときは $\alpha(m)\fallingdotseq 1$，$\beta(m)\fallingdotseq\frac{m-1}{2m}$ とできることから[*5]，

$$\ddot{a}_x^{(m)}\fallingdotseq\ddot{a}_x-\frac{m-1}{2m} \tag{6.2.12}$$

と近似できる．

年 m 回支払の期始払 n 年有期年金の一時払純保険料 $\ddot{a}_{x:\overline{n|}}^{(m)}$ は

[*5] $\alpha(m)$ と $\beta(m)$ を $\delta=0$ で Taylor 展開したときの定数項である．(6.2.10)と $i^{(m)}=m(e^{\frac{\delta}{m}}-1)$，$d^{(m)}=m(1-e^{-\frac{\delta}{m}})$ から求めてみよ．

$$\ddot{a}_{x:\overline{n|}}^{(m)} = \ddot{a}_x^{(m)} - v^n\ {}_np_x\ \ddot{a}_{x+n}^{(m)} \tag{6.2.13}$$

$$= \alpha(m)\ddot{a}_x - \beta(m) - v^n\ {}_np_x(\alpha(m)\ddot{a}_{x+n} - \beta(m)) \tag{6.2.14}$$

$$= \alpha(m)\ddot{a}_{x:\overline{n|}} - \beta(m)(1 - v^n\ {}_np_x) \tag{6.2.15}$$

$$\fallingdotseq \ddot{a}_{x:\overline{n|}} - \frac{m-1}{2m}(1 - v^n\ {}_np_x) \tag{6.2.16}$$

と近似できる．

6.3 連続払の生命年金モデル

ここでは，理論的に重要な生命年金モデルとして，被保険者が生存している限り，1 年間の支払額が 1 となる年金を連続的に支払う生命年金モデルを扱う．被保険者の生存・死亡については，被保険者の余命を表す確率変数 $\boldsymbol{T}_x$ を用いる．始めに 1 年間の支払額が 1 となるように年金が連続で支払われるような終身年金の年金現価 $\overline{\boldsymbol{Y}}_x$ は

$$\overline{\boldsymbol{Y}}_x = \int_0^{\boldsymbol{T}_x} v^t\ dt = \overline{a}_{\overline{\boldsymbol{T}_x|}} \tag{6.3.1}$$

と表せる．$\overline{\boldsymbol{Y}}_x$ の確率分布は $\boldsymbol{T}_x$ の確率分布で表されるが，$\boldsymbol{T}_x$ の確率密度関数は(3.2.19)より ${}_tp_x \cdot \mu_{x+t}$ である．よって連続払終身年金の一時払純保険料 $\overline{a}_x$ は $\overline{\boldsymbol{Y}}_x$ の期待値として定義されるので，

$$\overline{a}_x = \int_0^{\infty} \overline{a}_{\overline{t|}}\ {}_tp_x\ \mu_{x+t}\ dt \tag{6.3.2}$$

となる．また，これは年 m 回払の極限としても考えられ

$$\overline{a}_x = \lim_{m\to\infty} \ddot{a}_x^{(m)} \left(= \lim_{m\to\infty} a_x^{(m)} \right) = \int_0^{\infty} v^t\ {}_tp_x\ dt \tag{6.3.3}$$

とも表される．(6.3.2)と(6.3.3)が等しいことは例題 4 で証明する．また，連続払の有期年金，据置期間付終身年金の一時払純保険料を

$$\overline{a}_{x:\overline{n|}} = \int_0^n v^t\ {}_tp_x\ dt, \quad {}_{n|}\overline{a}_x = \int_n^{\infty} v^t\ {}_tp_x\ dt \tag{6.3.4}$$

と表せば，

$$\overline{a}_x = \overline{a}_{x:\overline{n|}} + {}_{n|}\overline{a}_x \tag{6.3.5}$$

一方，(6.3.1)より年金現価 $\overline{\boldsymbol{Y}}_x$ を保険金現価 $\overline{\boldsymbol{Z}}_x$ を用いて表すと

$$\overline{\boldsymbol{Y}}_x = \int_0^{\boldsymbol{T}_x} v^t \ dt = \frac{v^{\boldsymbol{T}_x}-1}{\log v} = \frac{1-\overline{\boldsymbol{Z}}_x}{\delta} \tag{6.3.6}$$

となり，両辺の期待値をとると

$$\bar{a}_x = \frac{1-\overline{A}_x}{\delta}, \quad 1 = \overline{A}_x+\delta\bar{a}_x \tag{6.3.7}$$

を得る．次に，年金現価 $\overline{\boldsymbol{Y}}_x$ の分散は(6.3.6)で分散をとって

$$\mathrm{Var}(\overline{\boldsymbol{Y}}_x) = \frac{\mathrm{Var}(\overline{\boldsymbol{Z}}_x)}{\delta^2} = \frac{{}^2\overline{A}_x-(\overline{A}_x)^2}{\delta^2}. \tag{6.3.8}$$

例題4　次の式

$$\int_0^\infty \bar{a}_{\overline{t|}} \ {}_tp_x \ \mu_{x+t} \ dt = \int_0^\infty v^t \ {}_tp_x \ dt$$

を示せ．

解　$\dfrac{d}{dt}{}_tp_x = -{}_tp_x \ \mu_{x+t}$ と $\dfrac{d}{dt}\bar{a}_{\overline{t|}} = v^t$ に注意して

$$\begin{aligned}\int_0^\infty \bar{a}_{\overline{t|}} \ {}_tp_x \ \mu_{x+t} \ dt &= \int_0^\infty \bar{a}_{\overline{t|}} \left(-\frac{d}{dt}{}_tp_x\right) dt \\ &= [-\bar{a}_{\overline{t|}} \ {}_tp_x]_0^\infty + \int_0^\infty \left(\frac{d}{dt}\bar{a}_{\overline{t|}}\right) {}_tp_x \ dt \\ &= \int_0^\infty v^t \ {}_tp_x \ dt.\end{aligned}$$

6.4　年金額が変動する生命年金モデル

ここでは，毎回の年金額が変動する生命年金モデルを扱う．年金の支払時期については，各年度の期始または期末の年1回とするタイプと，連続払とするタイプの2つを考える．被保険者の生存・死亡については，それぞれ確率変数 $\boldsymbol{K}_x$ および確率変数 $\boldsymbol{T}_x$ を用いる．

始めに，被保険者が生存する限り毎年の期始に r_{k-1} の年金を支払う期始払の変動年金を考える．被保険者が第 k 年度期始まで生存し，第 k 年度中に死亡した場合，年金は次図のように k 回支払われ，それぞれの年金額は r_0, $r_1, \cdots, r_{k-1}$ で表される．このとき，$\boldsymbol{K}_x=k$ である．

この年金の年金現価 $\ddot{\boldsymbol{Y}}$ と一時払純保険料 $(\mathrm{APV})_x$ は以下のように求められる：

$$\ddot{\boldsymbol{Y}} = \sum_{k=0}^{\boldsymbol{K}_x-1} r_k\ v^k \tag{6.4.1}$$

$$(\mathrm{APV})_x = \mathrm{E}[\ddot{\boldsymbol{Y}}] = \sum_{k=0}^{\infty} r_k\ v^k\ {}_kp_x. \tag{6.4.2}$$

次に，連続払の変動年金を考える．t 時点で支払われる年金額を $r(t)$ とし，被保険者の余命を表す確率変数 $\boldsymbol{T}_x$ を用いると，この年金の年金現価 $\overline{\boldsymbol{Y}}$ は，

$$\overline{\boldsymbol{Y}} = \int_0^{\boldsymbol{T}_x} r(t)v^t\ dt \tag{6.4.3}$$

と表される．この年金現価 $\overline{\boldsymbol{Y}}$ の期待値である一時払純保険料 $(\overline{\mathrm{APV}})_x$ は

$$(\overline{\mathrm{APV}})_x = \int_0^{\infty} r(t)v^t\ {}_tp_x\ dt \tag{6.4.4}$$

となる．

年金額が逓増的または逓減的に変動する年金は，それぞれ**逓増年金**，**逓減年金**という．年金額の変動方法は，1 年ごとと連続的に変動するタイプがある．次表に主な逓増年金と逓減年金の一時払純保険料を記載しておく．記号 I や D についているバーは年金が連続的に変化することを表している．

■逓増年金

支払時期	変動方法	終身年金	n 年有期年金
期始払	年 1 回	$(I\ddot{a})_x=\sum_{k=0}^{\infty}(k+1)v^k\ {}_kp_x$	$(I\ddot{a})_{x:\overline{n\rceil}}=\sum_{k=0}^{n-1}(k+1)v^k\ {}_kp_x$
期末払	年 1 回	$(Ia)_x=\sum_{k=1}^{\infty}k\ v^k\ {}_kp_x$	$(Ia)_{x:\overline{n\rceil}}=\sum_{k=1}^{n}k\ v^k\ {}_kp_x$
連続払	年 1 回	$(I\bar{a})_x=\int_0^{\infty}[t+1]v^t\ {}_tp_x\ dt$	$(I\bar{a})_{x:\overline{n\rceil}}=\int_0^{n}[t+1]v^t\ {}_tp_x\ dt$
連続払	連続	$(\bar{I}\bar{a})_x=\int_0^{\infty}t\ v^t\ {}_tp_x\ dt$	$(\bar{I}\bar{a})_{x:\overline{n\rceil}}=\int_0^{n}t\ v^t\ {}_tp_x\ dt$

■逓減年金

支払時期	変動方法	n 年有期年金
期始払	年 1 回	$(D\ddot{a})_{x:\overline{n\rceil}}=\sum_{k=0}^{n-1}(n-k)v^k\ {}_kp_x$
期末払	年 1 回	$(Da)_{x:\overline{n\rceil}}=\sum_{k=1}^{n}(n+1-k)v^k\ {}_kp_x$
連続払	年 1 回	$(D\bar{a})_{x:\overline{n\rceil}}=\int_0^{n}[n+1-t]v^t\ {}_tp_x\ dt$
連続払	連続	$(\bar{D}\bar{a})_{x:\overline{n\rceil}}=\int_0^{n}(n-t)v^t\ {}_tp_x\ dt$

例題 5　次の式

$$\ddot{a}_x = d(I\ddot{a})_x+(IA)_x \tag{6.4.5}$$

を示せ．

解　$(\boldsymbol{I\ddot{Y}})_x=\sum_{k=0}^{\boldsymbol{K}_x-1}(k+1)v^k$，$v(\boldsymbol{I\ddot{Y}})_x=\sum_{k=1}^{\boldsymbol{K}_x}kv^k$ から

$$(\boldsymbol{I\ddot{Y}})_x-v(\boldsymbol{I\ddot{Y}})_x = d(\boldsymbol{I\ddot{Y}})_x = \boldsymbol{\ddot{Y}}_x-\boldsymbol{K}_x\ v^{\boldsymbol{K}_x} \tag{6.4.6}$$

となる．ゆえに期待値をとると，$d(I\ddot{a})_x=\ddot{a}_x-(IA)_x$ となり，(6.4.5) が成り立つ．

6.5 被保険者群団を前提とした一時払純保険料

ここまでは，被保険者1人の生命年金モデルにより一時払純保険料を算出した．本節では，生命表により与えられる被保険者群団 $(l_0, l_1, \cdots, l_\omega)$ を前提として一時払純保険料を算出することを考える．

x 歳の者 l_x 人が，生存する限り毎年度の始めに1支払われるような期始払終身年金の一時払純保険料を P とすると，保険会社は契約時点で $P \cdot l_x$ の収入を得ることになる．一方，年金は第1年度始で l_x 人に1(現価は1)支払い，第2年度始で l_{x+1} 人に1(現価は v)支払い，第3年度始で l_{x+2} 人に1(現価は v^2)支払い，…，年金支払総額の現価は $l_x+vl_{x+1}+v^2l_{x+2}+\cdots$ となる．この保険料収入現価と年金支払現価が等しくなるように保険料 P を定めると

$$Pl_x = l_x+v\ l_{x+1}+v^2\ l_{x+2}+\cdots = \sum_{k=0}^{\infty} v^k\ l_{x+k} \tag{6.5.1}$$

より，

$$P = \sum_{k=0}^{\infty} v^k\ {}_kp_x \tag{6.5.2}$$

となる．この結果は，生命年金モデルによって確率的な手法で算出した一時払純保険料(6.1.4)と一致している．

(6.5.2)は $P=1+vp_x \sum_{k=0}^{\infty} v^k{}_kp_{x+1}$ と変形できることから，次の再帰式が得られる．

$$\ddot{a}_x = 1+vp_x \cdot \ddot{a}_{x+1} \tag{6.5.3}$$

6.6 章末問題

問題 6.1 i=3% とする．被保険者65歳，年金支払期間15年の期始払有期年金の一時払純保険料を巻末の例示用生命表を用いて求めよ．

問題 6.2 i=3% とする．被保険者20歳，据置期間45年の期始払終身年金の一時払純保険料を巻末の例示用生命表を用いて求めよ．また，同じ前提で年金支払期間15年の期始払有期年金の一時払純保険料を求めよ．

問題 6.3 i=3% とする．被保険者65歳の期始払終身年金と年金支払期間15年の期始払有期年金の年金現価の分散を，巻末の例示用生命表を用いて求め

よ．また被保険者20歳，据置期間45年の期始払終身年金の年金現価の分散を求めよ．

問題 6.4　一般に，$f(x)$ を下に凸な関数とするとき，$\mathrm{E}[f(X)]>f(\mathrm{E}[X])$ が成り立つ．これを**イェンセンの不等式**(Jensen's inequality)という．これを用いて $\overline{a}_x<\overline{a}_{\overline{\mathring{e}_x|}}$ を示せ．

問題 6.5　次の等式を示せ．

(1) $\ddot{a}_{x:\overline{n|}}=1+vp_x\ddot{a}_{x+1:\overline{n-1|}}$　$(n\geqq1)$　(2) $(I\ddot{a})_x=\ddot{a}_x+vp_x(I\ddot{a})_{x+1}$

(3) $\dfrac{A_{x+n}-A_x}{1-A_x}+\dfrac{\ddot{a}_{x+n}}{\ddot{a}_x}=1$　(4) $\dfrac{1}{i}-\dfrac{a_{x:\overline{n|}}}{d\ddot{a}_{x:\overline{n|}}}=\dfrac{A^1_{x:\overline{n|}}}{1-A_{x:\overline{n|}}}$

(5) $\dfrac{v\ddot{a}_{x:\overline{n|}}-a_{x:\overline{n|}}}{\ddot{a}_{x:\overline{n|}}-a_{x:\overline{n|}}}=\dfrac{A^1_{x:\overline{n|}}}{1-A_{x:\overset{1}{\overline{n|}}}}$　(6) $1=ia_x+(1+i)A_x$

問題 6.6　$A_{x:\overline{n|}}=0.5631$，$a_{x:\overline{n|}}=14.511$ のとき，$A^1_{x:\overline{n|}}$ を求めよ．ただし，$i=3\%$ とする．

問題 6.7　$\ddot{a}^{(12)}_{x:\overline{n|}}=8.509$，$q_x=0.003$ のとき，$\ddot{a}^{(12)}_{x+1:\overline{n-1|}}$ を求めよ．ただし，$i=3\%$ とする．

問題 6.8　死力が年齢に関係なく0.05で，$\overline{a}_x=12.5$ のとき，利力 δ を求めよ．

問題 6.9　死力が年齢に関係なく μ(一定)とするとき，$\overline{a}_{x:\overline{n|}}$ を求めよ．ただし，利力は δ(一定)とする．

問題 6.10　余命が一様分布 $\mathrm{U}(0,\omega-x)$ に従うとき，$\mathrm{E}[\overline{\boldsymbol{Y}}_x]=\dfrac{(\omega-x)-\overline{a}_{\overline{\omega-x|}}}{\delta(\omega-x)}$ を示せ．ただし，ω は最終年齢を表す．

問題 6.11　次の等式を示せ．

(1) $\dfrac{d\overline{a}_{x:\overline{n|}}}{dx}=\mu_x\overline{a}_{x:\overline{n|}}-\overline{A}^1_{x:\overline{n|}}$　(2) $\dfrac{d\overline{a}_x}{dx}=\overline{a}_x(\mu_x+\delta)-1$

(3) $\dfrac{d}{dx}(l_x\overline{a}_x)=-l_x\overline{A}_x$　(4) $\dfrac{d}{dn}({}_{n|}\overline{a}_x)=-A_{x:\overset{1}{\overline{n|}}}$

問題 6.12

(1) $\ddot{a}_x=10$，${}^2\ddot{a}_x=7.5$，$i=3\%$ のとき $\mathrm{Var}(\ddot{\boldsymbol{Y}}_x)$ を求めよ．

(2) $\overline{a}_x=10$，${}^2\overline{a}_x=7.2$，$\mathrm{Var}(\overline{\boldsymbol{Y}}_x)=40$ のとき $\overline{A}_x$ を求めよ．

問題 6.13　$\mathrm{Var}(\overline{\boldsymbol{Y}}_x)=16$，$\delta=4k$，$\mu_{x+t}=k$ のとき k を求めよ．

問題 6.14 $\delta'=3\delta$, $\overline{a}'_x=\overline{a}_x$ のとき，$\mu'_{x+t}=\mu_{x+t}-2\delta$ を示せ．

問題 6.15

(1) $\mathrm{Var}(\overline{\boldsymbol{Y}}_x)=\dfrac{2}{\delta}(\overline{a}_x-{}^2\overline{a}_x)-\overline{a}_x^2$ を示せ．

(2) $\mathrm{Var}({}_{n|}\overline{\boldsymbol{Y}}_x)=\dfrac{2}{\delta}v^{2n}\cdot{}_np_x(\overline{a}_{x+n}-{}^2\overline{a}_{x+n})-({}_{n|}\overline{a}_x)^2$ を示せ．

問題 6.16 $\delta=0.03$, $\mu_{x+t}=0.06$ のとき $\overline{\boldsymbol{Y}}_x$ が 20 を超えるような x 歳の t 年生存確率を求めよ．

問題 6.17 死力が年齢に関係なく一定で，$\ddot{a}_x=16$ のとき，$(Ia)_x$ を求めよ．

問題 6.18 $\ddot{a}_{x:\overline{n}|}=d(I\ddot{a})_{x:\overline{n}|}+(IA)^{\;1}_{x:\overline{n}|}+nA_{x:\overline{n}|}^{\;1}$ を示せ．

問題 6.19 $A_x=0.2$, $\ddot{a}_x=16.8$, $(IA)_x=5$, $(I\ddot{a})_{x+1}=250$ のとき，p_x を求めよ．

問題 6.20 年間を通して死亡が一様に発生するとき，$0<u<1$ に対して次を示せ．

$$\ddot{a}_{x+u}=\frac{1-u}{1-uq_x}\ddot{a}_x+\frac{up_x}{1-uq_x}\ddot{a}_{x+1}$$

7　平準払純保険料

本章では，平準払純保険料を紹介する．つまり，1 年ごと，1 カ月ごと等というようにあらかじめ決められた期間ごとに支払われる保険期間を通じて同一額の保険料について考える．そのために第 5 章の生命保険，第 6 章の生命年金の概念を応用する．

7.1　平準払純保険料の確率的な定義

1 件ごとの契約で起こりうる保険会社の損失の現価を**保険者損失**(present value of loss)という．つまり，保険金支出の現価 $\boldsymbol{Z}$ から保険料収入の現価 $P{\cdot}\ddot{\boldsymbol{Y}}$ (P は平準払保険料)を引いたものが保険者損失 $\boldsymbol{L}$ で，保険者損失の現価は，確率変数として

$$\boldsymbol{L} = \boldsymbol{Z} - P{\cdot}\ddot{\boldsymbol{Y}} \tag{7.1.1}$$

と表される．$\boldsymbol{L}$ が正ならば保険会社の損失を，負ならば保険会社の利益を表す．これは保険会社のキャッシュフローを表す確率変数としても解釈できる．また，保険者損失 $\boldsymbol{L}$ に対して**収支相等の原則**(equivalence principle)

$$\mathrm{E}[\boldsymbol{L}] = 0 \tag{7.1.2}$$

つまり将来の保険金支払の現価の期待値と将来の保険料収入の現価の期待値が一致するとき，すなわち

$$\mathrm{E}[\boldsymbol{Z}] = \mathrm{E}[P\ddot{\boldsymbol{Y}}] = P{\cdot}\mathrm{E}[\ddot{\boldsymbol{Y}}] \tag{7.1.3}$$

が成り立つときの平準払保険料

$$P = \frac{\mathrm{E}[\boldsymbol{Z}]}{\mathrm{E}[\ddot{\boldsymbol{Y}}]} \tag{7.1.4}$$

を**平準払純保険料**(net level premium)，特に保険料が毎年始に払い込まれる場合は**年払純保険料**(net annual premium)という．

7.2　保険金年末支払・保険料年払

7.2.1　終身保険

保険金が死亡年度末に支払われる終身保険の年払純保険料(終身払)を P_x とする.

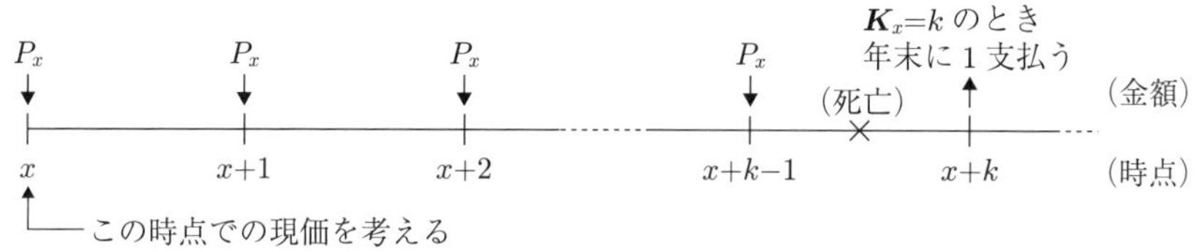

この保険の保険者損失は, 確率変数として

$$\boldsymbol{L}_x = \boldsymbol{Z}_x - P_x \ddot{\boldsymbol{Y}}_x \tag{7.2.1}$$

と表される. よって, 期待値をとると(5.1.3),(6.1.3)より

$$\mathrm{E}[\boldsymbol{L}_x] = A_x - P_x \ddot{a}_x \tag{7.2.2}$$

となり, 収支相等の原則 $\mathrm{E}[\boldsymbol{L}_x]=0$ より

$$P_x = \frac{A_x}{\ddot{a}_x} \tag{7.2.3}$$

を得る. ここで(6.1.6)より $A_x=1-d\ddot{a}_x$ を代入すると

$$P_x = \frac{1-d\ddot{a}_x}{\ddot{a}_x} = \frac{1}{\ddot{a}_x} - d \tag{7.2.4}$$

となる. 一方,

$$\ddot{\boldsymbol{Y}}_x = \ddot{a}_{\overline{\boldsymbol{K}_x|}} = \frac{1-v^{\boldsymbol{K}_x}}{d} = \frac{1-\boldsymbol{Z}_x}{d} \tag{7.2.5}$$

であるから, $\boldsymbol{L}_x$ は

$$\boldsymbol{L}_x = \boldsymbol{Z}_x - P_x \ddot{\boldsymbol{Y}}_x = \boldsymbol{Z}_x - P_x \frac{1-\boldsymbol{Z}_x}{d} = \left(1+\frac{P_x}{d}\right)\boldsymbol{Z}_x - \frac{P_x}{d} \tag{7.2.6}$$

と, $\boldsymbol{Z}_x$ で表され, これで分散をとると(2.1.6b),(5.1.6)より

$$\mathrm{Var}(\boldsymbol{L}_x) = \left(1+\frac{P_x}{d}\right)^2 \mathrm{Var}(\boldsymbol{Z}_x) = \left(1+\frac{P_x}{d}\right)^2 \{{}^2A_x - (A_x)^2\} \tag{7.2.7}$$

となる. (5.1.6)と比較して $P_x/d>0$ より,

$$\mathrm{Var}(\boldsymbol{L}_x) > \mathrm{Var}(\boldsymbol{Z}_x) \tag{7.2.8}$$

が分かる．$\boldsymbol{L}$ の分散を保険会社のリスクと考えれば，これは年払純保険料の方が一時払純保険料よりもリスクが大きいことを示している．このことは一時払純保険料の方が契約当初に多くの保険料を保険者(保険会社)が受け取るため，年払純保険料の場合と比較して契約当初の死亡に対する保険者損失が小さいという一般的感覚からもうかがえる．

また，(2.1.5)と収支相等の原則 $\mathrm{E}[\boldsymbol{L}_x]=0$ より

$$\mathrm{Var}(\boldsymbol{L}_x) = \mathrm{E}[(\boldsymbol{L}_x)^2]-\mathrm{E}[\boldsymbol{L}_x]^2 = \mathrm{E}[(\boldsymbol{L}_x)^2] \qquad (7.2.9)$$

とも表される．

その他の終身保険の年払純保険料の算式は次の表のとおりである．

保険料の払込期間が m 年の場合	${}_mP_x=\dfrac{A_x}{\ddot{a}_{x:\overline{m}\rceil}}$
据置期間が n 年	$P({}_{n\mid}A_x)=\dfrac{{}_{n\mid}A_x}{\ddot{a}_x}$
据置期間が n 年で，保険料の払込期間が m 年	${}_mP({}_{n\mid}A_x)=\dfrac{{}_{n\mid}A_x}{\ddot{a}_{x:\overline{m}\rceil}}$
保険金即時支払	$P(\overline{A}_x)=\dfrac{\overline{A}_x}{\ddot{a}_x}$

ちなみに，保険金 1 を支払う終身保険(終身払)で**予定利率** 3%[*1]，**予定死亡率**[*1]として巻末の例示用生命表を使用し，$x=30$ 歳の契約時の保険者損失 $\boldsymbol{L}_{30}$ の分布を求めてみる．保険者損失を離散モデルで考え，第 k 年度で死亡した場合の保険者損失の契約時点での現価を $\boldsymbol{L}_{30}(\boldsymbol{K}_{30}=k)$ とすると

$$\boldsymbol{L}_{30}(\boldsymbol{K}_{30} = k) = v^k - P\cdot\ddot{a}_{\overline{k}\rceil} \qquad (7.2.10)$$

また，この事象の発生確率 $\Pr(\boldsymbol{K}_{30}=k)$ は

$$\Pr(\boldsymbol{K}_{30} = k) = {}_{k-1}p_{30}\cdot q_{30+k-1} \qquad (7.2.11)$$

となる．これをグラフにまとめると以下の分布となる．

なお，保険料は収支相等の原則 $\mathrm{E}[\boldsymbol{L}_{30}]=0$ により決められたものであるため，もちろん下記でも $\mathrm{E}[\boldsymbol{L}_{30}]=0$ である．

*1　保険料を計算する際に使用する利率，死亡率をそれぞれ予定利率，予定死亡率という．

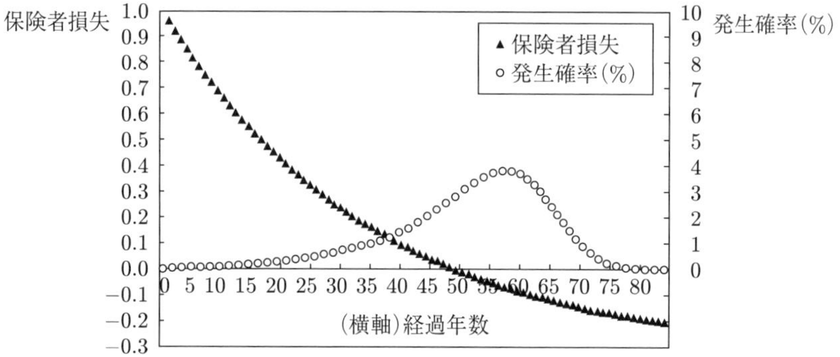

保険者損失と発生確率(%)のグラフ

7.2.2 定期保険

保険金が死亡年度末に支払われる保険期間 n 年の定期保険の年払純保険料を $P^1_{x:\overline{n}|}$ とする．この保険の保険者損失は，確率変数として

$$\boldsymbol{L}^1_{x:\overline{n}|} = \boldsymbol{Z}^1_{x:\overline{n}|} - P^1_{x:\overline{n}|}\ddot{\boldsymbol{Y}}_{x:\overline{n}|} \tag{7.2.12}$$

と表されるから，期待値をとると収支相等の原則より

$$P^1_{x:\overline{n}|} = \frac{A^1_{x:\overline{n}|}}{\ddot{a}_{x:\overline{n}|}} \tag{7.2.13}$$

となる．また，$\boldsymbol{L}^1_{x:\overline{n}|}$ の分散は(7.2.9)と同様に

$$\mathrm{Var}(\boldsymbol{L}^1_{x:\overline{n}|}) = \mathrm{E}[(\boldsymbol{L}^1_{x:\overline{n}|})^2] \tag{7.2.14}$$

で与えられる．

なお，$\boldsymbol{L}^1_{x:\overline{n}|}$ は(7.2.6)のように1つの確率変数 $\boldsymbol{Z}^1_{x:\overline{n}|}$ のみを用いて表せないので，(7.2.7)のように表すことはできない．

例題1 x 歳加入，保険金年末支払の3年定期保険を考える．予定利率は0%とし，予定死亡率は ${}_{k-1|}q_x(={}_{k-1}p_x\cdot q_{x+k-1})=0.2\ (k=1,2,3)$ とする．この定期保険の年払純保険料を求めよ．また，各年度の保険者損失と，契約時の保険者損失の分散を求めよ．

解 この定期保険の各年度の予定死亡率，保険金現価，純保険料現価，保険者損失は次のようになる．

k	予定死亡率	保険金現価	純保険料現価	保険者損失
1	0.2	$v^1=1$	$P\ddot{a}_{\overline{1}\rceil}(=P)$	$v^1-P\ddot{a}_{\overline{1}\rceil}(=1-P)$
2	0.2	$v^2=1$	$P\ddot{a}_{\overline{2}\rceil}(=2P)$	$v^2-P\ddot{a}_{\overline{2}\rceil}(=1-2P)$
3	0.2	$v^3=1$	$P\ddot{a}_{\overline{3}\rceil}(=3P)$	$v^3-P\ddot{a}_{\overline{3}\rceil}(=1-3P)$
4 以上	0.4	0	$P\ddot{a}_{\overline{3}\rceil}(=3P)$	$-P\ddot{a}_{\overline{3}\rceil}(=-3P)$

年払純保険料を，保険者損失の期待値を 0 とすることで求めてみる．

$$0.2\times(1-P)+0.2\times(1-2P)+0.2\times(1-3P)+0.4\times(-3P)=0.6-2.4P=0$$

より，$P=1/4$．また，年払純保険料を $P=\mathrm{E}[\boldsymbol{Z}]/\mathrm{E}[\ddot{\boldsymbol{Y}}]$ という式で求めてみると，

$$\mathrm{E}[\boldsymbol{Z}^{\ 1}_{x:\overline{3}\rceil}]=0.2\times1+0.2\times1+0.2\times1=0.6$$
$$\mathrm{E}[\ddot{\boldsymbol{Y}}_{x:\overline{3}\rceil}]=1\times1+(1-0.2)\times1+(1-0.2-0.2)\times1=2.4$$

より，$P=1/4$ と一致することが分かる．

$P=1/4$ を各年度の保険者損失に代入すると，1 年目の保険者損失$=3/4$， 2 年目の保険者損失$=1/2$， 3 年目の保険者損失$=1/4$， 4 年目以降の保険者損失$=-3/4$ となる．

次に分散を計算する．(7.2.14)を使えば

$$\mathrm{E}[(\boldsymbol{L}^{\ 1}_{x:\overline{3}\rceil})^2]=0.2\times\left(\frac{3}{4}\right)^2+0.2\times\left(\frac{1}{2}\right)^2+0.2\times\left(\frac{1}{4}\right)^2+0.4\times\left(-\frac{3}{4}\right)^2=\frac{2}{5},$$

$\mathrm{E}[\boldsymbol{L}^{\ 1}_{x:\overline{3}\rceil}]^2=0$，よって分散は $\mathrm{Var}(\boldsymbol{L}^{\ 1}_{x:\overline{3}\rceil})=\dfrac{2}{5}$．

7.2.3 生存保険

保険期間 n 年の生存保険の年払純保険料を $P_{x:\overline{n}\rceil}^{\ \ \ 1}$ とする．この保険の保険者損失は，確率変数として

$$\boldsymbol{L}_{x:\overline{n}\rceil}^{\ \ \ 1}=\boldsymbol{Z}_{x:\overline{n}\rceil}^{\ \ \ 1}-P_{x:\overline{n}\rceil}^{\ \ \ 1}\ddot{\boldsymbol{Y}}_{x:\overline{n}\rceil} \tag{7.2.15}$$

と表されるから，期待値をとると収支相等の原則より

$$P_{x:\overline{n}\rceil}^{\ \ \ 1}=\frac{A_{x:\overline{n}\rceil}^{\ \ \ 1}}{\ddot{a}_{x:\overline{n}\rceil}} \tag{7.2.16}$$

となる．また，$\boldsymbol{L}_{x:\overset{1}{\overline{n|}}}$ の分散は(7.2.9)と同様に以下のようになる：

$$\mathrm{Var}(\boldsymbol{L}_{x:\overset{1}{\overline{n|}}}) = \mathrm{E}[(\boldsymbol{L}_{x:\overset{1}{\overline{n|}}})^2]. \tag{7.2.17}$$

7.2.4 養老保険

保険金が年度末に支払われる保険期間 n 年の養老保険の年払純保険料を $P_{x:\overline{n|}}$ とする．この保険の保険者損失は，確率変数として

$$\boldsymbol{L}_{x:\overline{n|}} = \boldsymbol{Z}_{x:\overline{n|}} - P_{x:\overline{n|}}\ddot{\boldsymbol{Y}}_{x:\overline{n|}} \tag{7.2.18}$$

と表されるから，期待値をとると収支相等の原則より

$$P_{x:\overline{n|}} = \frac{A_{x:\overline{n|}}}{\ddot{a}_{x:\overline{n|}}} \tag{7.2.19}$$

となる．また，$A_{x:\overline{n|}}=A^1_{x:\overline{n|}}+A_{x:\overset{1}{\overline{n|}}}$ の両辺を $\ddot{a}_{x:\overline{n|}}$ で割ると，(7.2.13)と(7.2.16)より

$$P_{x:\overline{n|}} = P^1_{x:\overline{n|}}+P_{x:\overset{1}{\overline{n|}}} \tag{7.2.20}$$

を得る．

また，$\boldsymbol{L}_{x:\overline{n|}}$ の分散については $\mathrm{Var}(\boldsymbol{L}_{x:\overline{n|}})=\mathrm{E}[(\boldsymbol{L}_{x:\overline{n|}})^2]$ と表される[*2]．

一方，

$$\boldsymbol{L}_{x:\overline{n|}} = \boldsymbol{Z}_{x:\overline{n|}} - P_{x:\overline{n|}}\ddot{\boldsymbol{Y}}_{x:\overline{n|}} = \boldsymbol{Z}_{x:\overline{n|}} - P_{x:\overline{n|}}\frac{1-\boldsymbol{Z}_{x:\overline{n|}}}{d} \tag{7.2.21}$$

$$= \left(1+\frac{P_{x:\overline{n|}}}{d}\right)\boldsymbol{Z}_{x:\overline{n|}} - \frac{P_{x:\overline{n|}}}{d} \tag{7.2.22}$$

だから，分散をとると

$$\mathrm{Var}(\boldsymbol{L}_{x:\overline{n|}}) = \left(1+\frac{P_{x:\overline{n|}}}{d}\right)^2 \mathrm{Var}(\boldsymbol{Z}_{x:\overline{n|}}) = \left(1+\frac{P_{x:\overline{n|}}}{d}\right)^2 \{{}^2A_{x:\overline{n|}}-(A_{x:\overline{n|}})^2\} \tag{7.2.23}$$

となる．

---

*2 $\boldsymbol{L}_{x:\overline{n|}}=\boldsymbol{L}^1_{x:\overline{n|}}+\boldsymbol{L}_{x:\overset{1}{\overline{n|}}}$ だから

$$\mathrm{Var}(\boldsymbol{L}_{x:\overline{n|}}) = \mathrm{Var}(\boldsymbol{L}^1_{x:\overline{n|}}+\boldsymbol{L}_{x:\overset{1}{\overline{n|}}}) = \mathrm{Var}(\boldsymbol{L}^1_{x:\overline{n|}})+\mathrm{Var}(\boldsymbol{L}_{x:\overset{1}{\overline{n|}}})+2\mathrm{Cov}(\boldsymbol{L}^1_{x:\overline{n|}}, \boldsymbol{L}_{x:\overset{1}{\overline{n|}}})$$

で与えられる．ここで，収支相等の原則より $\mathrm{E}[\boldsymbol{L}^1_{x:\overline{n|}}]=\mathrm{E}[\boldsymbol{L}_{x:\overset{1}{\overline{n|}}}]=0$ だから

$$\mathrm{Cov}(\boldsymbol{L}^1_{x:\overline{n|}}, \boldsymbol{L}_{x:\overset{1}{\overline{n|}}}) = \mathrm{E}[(\boldsymbol{L}^1_{x:\overline{n|}}-\mathrm{E}[\boldsymbol{L}^1_{x:\overline{n|}}])(\boldsymbol{L}_{x:\overset{1}{\overline{n|}}}-\mathrm{E}[\boldsymbol{L}_{x:\overset{1}{\overline{n|}}}])] = \mathrm{E}[\boldsymbol{L}^1_{x:\overline{n|}}\cdot\boldsymbol{L}_{x:\overset{1}{\overline{n|}}}]$$

となる．よって

$$\begin{aligned}\mathrm{Var}(\boldsymbol{L}_{x:\overline{n|}}) &= \mathrm{E}[(\boldsymbol{L}^1_{x:\overline{n|}})^2]+\mathrm{E}[(\boldsymbol{L}_{x:\overset{1}{\overline{n|}}})^2]+2\mathrm{E}[\boldsymbol{L}^1_{x:\overline{n|}}\cdot\boldsymbol{L}_{x:\overset{1}{\overline{n|}}}] \\ &= \mathrm{E}[(\boldsymbol{L}^1_{x:\overline{n|}}+\boldsymbol{L}_{x:\overset{1}{\overline{n|}}})^2] = \mathrm{E}[(\boldsymbol{L}_{x:\overline{n|}})^2].\end{aligned}$$

ここで，保険料払込期間 m が保険期間 n よりも短い場合について考えてみよう．この場合の養老保険の年払純保険料を ${}_mP_{x:\overline{n}|}$ で表すと，保険者損失 ${}_m\boldsymbol{L}_{x:\overline{n}|}$ は

$$ {}_m\boldsymbol{L}_{x:\overline{n}|} = \boldsymbol{Z}_{x:\overline{n}|} - {}_mP_{x:\overline{n}|}\ddot{\boldsymbol{Y}}_{x:\overline{m}|} \tag{7.2.24} $$

で与えられる．期待値をとり，収支相等の原則 $\mathrm{E}[{}_m\boldsymbol{L}_{x:\overline{n}|}]=0$ より

$$ {}_mP_{x:\overline{n}|} = \frac{A_{x:\overline{n}|}}{\ddot{a}_{x:\overline{m}|}} \tag{7.2.25} $$

となる．また，分散は(7.2.9)と同様に $\mathrm{Var}({}_m\boldsymbol{L}_{x:\overline{n}|})=\mathrm{E}[({}_m\boldsymbol{L}_{x:\overline{n}|})^2]$ で与えられる．

なお，${}_m\boldsymbol{L}_{x:\overline{n}|}$ は(7.2.6)のように 1 つの確率変数 $\boldsymbol{Z}_{x:\overline{n}|}$ のみを用いて表せないので，(7.2.7)のように表すことはできない．

7.2.5 年金

年金の支払いが $x+n$ 歳開始で保険料払込期間が n 年の終身年金の年払純保険料 $P({}_{n|}\ddot{a}_x)$ を考える．

期始払の場合の保険者損失は

$$ \boldsymbol{L} = {}_{n|}\ddot{\boldsymbol{Y}}_x - P({}_{n|}\ddot{a}_x)\ddot{\boldsymbol{Y}}_{x:\overline{n}|} \tag{7.2.26} $$

であるから，期待値をとり収支相等の原則 $\mathrm{E}[\boldsymbol{L}]=0$ より

$$ P({}_{n|}\ddot{a}_x) = \frac{{}_{n|}\ddot{a}_x}{\ddot{a}_{x:\overline{n}|}} \tag{7.2.27} $$

となる．その他の年金の年払純保険料は次の表のとおりである．

期末払	$P({}_{n\|}a_x)=\dfrac{{}_{n\|}a_x}{\ddot{a}_{x:\overline{n}\|}}$
連続払	$P({}_{n\|}\bar{a}_x)=\dfrac{{}_{n\|}\bar{a}_x}{\ddot{a}_{x:\overline{n}\|}}$

7.2.6 保険料年 m 回払込

保険料を年 m 回払い込む場合で，保険金が年度末に支払われる終身保険の年換算純保険料 $P_x^{(m)}$ [*3] について考える．この保険の保険者損失は

*3 月払(年 12 回払)であれば，毎月払う純保険料は $\dfrac{1}{12}P_x^{(m)}$ となる．

$$\boldsymbol{L}_x^{(m)} = \boldsymbol{Z}_x - P_x^{(m)}\ddot{\boldsymbol{Y}}_x^{(m)} \tag{7.2.28}$$

と表されるから，両辺の期待値をとり収支相等の原則 $\mathrm{E}[\boldsymbol{L}_x^{(m)}]=0$ より

$$P_x^{(m)} = \frac{A_x}{\ddot{a}_x^{(m)}} \tag{7.2.29}$$

となる．その他の保険の年 m 回払込，年換算純保険料は次の表のとおりである．

定期保険	$P_{x:\overline{n}\rceil}^{1}{}^{(m)} = \dfrac{A_{x:\overline{n}\rceil}^{1}}{\ddot{a}_{x:\overline{n}\rceil}^{(m)}}$
生存保険	$P_{x:\overline{n}\rceil}{}^{\!\!\!1}{}^{(m)} = \dfrac{A_{x:\overline{n}\rceil}{}^{\!\!\!1}}{\ddot{a}_{x:\overline{n}\rceil}^{(m)}}$
養老保険	$P_{x:\overline{n}\rceil}^{(m)} = \dfrac{A_{x:\overline{n}\rceil}}{\ddot{a}_{x:\overline{n}\rceil}^{(m)}}$

また，$\boldsymbol{L}_x^{(m)}$ の分散は(7.2.9)と同様に $\mathrm{Var}(\boldsymbol{L}_x^{(m)})=\mathrm{E}[(\boldsymbol{L}_x^{(m)})^2]$ となる．

7.3　保険金即時支払・保険料連続払

保険金即時支払，保険料連続払込の終身保険について考える．この保険の年払純保険料を $\overline{P}(\overline{A}_x)$ で表すと，保険者損失の現価は

$$\overline{\boldsymbol{L}}(\overline{A}_x) = \overline{\boldsymbol{Z}}_x - \overline{P}(\overline{A}_x)\overline{\boldsymbol{Y}}_x \tag{7.3.1}$$

と表されるから，期待値をとって収支相等の原則より

$$\overline{P}(\overline{A}_x) = \frac{\overline{A}_x}{\overline{a}_x} \tag{7.3.2}$$

であり，$\overline{A}_x=1-\delta\overline{a}_x$ より

$$\overline{P}(\overline{A}_x) = \frac{1-\delta\overline{a}_x}{\overline{a}_x} = \frac{1}{\overline{a}_x}-\delta \tag{7.3.3}$$

となる．また，保険者損失 $\overline{\boldsymbol{L}}(\overline{A}_x)$ の分散は(7.2.9)などと同様に

$$\mathrm{Var}(\overline{\boldsymbol{L}}(\overline{A}_x)) = \mathrm{E}[\overline{\boldsymbol{L}}(\overline{A}_x)^2] \tag{7.3.4}$$

となる．一方，

$$\overline{\boldsymbol{L}}(\overline{A}_x)=\overline{\boldsymbol{Z}}_x-\overline{P}(\overline{A}_x)\overline{\boldsymbol{Y}}_x=\overline{\boldsymbol{Z}}_x-\overline{P}(\overline{A}_x)\frac{1-\overline{\boldsymbol{Z}}_x}{\delta} \tag{7.3.5}$$

$$=\left(1+\frac{\overline{P}(\overline{A}_x)}{\delta}\right)\overline{\boldsymbol{Z}}_x-\frac{\overline{P}(\overline{A}_x)}{\delta} \tag{7.3.6}$$

であるから，分散をとると以下のようになる．

$$\mathrm{Var}(\overline{\boldsymbol{L}}(\overline{A}_x))=\left(1+\frac{\overline{P}(\overline{A}_x)}{\delta}\right)^2\mathrm{Var}(\overline{\boldsymbol{Z}}_x) \tag{7.3.7}$$

$$=\left(1+\frac{\overline{P}(\overline{A}_x)}{\delta}\right)^2\{{}^2\overline{A}_x-(\overline{A}_x)^2\}. \tag{7.3.8}$$

7.4　保険料返還付の保険

期間 n 年で満期前に死亡したときは払込保険料累計を無利息で返還し，満期まで生存すれば保険金 1 を支払う保険の年払純保険料 P を求めてみる．

この保険の保険者損失 $\boldsymbol{L}$ を $\boldsymbol{K}_x$ で表すと

$$\boldsymbol{L}=\begin{cases}\boldsymbol{K}_xPv^{\boldsymbol{K}_x}-P\ddot{a}_{\overline{\boldsymbol{K}_x}|} & (1\leqq \boldsymbol{K}_x\leqq n)\\ v^n-P\ddot{a}_{\overline{n}|} & (\boldsymbol{K}_x>n)\end{cases} \tag{7.4.1}$$

となる．

$$\mathrm{E}[\boldsymbol{L}]=P\cdot(IA)^{1}_{x:\overline{n}|}+A_{x:\overset{1}{\overline{n}|}}-P\cdot\ddot{a}_{x:\overline{n}|} \tag{7.4.2}$$

であるので収支相等の原則 $\mathrm{E}[\boldsymbol{L}]=0$ として P を求めると以下のようになる：

$$P=\frac{A_{x:\overset{1}{\overline{n}|}}}{\ddot{a}_{x:\overline{n}|}-(IA)^{1}_{x:\overline{n}|}}. \tag{7.4.3}$$

7.5　分散を利用した例

例題 2　年齢 x 歳の終身保険を n 件(互いの生死は独立と仮定)契約したとする．契約時の保険者損失が 0 より大きくなる確率を 5% 以下としたい．保険金額は 1 とする．この場合，中心極限定理により正規分布近似ができると仮定すると n は何件以上必要か求めよ．予定利率は 3%，x は 30 歳，$A_{30}=0.24751$，${}^2A_{30}=0.07476$，保険料は 0.00968 である(これは $\mathrm{E}[\boldsymbol{L}]=0$ で算出した保険料ではない．なお，$\mathrm{E}[\boldsymbol{L}]=0$ で求めた保険料は

0.00958 である).

解 全体の保険者損失を $\boldsymbol{L}$，ある契約者 i についての保険者損失を $\boldsymbol{L}_i$ とすると，

$$\boldsymbol{L} = \boldsymbol{L}_1+\boldsymbol{L}_2+\cdots+\boldsymbol{L}_n \tag{7.5.1}$$

$$\begin{aligned}\boldsymbol{L}_i &= \boldsymbol{Z}_{30}-P\cdot\ddot{\boldsymbol{Y}}_{30} = \left(1+\frac{P}{d}\right)\cdot\boldsymbol{Z}_{30}-\frac{P}{d}\\ &= \left(1+\frac{0.00968}{\frac{0.03}{1.03}}\right)\cdot\boldsymbol{Z}_{30}-\frac{0.00968}{\frac{0.03}{1.03}} = 1.332347\boldsymbol{Z}_{30}-0.332347\end{aligned} \tag{7.5.2}$$

これより

$$\mathrm{E}[\boldsymbol{L}_i] = 1.332347A_{30}-0.332347 = -0.002578 \tag{7.5.3}$$

$$\mathrm{Var}(\boldsymbol{L}_i) = (1.332347)^2\left\{{}^2A_{30}-(A_{30})^2\right\} = 0.023962 \tag{7.5.4}$$

$$\mathrm{E}[\boldsymbol{L}] = n\cdot\mathrm{E}[\boldsymbol{L}_i] = -0.002578\cdot n \tag{7.5.5}$$

$$\mathrm{Var}(\boldsymbol{L}) = n\cdot\mathrm{Var}(\boldsymbol{L}_i) = 0.023962\cdot n \tag{7.5.6}$$

$$\sigma(\boldsymbol{L}) = \sqrt{\mathrm{Var}(\boldsymbol{L})} = 0.154797\cdot\sqrt{n}. \tag{7.5.7}$$

標準化すると，$\boldsymbol{z}=\dfrac{\boldsymbol{L}-\mathrm{E}[\boldsymbol{L}]}{\sqrt{\mathrm{Var}(\boldsymbol{L})}}$ または，$\boldsymbol{L}=E[\boldsymbol{L}]+\boldsymbol{z}\sqrt{\mathrm{Var}(\boldsymbol{L})}$ であり，$\boldsymbol{L}>0\Leftrightarrow\mathrm{E}[\boldsymbol{L}]+\boldsymbol{z}\sqrt{\mathrm{Var}(\boldsymbol{L})}>0\Leftrightarrow\boldsymbol{z}>-\dfrac{\mathrm{E}[\boldsymbol{L}]}{\sqrt{\mathrm{Var}(\boldsymbol{L})}}$ なので，

$$\Pr(\boldsymbol{L}>0) = \Pr\left(\boldsymbol{z}>\frac{-(-0.002578\cdot n)}{0.154797\cdot\sqrt{n}}\right) \leqq 0.05 \tag{7.5.8}$$

$$\begin{aligned}&\Leftrightarrow \frac{0.002578\cdot\sqrt{n}}{0.154797} \geqq u(0.05)^{*4} = 1.645\\ &\Leftrightarrow \sqrt{n} \geqq \frac{1.645\times0.154797}{0.002578}\\ &\Leftrightarrow n \geqq 9756.43.\end{aligned}$$

よって n は結果として 9,757 件以上必要.

*4 $u(\alpha)$ とは，標準正規分布において下図斜線部分の面積が α となる点($(1-\alpha)$ 分位点(パーセンタイル)).

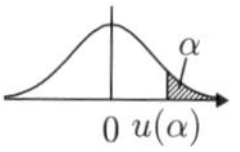

$$0.05 = \int_{1.645}^{\infty}\frac{1}{\sqrt{2\pi}}e^{-t^2/2}dt \Leftrightarrow u(0.05) = 1.645$$

発展：パーセンタイル保険料

収支相等の原則 $\mathrm{E}[\boldsymbol{L}_x]=0$ が成り立つように定められた保険料を純保険料(一般に P_x で表す)といったが，ここでは**パーセンタイル保険料**(percentile premium)について(ここでは π で表す)考える．

パーセンタイル保険料とは，保険者損失 $\boldsymbol{L}$ が正となる確率がある値 α 以下になるように定める最小の保険料である．つまり，$\Pr(\boldsymbol{L}>0)\leqq\alpha$ となるように定める最小の保険料をパーセンタイル保険料というのである．

x 歳の終身保険が n(n は十分大きいとする)件ある場合について考えよう．パーセンタイル保険料 π_x についての保険者損失 $\boldsymbol{L}_x=\boldsymbol{Z}_x-\pi_x\ddot{\boldsymbol{Y}}_x$ に対して，各 $\boldsymbol{L}_x$ は独立同分布に従うと仮定すれば，中心極限定理より $\boldsymbol{L}=\sum\boldsymbol{L}_x$ の分布は平均 $\mathrm{E}[\boldsymbol{L}]$，分散 $\mathrm{Var}(\boldsymbol{L})$ の正規分布に従うとみなせる．標準化すると，$\boldsymbol{z}=\dfrac{\boldsymbol{L}-\mathrm{E}[\boldsymbol{L}]}{\sqrt{\mathrm{Var}(\boldsymbol{L})}}$ または，$\boldsymbol{L}=\mathrm{E}[\boldsymbol{L}]+\boldsymbol{z}\sqrt{\mathrm{Var}(\boldsymbol{L})}$ であり

$$\boldsymbol{L}>0 \Leftrightarrow \mathrm{E}[\boldsymbol{L}]+\boldsymbol{z}\sqrt{\mathrm{Var}(\boldsymbol{L})}>0 \Leftrightarrow \boldsymbol{z}>-\frac{\mathrm{E}[\boldsymbol{L}]}{\sqrt{\mathrm{Var}(\boldsymbol{L})}} \tag{7.5.9}$$

$$\begin{aligned}\Pr(\boldsymbol{L}>0)\leqq\alpha &\Leftrightarrow \Pr\left(\boldsymbol{z}>-\frac{\mathrm{E}[\boldsymbol{L}]}{\sqrt{\mathrm{Var}(\boldsymbol{L})}}\right)\leqq\alpha \\ &\Leftrightarrow -\frac{\mathrm{E}[\boldsymbol{L}]}{\sqrt{\mathrm{Var}(\boldsymbol{L})}}=u(\alpha)^{*4}.\end{aligned} \tag{7.5.10}$$

ここで，

$$\mathrm{E}[\boldsymbol{L}]=\mathrm{E}[\textstyle\sum\boldsymbol{L}_x]=n\cdot\mathrm{E}[\boldsymbol{L}_x] \tag{7.5.11}$$

$$\mathrm{Var}(\boldsymbol{L})=\mathrm{Var}(\textstyle\sum\boldsymbol{L}_x)=n\cdot\mathrm{Var}(\boldsymbol{L}_x) \tag{7.5.12}$$

を(7.5.10)に代入すると

$$-\frac{n\cdot\mathrm{E}[\boldsymbol{L}_x]}{\sqrt{n\cdot\mathrm{Var}(\boldsymbol{L}_x)}}=-\frac{\sqrt{n}\cdot\mathrm{E}[\boldsymbol{L}_x]}{\sqrt{\mathrm{Var}(\boldsymbol{L}_x)}}=u(\alpha) \tag{7.5.13}$$

$$\mathrm{E}[\boldsymbol{L}_x]=-\frac{\sqrt{\mathrm{Var}(\boldsymbol{L}_x)}}{\sqrt{n}}u(\alpha). \tag{7.5.14}$$

ここで，(7.2.7)より

$$\sqrt{\mathrm{Var}(\boldsymbol{L}_x)}=\left(1+\frac{\pi_x}{d}\right)\sqrt{\mathrm{Var}(\boldsymbol{Z}_x)} \tag{7.5.15}$$

$$\mathrm{E}[\boldsymbol{L}_x]=-\frac{(1+\frac{\pi_x}{d})\sqrt{\mathrm{Var}(\boldsymbol{Z}_x)}}{\sqrt{n}}u(\alpha) \tag{7.5.16}$$

となる．ここで，

$$\mathrm{E}[\boldsymbol{L}_x]=\mathrm{E}[\boldsymbol{Z}_x]-\pi_x\cdot\mathrm{E}[\ddot{\boldsymbol{Y}}_x]=A_x-\pi_x\ddot{a}_x \tag{7.5.17}$$

を(7.5.16)に代入して

$$A_x - \pi_x \ddot{a}_x = -\frac{\left(1+\frac{\pi_x}{d}\right)\sqrt{\mathrm{Var}(\boldsymbol{Z}_x)}}{\sqrt{n}} u(\alpha)$$

$$A_x + \frac{u(\alpha)\sqrt{\mathrm{Var}(\boldsymbol{Z}_x)}}{\sqrt{n}} = \pi_x\left(\ddot{a}_x - \frac{u(\alpha)\sqrt{\mathrm{Var}(\boldsymbol{Z}_x)}}{d\sqrt{n}}\right).$$

ゆえに

$$\pi_x = \frac{A_x + \frac{u(\alpha)\sqrt{\mathrm{Var}(\boldsymbol{Z}_x)}}{\sqrt{n}}}{\ddot{a}_x - \frac{u(\alpha)\sqrt{\mathrm{Var}(\boldsymbol{Z}_x)}}{d\sqrt{n}}}. \tag{7.5.18}$$

これが契約件数が十分多い場合のパーセンタイル保険料の算式となる．

なお，

$$\lim_{n\to\infty} \pi_x = P_x \tag{7.5.19}$$

も成り立つ．

例えば，$x=30$，$i=3\%$，$\alpha=5\%$，$n=10{,}000$，保険金額 1 として，$\ddot{a}_{30}=25.836$，$u(\alpha)=1.645$，$A_{30}=0.24751$，${}^2A_{30}=0.07476$，$\mathrm{Var}(\boldsymbol{Z}_{30})={}^2A_{30}-(A_{30})^2$ を(7.5.18)に代入してパーセンタイル保険料を求めると

$$\pi_{30} = 0.009679 \quad (P_{30} = 0.009580).$$

7.6 被保険者群団を前提とした平準払純保険料

ここまでは被保険者 1 人の生命保険モデルにより平準払純保険料を算出した．ここでは生命表により与えられる被保険者群団 $(l_0, l_1, \cdots, l_\omega)$ を前提とした平準払純保険料 P を算出することを考える．

l_x 人の x 歳の人が，死亡年度末に保険金が支払われる終身保険の平準払純保険料を P とすると，保険者(保険会社)が受け取る保険料収入は第 1 保険年度始に l_x 人から P(現価は P)，第 2 保険年度始に l_{x+1} 人から P(現価は $P\cdot v$)，第 3 保険年度始に l_{x+2} 人から P(現価は $P\cdot v^2$)，…，となり収入の現価総額は $P\cdot l_x + P\cdot v l_{x+1} + \cdots$ となる．また，保険金の支払いは第 1 保険年度始に d_x 人へ 1(現価は v)，第 2 保険年度始に d_{x+1} 人へ 1(現価は v^2)，第 3 保険年度始に d_{x+2} 人へ 1(現価は v^3)，…，となり支出の現価総額は $vd_x + v^2 d_{x+1} + \cdots$ となる．この保険料収入現価と保険金支出現価が等しくなるように保険料 P を定めると以下のようになる：

$$P\cdot l_x+P\cdot vl_{x+1}+\cdots = vd_x+v^2d_{x+1}+\cdots \tag{7.6.1}$$

$$P\cdot\sum_{k=0}^{\infty} v^k l_{x+k} = \sum_{k=1}^{\infty} v^k d_{x+k-1}. \tag{7.6.2}$$

両辺を l_x で割ると，

$$P\cdot\sum_{k=0}^{\infty} v^k {}_kp_x = \sum_{k=1}^{\infty} v^k {}_{k-1}p_x\cdot q_{x+k-1} \tag{7.6.3}$$

$$P = \frac{A_x}{\ddot{a}_x} \tag{7.6.4}$$

となる．この結果から生命保険モデルにより確率的な方法で算出した平準払純保険料(7.2.3)と一致していることが確認できる．

7.7　章末問題

特に断りがない限り，保険金は死亡年度末支払，保険料は年払とする．

問題 7.1　70 歳加入，死亡年度末に 410 を支払う終身保険がある．保険料は k 年目期始に $P_k=P_1(1+i)^{k-1}$ が支払われる．死亡年齢を表す確率変数は $\omega=110$ の一様分布に従うとき，P_1 を求めよ．ただし，i は予定利率で 3% とする．また $a_{\overline{40|}}=23.1148$ を用いてもよい．

問題 7.2　期間 n 年で満期前に死亡したときは，死亡年度末に既払保険料について予定利率による付利をした元利合計を支払い，満期まで生存すれば保険金 1 を支払う保険の年払純保険料 P は，$\dfrac{1}{\ddot{s}_{\overline{n|}}}$ となり，死亡発生の分布によらないことを示せ．

問題 7.3　保険金即時支払，保険料連続払の終身保険について保険者損失の確率変数 $\overline{\boldsymbol{L}}_x$ が $\boldsymbol{L}_x=\left(1+\dfrac{\overline{P}(\overline{A}_x)}{\delta}\right)\overline{\boldsymbol{Z}}_x-\dfrac{\overline{P}(\overline{A}_x)}{\delta}$ で定義されているとき，$\mathrm{E}[(\overline{\boldsymbol{L}}_x)^2]$ は $\mathrm{Var}(\overline{\boldsymbol{L}}_x)=\left(\dfrac{1}{\delta\overline{a}_x}\right)^2\{{}^2\overline{A}_x-(\overline{A}_x)^2\}$ の右辺に変形できることを示せ．

問題 7.4　終身保険の保険者損失の確率変数 $\boldsymbol{L}_x$ について以下の条件が与えられているとき $\mathrm{E}[\boldsymbol{L}_{40}]$ の値を求めよ．

$A_{40}=0.32482$,　$\mathrm{Var}(\boldsymbol{L}_{40})=0.045$,　${}^2A_{40}=0.12377$,　$i=0.03$.

問題 7.5　終身保険の保険者損失の確率変数 $\boldsymbol{L}_x$ では $\mathrm{E}[\boldsymbol{L}_x]=0$ となるように年払純保険料を定めているが，$\boldsymbol{L}'_x$ は $\mathrm{E}[\boldsymbol{L}'_x]=-0.25$ となるように年払保険料を定めたものとする．$\mathrm{Var}(\boldsymbol{L}_x)=0.20$ のとき $\mathrm{Var}(\boldsymbol{L}'_x)$ を求めよ．

問題 7.6　$\boldsymbol{L}'_x(\boldsymbol{K}_x=k)=v^k-0.03\ddot{a}_{\overline{k}|}$ とし，$\mathrm{Var}(\boldsymbol{L}'_x)=0.06$，$d=0.03$，収支相等の原則で求めた年払純保険料を P_x，保険者損失を $\boldsymbol{L}_x$ とする．$\mathrm{Var}(\boldsymbol{L}_x)=0.04$ のとき P_x を求めよ．

問題 7.7　保険金即時支払，保険料連続払の終身保険の保険者損失の確率変数を $\overline{\boldsymbol{L}}$ とする．以下が与えられているとき，$\overline{P}(\overline{A}_x)$ を求めよ．

$\overline{a}_x=10$，$\mathrm{Var}(\overline{\boldsymbol{Z}}_x)/\mathrm{Var}(\overline{\boldsymbol{L}})=0.49$.

問題 7.8　50 歳加入，保険金即時支払，保険料連続払の終身保険の保険者損失の確率変数を $\overline{\boldsymbol{L}}$ とする．適用する生命モデルは，$\omega=110$ のド・モアブルの法則に従うものとする．$\delta=0.013$ が与えられているとき $\mathrm{Var}(\overline{\boldsymbol{L}})$ の値を求めよ．

問題 7.9　50 歳加入，保険料払込期間 10 年，60 歳から年金額 200 の終身年金について保険料払込期間中に死亡した場合は，既払込保険料を返還する(利息はつけない)．以下が与えられているとき年払純保険料を求めよ．

$(IA)^{\,1}_{50:\overline{10}|}=0.276$，$\ddot{a}_{50}=19.876$，$\ddot{a}_{50:\overline{10}|}=8.613$.

問題 7.10　x 歳で契約，保険期間 n 年，保険金年末支払の場合，全期払込年払純保険料が

(1) 養老保険については，死亡保険金(=満期保険金)1 に対して 4.05%

(2) 満期保険金が死亡保険金の 2 倍の金額を支払う養老保険については，死亡保険金 1 に対して 7.00%

(3) 死亡の場合に既払保険料を返還する生存保険(満期時満期保険金 1 を支払う)については，満期保険金 1 に対して 3.60%

であった．今，死亡に対し既払保険料の 1/2 を返還する生存保険(満期時満期保険金 1 を支払う)を考えると年払純保険料はいくらになるか．

問題 7.11　x 歳加入，保険期間 $2n$ 年の保険で，次の給付を行う保険を考える．

(1) 死亡保険金　最初の n 年間：2，残りの n 年間：1(保険金年末支払)

(2) 生存保険金 n 年経過時：1，満期時：1

この保険の年払純保険料 P は，保険期間中，被保険者が生存する限り各保険年度始に払い込まれるものとする．今，P=0.1703 とし，保険金年末支払の養老保険の年払純保険料が $P_{x:\overline{n|}}$=0.1705，$P_{x:\overline{2n|}}$=0.0740 であるとき，予定利率 i を求めよ．

問題 7.12 終身保険の収支相等の原則のもとで算出した年払純保険料を P_x，保険者損失を $\boldsymbol{L}_x$ とする．また，$\boldsymbol{L}_x^{\pi}$ を年払保険料を π_x=1.2P_x として算出した保険者損失とする．Var($\boldsymbol{L}_x$)=0.06，A_x=0.4，$\ddot{a}_x$=20 としたときの Var($\boldsymbol{L}_x^{\pi}$) を求めよ．

問題 7.13 q_x=0.05，q_{x+1}=0.10，v=0.95 のとき，Var($\boldsymbol{L}^{1}_{x:\overline{2|}}$) を求めよ．

問題 7.14 年払純保険料 P_x=0.020，P_{x+1}=0.021，生存率 p_x=0.990 のとき，予定利率 i%(>0) の値を求めよ．（平成 10 年度アクチュアリー試験）

問題 7.15 A 生命保険会社は以下の条件の即時支払開始終身年金契約を契約者と締結したものとする．

(1) 予定利率は 3%．

(2) 契約の内容は次のとおりとする．（互いの生死は独立とする．）

年齢 (x)	年金支払者数	毎年の年金額	$\ddot{a}_x$	A_x	${}^2A_x$
60 歳	40 人	1	16.024	0.53329	0.30807
70 歳	30 人	2	11.689	0.65954	0.45572

正規分布近似を前提として，この年金契約の負債全体を確率変数としてみた場合の契約時における分布の上位 5% の値を求めよ．上位 5% については 7.5 節の注 4 記載の数値を使用せよ．

問題 7.16

(1) P_x は収支相等の原則により算出した終身保険の年払純保険料，$\boldsymbol{L}_x$ は P_x のもとでの保険者損失とする．

(2) $\boldsymbol{L}'_x$ は 1.1×P_x の前提で保険料設定した場合の保険者損失を表すものとする．$\ddot{a}_x$=25，d=0.03，Var($\boldsymbol{L}_x$)=0.0238 の場合の $E[\boldsymbol{L}'_x]$，Var($\boldsymbol{L}'_x$) を求めよ．

問題 7.17 【Excel 演習】

（1） 問題 5.20（1）の定期保険の設例で，i=3% のときの $P^{1}_{40:\overline{10}|}$ と $\mathrm{Var}(\boldsymbol{L}^{1}_{40:\overline{10}|})$ を求めよ．

（2） 被保険者が 1 万人の保険集団を考え，契約時の保険者損失が 0 より大きくなる確率を 5% 以内にとどめたい．i=3% のとき，年払保険料をいくらに設定すればよいか．

（3） i=5% のとき，（1），（2）はどうなるか．

問題 7.18 【Excel 演習】

（1） 問題 5.20（2）の養老保険の設例で，i=3% のときの $P_{40:\overline{10}|}$ と $\mathrm{Var}(\boldsymbol{L}_{40:\overline{10}|})$ を求めよ．

（2） 被保険者が 1 万人の保険集団を考え，契約時の保険者損失が 0 より大きくなる確率を 5% 以内にとどめたい．i=3% のとき，年払保険料をいくらに設定すればよいか．

（3） i=5% のとき，（1），（2）はどうなるか．

8 責任準備金(純保険料式)

収支相等の原則による純保険料を用いれば契約時での保険者損失の期待値はゼロとなる．では，保険期間の途中において，保険者損失の期待値計算を行えばどうなるであろうか．このとき期待値はもはやゼロにはならない．例えば終身払込終身保険の場合，時間経過とともに死亡率が増加するため保険金支出の期待値は増加する一方，被保険者の生存を条件に払込まれる平準払保険料は，時間経過とともにその収入期待値は減少する．この将来の支出と収入の差額を埋めるためには保険会社は何らかの積立を行う必要がある．これが**責任準備金**である．責任準備金は将来の保険金支払のために保険期間の途中で積み立てるべき負債となっている．この責任準備金は生命保険数学で最も重要な事項のひとつであり，これを学ぶことにより，生命保険数学のより深い理解が可能となる．

8.1 責任準備金の確率的な定義

8.1.1 条件付期待値としての責任準備金

第7章で定義した確率変数 $\boldsymbol{L}_x$ は，契約時における将来の保険者損失現価を表すものであった．これを拡張して，時点 t における将来保険者損失の現価を表す確率変数 ${}_t\boldsymbol{L}_x$ を，次のように定義しよう：

$$
\begin{aligned}
{}_t\boldsymbol{L}_x =&(\text{時点}\ t\ \text{以降に支払う保険金支出現価の確率変数})\\
&-(\text{時点}\ t\ \text{以降に受け取る純保険料収入現価の確率変数}).
\end{aligned}
$$

つまり ${}_t\boldsymbol{L}_x$ は時点 t 以降のキャッシュフローの，時点 t での現価を表す確率変数とする．このとき，時点 t でやりとりする保険金と保険料は次のとおり取り扱う．

(1) その時点に支払う死亡保険金は，すでに支払ったものとして含めない．

(2) その時点に支払う生存保険金は，まだ支払っていないものとする．また，その時点で収入すべき保険料は，まだ収入されていないものとする．

この ${}_t\boldsymbol{L}_x$ は確率変数であるが，確率変数 $\boldsymbol{K}_x$（連続の場合は $\boldsymbol{T}_x$）を変数とする関数である．このとき，責任準備金 ${}_tV_x$ は，被保険者が時点 t で生存している条件（$\boldsymbol{K}_x>t$）のもとでの ${}_t\boldsymbol{L}_x$ の期待値である．すなわち，条件付期待値

$$ {}_tV_x = \mathrm{E}[{}_t\boldsymbol{L}_x | \boldsymbol{K}_x > t] \qquad (8.1.1) $$

と定義する．

ここで注意してほしいことは，現価計算は時点 t で計算する（時点 t 以降のキャッシュフローを，時点 t で計算する）ことである．これに留意して終身保険（終身払込）について考える．確率変数は $\boldsymbol{K}_x$ を用いる．

保険者損失 ${}_t\boldsymbol{L}_x$ を確率変数 $\boldsymbol{K}_x$ を用いて表す．このとき，時点 t において被保険者が生存しているとき，すなわち $\boldsymbol{K}_x>t$ である場合と，時点 t において被保険者が死亡しているとき，すなわち $\boldsymbol{K}_x \leqq t$ である場合に分けて考える．$\boldsymbol{K}_x>t$ の場合で被保険者が第 k 年度に死亡したとき，時点 t 以降のキャッシュフローは次の図のようになる．

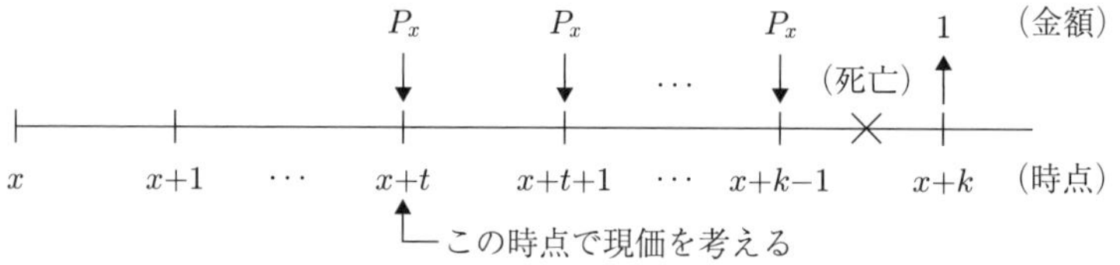

時点 t での保険金の現価は v^{k-t} となり，純保険料収入の現価は $P_x \cdot \ddot{a}_{\overline{k-t|}}$ となる．よって $\boldsymbol{K}_x>t$ のとき

$$ {}_t\boldsymbol{L}_x = v^{\boldsymbol{K}_x - t} - P_x \cdot \ddot{a}_{\overline{\boldsymbol{K}_x - t|}} \qquad (8.1.2) $$

となる．時点 t までに既に被保険者が死亡している場合（すなわち $K_x \leqq t$ の場合），時点 t 以降のキャッシュフローは発生しない．すなわち ${}_tL_x=0$ である．

$$ {}_tL_x = \begin{cases} v^{K_x - t} - P_x \cdot \ddot{a}_{\overline{K_x - t|}} & K_x > t \text{ のとき} \\ 0 & K_x \leqq t \text{ のとき．} \end{cases} \qquad (8.1.3) $$

この ${}_tL_x$ を $K_x>t$ という条件で期待値をとると

$$ \mathrm{E}[{}_tL_x | K_x > t] = A_{x+t} - P_x \cdot \ddot{a}_{x+t} \qquad (8.1.4) $$

となる．これが責任準備金 ${}_tV_x$ である．

なお，$K_x>t$ に限定すれば，条件付確率 $\Pr(K_x=t+j | K_x>t)$ は $\Pr(K_{x+t}=$

j) に等しく，${}_tL_x$ はキャッシュフローの図からわかるように，$x+t$ 歳の確率変数として，$x+t$ 歳で終身保険に加入したときの確率変数 Z_{x+t} と，純保険料 P_x を $x+t$ 歳から収入すると考えたときの確率変数 $P_x \cdot \ddot{Y}_{x+t}$ の差に等しい．すなわち，

$$ {}_tL_x = Z_{x+t} - P_x \cdot \ddot{Y}_{x+t} \qquad (8.1.5) $$

と考えることができる．

保険者損失 ${}_t\boldsymbol{L}_x$ の条件付期待値計算を行う方法は，純保険料計算と同様に保険金支出と保険料収入の期待値を計算する方法と各年度の保険者損失から計算する方法がある．ここでは後者についても同様の結果が導かれることを確認する：

$\boldsymbol{K}_x$	保険者損失	条件付確率
$t+1$ のとき	$v - P_x \cdot \ddot{a}_{\overline{1}\rceil}$	$\Pr(\boldsymbol{K}_x = t+1 \mid \boldsymbol{K}_x > t)$
$t+2$ のとき	$v^2 - P_x \cdot \ddot{a}_{\overline{2}\rceil}$	$\Pr(\boldsymbol{K}_x = t+2 \mid \boldsymbol{K}_x > t)$
⋮	⋮	⋮

$$ \mathrm{E}[{}_t\boldsymbol{L}_x \mid \boldsymbol{K}_x > t] = \mathrm{E}[v^{\boldsymbol{K}_x - t} - P_x \cdot \ddot{a}_{\overline{\boldsymbol{K}_x - t}\rceil} \mid \boldsymbol{K}_x > t] $$
$$ = \sum_{k=t+1}^{\infty} (v^{k-t} - P_x \cdot \ddot{a}_{\overline{k-t}\rceil}) \Pr(\boldsymbol{K}_x = k \mid \boldsymbol{K}_x > t) $$

（ここで $k-t=j$ とおくと）

$$ = \sum_{j=1}^{\infty} (v^j - P_x \cdot \ddot{a}_{\overline{j}\rceil}) \Pr(\boldsymbol{K}_x = t+j \mid \boldsymbol{K}_x > t) $$

（ここで $\Pr(\boldsymbol{K}_x = t+j \mid \boldsymbol{K}_x > t) = \dfrac{{}_{t+j-1|}q_x}{{}_tp_x} = {}_{j-1|}q_{x+t}$ なので）

$$ = \sum_{j=1}^{\infty} (v^j - P_x \cdot \ddot{a}_{\overline{j}\rceil})\ {}_{j-1|}q_{x+t} $$
$$ = \sum_{j=1}^{\infty} v^j\ {}_{j-1|}q_{x+t} - P_x \sum_{j=1}^{\infty} \ddot{a}_{\overline{j}\rceil} \cdot {}_{j-1|}q_{x+t} $$
$$ = A_{x+t} - P_x \cdot \ddot{a}_{x+t} \qquad (8.1.6) $$

となる．${}_t\boldsymbol{L}_x$ の $\boldsymbol{K}_x > t$ での条件付分散も (7.2.7) の $\mathrm{Var}({}_0\boldsymbol{L}_x)$ と同様に導くことができて以下のようになる：

$$\mathrm{Var}({}_t\boldsymbol{L}_x|\boldsymbol{K}_x>t)=\mathrm{Var}(\boldsymbol{Z}_{x+t}-P_x\cdot\ddot{\boldsymbol{Y}}_{x+t}|\boldsymbol{K}_x>t)$$
$$=\left(1+\frac{P_x}{d}\right)^2\left({}^2A_{x+t}-(A_{x+t})^2\right). \quad (8.1.7)$$

8.1.2 養老保険，定期保険の責任準備金

他の保険の ${}_t\boldsymbol{L}$ も見ていこう．保険期間は n 年とする．以下の ${}_t\boldsymbol{L}$ は全て $\boldsymbol{K}_x>t$ のときに限定する．

養老保険の場合は t 年経過時点では残りの保険期間が $n-t$ 年となり，

$$ {}_t\boldsymbol{L}_{x:\overline{n}|}=\boldsymbol{Z}_{x+t:\overline{n-t}|}-P_{x:\overline{n}|}\cdot\ddot{\boldsymbol{Y}}_{x+t:\overline{n-t}|} \quad (8.1.8)$$

となる．$\boldsymbol{K}_x>t$ での条件付期待値をとって

$$\mathrm{E}[{}_t\boldsymbol{L}_{x:\overline{n}|}|\boldsymbol{K}_x>t]={}_tV_{x:\overline{n}|}=A_{x+t:\overline{n-t}|}-P_{x:\overline{n}|}\cdot\ddot{a}_{x+t:\overline{n-t}|} \quad (8.1.9)$$

と表される．これの条件付分散も(7.2.23)と同様にして以下のようになる：

$$\mathrm{Var}({}_t\boldsymbol{L}_{x:\overline{n}|}|\boldsymbol{K}_x>t)=\left(1+\frac{P_{x:\overline{n}|}}{d}\right)^2\left({}^2A_{x+t:\overline{n-t}|}-(A_{x+t:\overline{n-t}|})^2\right). \quad (8.1.10)$$

定期保険の場合も同様に

$$ {}_t\boldsymbol{L}^{1}_{x:\overline{n}|}=\boldsymbol{Z}^{\ 1}_{x+t:\overline{n-t}|}-P^{1}_{x:\overline{n}|}\cdot\ddot{\boldsymbol{Y}}_{x+t:\overline{n-t}|} \quad (8.1.11)$$

$$\mathrm{E}[{}_t\boldsymbol{L}^{1}_{x:\overline{n}|}|\boldsymbol{K}_x>t]={}_tV^{\ 1}_{x:\overline{n}|}=A^{\ 1}_{x+t:\overline{n-t}|}-P^{1}_{x:\overline{n}|}\cdot\ddot{a}_{x+t:\overline{n-t}|} \quad (8.1.12)$$

となる．なお養老保険のように $\ddot{\boldsymbol{Y}}_{x+t:\overline{n-t}|}$ を $\boldsymbol{Z}^{\ 1}_{x+t:\overline{n-t}|}$ の式で表すことができないため，$\mathrm{Var}({}_t\boldsymbol{L}^{1}_{x:\overline{n}|}|\boldsymbol{K}_x>t)$ の計算は複雑になってしまう(章末問題で扱う)．式だけ先に示しておく：

$$\mathrm{Var}({}_t\boldsymbol{L}^{1}_{x:\overline{n}|}|\boldsymbol{K}_x>t)=\left(1+\frac{P^{1}_{x:\overline{n}|}}{d}\right)^2{}^2A^{\ 1}_{x+t:\overline{n-t}|}+\left(\frac{P^{1}_{x:\overline{n}|}}{d}\right)^2{}^2A_{x+t:\overline{n-t}|}^{\ \ \ \ 1}$$
$$-\left(\frac{P^{1}_{x:\overline{n}|}}{d}A_{x+t:\overline{n-t}|}+A^{\ 1}_{x+t:\overline{n-t}|}\right)^2. \quad (8.1.13)$$

責任準備金がとる値を見てみよう．例として，保険金額 1,000，40 歳加入，保険期間 10 年の養老保険と定期保険とする．保険金は年末支払，予定利率は 3% とし，予定死亡率は巻末の例示用生命表を用いた．

まず年払純保険料は養老保険が 85.58，定期保険が 2.11 となる．責任準備

金の推移は下の表のようになる．

養老保険および定期保険の責任準備金の推移

t	$\ddot{a}_{40+t:\overline{10-t}\rceil}$	$A_{40+t:\overline{10-t}\rceil}$ ×1000	${}_tV_{40:\overline{10}\rceil}$ ×1000	$A^{\ 1}_{40+t:\overline{10-t}\rceil}$ ×1000	${}_tV^{\ 1}_{40:\overline{10}\rceil}$ ×1000
0	8.71770	746.09	0	18.41	0
1	7.96061	768.14	86.84	17.56	0.75
2	7.18049	790.86	176.33	16.57	1.41
3	6.37661	814.27	268.54	15.42	1.95
4	5.54818	838.40	363.57	14.06	2.34
5	4.69425	863.27	461.53	12.45	2.54
6	3.81373	888.92	562.53	10.58	2.53
7	2.90543	915.38	666.72	8.41	2.27
8	1.96799	942.68	774.25	5.94	1.78
9	1.00000	970.87	885.29	3.16	1.04
10	-	-	1000	-	0

養老保険の責任準備金は堅調に増加して満期保険金額に近づいていく．

定期保険の責任準備金は非常に小さく途中まで増加するが，満期に近づくにつれて責任準備金は減少し最後は0となる．

参考までに，この養老保険と定期保険の時点tについての責任準備金の推移をグラフに示しておく．（ただし，定期保険は形が分かるように値を拡大した．）

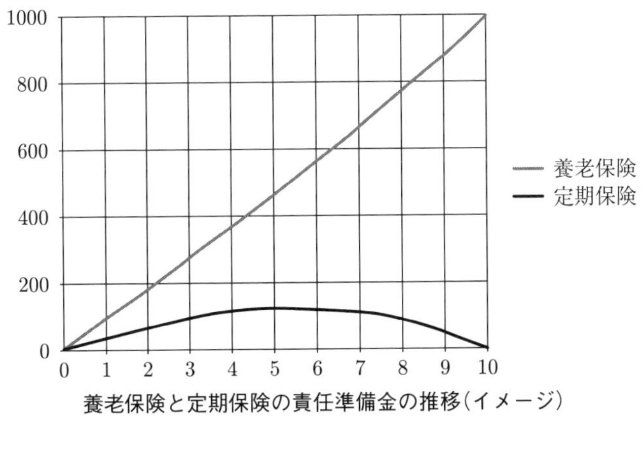

養老保険と定期保険の責任準備金の推移（イメージ）

8.1.3　保険金即時支払，保険料連続払込の保険の責任準備金

保険金即時支払，保険料連続払込の終身保険の責任準備金を確率変数で考える．収支相等の原則のもとで $\mathrm{E}[\overline{\boldsymbol{L}}(\overline{A}_x)]=0$ であり，連続払込で 1 年あたりに払い込む保険料は $P=\overline{P}(\overline{A}_x)$ である．

時点 t において被保険者が生存しているものと仮定(すなわち $\boldsymbol{T}_x>t$)すると，この保険の時点 t における保険者損失は

$$
\begin{aligned}
{}_t\overline{\boldsymbol{L}}(\overline{A}_x) &= v^{\boldsymbol{T}_x-t}-\overline{P}(\overline{A}_x)\cdot\overline{a}_{\overline{\boldsymbol{T}_x-t}|} \\
&= \overline{\boldsymbol{Z}}_{x+t}-\overline{P}(\overline{A}_x)\cdot\overline{\boldsymbol{Y}}_{x+t} \qquad (8.1.14)
\end{aligned}
$$

となる．よって責任準備金は $\boldsymbol{T}_x>t$ での条件付期待値をとって

$$
\mathrm{E}[{}_t\overline{\boldsymbol{L}}(\overline{A}_x)|\boldsymbol{T}_x>t]=\overline{A}_{x+t}-\overline{P}(\overline{A}_x)\cdot\overline{a}_{x+t} \qquad (8.1.15)
$$

となる．これがこの保険の時点 t における責任準備金 ${}_t\overline{V}(\overline{A}_x)$ である．なお，${}_t\overline{V}(\overline{A}_x)$ の表記は保険料連続払込なので，$\overline{P}$ と同様に $\overline{V}$ で表される．${}_t\overline{\boldsymbol{L}}(\overline{A}_x)$ の条件付分散も(7.3.8)を導いたときと同様にして

$$
\mathrm{Var}({}_t\overline{\boldsymbol{L}}(\overline{A}_x)|\boldsymbol{T}_x>t)=\left(1+\frac{\overline{P}(\overline{A}_x)}{\delta}\right)^2\left({}^2\overline{A}_{x+t}-(\overline{A}_{x+t})^2\right) \qquad (8.1.16)
$$

と表される．

例題 1　第 7 章の例題 1 の 3 年定期保険の設問で，責任準備金と保険者損失の分散を計算してみる(前提：保険金年末支払，死亡確率は，${}_{k-1|}q_x=0.2$ $(k=1,2,3)$，予定利率は 0%)．
この定期保険の 1 年経過後の責任準備金 ${}_1V^{1}_{x:\overline{3}|}$ を求めよ．また，その時点の保険者損失の分散 $\mathrm{Var}({}_1\boldsymbol{L}^{1}_{x:\overline{3}|}|\boldsymbol{K}_x>1)$ も計算せよ．

解　まず，この定期保険の純保険料は第 7 章の例題 1 から $P=1/4$．

次に，与えられた死亡確率から被保険者が 1 年経過時点で生存しているという条件での条件付確率を求める．

条件付確率 $\mathrm{Pr}(\boldsymbol{K}_x=k\,|\,\boldsymbol{K}_x>1)$ は

$$
\mathrm{Pr}(\boldsymbol{K}_x=k\,|\,\boldsymbol{K}_x>1)=\frac{\mathrm{Pr}(\boldsymbol{K}_x=k)}{\mathrm{Pr}(\boldsymbol{K}_x>1)}=\frac{{}_{k-1|}q_x}{1-q_x}=\frac{0.2}{0.8}=\frac{1}{4} \quad (k=2,3)
$$

となる．2 年目以降の条件付確率，保険金現価などを整理する：

k	条件付確率	保険金現価	保険料現価	保険者損失	(保険者損失)^2
2	$\frac{1}{4}$	$v^1=1$	$P\ddot{a}_{\overline{1}\rceil}=\frac{1}{4}$	$v^1-P\ddot{a}_{\overline{1}\rceil}=\frac{3}{4}$	$\frac{9}{16}$
3	$\frac{1}{4}$	$v^2=1$	$P\ddot{a}_{\overline{2}\rceil}=\frac{2}{4}$	$v^2-P\ddot{a}_{\overline{2}\rceil}=\frac{2}{4}$	$\frac{4}{16}$
4 以上	$\frac{1}{2}$	0	$P\ddot{a}_{\overline{2}\rceil}=\frac{2}{4}$	$-P\ddot{a}_{\overline{2}\rceil}=-\frac{2}{4}$	$\frac{4}{16}$

$$\text{保険金現価の期待値} = \frac{1}{2} \quad \left(= \frac{1}{4}\times 1+\frac{1}{4}\times 1\right)$$

$$\text{保険料現価の期待値} = \frac{7}{16} \quad \left(= \frac{1}{4}\times\frac{1}{4}+\frac{1}{4}\times\frac{2}{4}+\frac{1}{2}\times\frac{2}{4}\right).$$

したがって，${}_1V^1_{x:\overline{3}\rceil}=\frac{1}{2}-\frac{7}{16}=\frac{1}{16}$．また，各年度の保険者損失の期待値で計算しても，${}_1V^1_{x:\overline{3}\rceil}=\frac{1}{4}\times\frac{3}{4}+\frac{1}{4}\times\frac{2}{4}+\frac{1}{2}\times\left(-\frac{2}{4}\right)=\frac{1}{16}$ と等しくなる．

次に分散を求める．条件付分散の計算式(2.3.17)を用いる．

$$\mathrm{E}[({}_1\boldsymbol{L}^1_{x:\overline{3}\rceil})^2\,|\boldsymbol{K}_x > 1] = \frac{1}{4}\times\frac{9}{16}+\frac{1}{4}\times\frac{4}{16}+\frac{1}{2}\times\frac{4}{16} = \frac{21}{64}$$

$$\mathrm{E}[{}_1\boldsymbol{L}^1_{x:\overline{3}\rceil}|\boldsymbol{K}_x > 1]^2 = \left(\frac{1}{16}\right)^2 = \frac{1}{256}$$

よって，分散は $\mathrm{Var}[{}_1\boldsymbol{L}^1_{x:\overline{3}\rceil}|\boldsymbol{K}_x > 1]=\frac{21}{64}-\frac{1}{256}=\frac{83}{256}$.

8.1.4　保険者損失の分散

保険者損失 ${}_t\boldsymbol{L}$ を単年度の確率変数の 1 次式で表すことを考える．扱いやすい式とすることで，${}_t\boldsymbol{L}$ の分散を簡単に求めることを可能にする．

この節では年払の終身・定期・養老保険の全てに当てはめることができるので，ここでは年払純保険料を単に P とし，${}_tV$ と ${}_t\boldsymbol{L}$ の右側の添え字も外してすすめる．

まずは保険者損失 ${}_t\boldsymbol{L}$ に含まれるキャッシュフローを，1 年ごとに分割してみよう．$j>t$ なる各 j について，${}_t\boldsymbol{L}$ の第 j 年度のキャッシュフローのみを取り出して期始である時点 $j-1$ の現価で表したものを $\boldsymbol{C}_j$ とする．

第 j 年度は，まず期始に被保険者が生存していた場合に P の保険料収入が発生する．そして期末には，被保険者が第 j 年度中に死亡した場合のみ 1 の保険金支出が発生し，期始におけるその現価は v である．

まとめると $\boldsymbol{C}_j$ は被保険者の死亡年度 $\boldsymbol{K}_x$ に応じて次のような値をとる：

第 j 年度のキャッシュフロー

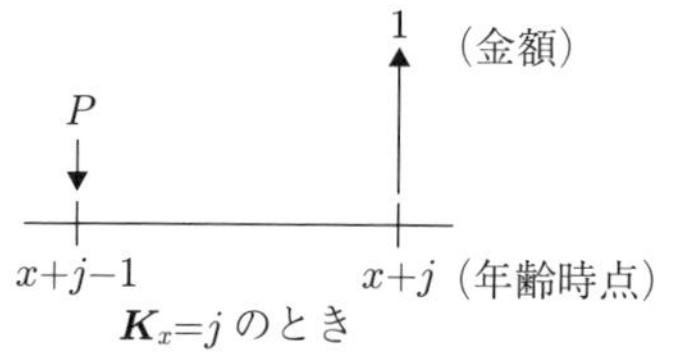

$$\boldsymbol{C}_j=\begin{cases}0 & \boldsymbol{K}_x<j\text{ のとき}\\ v-P & \boldsymbol{K}_x=j\text{ のとき}\\ -P & \boldsymbol{K}_x>j\text{ のとき}.\end{cases}\tag{8.1.17}$$

時点 t での生存$(\boldsymbol{K}_x>t)$を前提とした場合のそれぞれの確率は

$$\Pr(\boldsymbol{K}_x<j\,|\boldsymbol{K}_x>t)={}_{j-1-t}q_{x+t}\tag{8.1.18}$$

$$\Pr(\boldsymbol{K}_x=j\,|\boldsymbol{K}_x>t)={}_{j-1-t}p_{x+t}\cdot q_{x+j-1}={}_{j-1-t|}q_{x+t}\tag{8.1.19}$$

$$\Pr(\boldsymbol{K}_x>j\,|\boldsymbol{K}_x>t)={}_{j-1-t}p_{x+t}\cdot p_{x+j-1}={}_{j-t}p_{x+t}\tag{8.1.20}$$

であるので，$j>t$ において $\boldsymbol{C}_j$ の条件付期待値を求めると

$$\begin{aligned}\mathrm{E}[\boldsymbol{C}_j|\boldsymbol{K}_x>t]&=(v-P)\cdot{}_{j-1-t|}q_{x+t}-P\cdot{}_{j-t}p_{x+t}\\&=v\cdot{}_{j-1-t|}q_{x+t}-P\cdot{}_{j-1-t}p_{x+t}.\end{aligned}\tag{8.1.21}$$

ここで ${}_t\boldsymbol{L}$ を $\boldsymbol{C}_j(j>t)$ を用いて表すと，次のような式となる：

$${}_t\boldsymbol{L}=\boldsymbol{C}_{t+1}+v\boldsymbol{C}_{t+2}+v^2\boldsymbol{C}_{t+3}+v^3\boldsymbol{C}_{t+4}+\cdots.\tag{8.1.22}$$

なお，この和は $(\boldsymbol{K}_x-t)$ 個までの有限和である．この $\boldsymbol{C}_j$ の 1 次式では期待値や共分散が複雑になり，そのままでは扱いづらい．そこで新たに $\boldsymbol{C}_j$ にその年度の責任準備金の変動を加えて，単年度の収支を表す確率変数 $\boldsymbol{\Lambda}_j$ を導入する．

後に見ていくが，$\boldsymbol{\Lambda}_j$ の期待値と共分散は 0 となる．したがって ${}_t\boldsymbol{L}$ を $\boldsymbol{\Lambda}_j$ の 1 次式で表すことにより，分散を容易に計算できるようになる．

$\boldsymbol{\Lambda}_j$ の定義は次のようにおく：

$$\boldsymbol{\Lambda}_j=\begin{cases}0 & \boldsymbol{K}_x<j\text{ のとき}\\ v-({}_{j-1}V+P) & \boldsymbol{K}_x=j\text{ のとき}\\ v\cdot{}_jV-({}_{j-1}V+P) & \boldsymbol{K}_x>j\text{ のとき}.\end{cases}\tag{8.1.23}$$

$j>t$ について，被保険者の時点 t での生存を条件とした $\boldsymbol{\Lambda}_j$ の期待値を計算すると

$$\mathrm{E}[\boldsymbol{\Lambda}_j|\boldsymbol{K}_x>t]=0 \tag{8.1.24}$$

が得られる(例題 2).

さらに条件付分散は，

$$\mathrm{Var}(\boldsymbol{\Lambda}_j|\boldsymbol{K}_x>t)=v^2(1-{}_jV)^2{}_{j-t}p_{x+t}\cdot q_{x+j-1} \tag{8.1.25}$$

となる(例題 3).

$\boldsymbol{\Lambda}_j$ を $\boldsymbol{C}_j$ に関連付けよう．$\boldsymbol{\Lambda}_j$ の定義(8.1.23)は次のように解釈しなおせる．

$$\boldsymbol{\Lambda}_j=\begin{cases}0 & \boldsymbol{K}_x<j\text{ のとき}\\ v-({}_{j-1}V+P)\quad=[v-P]+(0-{}_{j-1}V) & \boldsymbol{K}_x=j\text{ のとき}\\ v\cdot{}_jV-({}_{j-1}V+P)=[-P]+(v\cdot{}_jV-{}_{j-1}V) & \boldsymbol{K}_x>j\text{ のとき.}\end{cases} \tag{8.1.26}$$

各場合の大括弧内の項は $\boldsymbol{C}_j$ に共通する部分である．丸括弧の項はその年度における責任準備金の変動の(年始時点での)現価に相当している．被保険者がこの年度に死亡した場合は責任準備金は ${}_{j-1}V$ から 0 となるため，変動分の現価は $0-{}_{j-1}V$ となる．被保険者が年度末まで生存した場合は，責任準備金は ${}_{j-1}V$ から ${}_jV$ に変動し，変動分の現価は $v\cdot{}_jV-{}_{j-1}V$ となる．

$\boldsymbol{\Delta V}_j$ を第 j 年度の責任準備金の変動分の現価とする．すなわち

$$\boldsymbol{\Delta V}_j=\begin{cases}0 & \boldsymbol{K}_x<j\text{ のとき}\\ 0-{}_{j-1}V & \boldsymbol{K}_x=j\text{ のとき}\\ v\cdot{}_jV-{}_{j-1}V & \boldsymbol{K}_x>j\text{ のとき}\end{cases} \tag{8.1.27}$$

とする(確率変数であることに注意)．すると

$$\boldsymbol{\Lambda}_j=\boldsymbol{C}_j+\boldsymbol{\Delta V}_j \tag{8.1.28}$$

$$\boldsymbol{C}_j=\boldsymbol{\Lambda}_j-\boldsymbol{\Delta V}_j \tag{8.1.29}$$

となる．ここで(8.1.29)を(8.1.22)に代入すると

$$
\begin{aligned}
{}_t\boldsymbol{L} &= \boldsymbol{C}_{t+1}+v\boldsymbol{C}_{t+2}+v^2\boldsymbol{C}_{t+3}+v^3\boldsymbol{C}_{t+4}+\cdots \\
&= (\boldsymbol{\varLambda}_{t+1}-\boldsymbol{\Delta V}_{t+1})+v(\boldsymbol{\varLambda}_{t+2}-\boldsymbol{\Delta V}_{t+2})+v^2(\boldsymbol{\varLambda}_{t+3}-\boldsymbol{\Delta V}_{t+3})+\cdots \\
&= \boldsymbol{\varLambda}_{t+1}+v\boldsymbol{\varLambda}_{t+2}+v^2\boldsymbol{\varLambda}_{t+3}+\cdots \\
&\quad -(\boldsymbol{\Delta V}_{t+1}+v\boldsymbol{\Delta V}_{t+2}+v^2\boldsymbol{\Delta V}_{t+3}+\cdots) \qquad (8.1.30)
\end{aligned}
$$

となる．(8.1.30)の丸括弧内の項は次の計算によって $-{}_tV$ となる．実際，

$$
\text{丸括弧内の項} = \sum_{i=1}^{\boldsymbol{K}_x-t} v^{i-1}\boldsymbol{\Delta V}_{t+i}
$$

であり，ここで $\boldsymbol{K}_x=k$ とおくと，

$$
\begin{aligned}
\sum_{i=1}^{k-t} v^{i-1}\boldsymbol{\Delta V}_{t+i} &= (v\cdot{}_{t+1}V-{}_tV)+(v^2\cdot{}_{t+2}V-v\cdot{}_{t+1}V) \\
&\quad +\cdots+(0-v^{k-t-1}{}_{k-1}V) \\
&= -{}_tV \quad (\boldsymbol{K}_x=k \text{ ならば，} {}_kV=0) \qquad (8.1.31)
\end{aligned}
$$

となり，丸括弧内の項$=-{}_tV$ であることが示される．よって，$\boldsymbol{K}_x>t$ のとき，

$$
{}_t\boldsymbol{L} = \sum_{i=1}^{\boldsymbol{K}_x-t} v^{i-1}\boldsymbol{\varLambda}_{t+i}+{}_tV \qquad (8.1.32)
$$

となる．各 $\boldsymbol{\varLambda}_j$ の項の条件付期待値は 0 であり，${}_t\boldsymbol{L}$ の条件付期待値は ${}_tV$ であるので，(8.1.32)の両辺の期待値をとると ${}_tV$ と等しくなることにも注意してほしい．

さらに興味深いことに ${}_t\boldsymbol{L}$ の分散もここから容易に求められる．

相異なる年度の $\boldsymbol{\varLambda}_j$ は条件付無相関 $\mathrm{Cov}(\boldsymbol{\varLambda}_i, \boldsymbol{\varLambda}_j|\boldsymbol{K}_x>t)=0\ (i\neq j)$ である(ハッテンドルフの定理の一部である．後から例題 4 で示す)．${}_tV$ は定数なので，(8.1.32)の ${}_t\boldsymbol{L}$ の分散の計算においては 0 と考えてかまわない．

これらを踏まえた上で，(8.1.32)の両辺の条件付分散をとると

$$
\begin{aligned}
\mathrm{Var}({}_t\boldsymbol{L}|\boldsymbol{K}_x>t) &= \mathrm{Var}(\boldsymbol{\varLambda}_{t+1}|\boldsymbol{K}_x>t) \\
&\quad +v^2\mathrm{Var}(\boldsymbol{\varLambda}_{t+2}|\boldsymbol{K}_x>t) \\
&\quad +v^4\mathrm{Var}(\boldsymbol{\varLambda}_{t+3}|\boldsymbol{K}_x>t)+\cdots \qquad (8.1.33)
\end{aligned}
$$

を得る．(8.1.33)の各分散に(8.1.25)の結果を代入することで

$$\begin{aligned}\mathrm{Var}({}_t\boldsymbol{L}|\boldsymbol{K}_x>t) &= v^2(1-{}_{t+1}V)^2 p_{x+t}\cdot q_{x+t}\\ &\quad +v^4(1-{}_{t+2}V)^2 {}_2p_{x+t}\cdot q_{x+t+1}\\ &\quad +v^6(1-{}_{t+3}V)^2 {}_3p_{x+t}\cdot q_{x+t+2}+\cdots\\ &= \sum_{j=0}^{\infty} v^{2j+2}(1-{}_{t+j+1}V)^2 {}_{j+1}p_{x+t}\cdot q_{x+t+j} \qquad (8.1.34)\end{aligned}$$

が得られる．この算式(8.1.34)は**ハッテンドルフの定理**(Hattendorf theorem)であるが，生命保険の種類を問わず責任準備金さえ算出することができれば，この式を用いて保険者損失の分散も算出することができることを示している．

また一般に各年度の責任準備金が死亡保険金の値に近い生命保険ほど，保険者損失の分散が小さいことが分かる．例えば死亡保険金が等しい養老保険と定期保険では，養老保険の方が分散は小さくなる．

例題2　$\mathrm{E}[\boldsymbol{\Lambda}_j|\boldsymbol{K}_x>t]=0$ を証明せよ．ただし，任意の k に対して，

$${}_kV+P = v\cdot q_{x+k}+v\cdot p_{x+k}\cdot {}_{k+1}V \qquad (8.1.35)$$

が成り立っていることを前提にせよ(責任準備金の再帰式(8.2.12)参照)．

解　(8.1.23)の定義から直接計算して

$$\begin{aligned}&\mathrm{E}[\boldsymbol{\Lambda}_j|\boldsymbol{K}_x>t]\\ &= (v-({}_{j-1}V+P))_{j-1-t}p_{x+t}\cdot q_{x+j-1}+(v\cdot {}_jV-({}_{j-1}V+P))_{j-t}p_{x+t}\\ &= {}_{j-1-t}p_{x+t}(v\cdot q_{x+j-1}+v\cdot {}_jV\cdot p_{x+j-1}-(P+{}_{j-1}V))\end{aligned}$$

が得られる．これを(8.1.35)の k に $j-1$ を代入したものと比べることで 0 に等しいことが分かる．

例題3　次の式

$$\mathrm{Var}(\boldsymbol{\Lambda}_j|\boldsymbol{K}_x>t) = v^2(1-{}_jV)^2 {}_{j-t}p_{x+t}\cdot q_{x+j-1}$$

を証明せよ．

解　責任準備金の再帰式(8.2.12)で t を $j-1$ におき換え，移項して整理すると

$$v-({}_{j-1}V+P)=v\,p_{x+j-1}(1-{}_jV)$$
$$v\cdot{}_jV-({}_{j-1}V+P)=-v\,q_{x+j-1}(1-{}_jV)$$

となる．これを用いて $\boldsymbol{\Lambda}_j$ の分散を直接計算すると

$$\begin{aligned}&\mathrm{Var}(\boldsymbol{\Lambda}_j|\boldsymbol{K}_x>t)\\&=(v-({}_{j-1}V+P))^2{}_{j-1-t}p_{x+t}\cdot q_{x+j-1}+(v{}_jV-({}_{j-1}V+P))^2{}_{j-t}p_{x+t}\\&=v^2(p_{x+j-1})^2(1-{}_jV)^2{}_{j-1-t}p_{x+t}\cdot q_{x+j-1}+v^2(q_{x+j-1})^2(1-{}_jV)^2{}_{j-t}p_{x+t}\\&=v^2(1-{}_jV)^2{}_{j-t}p_{x+t}\cdot q_{x+j-1}(p_{x+j-1}+q_{x+j-1})\\&=v^2(1-{}_jV)^2{}_{j-t}p_{x+t}\cdot q_{x+j-1}.\end{aligned}\tag{8.1.36}$$

例題4　ハッテンドルフの定理

$$\mathrm{Cov}(\boldsymbol{\Lambda}_i,\boldsymbol{\Lambda}_j|\boldsymbol{K}_x>t)=0\quad(i<j)\tag{8.1.37}$$

を証明せよ．

解　確率変数 $\boldsymbol{\Lambda}_0,\boldsymbol{\Lambda}_1,\cdots$ は独立ではないので(8.1.37)は自明ではない．(8.1.24)を用いて

$$\begin{aligned}\mathrm{Cov}(\boldsymbol{\Lambda}_i,\boldsymbol{\Lambda}_j|\boldsymbol{K}_x>t)&=\mathrm{E}[\boldsymbol{\Lambda}_i\cdot\boldsymbol{\Lambda}_j|\boldsymbol{K}_x>t]-\mathrm{E}[\boldsymbol{\Lambda}_i|\boldsymbol{K}_x>t]\cdot\mathrm{E}[\boldsymbol{\Lambda}_j|\boldsymbol{K}_x>t]\\&=\mathrm{E}[\boldsymbol{\Lambda}_i\cdot\boldsymbol{\Lambda}_j|\boldsymbol{K}_x>t]\end{aligned}$$

となる．ここでまず，$\boldsymbol{K}_x<j$ の場合は $\boldsymbol{\Lambda}_j=0$ であるのでこのとき $\boldsymbol{\Lambda}_i\cdot\boldsymbol{\Lambda}_j=0$ である．よってこの期待値の計算で加算されるのは $\boldsymbol{K}_x\geqq j>i$ のときの値に限られるが，このときは $\boldsymbol{\Lambda}_i=v\cdot{}_iV-{}_{i-1}V-P$ であるので

$$\mathrm{Cov}(\boldsymbol{\Lambda}_i,\boldsymbol{\Lambda}_j|\boldsymbol{K}_x>t)=(v\cdot{}_iV-{}_{i-1}V-P)\cdot\mathrm{E}[\boldsymbol{\Lambda}_j|\boldsymbol{K}_x>t]$$

となる．(8.1.24)よりこの値は0である．

8.2　責任準備金の様々な関係式

8.2.1　被保険者群団を前提とした責任準備金の算出

生命表により与えられる被保険者群団を前提とした方法で責任準備金を算出する方法を考える．x 歳契約の終身保険(終身払込)で契約時から t 年経過したとする．そうすると現在生存している被保険者はちょうど l_{x+t} 人である．こ

の l_{x+t} 人に対して将来の保険金支出の現価は $l_{x+t}\cdot A_{x+t}$ となる．それに対して将来の純保険料収入の現価は $l_{x+t}\cdot P_x\cdot\ddot{a}_{x+t}$ である．したがって，保険会社は l_{x+t} 人に対して，この差額だけ積立が必要となる．1人あたりの積立額を ${}_tV_x$ とすれば

$$l_{x+t}\cdot {}_tV_x+l_{x+t}\cdot P_x\cdot\ddot{a}_{x+t} = l_{x+t}\cdot A_{x+t} \tag{8.2.1}$$

が成り立つ．左辺の第2項を右辺に移項すれば

$$l_{x+t}\cdot {}_tV_x = l_{x+t}\cdot A_{x+t}-l_{x+t}\cdot P_x\cdot\ddot{a}_{x+t} \tag{8.2.2}$$

すなわち

$${}_tV_x = A_{x+t}-P_x\cdot\ddot{a}_{x+t} \tag{8.2.3}$$

である．これは(8.1.4)で ${}_tV_x$ を条件付期待値として算出したものと等しい．

8.2.2 将来法の責任準備金

8.1節で定義したように責任準備金 ${}_tV$ は保険者損失の条件付期待値であるが，その支出と収入に注目すると契約から t 年経過した時点での責任準備金 ${}_tV$ は，

${}_tV =$ (時点 t 以降に支払う将来の保険金支出の現価期待値)

$-$(時点 t 以降に受け取る将来の純保険料収入の現価期待値). (8.2.4)

ただし，時点 t でやりとりする保険金と保険料を，${}_tV$ に含めるか否かは

(1) その時点に支払う死亡保険金は，すでに支払ったものとして含めない．

(2) その時点に支払う生存保険金は，まだ支払われていないとする．またその時点で収入すべき保険料は，まだ収入されていないものとする．つまり，生存保険金の支払いおよび保険料の収入は責任準備金計算の時点直後に行うものとする．

この ${}_tV$ を(**純保険料式**)**責任準備金**(net premium reserve)という．また，責任準備金を将来キャッシュフローの現価から計算しており，**将来法の責任準備金**(prospective method)である．なお，ここで純保険料は収支相等の原則により求め，その計算に用いたのと同じ予定利率と予定死亡率を責任準備金の計算に用いる．

保険金即時支払のときは，例えば終身保険の ${}_tV_x$ に代わり ${}_tV(\overline{A}_x)$ を用いる．算式も次のようになる：

$${}_tV(\overline{A}_x) = \overline{A}_{x+t}-P(\overline{A}_x)\ddot{a}_{x+t}. \tag{8.2.5}$$

一時払契約の責任準備金も平準払に準じて考えることができる．責任準備金は t 年以降の将来のキャッシュフローの現価期待値であるが，一時払のときは契約時に保険料収入は終了しており以降の払込みはない．したがって，責任準備金は t 年以降の保険金現価期待値に等しく，下の(8.2.6)式の $t \geqq m$ の場合と同じになる．なお，契約直後の責任準備金は一時払純保険料である．

また，保険料払込期間が m 年の終身保険の責任準備金は ${}^{m}_{t}V_x$ で表すがこの責任準備金は次のとおりである：

$$
{}^{m}_{t}V_x = \begin{cases} A_{x+t} - {}_{m}P_x \cdot \ddot{a}_{x+t:\overline{m-t|}} & t < m \\ A_{x+t} & t \geqq m. \end{cases} \tag{8.2.6}
$$

また，保険料年 m 回払の場合の責任準備金 ${}_tV_x^{(m)}$ は，死亡が一律に発生する前提であれば次のとおりとなる(章末問題とする)：

$$
{}_tV_x^{(m)} = A_{x+t} - P_x^{(m)} \cdot \ddot{a}_{x+t}^{(m)} = \left(1 + \frac{i - i^{(m)}}{i^{(m)} d^{(m)}} P_x^{(m)}\right) {}_tV_x. \tag{8.2.7}
$$

8.2.3　過去法の責任準備金

責任準備金には前節のように将来のキャッシュフローから計算する将来法の責任準備金の他に，責任準備金計算を行う時点 t までの過去のキャッシュフローから計算する**過去法の責任準備金**(retrospective method)がある．なお，過去法の責任準備金は契約時から時点 t までの間に発生する死亡と利息の付加は予定死亡率と予定利率に基づくという前提で，将来法の責任準備金と一致している．

過去法の責任準備金を導くために次の式から開始する：

$$
\begin{cases} A_x = A^{1}_{x:\overline{t|}} + {}_{t|}A_x = A^{1}_{x:\overline{t|}} + A_{x:\overline{t|}}^{\ \ \frac{1}{}} \cdot A_{x+t} \\ \ddot{a}_x = \ddot{a}_{x:\overline{t|}} + {}_{t|}\ddot{a}_x = \ddot{a}_{x:\overline{t|}} + A_{x:\overline{t|}}^{\ \ \frac{1}{}} \cdot \ddot{a}_{x+t}. \end{cases}
$$

ここで，$A_x = P_x \cdot \ddot{a}_x$ に上の 2 つの式を用いれば，

$$
\begin{aligned}
A^{\ 1}_{x:\overline{t}|}+A_{x:\overline{t}|}^{\ \ \ 1}\cdot A_{x+t} &= P_x(\ddot{a}_{x:\overline{t}|}+A_{x:\overline{t}|}^{\ \ \ 1}\cdot\ddot{a}_{x+t}) \\
A_{x:\overline{t}|}^{\ \ \ 1}(A_{x+t}-P_x\cdot\ddot{a}_{x+t}) &= P_x\cdot\ddot{a}_{x:\overline{t}|}-A^{\ 1}_{x:\overline{t}|} \\
{}_tV_x = A_{x+t}-P_x\cdot\ddot{a}_{x+t} &= \frac{1}{A_{x:\overline{t}|}^{\ \ \ 1}}(P_x\cdot\ddot{a}_{x:\overline{t}|}-A^{\ 1}_{x:\overline{t}|}) \\
&= \frac{\ddot{a}_{x:\overline{t}|}}{A_{x:\overline{t}|}^{\ \ \ 1}}(P_x-P^{\ 1}_{x:\overline{t}|})
\end{aligned}
$$

（ここで，$\ddot{s}_{x:\overline{t}|}=\dfrac{\ddot{a}_{x:\overline{t}|}}{A_{x:\overline{t}|}^{\ \ \ 1}}$ と表せば）

$$
{}_tV_x = (P_x-P^{\ 1}_{x:\overline{t}|})\ddot{s}_{x:\overline{t}|} = P_x\cdot\ddot{s}_{x:\overline{t}|}-\frac{A^{\ 1}_{x:\overline{t}|}}{A_{x:\overline{t}|}^{\ \ \ 1}} \qquad (8.2.8)
$$

となる．これが過去法による責任準備金である．ここで $\ddot{s}_{x:\overline{t}|}$ は次のように理解すると分かりやすい．

$$
\begin{aligned}
\ddot{s}_{x:\overline{t}|} &= \frac{1}{A_{x:\overline{t}|}^{\ \ \ 1}}\ddot{a}_{x:\overline{t}|} = \frac{(1+i)^t l_x}{l_{x+t}}\left(\frac{l_x+v\cdot l_{x+1}+\cdots+v^{t-1}\cdot l_{x+t-1}}{l_x}\right) \\
&= \frac{(1+i)^t l_x+(1+i)^{t-1}l_{x+1}+\cdots+(1+i)l_{x+t-1}}{l_{x+t}} \qquad (8.2.9)
\end{aligned}
$$

これは，時点 $x, x+1, x+2, \cdots, x+t-1$ で生存している人がそれぞれ 1 だけ支払ったとき，それを時点 $x+t$ まで $1+i$ の複利で付利した終価を時点 $x+t$ で生存している人で分け合うときの 1 人あたりの金額となっている．

過去法の責任準備金算式(8.2.8)は，結局，終身保険の純保険料の終価から期間 t までの間に支払う保険金見合いとして，定期保険の純保険料の終価を差し引いた(生存者 1 人あたりの)金額である．

8.2.4 責任準備金の再帰式

t 年後の責任準備金 ${}_tV$ と次の年次の責任準備金 ${}_{t+1}V$ との関係式を考える．保険者損失 ${}_t\boldsymbol{L}$ を用いて，条件付期待値を注意深く計算することにより導くこともできるが，ここでは生命表に基づいて計算する方法を紹介する(${}_t\boldsymbol{L}$ から導く方法は章末問題とする)．

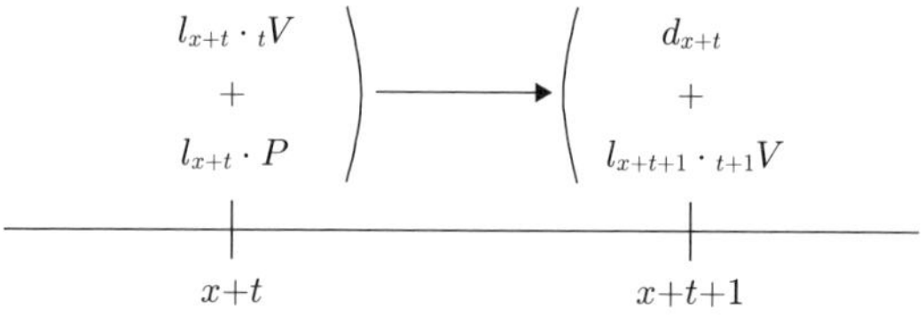

$t+1$ 年度の単年度の収支を考える．この 1 年間の死亡と利息の付利は予定死亡率，予定利率に基づく前提とする．そうすれば，過去法の責任準備金の考え方から，期始における責任準備金と純保険料の合計 $l_{x+t}({}_tV+P)$ を，1 年間予定利率で運用すれば，期末時点で死亡保険金の支払いに充当した残額は期末の責任準備金として積み立てられる．これを算式化すると

$$l_{x+t}({}_tV+P)(1+i)=d_{x+t}+l_{x+t+1}\cdot{}_{t+1}V \tag{8.2.10}$$

となる．両辺を l_{x+t} で割れば

$$({}_tV+P)(1+i)=q_{x+t}+p_{x+t}\cdot{}_{t+1}V. \tag{8.2.11}$$

または，現価で表した

$${}_tV+P=v\cdot q_{x+t}+v\cdot p_{x+t}\cdot{}_{t+1}V. \tag{8.2.12}$$

これが**責任準備金の再帰式**(recursive relationship of reserve)である(**ファクラーの再帰式**とも呼ばれる)．

8.2.5　純保険料の分解

責任準備金の再帰式(8.2.12)を変形した式

$${}_tV+P=v\,{}_{t+1}V+v\,q_{x+t}\,(1-{}_{t+1}V) \tag{8.2.13}$$

は，次のような解釈ができる．すなわち次年度の責任準備金 ${}_{t+1}V$ は生死いずれの場合にも必要とし，被保険者が死亡した場合はそれに差額 $1-{}_{t+1}V$ を加えて支払う．この死亡時の差額部分を**危険保険金**(net amount at risk)と呼ぶ．

(8.2.13)により，$t+1$ 年度の純保険料を次のように分解できる：

$$P=\underbrace{v\,{}_{t+1}V-{}_tV}_{P^s_{t+1}}+\underbrace{v\,q_{x+t}\,(1-{}_{t+1}V)}_{P^r_{t+1}}. \tag{8.2.14}$$

P^s_t は**貯蓄保険料**(saving premium)といい，責任準備金の積み立てに用いられる．一方 P^r_t を**危険保険料**(risk premium)といい，危険保険金を保険金額とする1年定期保険の保険料に充てられる．

保険金額 1,000 の養老保険と定期保険で，121 ページの表と同じ数値例を用いる．年払純保険料は養老保険が 85.58，定期保険が 2.11 であるが，各年度の貯蓄保険料と危険保険料は次の表のようになる．

貯蓄保険料と危険保険料への分解

	養老保険		定期保険			養老保険		定期保険	
t	P_t^s	P_t^r	P_t^s	P_t^r	t	P_t^s	P_t^r	P_t^s	P_t^r
1	84.32	1.27	0.72	1.39	6	84.62	0.96	−0.09	2.20
2	84.35	1.23	0.62	1.49	7	84.77	0.81	−0.32	2.43
3	84.39	1.19	0.48	1.63	8	84.98	0.60	−0.54	2.66
4	84.44	1.14	0.32	1.79	9	85.25	0.33	−0.77	2.88
5	84.51	1.07	0.13	1.99	10	85.58	0.00	−1.04	3.16

定期保険の貯蓄保険料は $t \geqq 6$ で負値となっている．これは責任準備金が取崩しになり，それに純保険料を加えたものが危険保険料になることを示している．

例題 5

保険金即時支払，保険料連続払込の終身保険の責任準備金 ${}_t\overline{V}(\overline{A}_x)$ について次の微分方程式

$$\frac{d}{dt}({}_t\overline{V}(\overline{A}_x)) = \overline{P}(\overline{A}_x)+\delta\,{}_t\overline{V}(\overline{A}_x)-\mu_{x+t}(1-{}_t\overline{V}(\overline{A}_x)) \qquad (8.2.15)$$

を導け(これを**ティーレの微分方程式**(Thiele's differential equation)という)．

解

契約群団全体での責任準備金 $l_{x+t}\,{}_t\overline{V}(\overline{A}_x)$ を考える．時刻 t における責任準備金 $l_{x+t}\,{}_t\overline{V}(\overline{A}_x)$ は，純保険料収入により $l_{x+t}\,\overline{P}(\overline{A}_x)$ の割合で増加し，利息により $\delta l_{x+t}\,{}_t\overline{V}(\overline{A}_x)$ の割合で増加する一方，死亡保険金により $l_{x+t}\,\mu_{x+t}$ の割合で減少する．よって契約群団全体での責任準備金の増減について，

$$\frac{d}{dt}(l_{x+t}\,{}_t\overline{V}(\overline{A}_x)) = l_{x+t}\,\overline{P}(\overline{A}_x)+\delta\,l_{x+t}\,{}_t\overline{V}(\overline{A}_x)-l_{x+t}\,\mu_{x+t}$$

が成り立つ．一方で $\dfrac{d}{dt}l_{x+t}=-l_{x+t}\,\mu_{x+t}$ を用いて左辺を計算すると

$$\frac{d}{dt}(l_{x+t}\,{}_t\overline{V}(\overline{A}_x)) = -l_{x+t}\,\mu_{x+t}\,{}_t\overline{V}(\overline{A}_x) + l_{x+t}\cdot\frac{d}{dt}({}_t\overline{V}(\overline{A}_x))$$

となる．これらの式を整理すると

$$l_{x+t}\cdot\frac{d}{dt}({}_t\overline{V}(\overline{A}_x)) = l_{x+t}\,\overline{P}(\overline{A}_x) + \delta\,l_{x+t}\,{}_t\overline{V}(\overline{A}_x) - l_{x+t}\,\mu_{x+t} + l_{x+t}\,\mu_{x+t}\,{}_t\overline{V}(\overline{A}_x)$$

となり，この両辺を l_{x+t} で割って

$$\frac{d}{dt}({}_t\overline{V}(\overline{A}_x)) = \overline{P}(\overline{A}_x) + \delta\,{}_t\overline{V}(\overline{A}_x) - \mu_{x+t}(1 - {}_t\overline{V}(\overline{A}_x))$$

を得る．

この式の表すものは，両辺に微小期間 Δt をかけると分かりやすくなる．

$$\frac{d}{dt}({}_t\overline{V}(\overline{A}_x))\,\Delta t = \overline{P}(\overline{A}_x)\,\Delta t + \delta\,\Delta t\cdot{}_t\overline{V}(\overline{A}_x) - \mu_{x+t}\,\Delta t\cdot(1 - {}_t\overline{V}(\overline{A}_x))$$

左辺の $\frac{d}{dt}({}_t\overline{V}(\overline{A}_x))\,\Delta t$ は時点 t から $t+\Delta t$ までの微小期間 Δt での責任準備金の変動額である．その内訳が右辺で表されている．

$\overline{P}(\overline{A}_x)\,\Delta t$ は微小期間 Δt の純保険料収入である．$\delta\,\Delta t\cdot{}_t\overline{V}(\overline{A}_x)$ はその期間に ${}_t\overline{V}(\overline{A}_x)$ に付利される利息である．$\mu_{x+t}\,\Delta t$ は時点 t で生存していた被保険者が死亡する確率であり，$-\mu_{x+t}\,\Delta t\cdot(1 - {}_t\overline{V}(\overline{A}_x))$ は，危険保険金の支払いに充当されるものである．

8.3　責任準備金とリスク管理(VaR: バリューアットリスク)

これまで生命保険の様々な確率変数が導入され，その期待値のみならず分散を求めることも可能となっている．この節では，分散を活用してリスク管理に役立てることを理解しよう．リスク尺度(リスクの大きさを測るものさしの意味)として分散自体を考えることもできるが，金融機関のリスク管理でよく活用されるバリューアットリスク(Value at Risk．以後，VaR と表す[*1])を簡単に説明する．

[*1] 分散を表す記号 Var とよく似ているので注意のこと．

8.3.1 バリューアットリスク(Value at Risk, VaR)

VaRとは，ある一定の確率で発生する損失の最大値(最大損失額)をいう．信頼水準 α% を用いれば，例えば信頼水準 95% の VaR とは，損失が VaR の値を上回る確率はわずか 5% しかないことを意味する．あるいは，95% の確率で損失は VaR の値を下回ると言ってもよい．

リスク尺度 VaR の定義は分布関数を用いると簡単である(なお，本書では信頼水準 α% の VaR を VaRα% と表す)．

ある確率変数 $\boldsymbol{X}$ の分布関数を $F_{\boldsymbol{X}}$ とすると

$$\Pr(\boldsymbol{X} \leqq \mathrm{VaR}\alpha\%) = F_{\boldsymbol{X}}(\mathrm{VaR}\alpha\%) = \alpha\% \qquad (8.3.1)$$

[*2]

となる．確率の用語では VaR は分位点(パーセンタイル)である．この VaR を活用して確率変数($\boldsymbol{Z}_x$ など)の最大損失額を推定することが可能になる．

なお，本書では契約群団に対して中心極限定理を用いることで，正規分布を前提として VaR を計算する[*3]．ある損失を表す確率変数 $\boldsymbol{S}$ が，平均 0，標準偏差 σ の正規分布 $N(0, \sigma^2)$ に従うとき，その信頼水準 95% の VaR(VaR95%)は次の図のようになる．

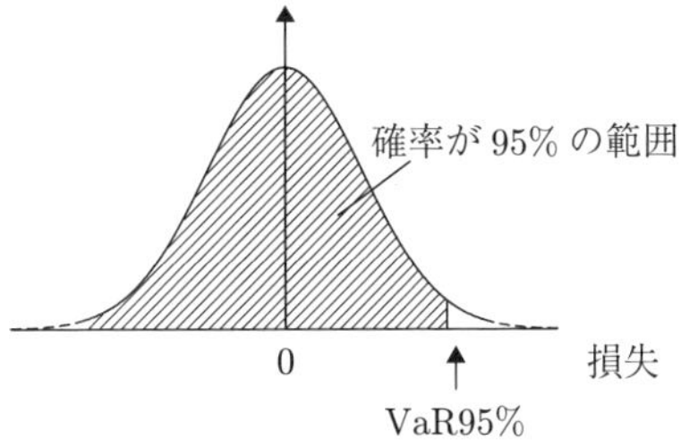

8.3.2 VaR の活用例：責任準備金に対する検討

責任準備金は将来の保険金支払のため会社が積み立てるべき負債であり，保険者損失の条件付期待値であった．責任準備金が期待値であることは実際の死亡実績が責任準備金計算に用いた予定死亡率より悪化すれば将来の保険金支払に不足が出ることを意味する．群団全体での保険者損失の分布として正規分布

---

*2 この定義では確率変数 $\boldsymbol{X}$ の分布関数 $F_{\boldsymbol{X}}$ は連続関数であることを前提とする．

*3 リスクの計量化においては，リスクの特性に応じたリスク尺度を選ぶことが重要である．例えばある損失の分布が大きなテイル(裾)を持つときに VaR ではテイルのリスクを十分に測ることができない．

を仮定すれば，期待値では50％の確率でしか保険金支払を賄えないことを意味する．これでは保険会社が将来にわたり保険金支払を確実に行うには不足しているであろう．

ここで考えておくべきことは，責任準備金の計算基礎としての予定死亡率(＝死亡確率)である．責任準備金はこの予定死亡率をベースとして計算した期待値であり，先ほどの50％の確率もこの予定死亡率を使った場合の確率である．では，保険会社はこのような実際の死亡率悪化に備えるためにどのような対応を行っているかというと，予定死亡率には**安全割増**を加味し保守的な設定を行った責任準備金計算用の死亡率(責任準備金計算用予定死亡率．以下これを q^* で表す)を用いる．これは確率の用語では元々の安全割増を付加しない死亡率(以下これを q で表す)を測度変換して，「変換後の死亡率 q^* をベースとして(条件付)期待値を求める」ことを意味する．この方法であれば責任準備金はやはり期待値のままである．安全割増の詳細は省略するが，現在，保険会社が使用している標準生命表では，ある一定数の契約群団を前提に正規分布を仮定して標準偏差の2倍を安全割増として加味している．したがって，

責任準備金＝死亡率 q^*(安全割増あり)をベースとした期待値

である．

また，現在，国際的に責任準備金の見直し議論がなされているが，その中で議論されている考え方を一部簡単に紹介する．この方法では元々の安全割増を加味しない死亡率 q をベースとして期待値である責任準備金を一旦計算した後，死亡率が悪化した場合の対応として**リスクマージン**(risk margin)を加算する[*4]．このリスクマージンの計算方法も分位点法，資本コスト法[*5]など様々な方法が考えられているが，ここでは理論的に分かりやすいVaRによる分位点法(パーセンタイル法)を説明する．VaRによる分位点法でリスクマージンを計算する方法は，死亡率 q をベースにして，死亡率が一定程度悪化したときの損失額をVaRで計算することにより求める[*6]．

---

*4　ここで述べる方法はあくまでも厳密なものではなく，考え方をごく簡単に説明するものである．会計上，リスクマージン以外のマージンを加えることも検討されている．

*5　ファイナンスで出てくる資本コストを用いてリスクマージンを計算する方法である．資本コストはファイナンスの本を参照のこと．

*6　リスクマージンは単純な死亡率の変動リスクだけではないが，ここでは死亡率の変動リスクだけを考慮している．

$$\text{リスクマージン} = \text{VaR}(\text{分位点を例えば，75\% などに設定．死亡率}\ q\ \text{ベース}) - \text{期待値としての責任準備金}(\text{死亡率}\ q\ \text{ベース})$$

である．

このリスクマージンを用いた責任準備金では，死亡率 q をベースに

$$\begin{aligned}\text{責任準備金} &= \text{期待値としての責任準備金} + \text{リスクマージン}\\ &= \text{VaR}(\text{分位点を例えば，75\% などに設定．死亡率}\ q\ \text{ベース})\end{aligned}$$

となる．このような期待値にリスクマージンを加算する方法はまだ検討中であるが，現在の方法に比べて責任準備金が期待値相当とリスクマージン部分に分解され，多様なリスクに対応してより精緻に計算する方法になると考えられる．

また，ある年度の死亡実績が安全割増を加味しない死亡率 q に一致すれば，責任準備金に含まれていたその年度分のリスクマージンは不要となり，責任準備金から放出されて，収益の源泉になる．このように責任準備金は収益とも深い関係を持つ．

8.3.3 リスク管理への応用例

責任準備金は一定程度の死亡率の悪化にも耐えうるように積立を行うが，死亡率がさらに大きく悪化するリスクもある．このリスクに対して保険会社は責任準備金の外に**リスクバッファー**(risk buffer，リスクへの対応余力)を備えている．リスク管理上，このリスクバッファーを保険会社はどの程度準備しておけばよいかという課題は大変重要である．この課題に対する対応例としてVaR を計算し，必要なリスクバッファーを算出する方法がある．例えば，死亡率が悪化しても 95% の確率で保険金支払に支障が出ないようにするために必要なリスクバッファーはいくらか，という課題に対して VaR95% を計算する：

$$\text{必要なリスクバッファー} = \text{VaR95\%}(\text{死亡率}\ q\ \text{ベース}) - \text{責任準備金}.$$

また，保険会社は VaR を計算することにより，リスクの上限を決定し，必要なリスクバッファー水準だけでなく保険引受量の制限や再保険への出再[*7]など

[*7] 再保険への出再とは保険会社が引き受けた保障を再保険会社に移転すること．

ど，様々なリスク管理に役立てることができる．なお，このVaRを計算する死亡率はあくまでqとすることは注意しておいてほしい．

8.3.4 VaRの具体的な計算例

VaRを具体的な例で計算してみよう．なお，例題6,7,8で求めるVaRは保険期間満了までの全期間にわたって保険金が支払われる確率を95%とする場合である．

例題6 <契約時の保険者損失のVaR(一時払の場合)>

30歳契約，保険金額100万円の一時払終身保険をm件引き受けた場合，契約時の保険者損失のVaR95%はいくらになるか．

なお，モデルを簡単にするため一時払純保険料とVaRの計算に用いる死亡率は同じと仮定し，保険金額1あたりの保険金現価確率変数$\boldsymbol{Z}_{30}$の期待値$\mathrm{E}[\boldsymbol{Z}_{30}]=0.247506$，標準偏差$\sigma(\boldsymbol{Z}_{30})=0.116188$を用いる．また契約群団は十分大きく保険者損失は正規分布が適用できるものとする．

解 i番目の被保険者の保険金額1あたりの保険金現価を表す確率変数を${}^{i}\boldsymbol{Z}_{30}$とおき，その契約時の保険者損失を表す確率変数を${}_{0}^{i}\boldsymbol{L}_{30}$，一時払純保険料$A_{30}=\mathrm{E}[\boldsymbol{Z}_{30}]$とおくと，${}_{0}^{i}\boldsymbol{L}_{30}={}^{i}\boldsymbol{Z}_{30}-A_{30}$であり$\mathrm{E}[{}_{0}^{i}\boldsymbol{L}_{30}]=0$, $\sigma({}_{0}^{i}\boldsymbol{L}_{30})=\sigma({}^{i}\boldsymbol{Z}_{30})$である．群団全体での保険者損失$\boldsymbol{S}_{30}$は$\boldsymbol{S}_{30}=\sum_{i=1}^{m}100\text{万}\times{}_{0}^{i}\boldsymbol{L}_{30}$であり，各${}_{0}^{i}\boldsymbol{L}_{30}$は独立同分布に従うので中心極限定理より$\boldsymbol{S}_{30}$は正規分布に従うとみなせる．なお，$\boldsymbol{S}_{30}$の平均と標準偏差は次のとおりである：

$$\mathrm{E}[\boldsymbol{S}_{30}]=0,\ \sigma(\boldsymbol{S}_{30})=\sqrt{m}\sigma(100\text{万}\times{}_{0}^{i}\boldsymbol{L}_{30})=116{,}188\sqrt{m}.$$

よって，正規分布の95%分位点は1.645σだから

$$\mathrm{VaR95\%}(\boldsymbol{S}_{30})=1.645\sigma(\boldsymbol{S}_{30})=191{,}130\sqrt{m}$$

となる．

なお，ここでmの大きさを変えてみると

m	VaR95%	1人あたり
1万人	1,911万円	1,911円
2万人	2,703万円	1,351円

すなわち件数が m 倍になれば VaR は $\sqrt{m}$ 倍になる．1 人あたり(すなわち平均)の VaR は件数が m 倍になれば，$\dfrac{1}{\sqrt{m}}$ になる．保険会社にとっては，契約群団の件数が多いほど 1 人あたりの VaR が小さくなることはメリットになる(例えば，保険会社は VaR95% に見合うリスクバッファーを保有すると仮定すれば，当初 1 万件では 1,911 万円必要だが，追加の 1 万件には 2,703 万円 −1,911 万円=792 万円の追加で済む)．

例題 7 ＜契約時の保険者損失の VaR(年払の場合)＞

今度は年払の場合の VaR を例題 6 と同様に計算してみよう．例題 6 と同様に 30 歳契約，保険金額 100 万円の終身保険を m 件引き受けるが，保険料は年払純保険料が終身にわたって払い込まれるとする．このとき，契約時の保険者損失の VaR95% を求めてみよう．

なお，例題 6 と同様にモデルを簡単にするため年払純保険料と VaR の計算に用いる死亡率は同じと仮定する．${}_0\boldsymbol{L}_{30}$ を保険金額 1 あたりの契約時の保険者損失とするとき，標準偏差は $\sigma({}_0\boldsymbol{L}_{30})$=0.154404 とする．また契約群団は十分大きく保険者損失は正規分布が適用できるものとする．

解 i 番目の被保険者の保険金現価を表す確率変数を ${}^i\boldsymbol{Z}_{30}$，保険者損失を ${}^i_0\boldsymbol{L}_{30}$，保険料現価を $P_{30}{}^i\ddot{\boldsymbol{Y}}_{30}$ で表すと ${}^i_0\boldsymbol{L}_{30}={}^i\boldsymbol{Z}_{30}-P_{30}{}^i\ddot{\boldsymbol{Y}}_{30}$ であり $\mathrm{E}[{}^i_0\boldsymbol{L}_{30}]=0$，$\sigma({}^i_0\boldsymbol{L}_{30})=0.154404$ である．群団全体での保険者損失 $\boldsymbol{S}_{30}=\sum_{i=1}^{m} 100\text{ 万}\times{}^i_0\boldsymbol{L}_{30}$ について例題 6 と同様に VaR の計算をすると

$$\mathrm{VaR95\%}(\boldsymbol{S}_{30}) = 1.645\sigma(\boldsymbol{S}_{30}) = 253{,}995\sqrt{m}.$$

また，年払と一時払の場合の結果を比較すると，年払の方が大きくなっており，一時払よりもリスクが高いということが分かる．これは，保険料が一時払の場合は契約時に全て収入されるが，年払の場合は被保険者の生存が条件となるため，契約から短期の間に死亡したときは，保険者損失が大きくなることからも容易に理解できる．

例題 8 ＜責任準備金と VaR の対比＞

契約時から t 年経過した契約群団に対して保険者損失の VaR を計算してみよう．

121 ページの表と同じ数値例で養老保険と定期保険(それぞれ 40 歳契約，保険期間 10 年，保険金額 1,000)の VaR95% を計算する(分布は正

規分布を仮定する)．経過年数は $0, 1, 2, 3, \cdots, 9$ のおのおのとする．

なお，モデルを簡単にするため，巻末の例示用生命表を責任準備金とVaR計算の両方に使用する．また，各経過年数の保有件数は1万件を前提とする．

解　養老保険であれば，その経過年数 t 年後の保険者損失(保険金額1,000あたり)を ${}_t\boldsymbol{L}_{x:\overline{n|}}=\boldsymbol{Z}_{x+t:\overline{n-t|}}-P\cdot\ddot{\boldsymbol{Y}}_{x+t:\overline{n-t|}}$ とおき，例示用生命表の q を用いて次のVaR95% を計算する：

$$\mathrm{VaR95\%} = \mathrm{E}\left[\sum^{1\text{万件}}({}_t\boldsymbol{L}_{x:\overline{n|}}|\boldsymbol{K}_x > t)\right]+1.645\sigma\left(\sum^{1\text{万件}}({}_t\boldsymbol{L}_{x:\overline{n|}}|\boldsymbol{K}_x > t)\right).$$

このVaR95% の各経過年数ごとの金額に責任準備金を対比させたものが次の表である．

責任準備金とVaR95% の比較(万円)

	養老保険		定期保険	
t	責任準備金	VaR95%	責任準備金	VaR95%
0	0	1.09	0	2.04
1	86.84	87.82	0.75	2.76
2	176.33	177.18	1.41	3.38
3	268.54	269.27	1.95	3.86
4	363.57	364.17	2.34	4.18
5	461.53	461.99	2.54	4.29
6	562.53	562.87	2.53	4.15
7	666.72	666.93	2.27	3.73
8	774.25	774.35	1.78	3.02
9	885.29	885.29	1.04	1.95
10	1,000	1,000	0	0

例題6, 7, 8は保険期間満了までの全期間にわたって保険金が支払われる確率を95% とするVaRを計算したが，次の例題9, 10では，期間を1年に限定する場合を考えてみる．

例題9　設例は例題8と同様すなわち，養老保険で40歳契約，保険期間10年，保険金額1,000，保有件数1万件とする．ここで3年経過した時点で，4年目の1年間の確率変数 $\sum^{1\text{万件}}(\boldsymbol{\Lambda}_4+{}_3V_{x:\overline{n|}}|\boldsymbol{K}_x>3)$ のVaR99.5%(分布は正規分布を前提)を求めよ．

なお，確率変数 $\boldsymbol{\Lambda}_4 + {}_3V_{x:\overline{n}|}$ は，保険者損失 ${}_t\boldsymbol{L}$ が $\boldsymbol{\Lambda}$ の1次式で表されるとき，(8.1.32)に出てくるが，その意味は後ほど説明する．また $\boldsymbol{\Lambda}_4 + {}_3V_{x:\overline{n}|}$ は保険金額1,000あたりとする．

解　確率変数 $\boldsymbol{\Lambda}_4 + {}_3V_{x:\overline{n}|}$ の期待値と分散は次のとおり．

$$\begin{aligned} \mathrm{E}[\boldsymbol{\Lambda}_4 + {}_3V_{x:\overline{n}|} | \boldsymbol{K}_x > 3] &= {}_3V_{x:\overline{n}|} \\ \mathrm{Var}(\boldsymbol{\Lambda}_4 + {}_3V_{x:\overline{n}|} | \boldsymbol{K}_x > 3) &= \mathrm{Var}(\boldsymbol{\Lambda}_4 | \boldsymbol{K}_x > 3) \\ &= v^2(1000 - {}_4V_{x:\overline{n}|})^2 \cdot p_{x+3} \cdot q_{x+3} \\ &= 705.0085 \end{aligned}$$

$\sum^{1\text{万件}} (\boldsymbol{\Lambda}_4 + {}_3V_{x:\overline{n}|} | \boldsymbol{K}_x > 3)$ は，平均 $=1$ 万 $\times {}_3V_{x:\overline{n}|}$，分散 $=1$ 万 $\times 705.0085$ $(\sigma=2655.2)$ の正規分布となる．正規分布の99.5% 分位点は 2.576σ であるから，VaR99.5%=1万 $\times {}_3V_{x:\overline{n}|} + 2.576\sigma$ を計算すればよい．結果は269.22万円となる．定期保険は章末問題とする．

ここで，確率変数 $\boldsymbol{\Lambda}_4 + {}_3V_{x:\overline{n}|}$ について考えてみる．なお，以下 ${}_3V_{x:\overline{n}|}$ は ${}_3V$ と記す．$\boldsymbol{\Lambda}_4$ を $\boldsymbol{K}_x > 3$ の条件の下で考えると，その定義式(8.1.23)より

$$\boldsymbol{\Lambda}_4 = \begin{cases} v - ({}_3V + P) & \boldsymbol{K}_x = 4 \\ v \cdot {}_4V - ({}_3V + P) & \boldsymbol{K}_x > 4 \end{cases} \tag{8.3.2}$$

である．P を貯蓄保険料 P_4^s と危険保険料 P_4^r に分離すれば，

$$\begin{aligned} v - ({}_3V + P) &= v - ({}_3V + P_4^s + P_4^r) = v - v \cdot {}_4V - P_4^r \\ &= v(1 - {}_4V) - P_4^r \end{aligned} \tag{8.3.3}$$

$$v \cdot {}_4V - ({}_3V + P) = (v \cdot {}_4V - {}_3V) - P = P_4^s - P = -P_4^r \tag{8.3.4}$$

となる．したがって，$\boldsymbol{K}_x > 3$ の下で

$$\boldsymbol{\Lambda}_4 = \begin{cases} v(1 - {}_4V) - P_4^r & \boldsymbol{K}_x = 4 \\ -P_4^r & \boldsymbol{K}_x > 4 \end{cases} \tag{8.3.5}$$

となる．この $\boldsymbol{\Lambda}_4$ の式から $\mathrm{E}[\boldsymbol{\Lambda}_4 | \boldsymbol{K}_x > 3] = 0$ となることも，危険保険料の意味から理解できよう．したがって $\boldsymbol{\Lambda}_4 + {}_3V$ は年度末に積み立てた責任準備金に翌年度の危険保険料の収支の変動を加味する確率変数になる．なお，確率変数 $\boldsymbol{\Lambda}$ は危険保険料を用いれば理解が容易になるが，ハッテンドルフの定理を導く際にも危険保険料は役に立つ．第10章の多重脱退モデルでは危険保険料を

用いてハッテンドルフの定理を求めているが，その算出のスマートさが分かるだろう．

8.3.5 CTE

次に新しいリスク尺度として**CTE**(conditional tail expectation)[*8]を紹介しよう．VaR95% は 95% 分位点であったが，CTE95% とは損失額が VaR95% 以上であるものの期待値を意味する．確率変数 $\boldsymbol{X}$(ここでは保険者損失を想定)に対して信頼水準 α% の CTE(CTEα% と表す)は

$$\mathrm{CTE}\alpha\% = \mathrm{E}[\boldsymbol{X}|\boldsymbol{X} \geqq \mathrm{VaR}\alpha\%]$$

である．例えば CTE95% は $\mathrm{E}[\boldsymbol{X}|\boldsymbol{X}\geqq\mathrm{VaR}95\%]$ である．VaR と違ってある確率以上の損失額の全てを考慮するリスク尺度となる(VaR はある分位点での損失額であることに注意)．また，CTEα% は定義から確率変数 $\boldsymbol{X}$ の密度関数を $f(x)$ とすれば以下のようになる：

$$\mathrm{CTE}\alpha\% = \frac{1}{1-\alpha}\int_{\mathrm{VaR}\alpha\%}^{\infty} xf(x)dx.$$

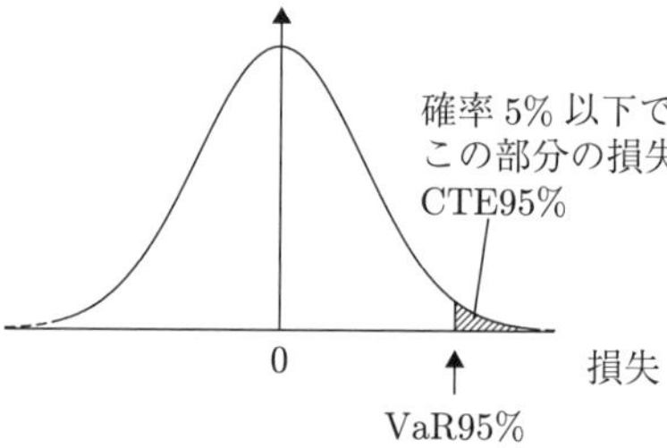

例題 10

この CTE を使って例題 9 と同様，3 年経過時点において 4 年目の 1 年間の確率変数 $\sum^{1\text{万件}}(\boldsymbol{\Lambda}_4+{}_3V_{x:\overline{n|}}|\boldsymbol{K}_x>3)$ の CTE95% を計算してみよう(分布は正規分布を前提)．なお，$\exp\left(-\dfrac{1.645^2}{2}\right)=0.25846$ とする．

解

$$\sum^{1\text{万件}}(\boldsymbol{\Lambda}_4+{}_3V_{x:\overline{n|}}|\boldsymbol{K}_x > 3) \sim N(m,\ \sigma^2)$$

$$\mathrm{VaR}95\% = m+1.645\sigma.$$

ただし，$m=1\text{万}\times{}_3V_{x:\overline{n|}}$，$\sigma^2=1\text{万}\times v^2(1000-{}_4V_{x:\overline{n|}})^2\cdot p_{x+3}\cdot q_{x+3}$ である．確率変数 $\boldsymbol{X}=\sum^{1\text{万件}}(\boldsymbol{\Lambda}_4+{}_3V_{x:\overline{n|}}|\boldsymbol{K}_x>3)$ とおけば

*8 CTE は期待ショートフォールや T-VaR と呼ばれることがある．

$$\mathrm{CTE95\%} = \mathrm{E}[\boldsymbol{X} | \boldsymbol{X} \geqq m + 1.645\sigma]$$
$$= \frac{1}{1-0.95} \int_{m+1.645\sigma}^{\infty} x \cdot \frac{1}{\sqrt{2\pi}\sigma} \exp\left(-\frac{(x-m)^2}{2\sigma^2}\right) dx$$

となる．ここで $t = \dfrac{x-m}{\sigma}$ とおくと，$x = m + \sigma t$, $dx = \sigma dt$ なので

$$= \frac{1}{0.05} \int_{1.645}^{\infty} (m + \sigma t) \frac{1}{\sqrt{2\pi}} \exp\left(-\frac{t^2}{2}\right) dt$$
$$= \frac{1}{0.05} \left\{ m \cdot \int_{1.645}^{\infty} \frac{1}{\sqrt{2\pi}} \exp\left(-\frac{t^2}{2}\right) dt + \frac{\sigma}{\sqrt{2\pi}} \int_{1.645}^{\infty} t \cdot \exp\left(-\frac{t^2}{2}\right) dt \right\}$$

となる．

{　}の中の第 1 項のうち積分部分は標準正規分布の分位点 1.645 以上の確率(5%)となる(第 1 項 $=0.05m$)．第 2 項について，

$$\int_{1.645}^{\infty} t \cdot \exp\left(-\frac{t^2}{2}\right) dt = \left[-\exp\left(-\frac{t^2}{2}\right)\right]_{1.645}^{\infty} = \exp\left(-\frac{1.645^2}{2}\right)$$

ゆえ，

$$\mathrm{CTE95\%} = m + \frac{\sigma}{0.05\sqrt{2\pi}} \exp\left(-\frac{1.645^2}{2}\right)$$
$$= 269.09\ 万円$$

となる．ここで，$m=268.54$ 万円，$\sigma=2655.2$，$\exp\left(-\dfrac{1.645^2}{2}\right) = 0.25846$ を用いた．定期保険は章末問題とする[*9]．

8.4　章末問題

問題 8.1　x 歳加入，保険金年末支払の 3 年定期保険の 1 年経過時点での責任準備金 ${}_1V_{x:\overline{3}|}^{1}$ と保険者損失の分散 $\mathrm{Var}({}_1\boldsymbol{L}_{x:\overline{3}|}^{1} | \boldsymbol{K}_x > 1)$ を計算せよ．ただし，$P_{x:\overline{3}|}^{1} = 0.16$，$q_{x+1} = q_{x+2} = 0.2$，$i=0$ とする．

[*9] 例題 6～10 のような計算から保険会社が高い保険金支払能力を将来に渡って維持するには，契約当初から保険期間全体を通じて，責任準備金に加え相応のリスクバッファーが必要であることが理解できよう．これは確率的アプローチを使うことの大きなメリットであり，さらにソルベンシー(solvency，支払能力)の議論としていろいろと発展があるが，本書ではこれ以上は扱わない．

問題 8.2　死亡保険金額が 1,000 で年末支払の 3 年養老保険を考える．年払純保険料は 381.68 とする．予定利率が 0% として責任準備金は ${}_1V_{x:\overline{3}|}=312.98$, ${}_2V_{x:\overline{3}|}=618.32$ とする．このとき次の値を求めよ．

(1) q_x と q_{x+1}　(2) $\mathrm{Var}({}_0\boldsymbol{L}_{x:\overline{3}|})$　(3) $\mathrm{Var}({}_1\boldsymbol{L}_{x:\overline{3}|}|\boldsymbol{K}_x>1)$

問題 8.3　終身保険の保険者損失の分散 $\mathrm{Var}({}_t\boldsymbol{L}|\boldsymbol{K}_x>t)$ を次の条件で求めよ．

$i=5\%$, ${}_{t+1}V=0.5$, $p_{x+t}=0.9$, $\mathrm{Var}({}_{t+1}\boldsymbol{L}|\boldsymbol{K}_x>t+1)=0.4$

問題 8.4　次の式を証明せよ:

$$\mathrm{Var}({}_t\boldsymbol{L}^{1}_{x:\overline{n}|}|\boldsymbol{K}_x>t)=\left(1+\frac{P^{1}_{x:\overline{n}|}}{d}\right)^2\cdot{}^2A^{\ \ 1}_{x+t:\overline{n-t}|}+\left(\frac{P^{1}_{x:\overline{n}|}}{d}\right)^2\cdot{}^2A_{x+t:\overline{n-t}|}^{\quad\ \ 1}$$
$$-\left(\frac{P^{1}_{x:\overline{n}|}}{d}A_{x+t:\overline{n-t}|}+A^{\ \ 1}_{x+t:\overline{n-t}|}\right)^2.$$

問題 8.5　保険金額 400 の 2 年定期保険において，$P^{1}_{x:\overline{2}|}=0.185825$, ${}_1V^{1}_{x:\overline{2}|}=0.04145$, $i=0.10$ のとき，契約時の保険者損失 ${}_0\boldsymbol{L}^{1}_{x:\overline{2}|}$ が 190 未満となる確率を求めよ．

問題 8.6　終身保険(終身払込)の責任準備金 ${}_tV_x$ について，以下の式が全て ${}_tV_x$ に等しいことを示せ．

(1) $1-(P_x+d)\ddot{a}_{x+t}$　(2) $1-\dfrac{\ddot{a}_{x+t}}{\ddot{a}_x}$　(3) $\dfrac{A_{x+t}-A_x}{1-A_x}$

(4) $\left(1-\dfrac{P_x}{P_{x+t}}\right)A_{x+t}$　(5) $(P_{x+t}-P_x)\ddot{a}_{x+t}$　(6) $\dfrac{P_{x+t}-P_x}{P_{x+t}+d}$

問題 8.7　次の式を証明せよ．

(1) ${}_tV_x=1-(1-{}_1V_x)(1-{}_1V_{x+1})\cdots(1-{}_1V_{x+t-1})$

(2) $P_{x:\overline{n}|}={}_tV_{x:\overline{n}|}P_{x:\overline{t}|}+(1-{}_tV_{x:\overline{n}|})P^{1}_{x:\overline{t}|}$　$(1\leqq t\leqq n)$

問題 8.8　保険料年 m 回払込で，保険金年末支払の終身保険(終身払込)について，死亡が一様に発生するときは，次の式が成り立っていることを証明せよ：

$${}_tV_x^{(m)}=A_{x+t}-P_x^{(m)}\cdot\ddot{a}_{x+t}^{(m)}=\left(1+\frac{i-i^{(m)}}{i^{(m)}d^{(m)}}P_x^{(m)}\right){}_tV_x.$$

問題 8.9　$P_{x:\overline{n}|}=0.08$, $P^{1}_{x:\overline{t}|}=0.01$, $P_{x:\overline{t}|}^{\ \ 1}=0.1$ のとき，${}_tV_{x:\overline{n}|}$ を求めよ．

問題 8.10 A_{x+t}，$\ddot{a}_{x+t}$ をそれぞれ A_{x+t+1}，$\ddot{a}_{x+t+1}$ を用いた再帰式で表し，これらを使って，責任準備金の再帰式(8.2.13)

$$ {}_tV+P = v\,{}_{t+1}V+v\,q_{x+t}\,(1-{}_{t+1}V) $$

を証明せよ．

問題 8.11 保険者損失の再帰式 ${}_t\boldsymbol{L}=\boldsymbol{C}_{t+1}+v\cdot{}_{t+1}\boldsymbol{L}$ について，$\boldsymbol{K}_x>t$ という条件で期待値を求めることにより，責任準備金の再帰式を導け．

問題 8.12 保険期間 3 年の保険で，死亡時は死亡保険金 1,000 に加算して，その年度末の責任準備金を年末に支払い，満期時には 1,000 の満期保険金を支払う．$i=3\%$，$q_x=q_{x+1}=q_{x+2}=0.06$ のとき，年払純保険料を求めよ(ヒント：責任準備金の再帰式を利用する)．

問題 8.13 次の式を証明せよ．

$$ {}_{s+t}V_x = 1-(1-{}_sV_x)(1-{}_tV_{x+s}) $$

また，この関係式を用いて，$A_{30}=0.3$，${}_{30}V_{30}=0.7$，${}_{15}V_{45}=0.4$ のとき A_{45} を求めよ．

問題 8.14 次式

$$ \frac{d}{dt}\,{}_t\overline{V}(\overline{A}_x) = \frac{\overline{A}_{x+t}-\overline{a}_{x+t}\cdot\mu_{x+t}}{\overline{a}_x} $$

を示せ．またこの式を用いて，ティーレの微分方程式(8.2.15)を導け．

問題 8.15 問題 8.2 の 3 年養老保険を保険会社は 1 万件引き受けるとし，群団全体の保険者損失 ${}_t\boldsymbol{S}_{x:\overline{3|}}=\sum{}_t\boldsymbol{L}_{x:\overline{3|}}$ は正規分布が適用されるものとする．このとき，次の値を求めよ．

(1) VaR95%$({}_0\boldsymbol{S}_{x:\overline{3|}})$

(2) VaR95%$({}_1\boldsymbol{S}_{x:\overline{3|}}|\boldsymbol{K}_x>1)$

(3) CTE95%$({}_0\boldsymbol{S}_{x:\overline{3|}})$

問題 8.16 例題 9 において，養老保険の代わりに定期保険で VaR99.5% を求めよ．

問題 8.17 例題 10 において，養老保険の代わりに定期保険で CTE95% を求めよ．

問題 8.18　【Excel 演習】

(1) 巻末の例示用生命表の死亡率を用いて，40 歳加入，保険金額 1000，保険期間 10 年，年払の定期保険の責任準備金を計算せよ．ただし，$i=3\%$ とする．

(2) また，各経過年数の保有件数を 1 万件として，保険者損失の VaR95% を計算せよ(各々 121, 140 ページの数表と一致することを確認せよ．次問も同様)．

問題 8.19　【Excel 演習】　前問と同様に，

(1) 養老保険(40 歳加入，保険金額 1000，保険期間 10 年，年払)の責任準備金を計算せよ．

(2) 保険者損失の VaR95% を計算せよ．

9　連合生命モデル

これまでは 1 人だけの生死，すなわち単生命の保険や年金を考えてきた．ここでは複数の，つまり夫婦や親子などの**連合生命**(joint-life，連生)の保険や年金を考える．この本では，3 人以上の連合生命は取り扱わず，2 人の場合のみを考える．なお，本章では特に断りのない限り連合生命の 2 人の死亡は独立であると仮定する．また記述を簡略にするため x 歳の被保険者という代わりに (x) という記号を用いることとする．

9.1　共存状態モデル

共存状態(joint-life status)とは，連合生命の構成員の全てが生存している状態をいう．よって，最初の 1 人が死亡することで共存状態は終了する．

9.1.1　共存状態の確率変数

(x) と (y) の 2 人の共存状態を考える．この状態を (xy) と書き，(x) と (y) との共存状態が継続する期間を表す確率変数を $\boldsymbol{T}_{xy}$ と表す．定義より $\boldsymbol{T}_{xy}$ は $\boldsymbol{T}_x$ と $\boldsymbol{T}_y$ の小さい方である．つまり

$$\boldsymbol{T}_{xy} = \min\{\boldsymbol{T}_x, \boldsymbol{T}_y\} \tag{9.1.1}$$

である．確率変数 $\boldsymbol{T}_{xy}$ は，基本的に $\boldsymbol{T}_x$ と同じように扱えることを以下で確認してゆく．

9.1.2　$\boldsymbol{T}_{xy}$ の生存関数，分布関数

確率変数 $\boldsymbol{T}_{xy}$ の生存関数 $S_{\boldsymbol{T}_{xy}}(t)$ は保険数学では ${}_tp_{xy}$ で表し，

$$S_{\boldsymbol{T}_{xy}}(t) = \Pr(\boldsymbol{T}_{xy} > t) = {}_tp_{xy} \tag{9.1.2}$$

である．共存状態は，両構成員が生存することで継続する．互いの余命は独立だから

$${}_tp_{xy} = {}_tp_x \ {}_tp_y \tag{9.1.3}$$

という連合生命と単生命の生存関数の関係式を得る．

$\boldsymbol{T}_{xy}$ の分布関数 $F_{\boldsymbol{T}_{xy}}(t)$ は保険数学では ${}_tq_{xy}$ で表し，

$$F_{\boldsymbol{T}_{xy}}(t) = \Pr(\boldsymbol{T}_{xy} \leqq t) = {}_tq_{xy} \tag{9.1.4}$$

である．$\Pr(\boldsymbol{T}_{xy} \leqq t) + \Pr(\boldsymbol{T}_{xy} > t) = 1$ なので，(9.1.2) より

$$ {}_tq_{xy} = 1 - {}_tp_{xy} \tag{9.1.5}$$

である．${}_tp_{xy}$ が「どちらも生存している確率」であるのに対して ${}_tq_{xy}$ は「少なくともどちらかは死亡している確率」である．(9.1.3) より

$$ {}_tq_{xy} = 1 - {}_tp_{xy} = 1 - {}_tp_x\ {}_tp_y = 1 - (1 - {}_tq_x)(1 - {}_tq_y) \tag{9.1.6}$$

$$ = {}_tq_x + {}_tq_y - {}_tq_x\ {}_tq_y \tag{9.1.7}$$

と，連合生命の分布関数は単生命の分布関数で書ける．

なお，単生命の場合と同様に，$t=1$ のときは t を省略し，それぞれ p_{xy}，q_{xy} で表す．また $(x+t)$ と $(y+t)$ の共存についての記号は $x+ty+t$ と並べて書くと分かりづらいので $p_{x+t,y+t}$ といった表記をする．

9.1.3　$\boldsymbol{T}_{xy}$ の確率密度関数，ハザード関数

$\boldsymbol{T}_{xy}$ の確率密度関数は (3.2.14) の単生命の場合と同様に (9.1.5) を使って

$$f_{\boldsymbol{T}_{xy}}(t) = \frac{d}{dt} F_{\boldsymbol{T}_{xy}}(t) = \frac{d}{dt}\,{}_tq_{xy} = -\frac{d}{dt}\,{}_tp_{xy} \tag{9.1.8}$$

により定義され

$$f_{\boldsymbol{T}_{xy}}(t) = -\frac{d}{dt}\,{}_tp_{xy} = -\frac{d}{dt}({}_tp_x\ {}_tp_y)$$

$$= -\left\{\left(\frac{d_tp_x}{dt}\right){}_tp_y + {}_tp_x\left(\frac{d_tp_y}{dt}\right)\right\} \tag{9.1.9}$$

$$= -\left\{(-{}_tp_x\ \mu_{x+t})\,{}_tp_y + {}_tp_x\,(-{}_tp_y\ \mu_{y+t})\right\} \tag{9.1.10}$$

$$= {}_tp_x\ {}_tp_y\ \mu_{x+t} + {}_tp_x\ {}_tp_y\ \mu_{y+t} \tag{9.1.11}$$

$$= {}_tp_{xy}(\mu_{x+t} + \mu_{y+t}). \tag{9.1.12}$$

確率密度関数と生存関数を既に得たことから，ハザード関数は容易に計算できる．(3.1.8) と同様にして (9.1.2), (9.1.12) を使えば

$$\lambda_{\boldsymbol{T}_{xy}}(t) = \frac{f_{\boldsymbol{T}_{xy}}(t)}{S_{\boldsymbol{T}_{xy}}(t)} = \mu_{x+t} + \mu_{y+t} \tag{9.1.13}$$

を得る．連生の $\lambda_{\boldsymbol{T}_{xy}}(t)$ は保険数学の記号では $\mu_{x+t,y+t}$ と表し，

$$\mu_{x+t,y+t}=\mu_{x+t}+\mu_{y+t} \tag{9.1.14}$$

である．単生命のハザード関数は死力といったが，連生では個々の構成員の死力の合計になっている．

9.1.4 死亡年度 $\boldsymbol{K}_{xy}$，平均余命

単生命の場合と同様に，$\boldsymbol{T}_{xy}$ に対して死亡年度を表す離散な確率変数 $\boldsymbol{K}_{xy}$ を定義しよう．ここでは，共存状態が終了する年度を $\boldsymbol{K}_{xy}$ と表す．つまり $\boldsymbol{K}_{xy}$ は $\boldsymbol{T}_{xy}$ の 1 年未満の端数を切り上げた整数値をとるから*1

$$\boldsymbol{K}_{xy}=[\boldsymbol{T}_{xy}]+1 \tag{9.1.15}$$

であり，確率分布は

$$\Pr(\boldsymbol{K}_{xy}=k)={}_{k-1|}q_{xy} \tag{9.1.16}$$

である．次に，共存状態の平均余命については $\boldsymbol{T}_{xy}$ の期待値を $\mathring{e}_{xy}$ で表すと

$$\mathring{e}_{xy}=\mathrm{E}[\boldsymbol{T}_{xy}]=\int_0^\infty t\left(-\frac{d\ {}_tp_{xy}}{dt}\right)dt=[-t{}_tp_{xy}]_0^\infty+\int_0^\infty {}_tp_{xy}\ dt \tag{9.1.17}$$

$$=\int_0^\infty {}_tp_{xy}\ dt \tag{9.1.18}$$

となる．また，$[\boldsymbol{T}_{xy}]=\boldsymbol{K}_{xy}-1$ の期待値を e_{xy} で表すと，以下のようになる：

$$e_{xy}=\mathrm{E}[\boldsymbol{K}_{xy}-1]=\sum_{k=1}^{\infty}{}_kp_{xy}. \tag{9.1.19}$$

9.2 最終生存状態モデル

最終生存状態(last-survivor status)とは，連合生命の構成員の少なくとも 1 人が生存している状態をいう．よって，最後の 1 人が死亡することで状態は終了する．

9.2.1 最終生存状態の確率変数

(x) と (y) の 2 人の最終生存状態を考える．この状態を $(\overline{xy})$ と書き，この状態が継続する期間を表す確率変数を $\boldsymbol{T}_{\overline{xy}}$ と表す．定義より $\boldsymbol{T}_{\overline{xy}}$ は $\boldsymbol{T}_x$ と $\boldsymbol{T}_y$

*1 単生命の場合は第 3 章参照．$[\cdot]$ はガウス記号．

の大きい方である．つまり，以下のようになる：

$$\boldsymbol{T}_{\overline{xy}}=\max\{\boldsymbol{T}_x,\boldsymbol{T}_y\}. \tag{9.2.1}$$

9.2.2　$\boldsymbol{T}_{\overline{xy}}$ の生存関数，分布関数

確率変数 $\boldsymbol{T}_{\overline{xy}}$ の生存関数 $S_{\boldsymbol{T}_{\overline{xy}}}(t)$ は保険数学では ${}_tp_{\overline{xy}}$ と表し，

$$S_{\boldsymbol{T}_{\overline{xy}}}(t)=\Pr(\boldsymbol{T}_{\overline{xy}}>t)={}_tp_{\overline{xy}} \tag{9.2.2}$$

である．最終生存状態は，少なくとも 1 人の構成員が生存することで継続する．互いの余命は独立だから

$$\begin{aligned}{}_tp_{\overline{xy}}&=\Pr(\boldsymbol{T}_{\overline{xy}}>t)=\Pr(\max\{\boldsymbol{T}_x,\boldsymbol{T}_y\}>t) && (9.2.3)\\&=\Pr(\{\boldsymbol{T}_x>t\}\cup\{\boldsymbol{T}_y>t\})\quad\text{独立より} && (9.2.4)\\&=\Pr(\boldsymbol{T}_x>t)+\Pr(\boldsymbol{T}_y>t)-\Pr(\{\boldsymbol{T}_x>t\}\cap\{\boldsymbol{T}_y>t\}) && (9.2.5)\\&={}_tp_x+{}_tp_y-{}_tp_{xy} && (9.2.6)\end{aligned}$$

である．$\boldsymbol{T}_{\overline{xy}}$ の分布関数 $F_{\boldsymbol{T}_{\overline{xy}}}(t)$ は保険数学では ${}_tq_{\overline{xy}}$ で表し，

$$F_{\boldsymbol{T}_{\overline{xy}}}(t)=\Pr(\boldsymbol{T}_{\overline{xy}}\leqq t)={}_tq_{\overline{xy}} \tag{9.2.7}$$

であり，これと(9.2.2)より

$${}_tq_{\overline{xy}}=1-{}_tp_{\overline{xy}} \tag{9.2.8}$$

となる．互いの余命は独立だから

$$\begin{aligned}{}_tq_{\overline{xy}}&=1-{}_tp_{\overline{xy}}=1-({}_tp_x+{}_tp_y-{}_tp_{xy}) && (9.2.9)\\&=(1-{}_tp_x)(1-{}_tp_y)={}_tq_x\ {}_tq_y && (9.2.10)\end{aligned}$$

である．$t=1$ のときは t を省略し，それぞれ $p_{\overline{xy}}$，$q_{\overline{xy}}$ で表す．

9.2.3　$\boldsymbol{T}_{\overline{xy}}$ の確率密度関数，ハザード関数

$\boldsymbol{T}_{\overline{xy}}$ の確率密度関数は

$$f_{\boldsymbol{T}_{\overline{xy}}}(t)=\frac{d}{dt}F_{\boldsymbol{T}_{\overline{xy}}}(t)=\frac{d}{dt}{}_tq_{\overline{xy}}=-\frac{d}{dt}{}_tp_{\overline{xy}} \tag{9.2.11}$$

により定義され

$$f_{T_{\overline{xy}}}(t) = -\frac{d}{dt}({}_tp_x + {}_tp_y - {}_tp_{xy}) \tag{9.2.12}$$

$$= {}_tp_x\ \mu_{x+t} + {}_tp_y\ \mu_{y+t} - {}_tp_{xy}\ \mu_{x+t,y+t} \tag{9.2.13}$$

$$= {}_tp_x\ \mu_{x+t} + {}_tp_y\ \mu_{y+t} - {}_tp_x\ {}_tp_y(\mu_{x+t} + \mu_{y+t}) \tag{9.2.14}$$

$$= {}_tp_x\ \mu_{x+t}(1 - {}_tp_y) + (1 - {}_tp_x){}_tp_y\ \mu_{y+t} \tag{9.2.15}$$

$$= {}_tp_x\ \mu_{x+t}\ {}_tq_y + {}_tq_x\ {}_tp_y\ \mu_{y+t} \tag{9.2.16}$$

と表される．(9.1.13)と同様に(9.2.2)と(9.2.13)を使えば，ハザード関数は以下のようになる：

$$\lambda_{T_{\overline{xy}}}(t) = \frac{f_{T_{\overline{xy}}}(t)}{S_{T_{\overline{xy}}}(t)} \tag{9.2.17}$$

$$= \frac{{}_tp_x\ \mu_{x+t} + {}_tp_y\ \mu_{y+t} - {}_tp_{xy}\ \mu_{x+t,y+t}}{{}_tp_{\overline{xy}}}. \tag{9.2.18}$$

9.2.4 死亡年度 $\boldsymbol{K}_{\overline{xy}}$，平均余命

ここまでの $\boldsymbol{K}$ と同様に，最終生存状態が終了する年度(死亡年度)を $\boldsymbol{K}_{\overline{xy}}$ と表す．つまり，$\boldsymbol{K}_{\overline{xy}}$ は $\boldsymbol{T}_{\overline{xy}}$ の 1 年未満の端数を切り上げた整数値をとるから

$$\boldsymbol{K}_{\overline{xy}} = [\boldsymbol{T}_{\overline{xy}}] + 1 \tag{9.2.19}$$

であり，確率分布は

$$\Pr(\boldsymbol{K}_{\overline{xy}} = k) = {}_{k-1|}q_{\overline{xy}} \tag{9.2.20}$$

となる．次に，最終生存者の平均余命については $\boldsymbol{T}_{\overline{xy}}$ の期待値を $\mathring{e}_{\overline{xy}}$ で表すと

$$\mathring{e}_{\overline{xy}} = \mathrm{E}[\boldsymbol{T}_{\overline{xy}}] = \int_0^\infty {}_tp_{\overline{xy}}\,dt \tag{9.2.21}$$

$$= \int_0^\infty ({}_tp_x + {}_tp_y - {}_tp_{xy})dt = \mathring{e}_x + \mathring{e}_y - \mathring{e}_{xy} \tag{9.2.22}$$

である．また，$[\boldsymbol{T}_{\overline{xy}}] = \boldsymbol{K}_{\overline{xy}} - 1$ の期待値を $e_{\overline{xy}}$ で表すと，以下のようになる：

$$e_{\overline{xy}} = \mathrm{E}[\boldsymbol{K}_{\overline{xy}} - 1] = \sum_{k=1}^{\infty} {}_kp_{\overline{xy}} \tag{9.2.23}$$

$$= \sum_{k=1}^{\infty} ({}_kp_x + {}_kp_y - {}_kp_{xy}) = e_x + e_y - e_{xy}. \tag{9.2.24}$$

9.2.5 $\boldsymbol{T}_{xy}$ と $\boldsymbol{T}_{\overline{xy}}$ の関係

$\boldsymbol{T}_{xy}=\min\{\boldsymbol{T}_x, \boldsymbol{T}_y\}$，$\boldsymbol{T}_{\overline{xy}}=\max\{\boldsymbol{T}_x, \boldsymbol{T}_y\}$ だから，$\boldsymbol{T}_{xy}$ は (x) と (y) の最初の死亡までの時間で，$\boldsymbol{T}_{\overline{xy}}$ は (x),(y) の遅い方の死亡までの時間であった．よって，$\boldsymbol{T}_{xy}$ は $\boldsymbol{T}_x$ か $\boldsymbol{T}_y$ で，$\boldsymbol{T}_{\overline{xy}}$ はそれとは別の方となる．このため

$$\boldsymbol{T}_{xy}+\boldsymbol{T}_{\overline{xy}} = \boldsymbol{T}_x+\boldsymbol{T}_y, \quad \boldsymbol{T}_{xy}\boldsymbol{T}_{\overline{xy}} = \boldsymbol{T}_x\boldsymbol{T}_y \tag{9.2.25}$$

が従う．$\boldsymbol{T}_x$ と $\boldsymbol{T}_y$ は独立であるが，$\boldsymbol{T}_{xy}$ と $\boldsymbol{T}_{\overline{xy}}$ は独立ではないことに注意する．(9.2.25)を利用して $\boldsymbol{T}_{xy}$ と $\boldsymbol{T}_{\overline{xy}}$ の共分散を求めると

$$\begin{aligned}
\mathrm{Cov}(\boldsymbol{T}_{xy}, \boldsymbol{T}_{\overline{xy}}) &= \mathrm{E}[\boldsymbol{T}_{xy}\boldsymbol{T}_{\overline{xy}}]-\mathrm{E}[\boldsymbol{T}_{xy}]\mathrm{E}[\boldsymbol{T}_{\overline{xy}}] && (9.2.26)\\
&= \mathrm{E}[\boldsymbol{T}_x\boldsymbol{T}_y]-\mathrm{E}[\boldsymbol{T}_{xy}]\mathrm{E}[\boldsymbol{T}_x+\boldsymbol{T}_y-\boldsymbol{T}_{xy}]\\
&= \mathrm{E}[\boldsymbol{T}_x]\mathrm{E}[\boldsymbol{T}_y]-\mathrm{E}[\boldsymbol{T}_{xy}](\mathrm{E}[\boldsymbol{T}_x]+\mathrm{E}[\boldsymbol{T}_y]-\mathrm{E}[\boldsymbol{T}_{xy}])\\
&= \mathring{e}_x\ \mathring{e}_y-\mathring{e}_{xy}(\mathring{e}_x+\mathring{e}_y-\mathring{e}_{xy})\\
&= \mathring{e}_x\ \mathring{e}_y-\mathring{e}_x\ \mathring{e}_{xy}-\mathring{e}_y\ \mathring{e}_{xy}+(\mathring{e}_{xy})^2\\
&= (\mathring{e}_x-\mathring{e}_{xy})(\mathring{e}_y-\mathring{e}_{xy}) > 0 && (9.2.27)
\end{aligned}$$

である．つまり $\boldsymbol{T}_{xy}$ と $\boldsymbol{T}_{\overline{xy}}$ とは正の相関があることが分かる．

9.3 条件付確率

死亡の順番に焦点を当てた事象は条件付確率で記述できる．(x) が (y) より先に死亡する事象は $\boldsymbol{T}_x<\boldsymbol{T}_y$ で表される．その確率 $\mathrm{Pr}(\boldsymbol{T}_x<\boldsymbol{T}_y)$ を ${}_\infty q_{xy}^1$ と表す．

(x) が微小期間 dt で死亡し，(y) がその時点で生存している確率は ${}_tp_x\ \mu_{x+t}\ dt\times {}_tp_y$ であり，これを $0\sim\infty$ まで積分すると ${}_\infty q_{xy}^1$ が求められる．つまり

$$\mathrm{Pr}(\boldsymbol{T}_x < \boldsymbol{T}_y) = {}_\infty q_{xy}^1 = \int_0^\infty {}_tp_x\ \mu_{x+t}\ {}_tp_y\ dt \tag{9.3.1}$$

$$= \int_0^\infty {}_tp_{xy}\ \mu_{x+t}\ dt \tag{9.3.2}$$

となる．${}_\infty q_{xy}^1$ は死亡の順序を表すための表記として用いられる[*2]．n 年以内

[*2] xy 上の数字はどの死亡に着目したかを表している．

に (x) が (y) より先に死亡する確率は

$$ {}_nq_{xy}^{1} = \int_0^n {}_tp_{xy}\ \mu_{x+t}\ dt \tag{9.3.3} $$

により与えられる．

逆に，(x) が (y) より後に死亡するという事象は $\boldsymbol{T}_x > \boldsymbol{T}_y$ により表され，(x) が微小期間 dt で死亡する確率は ${}_tp_x\ \mu_{x+t}\ dt$ であり，その時点で (y) が既に死亡している $({}_tq_y = 1 - {}_tp_y)$ ので，(x) が (y) より後に死亡する確率は

$$ \begin{aligned} \Pr(\boldsymbol{T}_x > \boldsymbol{T}_y) = {}_\infty q_{xy}^{2} &= \int_0^\infty {}_tp_x\ \mu_{x+t}(1 - {}_tp_y)dt \\ &= \int_0^\infty {}_tp_x\ \mu_{x+t}\ dt - \int_0^\infty {}_tp_{xy}\ \mu_{x+t}\ dt \\ &= 1 - {}_\infty q_{xy}^{1} \end{aligned} $$

となる．x の上の 2 は (x) と (y) のうち (x) が 2 番目に死亡する事象に着目していることを表す．n 年以内に (x) が (y) より後に死亡する確率は同様に以下のようになる：

$$ {}_nq_{xy}^{2} = \int_0^n {}_tp_x\ \mu_{x+t}(1 - {}_tp_y)dt = {}_nq_x - {}_nq_{xy}^{1}. \tag{9.3.4} $$

9.4　連生保険モデル

共存状態が終了するとき，すなわち，2 人のうち最初の死亡が発生したときに保険金を支払う終身保険(保険金年末支払)を考える．$\boldsymbol{K}_{xy}$ は，共存状態 (xy) の最初の死亡が起きる死亡年度だから

$$ \boldsymbol{Z}_{xy} = v^{\boldsymbol{K}_{xy}} \tag{9.4.1} $$

は連生終身保険の保険金の現価を表す確率変数である．

$$ A_{xy} = \mathrm{E}[\boldsymbol{Z}_{xy}] = \sum_{k=1}^{\infty} v^k\ {}_{k-1|}q_{xy} \tag{9.4.2} $$

は，この保険の一時払純保険料を表す．また，分散は(2.1.5)より

$$ \mathrm{Var}(\boldsymbol{Z}_{xy}) = {}^2A_{xy} - (A_{xy})^2 \tag{9.4.3} $$

で与えられる．ただし，${}^2A_{xy} = \mathrm{E}[(\boldsymbol{Z}_{xy})^2] = \sum_{k=1}^{\infty} (v^2)^k\ {}_{k-1|}q_{xy}$ である．

上記は $\boldsymbol{T}_{xy}$ を用いた保険金即時支払でも同様である．

$$\overline{\boldsymbol{Z}}_{xy}=v^{\boldsymbol{T}_{xy}} \tag{9.4.4}$$

とすると，一時払純保険料は $\overline{A}_{xy}=\mathrm{E}[\overline{\boldsymbol{Z}}_{xy}]=\int_0^\infty v^t\ {}_tp_{xy}\ \mu_{x+t,y+t}\ dt$ であり，分散は $\mathrm{Var}(\overline{\boldsymbol{Z}}_{xy})={}^2\overline{A}_{xy}-(\overline{A}_{xy})^2$ である．

保険期間を n 年に定めた連生定期保険の一時払純保険料は次のとおりである：

$$\overline{A}_{\overset{1}{\widehat{xy}}:\overline{n|}}=\int_0^n v^t\ {}_tp_{xy}\ \mu_{x+t,y+t}\ dt. \tag{9.4.5}$$

$\overset{1}{\widehat{xy}}$ は (x),(y) いずれか最初に死亡することに着目して死亡保険金を支払うことを意味している．また，連生養老保険では

$$\overline{A}_{xy:\overline{n|}}=\overline{A}_{\overset{1}{\widehat{xy}}:\overline{n|}}+A_{xy:\overset{\ \ 1}{\overline{n|}}} \tag{9.4.6}$$

である．ただし $A_{xy:\overset{\ \ 1}{\overline{n|}}}=v^n\ {}_np_{xy}$ である．

9.5　最終生存者保険モデル

最終生存者が死亡するときに保険金を支払う終身保険(保険金年末支払)を考える．確率変数 $\boldsymbol{K}_{\overline{xy}}=[\boldsymbol{T}_{\overline{xy}}]+1$ に対して

$$\boldsymbol{Z}_{\overline{xy}}=v^{\boldsymbol{K}_{\overline{xy}}} \tag{9.5.1}$$

とおくと

$$A_{\overline{xy}}=\mathrm{E}[\boldsymbol{Z}_{\overline{xy}}]=\sum_{k=1}^{\infty}v^k\ {}_{k-1|}q_{\overline{xy}} \tag{9.5.2}$$

となる．${}_{k-1|}q_{\overline{xy}}={}_{k-1|}q_x+{}_{k-1|}q_y-{}_{k-1|}q_{xy}$ を代入すると

$$A_{\overline{xy}}=A_x+A_y-A_{xy} \tag{9.5.3}$$

となる．また，分散も

$$\mathrm{Var}(\boldsymbol{Z}_{\overline{xy}})={}^2A_{\overline{xy}}-(A_{\overline{xy}})^2 \tag{9.5.4}$$

$$=({}^2A_x+{}^2A_y-{}^2A_{xy})-(A_x+A_y-A_{xy})^2 \tag{9.5.5}$$

となる．保険金即時支払の場合は，$\boldsymbol{T}_{\overline{xy}}$ を用いて

$$\overline{\boldsymbol{Z}}_{\overline{xy}}=v^{\boldsymbol{T}_{\overline{xy}}} \tag{9.5.6}$$

とすると，以下のようになる：

$$\overline{A}_{\overline{xy}} = \overline{A}_x + \overline{A}_y - \overline{A}_{xy} \tag{9.5.7}$$

$$\mathrm{Var}(\overline{\boldsymbol{Z}}_{\overline{xy}}) = {}^2\overline{A}_{\overline{xy}} - (\overline{A}_{\overline{xy}})^2 \tag{9.5.8}$$

$$= ({}^2\overline{A}_x + {}^2\overline{A}_y - {}^2\overline{A}_{xy}) - (\overline{A}_x + \overline{A}_y - \overline{A}_{xy})^2. \tag{9.5.9}$$

9.6 連生年金モデル

共存状態 (xy) について，状態が継続する限り支払う**連生年金**(joint annuity)を考える．確率変数 $\boldsymbol{K}_{xy}$ を用いれば第 6 章と同様の式が得られる．

$$\ddot{\boldsymbol{Y}}_{xy} = \ddot{a}_{\overline{\boldsymbol{K}_{xy}}|} \tag{9.6.1}$$

とすれば，この年金の一時払純保険料は(6.1.4)と同様の変形により

$$\ddot{a}_{xy} = \mathrm{E}[\ddot{\boldsymbol{Y}}_{xy}] = \sum_{k=0}^{\infty} v^k \ {}_kp_{xy} \tag{9.6.2}$$

である．また $\ddot{\boldsymbol{Y}}_{xy} = \dfrac{1-v^{\boldsymbol{K}_{xy}}}{d} = \dfrac{1-\boldsymbol{Z}_{xy}}{d}$ だから

$$\ddot{a}_{xy} = \frac{1-A_{xy}}{d} \tag{9.6.3}$$

となる．分散も以下のようになる：

$$\mathrm{Var}(\ddot{\boldsymbol{Y}}_{xy}) = \frac{\mathrm{Var}(\boldsymbol{Z}_{xy})}{d^2} = \frac{{}^2A_{xy} - (A_{xy})^2}{d^2}. \tag{9.6.4}$$

連続払の場合も同様であり，例えば一時払純保険料は

$$\overline{a}_{xy} = \mathrm{E}[\overline{\boldsymbol{Y}}_{xy}] = \int_0^{\infty} v^t \ {}_tp_{xy} \, dt = \frac{1-\overline{A}_{xy}}{\delta} \tag{9.6.5}$$

となる．

9.7 最終生存者年金モデル

最終生存状態 $(\overline{xy})$ について，状態が継続する限り支払う**最終生存者年金**(last-survivor annuity)を考える．確率変数 $\boldsymbol{K}_{\overline{xy}}$ を用いれば前節と同様の式が得られる．

$$\ddot{\boldsymbol{Y}}_{\overline{xy}} = \ddot{a}_{\overline{\boldsymbol{K}_{\overline{xy}}}|} \tag{9.7.1}$$

とすれば

$$\ddot{a}_{\overline{xy}} = \mathrm{E}[\ddot{\boldsymbol{Y}}_{\overline{xy}}] = \sum_{k=0}^{\infty} v^k \ {}_kp_{\overline{xy}} \tag{9.7.2}$$

で(9.2.6)より $\ddot{a}_{\overline{xy}}=\ddot{a}_x+\ddot{a}_y-\ddot{a}_{xy}$ である．

また $\ddot{\boldsymbol{Y}}_{\overline{xy}}=\dfrac{1-v^{\boldsymbol{K}_{\overline{xy}}}}{d}=\dfrac{1-\boldsymbol{Z}_{\overline{xy}}}{d}$ だから

$$\ddot{a}_{\overline{xy}} = \frac{1-A_{\overline{xy}}}{d} \tag{9.7.3}$$

となる．分散も以下のようになる：

$$\mathrm{Var}(\ddot{\boldsymbol{Y}}_{\overline{xy}}) = \frac{\mathrm{Var}(\boldsymbol{Z}_{\overline{xy}})}{d^2} = \frac{{}^2A_{\overline{xy}}-(A_{\overline{xy}})^2}{d^2}. \tag{9.7.4}$$

連続払の場合も同様であり，例えば一時払純保険料は以下のようになる：

$$\overline{a}_{\overline{xy}} = \mathrm{E}[\overline{Y}_{\overline{xy}}] = \int_0^{\infty} v^t \ {}_tp_{\overline{xy}} \, dt = \frac{1-\overline{A}_{\overline{xy}}}{\delta}. \tag{9.7.5}$$

9.8　平準払純保険料と責任準備金

共存状態 (xy) に対する連生終身保険の年払純保険料(終身払込)を P_{xy} とする．この保険の保険者損失の現価は，確率変数として

$$\boldsymbol{L}_{xy} = \boldsymbol{Z}_{xy}-P_{xy}\ddot{\boldsymbol{Y}}_{xy} \tag{9.8.1}$$

と表される．よって，期待値をとると，

$$\mathrm{E}[\boldsymbol{L}_{xy}] = A_{xy}-P_{xy}\ddot{a}_{xy} \tag{9.8.2}$$

となり，収支相等の原則 $\mathrm{E}[\boldsymbol{L}_{xy}]=0$ より

$$P_{xy} = \frac{A_{xy}}{\ddot{a}_{xy}} \tag{9.8.3}$$

を得る．保険金は最初の死亡時に支払われ，契約は終了する．

最終生存状態 $(\overline{xy})$ の場合も同様に

$$P_{\overline{xy}} = \frac{A_{\overline{xy}}}{\ddot{a}_{\overline{xy}}} \tag{9.8.4}$$

を得る．保険金は最後の死亡に対して支払うが，保険料の払込みもその時点まで続くことになる．

責任準備金は，共存状態 (xy) の場合は，単生と同様に定義できる．共存状態が時点 t で続いていれば，$\boldsymbol{K}_{xy}>t$ のとき

$$ {}_t\boldsymbol{L}_{xy} = v^{\boldsymbol{K}_{xy}-t} - P_{xy}\ddot{a}_{\overline{\boldsymbol{K}_{xy}-t}|} = \boldsymbol{Z}_{x+t,y+t} - P_{xy}\ddot{\boldsymbol{Y}}_{x+t,y+t} \quad (9.8.5) $$

であり，$\boldsymbol{K}_{xy} \leqq t$ のとき ${}_t\boldsymbol{L}_{xy}=0$．$\boldsymbol{K}_{xy}>t$ での条件付期待値をとって責任準備金を求めると以下となる：

$$ {}_tV_{xy} = \mathrm{E}[{}_t\boldsymbol{L}_{xy}|\boldsymbol{K}_{xy} > t] = A_{x+t,y+t} - P_{xy}\ddot{a}_{x+t,y+t}. \quad (9.8.6) $$

最終生存状態 $(\overline{xy})$ の場合についての連生終身保険における責任準備金は，最終生存状態が時点 t まで続いていれば ${}_tV_{\overline{xy}}=\mathrm{E}[{}_t\boldsymbol{L}_{\overline{xy}}|\boldsymbol{K}_{\overline{xy}}>t]$ により定義できる．$\boldsymbol{K}_{\overline{xy}}>t$ の仮定がないとした時，(x) と (y) それぞれの生死状態により次の I～IV の状態が起こり得る．即ち I：(x),(y) ともに生存，II：(x) 生存，(y) 死亡，III：(x) 死亡，(y) 生存，IV：(x),(y) ともに死亡の 4 通りである．保険者損失の現価は，

I　${}_t\boldsymbol{L}_{\overline{xy}}=v^{\boldsymbol{K}_{\overline{xy}}-t}-P_{\overline{xy}}\ddot{a}_{\overline{\boldsymbol{K}_{\overline{xy}}-t}|}$

II　${}_t\boldsymbol{L}_{\overline{xy}}=v^{\boldsymbol{K}_{x}-t}-P_{\overline{xy}}\ddot{a}_{\overline{\boldsymbol{K}_{x}-t}|}$

III　${}_t\boldsymbol{L}_{\overline{xy}}=v^{\boldsymbol{K}_{y}-t}-P_{\overline{xy}}\ddot{a}_{\overline{\boldsymbol{K}_{y}-t}|}$

IV　${}_t\boldsymbol{L}_{\overline{xy}}=0$

であり，それぞれの条件下での期待値は

I　$\mathrm{E}[{}_t\boldsymbol{L}_{\overline{xy}}|\boldsymbol{K}_x>t, \boldsymbol{K}_y>t]=A_{\overline{x+t,y+t}}-P_{\overline{xy}}\ddot{a}_{\overline{x+t,y+t}}$

II　$\mathrm{E}[{}_t\boldsymbol{L}_{\overline{xy}}|\boldsymbol{K}_x>t, \boldsymbol{K}_y\leqq t]=A_{x+t}-P_{\overline{xy}}\ddot{a}_{x+t}$

III　$\mathrm{E}[{}_t\boldsymbol{L}_{\overline{xy}}|\boldsymbol{K}_x\leqq t, \boldsymbol{K}_y>t]=A_{y+t}-P_{\overline{xy}}\ddot{a}_{y+t}$

IV　$\mathrm{E}[{}_t\boldsymbol{L}_{\overline{xy}}|\boldsymbol{K}_x\leqq t, \boldsymbol{K}_y\leqq t]=0$

となる．実務的には，状態 I～III を認識していれば場合分けして，それぞれを責任準備金評価に用いる．

9.9　条件付連生保険モデル

(x) が (y) より先に死亡した場合に保険金が即時に支払われるような終身保険を考える．この保険の現価確率変数 $\overline{\boldsymbol{Z}}^1_{xy}$ は

$$ \overline{\boldsymbol{Z}}^1_{xy} = \begin{cases} v^{\boldsymbol{T}_x} & \boldsymbol{T}_x < \boldsymbol{T}_y \text{のとき} \\ 0 & \boldsymbol{T}_x \geqq \boldsymbol{T}_y \text{のとき} \end{cases} \quad (9.9.1) $$

だから，一時払純保険料 $\overline{A}^1_{xy}$ は(9.3.2)より

$$ \overline{A}^1_{xy} = \mathrm{E}[\overline{\boldsymbol{Z}}^1_{xy}] = \int_0^\infty v^t \ {}_tp_{xy}\ \mu_{x+t}\ dt \quad (9.9.2) $$

となる．分散は(2.1.5)より

$$\mathrm{Var}(\overline{\boldsymbol{Z}}{}_{xy}^{1}) = {}^{2}\overline{A}{}_{xy}^{1} - (\overline{A}{}_{xy}^{1})^{2} \tag{9.9.3}$$

である．また，意味を考えれば以下の式も成立することが容易に分かる：

$$\overline{A}_{xy} = \overline{A}{}_{xy}^{1} + \overline{A}{}_{xy}^{\;\,1}, \quad \overline{A}_{x} = \overline{A}{}_{xy}^{1} + \overline{A}{}_{xy}^{2}. \tag{9.9.4}$$

9.10　遺族年金モデル

2人の生命年金の特別なものは1人が死亡した後に支払われるというもので，もう1人が生きている限り続く．このような年金を**遺族年金**(reversionary annuity)という．特に，夫の死亡を条件に妻に与えられる年金を**寡婦年金**(widow's annuity)といい，親の死亡を条件に遺児に与えられる年金を**遺児年金**(orphan's annuity)という．

(x) が死亡した期末から (y) が生存している限り期末に支払われる年金の現価確率変数は

$$\boldsymbol{Y}_{x|y} = \begin{cases} a_{\overline{\boldsymbol{K}_y-1}|} - a_{\overline{\boldsymbol{K}_x-1}|} & \boldsymbol{K}_x < \boldsymbol{K}_y \\ 0\,(= a_{\overline{\boldsymbol{K}_y-1}|} - a_{\overline{\boldsymbol{K}_y-1}|}) & \boldsymbol{K}_x \geqq \boldsymbol{K}_y \end{cases} \tag{9.10.1}$$

$$= a_{\overline{\boldsymbol{K}_y-1}|} - a_{\overline{\min\{\boldsymbol{K}_x-1,\ \boldsymbol{K}_y-1\}}|} \tag{9.10.2}$$

となる．ここで $x|y$ は (x) の死亡を条件に (y) への給付を行うことを意味している．この年金現価の期待値をとった一時払純保険料 $a_{x|y}$ は

$$a_{x|y} = \mathrm{E}[\boldsymbol{Y}_{x|y}] = a_y - a_{xy} = \frac{A_{xy} - A_y}{d} \tag{9.10.3}$$

$$= \sum_{k=1}^{\infty} v^k ({}_kp_y - {}_kp_{xy}) = \sum_{k=1}^{\infty} v^k\, {}_kp_y (1 - {}_kp_x) = \sum_{k=1}^{\infty} v^k\, {}_kp_y\ {}_kq_x \tag{9.10.4}$$

であり，これは (x) 死亡 (y) 生存を条件に年金を支払うことを意味している．

(x) の死亡後に (y) の生存を条件に，最大 n 年間支払われ続ける有期年金の一時払純保険料 $a_{x|y:\overline{n}|}$ は

$$a_{x|y:\overline{n}|} = \sum_{k=1}^{n} v^k\ {}_kp_y\ {}_kq_x = \sum_{k=1}^{n} v^k ({}_kp_y - {}_kp_{xy}) = a_{y:\overline{n}|} - a_{xy:\overline{n}|} \tag{9.10.5}$$

となる．

遺族年金の年払純保険料は，共存状態が続く限り支払われる．(x) の死亡後に (y) に年金が支払われるならば，年払純保険料 $P(a_{x|y})$ は，収支相等の原則

$\mathrm{E}[\boldsymbol{L}]=0$ より

$$P(a_{x|y})=\frac{a_{x|y}}{\ddot{a}_{xy}}=\frac{a_y-a_{xy}}{\ddot{a}_{xy}} \tag{9.10.6}$$

が導かれる．時点 t における責任準備金は (x) と (y) の生死状態によって異なる．もし2人ともに生存していれば責任準備金は

$${}_tV(a_{x|y})=a_{x+t|y+t}-P(a_{x|y})\ddot{a}_{x+t,y+t} \tag{9.10.7}$$

である．もし (y) だけが生存していれば責任準備金は単に

$${}_tV(a_{x|y})=a_{y+t} \tag{9.10.8}$$

である．もし (x) だけが生存していれば (y) に対する支払いはないから，契約は消滅しているので責任準備金は0である．

今度は (x) の死亡直後から (y) が生存している限り年金が連続で支払われ続けるような年金を考える．この年金の現価確率変数 $\overline{\boldsymbol{Y}}_{x|y}$ は

$$\overline{\boldsymbol{Y}}_{x|y}=\begin{cases}\bar{a}_{\overline{\boldsymbol{T}_y}|}-\bar{a}_{\overline{\boldsymbol{T}_x}|} & \boldsymbol{T}_x<\boldsymbol{T}_y \\ 0\ (=\bar{a}_{\overline{\boldsymbol{T}_y}|}-\bar{a}_{\overline{\boldsymbol{T}_y}|}) & \boldsymbol{T}_x \geqq \boldsymbol{T}_y\end{cases} \tag{9.10.9}$$

$$=\bar{a}_{\overline{\boldsymbol{T}_y}|}-\bar{a}_{\overline{\min\{\boldsymbol{T}_x,\ \boldsymbol{T}_y\}}|} \tag{9.10.10}$$

となる．だから，一時払純保険料 $\bar{a}_{x|y}$ は

$$\bar{a}_{x|y}=\mathrm{E}[\overline{\boldsymbol{Y}}_{x|y}]=\int_0^\infty v^t({}_tp_y-{}_tp_{xy})dt=\bar{a}_y-\bar{a}_{xy} \tag{9.10.11}$$

例題 1

次のような遺児年金の年払純保険料 P を求めよ．

- 契約時の親 (x) の年齢は30歳，子ども (y) の年齢は2歳．
- 年金支払期間は最大20年間．
- 保険料は全期払込で，毎年度始に (x) と (y) が共存している限り年払純保険料 P が払い込まれる．
- 親が20年以内に死亡した場合は，子どもが22歳になるまで毎年100万円の年金が年度末に支払われる．

解

保険料は2人が生存している期間だけ支払われるから，収入の期待値は $P\ddot{a}_{30,2:\overline{20}|}$ である．年金は親の死亡後に最大20年間毎年100万円ずつ支払われるから，支出の期待値は $10^6\cdot a_{30|2:\overline{20}|}$ である．収支相等の原則より

$$10^6 \cdot a_{30|2:\overline{20}|} - P\ddot{a}_{30,2:\overline{20}|} = 0 \text{ であり，} P = \frac{10^6 \cdot a_{30|2:\overline{20}|}}{\ddot{a}_{30,2:\overline{20}|}}.$$

発展：従属余命モデル(dependent lifetime model)

ここまでは互いの死亡が独立だと仮定して話を進めてきたが，(x) と (y) の 2 人は，それぞれの余命が独立ではない場合を考える．

まず，時点 t での (x) の死力 μ_{x+t} を，(x) だけに働く死力 μ^*_{x+t} と共通の危険力(common shock)μ^c_t の 2 つに分けて考える．同様に，時点 t での (y) の死力 μ_{y+t} を，(y) だけに働く死力 μ^*_{y+t} と共通の危険力 μ^c_t の 2 つに分けて考える．

次に，(x) と (y) の両方に影響する共通の危険力 μ^c_t が t によらず一定だと仮定し，$\mu^c_t=\lambda$ と書くことにする．このとき，(x) の死力 μ_{x+t}，(y) の死力 μ_{y+t} は

$$\mu_{x+t} = \mu^*_{x+t}+\mu^c_t = \mu^*_{x+t}+\lambda, \quad \mu_{y+t} = \mu^*_{y+t}+\mu^c_t = \mu^*_{y+t}+\lambda \qquad (9.10.12)$$

で与えられ，共存状態 (xy) の死力は

$$\mu_{x+t,y+t} = \mu^*_{x+t}+\mu^*_{y+t}+\lambda \qquad (9.10.13)$$

で与えられる．$\mu_{x+t,y+t}=\mu_{x+t}+\mu_{y+t}$ は成り立たない．

また，連合生命の生存関数 ${}_tp_{xy}$ は

$$\begin{aligned}
{}_tp_{xy} &= \exp\left(-\int_0^t \mu_{x+s,y+s}\,ds\right) \\
&= \exp\left(-\int_0^t (\mu^*_{x+s}+\mu^*_{y+s}+\lambda)ds\right) \\
&= \exp\left(-\int_0^t \mu^*_{x+s}\,ds\right)\exp\left(-\int_0^t \mu^*_{y+s}\,ds\right)\exp\left(-\int_0^t \lambda\,ds\right) \\
&= {}_tp^*_x\ {}_tp^*_y e^{-\lambda t} \qquad (9.10.14)
\end{aligned}$$

${}_tp^*_x$ は ${}_tp_x$ と同じでないことに注意する．なぜならば，${}_tp_x$ は共通の危険性を含んでいて，${}_tp^*_x$ はそうではないからである．

9.11　章末問題

問題 9.1　次の(1)～(3)を示せ．

(1)　${}_nq^{\;1}_{xy}+{}_nq_{x\overset{1}{y}}={}_nq_{xy}$

(2)　${}_nq^{\;2}_{xy}+{}_nq_{x\overset{2}{y}}={}_nq_{\overline{xy}}$

(3)　$a_{\overline{xy}}=a_{x|y}+a_{y|x}+a_{xy}$

問題 9.2 $\delta=0.05$, $\mu_{x+t}=0.02$, $\mu_{y+t}=0.03$ のとき, $\overline{A}^2_{xy}$ を求めよ.

問題 9.3 喫煙者の死力は非喫煙者の死力の 2 倍であると仮定し, 非喫煙者の生存関数を $S_0(t)={}_tp_0=1-\dfrac{t}{80}$ とする. 喫煙者 (50) と非喫煙者 (60) に対して $\mathring{e}_{50,60}$ を求めよ.

問題 9.4 年齢 x 歳の 2 人の被保険者が, 保険料期始払, 保険金期末支払の最終生存者保険に加入した. 2 人の死亡は独立同分布に従い, 年払純保険料は最初の死亡が起こるまで払い込まれる. $A_x=0.4$, $A_{xx}=0.55$, $a_x=9.0$ のとき, 年払純保険料を求めよ.

問題 9.5 $\mu_{x+t}=0.09$, $\mu_{y+t}=0.06$, $\delta=0.05$ のとき,

$$\overline{\boldsymbol{Z}}^1_{xy}=\begin{cases} v^{\boldsymbol{T}_x} & (\boldsymbol{T}_x \leqq \boldsymbol{T}_y) \\ 0 & (\boldsymbol{T}_x > \boldsymbol{T}_y) \end{cases}$$

に対して $\overline{A}^1_{xy}$, $\mathrm{Var}(\overline{\boldsymbol{Z}}^1_{xy})$ を求めよ.

問題 9.6 同年齢 x 歳の夫婦は, 次のように保険金が即時に支払われる保険を契約した.

(1) 夫が先に死亡した場合の保険金額は 1
(2) 妻が先に死亡した場合の保険金額は 2
(3) 夫が後に死亡した場合の保険金額は 3
(4) 妻が後に死亡した場合の保険金額は 4

このとき, 一時払純保険料は $7\overline{A}_x-2\overline{A}_{xx}$ と表されることを示せ. ただし, 2 人の死亡は独立同分布に従うものとする.

問題 9.7 連続払遺族年金の一時払保険料 $\overline{a}_{x|y:\overline{n}|}$ に一致する値は(1)～(4)の中に何個あるか.

(1) $\displaystyle\int_0^n e^{-\delta t}\,{}_tp_y\ {}_tq_x\ dt$　　(2) $\displaystyle\int_0^n e^{-\delta t}\,{}_tp_x\ {}_yp_y\mu_{x+t}\overline{a}_{y+t:\overline{n-t}|}dt$

(3) $\displaystyle\int_0^n \overline{A}^1_{xy:\overline{t}|}\left\{1-(\mu_{y+t}+\delta)\overline{a}_{y+t:\overline{n-t}|}\right\}dt$　　(4) $\displaystyle\overline{a}_{y:\overline{n}|}\,{}_nq_x-\int_0^n {}_tp_x\ \mu_{x+t}\overline{a}_{y:\overline{t}|}dt$

問題 9.8 死亡表がゴムパーツの法則に従うとき, すなわち $\mu_x=BC^x$ (B,C は定数)のとき, ${}_\infty q^1_{xy}$ を C^x, C^y を用いて表せ.

問題 9.9 夫 x 歳，妻 y 歳加入，保険料年払全期払込，保険金年末支払，保険期間 n 年の次の給付を行う夫婦連生保険を考える．

- 第 t 年度において，夫が妻の生存中に死亡した場合，保険金 $\dfrac{t}{n}$ を支払い，その後の保険料の払込みを免除する．
- 妻が死亡した場合，夫の生死にかかわらず保険金 1 を支払い，契約は消滅する．
- 妻が満期まで生存した場合，夫の生死にかかわらず満期保険金 1 を支払う．

ただし，予定死亡率は夫婦とも同一の生命表に従うものとし，付加保険料は考慮しない．この保険に関する次の(1)～(3)の各問について，①～⑭の空欄に当てはまる最も適切なものを選択肢から選べ．同じ選択肢を何回選んでもよい．(平成 22 年度アクチュアリー試験)

(1) この保険の年払平準純保険料 P および保険料払込免除後における第 t 保険年度末平準純保険料式責任準備金 ${}_t\tilde{V}$ を表す式はそれぞれ，

$$P = \frac{\dfrac{1}{n}\displaystyle\sum_{t=0}^{n-1}(t+1)\cdot v^{t+1}\cdot{}_tp_{xy}\cdot\boxed{\;①\;}+A_{y:\overline{n}|}}{\boxed{\;②\;}},\quad {}_t\tilde{V} = \boxed{\;③\;}$$

となる．

(2) 夫婦とも生存の場合における第 t 保険年度末平準純保険料式責任準備金 ${}_tV$ を過去法で表した場合の式を次のとおり求める．

契約時から第 t 年度末までの収支を，契約時点における現価で考えると，

$$(\text{収入現価}) = P\cdot\boxed{\;④\;},$$

$$(\text{支出現価}) = \frac{1}{n}\cdot\sum_{s=0}^{t-1}(s+1)\cdot v^{s+1}\cdot{}_sp_{xy}\cdot\boxed{\;⑤\;}+\boxed{\;⑥\;}$$

となる．

また，夫婦とも生存の場合における第 t 保険年度末平準純保険料式責任準備金 ${}_tV$ と保険料払込免除後における第 t 保険年度末平準純保険料式責任準備金 ${}_t\tilde{V}$ の確率加重平均を契約時点まで割り引いた額は，契約時から第 t 保険年度末までの収支の契約時点における現価と等しくなることから，

$$v^t \cdot {}_t p_{xy} \cdot {}_t V + v^t \cdot (1 - \boxed{⑦}) \cdot \boxed{⑧} \cdot {}_t \tilde{V}$$
$$= P \cdot \boxed{④} - \frac{1}{n} \cdot \sum_{s=0}^{t-1} (s+1) \cdot v^{s+1} \cdot {}_s p_{xy} \cdot \boxed{⑤} - \boxed{⑥}$$

が成り立つ．したがって，

$$v^t \cdot {}_t p_{xy} \cdot ({}_t V - {}_t \tilde{V})$$
$$= P \cdot \boxed{④} - \frac{1}{n} \cdot \sum_{s=0}^{t-1} (s+1) \cdot v^{s+1} \cdot {}_s p_{xy} \cdot \boxed{⑤} - (\boxed{⑥} + v^t \cdot \boxed{⑧} \cdot {}_t \tilde{V})$$

となる．ここで，$\boxed{⑥} + v^t \cdot \boxed{⑧} \cdot {}_t \tilde{V} = \boxed{⑨}$ より，

$${}_t V = \frac{1}{v^t \cdot {}_t p_{xy}} \cdot \left\{ P \cdot \boxed{④} - \frac{1}{n} \cdot \sum_{s=0}^{t-1} (s+1) \cdot v^{s+1} \cdot {}_s p_{xy} \cdot \boxed{⑤} - \boxed{⑨} \right\}$$
$$+ {}_t \tilde{V}$$

と表せる．

(3) 夫婦とも生存の場合における第 t 保険年度末平準純保険料式責任準備金 ${}_t V$ を将来法で表した上で，(2)で求めた過去法による式と一致することを，$1 \leqq t \leqq n-1$ において，次のとおり証明する．

夫婦とも生存の場合における第 t 保険年度末平準純保険料式責任準備金 ${}_t V$ を将来法で表すと，

$${}_t V = \frac{1}{n} \cdot \sum_{s=0}^{n-t-1} (t+s+1) \cdot v^{s+1} \cdot {}_s p_{x+t, y+t} \cdot \boxed{⑩} + \boxed{⑪}$$
$$- P \cdot \ddot{a}_{x+t, y+t : \overline{n-t|}}$$

となる．

次に，将来法の責任準備金と過去法の責任準備金が等しいことを証明する．まず，

$$\sum_{s=0}^{t-1} (s+1) \cdot v^{s+1} \cdot {}_s p_{xy} \cdot \boxed{⑤} = \sum_{s=0}^{n-1} (s+1) \cdot v^{s+1} \cdot {}_s p_{xy} \cdot \boxed{⑤}$$
$$- v^t \cdot \boxed{⑫} \cdot \sum_{s=0}^{n-t-1} (t+s+1) \cdot v^{s+1} \cdot {}_s p_{x+t, y+t} \cdot \boxed{⑬}$$

また，$\dfrac{1}{v^t\cdot{}_tp_{xy}}\cdot\boxed{\text{④}}=\dfrac{1}{v^t\cdot{}_tp_{xy}}\cdot\boxed{\text{⑭}}-\ddot{a}_{x+t,y+t:\overline{n-t|}}$，${}_t\tilde{V}=\boxed{\text{③}}$

に注意すれば，過去法の

$$
\begin{aligned}
&{}_tV\\
&=\frac{1}{v^t\cdot{}_tp_{xy}}\left\{P\cdot\boxed{\text{④}}-\frac{1}{n}\cdot\sum_{s=0}^{t-1}(s+1)\cdot v^{s+1}\cdot{}_sp_{xy}\cdot\boxed{\text{⑤}}-\boxed{\text{⑨}}\right\}+{}_t\tilde{V}\\
&=\frac{1}{n}\cdot\sum_{s=0}^{n-t-1}(t+s+1)\cdot v^{s+1}\cdot{}_sp_{x+t,y+t}\cdot\boxed{\text{⑬}}+\boxed{\text{③}}-P\cdot\ddot{a}_{x+t,y+t:\overline{n-t|}}\\
&\quad+\frac{1}{v^t\cdot{}_tp_{xy}}\cdot\left\{P\cdot\boxed{\text{⑭}}-\frac{1}{n}\cdot\sum_{s=0}^{n-1}(s+1)\cdot v^{s+1}\cdot{}_sp_{xy}\cdot\boxed{\text{⑤}}-\boxed{\text{⑨}}\right\}
\end{aligned}
$$

となる．ここで，(1)より最後の等式の第4項の{　}内は0となることから，過去法の${}_tV=$将来法の${}_tV$が示される．

[選択肢]

(A) $\ddot{a}_{x:\overline{n|}}$	(B) $\ddot{a}_{xy:\overline{n|}}$	(C) $\ddot{a}_{x:\overline{t|}}$	(D) $\ddot{a}_{xy:\overline{t|}}$
(E) $A_{y:\overline{n|}}$	(F) $A_{xy:\overline{n|}}$	(G) $A_{y:\overline{t|}}$	(H) $A^{1}_{y:\overline{t|}}$
(I) $\ddot{a}_{x+t:\overline{n-t|}}$	(J) $\ddot{a}_{x+t,y+t:\overline{n-t|}}$	(K) $A_{y+t:\overline{n-t|}}$	(L) $A^{\ 1}_{y+t:\overline{n-t|}}$
(M) $A_{x+t,y+t:\overline{n-t|}}$	(N) $A_{x+t,\overset{1}{y+t}:\overline{n-t|}}$	(O) ${}_tp_x$	(P) ${}_tp_y$
(Q) ${}_tp_{xy}$	(R) p_{x+t}	(S) p_{y+t}	(T) $p_{x+t,y+t}$
(U) ${}_{t\vert}q_{xy}$	(V) $q_{\overset{1}{x+t},y+t}$	(W) ${}_{s\vert}q_{xy}$	(X) $q_{\overset{1}{x+s},y+s}$
(Y) ${}_{t+s\vert}q^{1}_{xy}$	(Z) $q_{\overset{1}{x+t+s},y+t+s}$		

問題 9.10　【Excel 演習】　巻末の例示用生命表に従う (70) と (65) の連合生命を考える．2人のうち最終生存者が死亡したときに年末に保険金1000を支払う保険期間10年の連生定期保険の年払純保険料と両者とも生存の場合における各年度の責任準備金を計算せよ．ただし，i=3% とする．

問題 9.11　【Excel 演習】　159ページ例題1の遺児年金の年払純保険料(P)を巻末の例示用生命表を用いて計算せよ．また，5年経過時の(親生存時の)責任準備金を計算せよ．ただし，i=3% とする．

10　多重脱退モデル

これまでの章では被保険者の2つの状態「生存」「死亡」に関する保険料や保険金のやりとりを考えてきた．しかし，実際には死亡の原因を細分化することもある．また，医療保険のように一定の健康状態に該当した場合に給付を行う保険も存在する．これらをふまえて，給付事由が生存，死亡のみの場合の拡張として，ある特定の状態から複数の原因で脱退した場合に原因別に保険金を支払う場合を考える．各原因による脱退が同時に発生しないという前提のもとでこれまでと同様に現価の確率変数や保険者損失などを定義し，保険料や責任準備金を計算する．

10.1　多重脱退モデルとは

今までは確率変数 $\boldsymbol{T}$ を (x) の余命として扱ってきた[*1]．別の言い方をすると，被保険者が「生存」の状態にある集団から「死亡」することによって脱退するといえる．つまり，「死亡」を原因として生存者の集団から脱退する．契約が継続する条件は，生存以外にも付け加えることができる．また，脱退原因としては死亡の他に様々なものが考えられる．例えば

- 就業状態にある者の集団から「死亡」と「就業不能」の2つの原因によって脱退する．
- 健常者の集団から「病気」「死亡」「解約」の3つの原因によって脱退する．

など，様々なパターンが考えられる．

この章では特定の状態が継続する期間を表す確率変数を $\boldsymbol{T}$，脱退原因を表す確率変数を $\boldsymbol{J}$ として，結合確率分布を用いた**多重脱退モデル**(multiple-decrement model)を考える．脱退原因には1から m までの番号をつけ，各脱

[*1] ここでは記号による煩雑さを考慮して $\boldsymbol{T}_x$ 等の確率変数につけていた添え字 x は省略し，必要に応じてつけるものとする．

退は同時に起こらないと仮定する．実際に全く同時に複数の事象が起こるとは考えにくいので，この仮定は妥当であろう．また，一度脱退すれば元の状態への復帰はないとする[*2]．

先ほどの例では

- $\boldsymbol{T}$ は就業状態の継続期間，$\boldsymbol{J}$ は　1：死亡　2：就業不能　の 2 通り
- $\boldsymbol{T}$ は健常者である期間，$\boldsymbol{J}$ は　1：病気　2：死亡　3：解約　の 3 通り

となる．

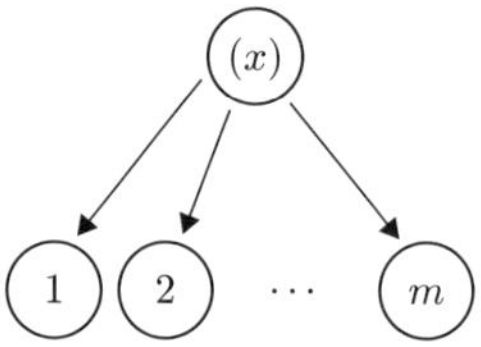

10.2　脱退率

以下，被保険者の契約時年齢を x とする．多重脱退では確率変数が 2 つになるので $\boldsymbol{T}$ と $\boldsymbol{J}$ の結合確率分布を考えることになり，$\boldsymbol{T}$，$\boldsymbol{J}$ はそれぞれ 0 以上の実数，正の整数を値にとる．脱退原因を $j=1,\cdots,m$ とする．

総脱退(何らかの脱退事由によって脱退)についての分布関数を $F_{\boldsymbol{T}}$ とし ${}_tq_x^{(\tau)}$ で表す．$1-F_{\boldsymbol{T}}(t)$ は t 年間いずれの脱退原因による脱退も発生しない確率となるが，これを ${}_tp_x^{(\tau)}$ で表す．すなわち，

$${}_tq_x^{(\tau)} = \Pr(\boldsymbol{T} \leqq t), \quad {}_tp_x^{(\tau)} = \Pr(\boldsymbol{T} > t) \tag{10.2.1}$$

である．また，(x) が t 年以内に原因 j で脱退する確率(**脱退率**(probability of decrement)という)を ${}_tq_x^{(j)}$ で表す．

$${}_tq_x^{(j)} = \Pr(\{\boldsymbol{T} \leqq t\}\cap\{\boldsymbol{J} = j\}) \tag{10.2.2}$$

である．これより t 年以内に(何らかの脱退原因により)脱退が起こる確率 ${}_tq_x^{(\tau)}$ は

$${}_tq_x^{(\tau)} = \Pr(\boldsymbol{T} \leqq t) = \sum_{j=1}^{m} \Pr(\{\boldsymbol{T} \leqq t\}\cap\{\boldsymbol{J} = j\}) = \sum_{j=1}^{m} {}_tq_x^{(j)} \tag{10.2.3}$$

と原因 $\boldsymbol{J}$ $(1\sim m)$ により脱退する確率の和となるが，当然

[*2] 元の状態に復帰する場合は第 13 章の多重状態で扱う．

$$ {}_tp_x^{(\tau)} + {}_tq_x^{(\tau)} = 1 \qquad (10.2.4)$$

なので

$$ {}_tp_x^{(\tau)} = 1 - {}_tq_x^{(\tau)} = 1 - \sum_{j=1}^{m} {}_tq_x^{(j)} \qquad (10.2.5)$$

とも書ける．なお，多重脱退モデルにおいても ${}_1p_x^{(\tau)}$ や ${}_1q_x^{(\tau)}$ の 1 は省略し，$p_x^{(\tau)}$，$q_x^{(\tau)}$ などと表す．

第 4 章では生命表を扱ったが，**多重脱退表**(multiple-decrement table)も同じようにして作ることができる．$l_x^{(\tau)}$ を x 歳の被保険者の残存数とし，$d_x^{(j)} = l_x^{(\tau)} q_x^{(j)}$，$d_x^{(\tau)} = l_x^{(\tau)} q_x^{(\tau)}$ などの記号を導入すればよい．次の表は脱退原因を 2 つとし，$l_{30}^{(\tau)}$ と年間脱退率 $q_x^{(1)}$，$q_x^{(2)}$ が与えられたときのそれぞれの値を計算したものである．

多重脱退表

x	$q_x^{(1)}$	$q_x^{(2)}$	$q_x^{(\tau)}$	$p_x^{(\tau)}$	$l_x^{(\tau)}$	$d_x^{(1)}$	$d_x^{(2)}$	$d_x^{(\tau)}$
30	0.00074	0.002	0.00274	0.99726	100,000	74	200	274
31	0.00076	0.002	0.00276	0.99724	99,726	76	199	275
32	0.00079	0.002	0.00279	0.99721	99,451	79	199	278

例題 1

$x+s$ 歳の被保険者が t 年以内に原因 j で脱退する確率 ${}_tq_{x+s}^{(j)}$ は

$$\frac{{}_{s+t}q_x^{(j)} - {}_sq_x^{(j)}}{{}_sp_x^{(\tau)}}$$

と表せることを示せ．

解

条件付確率を用いて計算すると

$$\begin{aligned} {}_tq_{x+s}^{(j)} &= \Pr(\{\boldsymbol{T} \leqq s+t\} \cap \{\boldsymbol{J} = j\} | \boldsymbol{T} > s) \\ &= \frac{\Pr(\{s < \boldsymbol{T} \leqq s+t\} \cap \{\boldsymbol{J} = j\})}{\Pr(\boldsymbol{T} > s)} = \frac{{}_{s+t}q_x^{(j)} - {}_sq_x^{(j)}}{{}_sp_x^{(\tau)}} \end{aligned}$$

となる．なお，これを

$$ {}_{s+t}q_x^{(j)} = {}_sq_x^{(j)} + {}_sp_x^{(\tau)}\, {}_tq_{x+s}^{(j)} $$

と書き換えると解釈し易い．x 歳の被保険者が $s+t$ 年以内に原因 j で脱退する確率は，s 年以内に原因 j で脱退する確率と，s 年間脱退せずにその後 t 年以内に原因 j で脱退する確率との和となることを意味している．

10.3 絶対脱退率

第3章で死力をハザード関数として定義したのと同様に**脱退力**(force of decrement)を次で定義する：

$$\mu_{x+t}^{(j)} = \frac{1}{{}_tp_x^{(\tau)}} \cdot \frac{d\,{}_tq_x^{(j)}}{dt}. \tag{10.3.1}$$

これは総脱退ベースの残存率という条件付の瞬間脱退率であることに注意する．また，**総脱退力**(total force of decrement)を $\mu_{x+t}^{(\tau)}$ とすると

$$\mu_{x+t}^{(\tau)} = \frac{1}{{}_tp_x^{(\tau)}} \cdot \frac{d\,{}_tq_x^{(\tau)}}{dt} = \frac{1}{{}_tp_x^{(\tau)}} \sum_{j=1}^{m} \frac{d\,{}_tq_x^{(j)}}{dt} = \mu_{x+t}^{(1)} + \cdots + \mu_{x+t}^{(m)} \tag{10.3.2}$$

が成り立ち，総脱退力は原因別の脱退力の和となる．

脱退力を用いると(10.3.1),(10.3.2)より次の式が導ける：

$$\frac{d\,{}_tq_x^{(j)}}{dt} = {}_tp_x^{(\tau)}\,\mu_{x+t}^{(j)}, \quad \frac{d\,{}_tq_x^{(\tau)}}{dt} = {}_tp_x^{(\tau)}\,\mu_{x+t}^{(\tau)}. \tag{10.3.3}$$

これにより，

$${}_tq_x^{(j)} = \int_0^t {}_sp_x^{(\tau)} \mu_{x+s}^{(j)} ds, \quad {}_tq_x^{(\tau)} = \int_0^t {}_sp_x^{(\tau)} \mu_{x+s}^{(\tau)} ds \tag{10.3.4}$$

である．また，$\mu_{x+t}^{(\tau)} = \frac{1}{{}_tp_x^{(\tau)}} \cdot \frac{d\,{}_tq_x^{(\tau)}}{dt} = -\frac{d \log {}_tp_x^{(\tau)}}{dt}$ から

$${}_tp_x^{(\tau)} = \exp\left(-\int_0^t \mu_{x+s}^{(\tau)} ds\right) \tag{10.3.5}$$

も成り立つ．ただし ${}_tp_x^{(j)} \neq \exp\left(-\int_0^t \mu_{x+s}^{(j)} ds\right)$ であることに注意．$\mu_{x+t}^{(j)}$ は $-\log {}_tp_x^{(j)}$ の微分ではないためである．

多重脱退において脱退原因が j 以外に存在しない場合の脱退率，すなわち，脱退が原因 j のみによる場合の脱退率を ${}_tq_x^{*(j)}$ と書き，**絶対脱退率**(absolute rate of decrement)と呼ぶ．当然，脱退原因が1つの場合は ${}_tq_x^{*(j)} = {}_tq_x^{(j)}$ である．

この絶対脱退率は単独で考えれば脱退原因が1つのみの脱退率であり，他の脱退原因の影響を受けない．このため，脱退原因を1つとみなした場合の残存率を

$$ {}_tp_x^{*(j)} = 1 - {}_tq_x^{*(j)} \tag{10.3.6} $$

とおけば，脱退力 $\mu_{x+t}^{*(j)}$ は単生命の場合と同様に

$$ \mu_{x+t}^{*(j)} = \frac{1}{{}_tp_x^{*(j)}} \cdot \frac{d\,{}_tq_x^{*(j)}}{dt} = -\frac{1}{{}_tp_x^{*(j)}} \cdot \frac{d\,{}_tp_x^{*(j)}}{dt} \tag{10.3.7} $$

と表せる．これは(10.3.1)において脱退原因が1つのみとしたものである．なお，脱退力は瞬間の脱退率であり，かつ，各脱退原因による脱退が同時には起こらないという仮定から

$$ \mu_{x+t}^{*(j)} = \mu_{x+t}^{(j)} $$

が成り立つ．事由 j のみが起こる世界の瞬間の脱退率(ハザード関数)と総脱退のうち事由 j での瞬間の脱退率が同じものとする仮定である(瞬間的には同じだが時間が経過すれば差は発生する(後述))．以降，脱退力の表記は $\mu_{x+t}^{(j)}$ で統一する．

${}_tp_x^{*(j)}$，${}_tq_x^{*(j)}$ については(10.3.7)より ${}_tp_x$ や ${}_tq_x$ と同様に次の式が成り立つ：

$$ {}_tp_x^{*(j)} = \exp\left(-\int_0^t \mu_{x+s}^{(j)} ds\right), \quad {}_tq_x^{*(j)} = \int_0^t {}_sp_x^{*(j)}\, \mu_{x+s}^{(j)} ds. \tag{10.3.8} $$

また(10.3.3),(10.3.2),(10.3.8)より

$$ \begin{aligned} {}_tp_x^{(\tau)} &= \exp\left(-\int_0^t \mu_{x+s}^{(\tau)} ds\right) = \exp\left(-\int_0^t (\mu_{x+s}^{(1)} + \cdots + \mu_{x+s}^{(m)}) ds\right) \\ &= \exp\left(-\int_0^t \mu_{x+s}^{(1)} ds\right) \cdot \cdots \cdot \exp\left(-\int_0^t \mu_{x+s}^{(m)} ds\right) = \prod_{j=1}^{m} {}_tp_x^{*(j)} \end{aligned} \tag{10.3.9} $$

という重要な関係式を得る．この式は各脱退ごとの独立は仮定しないが，各脱退が同時に起こらないことから各絶対脱退率の積に分解できることを意味している．また，各 j について ${}_tp_x^{*(j)} \leqq 1$ であるので不等式

$$ {}_tp_x^{*(j)} \geqq {}_tp_x^{(\tau)} \tag{10.3.10} $$

が成り立つ．これは脱退原因が少ない方が脱退が起こらない確率は大きいことを意味するが，直感的にも明らかだろう．(10.3.10)を用いると

$$ {}_tq_x^{*(j)} = \int_0^t {}_sp_x^{*(j)}\, \mu_{x+s}^{(j)} ds \geqq \int_0^t {}_sp_x^{(\tau)}\, \mu_{x+s}^{(j)} ds = {}_tq_x^{(j)} \tag{10.3.11} $$

となる．また，(10.2.3),(10.3.6),(10.3.9)より次の脱退率と絶対脱退率の間の重要な関係式を得る：

$$1-\sum_{j=1}^{m}{}_tq_x^{(j)}=\prod_{j=1}^{m}(1-{}_tq_x^{*(j)}). \qquad (10.3.12)$$

絶対脱退率と脱退率は，一方が与えられた場合にもう一方を近似で求めることがよくある．その方法を紹介しよう．

脱退原因が3つの場合を考える．前提とする仮定は，端数期間の絶対脱退率は年間絶対脱退率を比例定数として端数期間に比例するというものである(脱退原因を1つとみなしたときに脱退が一様であることと同じである)．つまり，$0<u<1$ として ${}_uq_x^{*(j)}=u\cdot q_x^{*(j)}$ が成り立つものとする．(10.3.8)より ${}_tp_x^{*(j)}\,\mu_{x+t}^{(j)}=\dfrac{d\,{}_tq_x^{*(j)}}{dt}=q_x^{*(j)}$ が成り立つことと(10.3.9)に注意し，(10.3.1)で $j=1$ を代入して積分すると

$$\begin{aligned}q_x^{(1)}&=\int_0^1{}_tp_x^{(\tau)}\,\mu_{x+t}^{(1)}dt=\int_0^1{}_tp_x^{*(1)}\,\mu_{x+t}^{(1)}\,{}_tp_x^{*(2)}\,{}_tp_x^{*(3)}dt\\&=q_x^{*(1)}\int_0^1(1-t\cdot q_x^{*(2)})(1-t\cdot q_x^{*(3)})dt\\&=q_x^{*(1)}\left\{1-\frac{1}{2}(q_x^{*(2)}+q_x^{*(3)})+\frac{1}{3}q_x^{*(2)}\,q_x^{*(3)}\right\} \qquad (10.3.13)\end{aligned}$$

を得る．脱退が一様に発生するという仮定をおいたとき絶対脱退率から脱退率を近似する式として用いられる．脱退原因が2つのモデルの場合は，$q_x^{*(3)}=0$ とおくと

$$q_x^{(1)}=q_x^{*(1)}\left(1-\frac{1}{2}q_x^{*(2)}\right). \qquad (10.3.14)$$

(10.3.13)を変形すると

$$q_x^{*(1)}=q_x^{(1)}\left\{1-\frac{1}{2}(q_x^{*(2)}+q_x^{*(3)})+\frac{1}{3}q_x^{*(2)}\,q_x^{*(3)}\right\}^{-1} \qquad (10.3.15)$$

となるが，ここで充分小さい x に対しては $(1+x)^{-1}\fallingdotseq 1-x$ の近似式が成り立つことを使うと($\dfrac{1}{2}(q_x^{*(2)}+q_x^{*(3)})$ や $\dfrac{1}{3}q_x^{*(2)}\,q_x^{*(3)}$ が十分小さく，この近似式が使えるとすると),

$$q_x^{*(1)}\fallingdotseq q_x^{(1)}\left\{1+\frac{1}{2}(q_x^{*(2)}+q_x^{*(3)})-\frac{1}{3}q_x^{*(2)}\,q_x^{*(3)}\right\} \qquad (10.3.16)$$

を得る．$q_x^{*(2)}$，$q_x^{*(3)}$ についても同様の式が得られるが，この 2 つを(10.3.13)の右辺に代入すると

$$q_x^{(1)} \fallingdotseq q_x^{*(1)}\left(1-\frac{1}{2}q_x^{(2)}-\frac{1}{2}q_x^{(3)}\right)+(q \text{ と } q^* \text{ が 3 つ以上掛かった項の和}) \tag{10.3.17}$$

となって，「q と q^* が 3 つ以上掛かった項の和」が十分小さいときにこれを無視すると

$$q_x^{(1)} \fallingdotseq q_x^{*(1)}\left(1-\frac{1}{2}q_x^{(2)}-\frac{1}{2}q_x^{(3)}\right) \tag{10.3.18}$$

となり，これより

$$q_x^{*(1)} \fallingdotseq \frac{q_x^{(1)}}{1-\frac{1}{2}q_x^{(2)}-\frac{1}{2}q_x^{(3)}} \tag{10.3.19}$$

を得る．これは脱退率から絶対脱退率を求める近似式で，簡単に計算できるという点で便利である．脱退原因が 2 つのモデルでは $q_x^{(3)}=0$ とおいて

$$q_x^{*(1)} \fallingdotseq \frac{q_x^{(1)}}{1-\frac{1}{2}q_x^{(2)}}. \tag{10.3.20}$$

例題 2　脱退原因が 3 つで

$$q_x^{(1)}=0.02, \quad q_x^{(2)}=0.03, \quad q_x^{(3)}=0.04$$

のとき，$q_x^{*(1)}$ の近似値を求めよ．

解　(10.3.19)より

$$q_x^{*(1)} = \frac{0.02}{1-\frac{1}{2}(0.03+0.04)} = 0.020725.$$

10.4　多重脱退の終身保険

第 k 年度に原因 j で脱退したときに金額 $b_k^{(j)}$ の保険金を年度末に支払う終身保険について考える．この保険は，被保険者がいずれかの脱退原因によって

脱退して保険金が支払われた時点で契約は消滅する．

10.4.1　一時払純保険料と年金現価

一時払純保険料を $\mathrm{APV}_x^{(\tau)}$ とおくと，これは

$$\boldsymbol{Z}_x^{(\boldsymbol{J})} = b_{\boldsymbol{K}}^{(\boldsymbol{J})}\, v^{\boldsymbol{K}} \tag{10.4.1}$$

を保険金現価の確率変数として期待値をとると得られ

$$\mathrm{APV}_x^{(\tau)} = \mathrm{E}[\boldsymbol{Z}_x^{(\boldsymbol{J})}] = \sum_{j=1}^{m}\sum_{k=1}^{\infty} b_k^{(j)}\, v^k\, {}_{k-1}p_x^{(\tau)}\, q_{x+k-1}^{(j)} \tag{10.4.2}$$

となる．ただし，$\boldsymbol{K}$ は脱退年度を表す確率変数で正の整数値をとる．

次に，終身年金現価を $\ddot{a}_x^{[\tau]}$ とおくと，これは

$$\ddot{\boldsymbol{Y}}_x^{[\tau]} = \ddot{a}_{\overline{\boldsymbol{K}|}} \tag{10.4.3}$$

を確率変数として，期待値をとると得られ

$$\ddot{a}_x^{[\tau]} = \mathrm{E}[\ddot{\boldsymbol{Y}}_x^{[\tau]}] = \sum_{k=1}^{\infty} \ddot{a}_{\overline{k|}}\, {}_{k-1}p_x^{(\tau)}\, q_{x+k-1}^{(\tau)} \tag{10.4.4}$$

となる[*3]．これは

$$\ddot{a}_x^{[\tau]} = \sum_{k=0}^{\infty} v^k\, {}_kp_x^{(\tau)} \tag{10.4.5}$$

とも表せる．

(10.4.2)の右辺について，$b_k^{(j)}=1$ としたものを $A_x^{(\tau)}$ で表す．つまり

$$A_x^{(\tau)} = \sum_{j=1}^{m}\sum_{k=1}^{\infty} v^k\, {}_{k-1}p_x^{(\tau)}\, q_{x+k-1}^{(j)} = \sum_{k=1}^{\infty} v^k\, {}_{k-1}p_x^{(\tau)}\, q_{x+k-1}^{(\tau)} \tag{10.4.6}$$

となる．$A_x^{(\tau)}$ と $\ddot{a}_x^{[\tau]}$ の間には $A_x^{(\tau)}=1-d\ddot{a}_x^{[\tau]}$ という関係があり，これは第6章(6.1.6)の $A_x=1-d\ddot{a}_x$ と同じ形であることが分かる．

10.4.2　保険者損失

先程の一般的な保険に対して，保険料年払終身払込の終身保険の保険者損失 ${}_k\boldsymbol{L}$ を考える．ただし，年払純保険料 P は毎年度始払込とする．

まず，保険者損失 ${}_k\boldsymbol{L}$ を計算時点以降の保険金現価から保険料現価を差し引いた

*3　$\ddot{a}_x^{[\tau]}$ の $[\tau]$ は本書でのみ使用する記号であり，年 m 回支払の年金 $\ddot{a}_x^{(m)}$ と区別するために導入した．

$$ {}_k\boldsymbol{L} = \begin{cases} 0 & \boldsymbol{K} \leqq k \text{ のとき} \\ b_{\boldsymbol{K}}^{(\boldsymbol{J})}\, v^{\boldsymbol{K}-k} - P\ddot{a}_{\overline{\boldsymbol{K}-k}|} & \boldsymbol{K} > k \text{ のとき} \end{cases} \qquad (10.4.7) $$

で定義する．すると，契約時点の保険者損失の現価

$$ {}_0\boldsymbol{L} = b_{\boldsymbol{K}}^{(\boldsymbol{J})} v^{\boldsymbol{K}} - P\ddot{a}_{\overline{\boldsymbol{K}}|} = \boldsymbol{Z}_x^{(\boldsymbol{J})} - P\ddot{\boldsymbol{Y}}_x^{[\tau]} \qquad (10.4.8) $$

について，収支相等の原則から $\mathrm{E}[{}_0\boldsymbol{L}]=\mathrm{APV}_x^{(\tau)}-P\ddot{a}_x^{[\tau]}=0$ である．よって，年払純保険料 P は

$$ P = \frac{\mathrm{APV}_x^{(\tau)}}{\ddot{a}_x^{[\tau]}} \qquad (10.4.9) $$

となる．

責任準備金 ${}_kV$ は ${}_k\boldsymbol{L}$ の条件付期待値をとり

$$ \begin{aligned} {}_kV &= \mathrm{E}[{}_k\boldsymbol{L} | \boldsymbol{K} > k] \\ &= \mathrm{E}[b_{\boldsymbol{K}}^{(\boldsymbol{J})}\, v^{\boldsymbol{K}-k} \big| \boldsymbol{K} > k] - \mathrm{E}\left[P\ddot{a}_{\overline{\boldsymbol{K}-k}|} \big| \boldsymbol{K} > k\right] \\ &= \sum_{j=1}^{m} \sum_{h=1}^{\infty} b_{k+h}^{(j)}\, v^h\, {}_{h-1}p_{x+k}^{(\tau)}\, q_{x+k+h-1}^{(j)} - P\ddot{a}_{x+k}^{[\tau]} \end{aligned} \qquad (10.4.10) $$

と表せる[*4]．

再帰式は

$$ {}_kV + P = \sum_{j=1}^{m} v\, q_{x+k}^{(j)}\, b_{k+1}^{(j)} + v\, p_{x+k}^{(\tau)}\, {}_{k+1}V \qquad (10.4.11) $$

となる．これより保険料は

$$ P = v\, {}_{k+1}V - {}_kV + \sum_{j=1}^{m} v\, q_{x+k}^{(j)} \,(b_{k+1}^{(j)} - {}_{k+1}V) \qquad (10.4.12) $$

と変形でき，$k+1$ 年度の貯蓄保険料

$$ P_{k+1}^{s} = v\, {}_{k+1}V - {}_kV \qquad (10.4.13) $$

と $k+1$ 年度の危険保険料

---

*4 ここで，支払保険金が脱退原因によらず一定，つまり $b_h^{(j)}=b_h$ $(h=1,2,3,\cdots,\ j=1,2,\cdots,m)$ と仮定すると，責任準備金は

$$ {}_kV = \sum_{h=1}^{\infty} b_{k+h}\, v^h\, {}_{h-1}p_{x+k}^{(\tau)}\, q_{x+k+h-1}^{(\tau)} - P\ddot{a}_{x+k}^{[\tau]} $$

となり，生存，死亡のみを考える場合と本質的に同じである．

$$P_{k+1}^{r} = \sum_{j=1}^{m} v\, q_{x+k}^{(j)} \,(b_{k+1}^{(j)} - {}_{k+1}V) \qquad (10.4.14)$$

に分解される．

次に，各年度の保険者損失を考えよう．第8章と同様に

$$\boldsymbol{\Lambda}_k = \begin{cases} 0 & \boldsymbol{K} < k \text{ のとき} \\ v\, b_k^{(\boldsymbol{J})} - ({}_{k-1}V + P) & \boldsymbol{K} = k \text{ のとき} \\ v\, {}_kV - ({}_{k-1}V + P) & \boldsymbol{K} > k \text{ のとき} \end{cases} \qquad (10.4.15)$$

と定義すると，(8.1.32)と同様に $\boldsymbol{K}_x > t$ のとき，

$${}_k\boldsymbol{L} = \sum_{h=1}^{\infty} v^{h-1}\, \boldsymbol{\Lambda}_{k+h} + {}_kV \qquad (10.4.16)$$

が成り立つ．ここで，(10.4.12)を変形すると(10.4.14)を用いて

$${}_{k-1}V + P = v\, {}_kV + P_k^{r} \qquad (10.4.17)$$

となるので，これを(10.4.15)に代入すると，危険保険料を用いて

$$\boldsymbol{\Lambda}_k = \begin{cases} 0 & \boldsymbol{K} < k \text{ のとき} \\ -P_k^{r} + v\,(b_k^{(\boldsymbol{J})} - {}_kV) & \boldsymbol{K} = k \text{ のとき} \\ -P_k^{r} & \boldsymbol{K} > k \text{ のとき} \end{cases} \qquad (10.4.18)$$

とも表せる．この式は，被保険者が第 k 年度に脱退した場合はその年度の保険者損失は危険保険金 $b_k^{(\boldsymbol{J})} - {}_kV$ の現価と危険保険料の差額になり，第 $k+1$ 年度以降に脱退した場合は第 k 年度の保険者損失は危険保険料(ただし，利益なので負値)となることを意味している[*5]．

10.4.3　保険者損失の分散

保険者損失の分散を求めてみよう．これを計算するときに危険保険料を用い

---

*5　脱退原因別の危険保険料を $P_k^{r(j)} = v\, q_{x+k}^{(j)}\,(b_{k+1}^{(j)} - {}_{k+1}V)$ と定義すると(10.4.14)より危険保険料は $P_k^{r} = \sum_{j=1}^{m} P_k^{r(j)}$ と分解され，脱退原因別の保険者損失も

$$\boldsymbol{\Lambda}_k^{(j)} = \begin{cases} 0 & \boldsymbol{K} < k \text{ のとき} \\ -P_k^{r(j)} + v\,(b_k^{(j)} - {}_kV) & \{\boldsymbol{K} = k\} \cap \{\boldsymbol{J} = j\} \text{ のとき} \\ -P_k^{r(j)} & \{\boldsymbol{K} = k\} \cap \{\boldsymbol{J} \neq j\} \text{ または } \boldsymbol{K} > k \text{ のとき} \end{cases}$$

によって $\boldsymbol{\Lambda}_k = \sum_{j=1}^{m} \boldsymbol{\Lambda}_k^{(j)}$ と分解される．

た(10.4.18)を使うと，分散の性質を使って計算が容易になる．以降簡単のため時点0での保険者損失 $\boldsymbol{L}={}_0\boldsymbol{L}$ について議論を進める．時点0より後における保険者損失については読者自身で修正を試みて欲しい．第8章で述べた**ハッテンドルフの定理**は多重脱退モデルにおいても成り立つ．すなわち $k \neq l$ について

$$\mathrm{Cov}(\boldsymbol{\Lambda}_k, \boldsymbol{\Lambda}_l | \boldsymbol{K} > t) = 0 \tag{10.4.19}$$

が成立する．すると $\boldsymbol{L}$ の分散は(10.4.16)と条件付分散により

$$\begin{aligned}\mathrm{Var}(\boldsymbol{L}) &= \sum_{k=0}^{\infty} v^{2k}\,\mathrm{Var}(\boldsymbol{\Lambda}_{k+1}) \\ &= \sum_{k=0}^{\infty} v^{2k}\,\mathrm{Var}(\boldsymbol{\Lambda}_{k+1}|\boldsymbol{K} > k)\,\mathrm{Pr}(\boldsymbol{K} > k) \\ &= \sum_{k=0}^{\infty} v^{2k}\,\mathrm{Var}(\boldsymbol{\Lambda}_{k+1}|\boldsymbol{K} > k)\,{}_kp_x^{(\tau)} \end{aligned} \tag{10.4.20}$$

となるが，$\boldsymbol{K}>k$ という条件のもとでは(10.4.18)で k の代わりに $k+1$ を代入すると

$$\boldsymbol{\Lambda}_{k+1}+P_{k+1}^r = \begin{cases} v\,(b_{k+1}^{(\boldsymbol{J})}-{}_{k+1}V) & \boldsymbol{K}=k+1 \text{ のとき} \\ 0 & \boldsymbol{K}>k+1 \text{ のとき} \end{cases} \tag{10.4.21}$$

となり，定数を加えても分散は変わらないことに注意すると第2章の条件付分散の式(2.3.17)より

$$\begin{aligned}&\mathrm{Var}(\boldsymbol{\Lambda}_{k+1}|\boldsymbol{K} > k) = \mathrm{Var}((\boldsymbol{\Lambda}_{k+1}+P_{k+1}^r)|\boldsymbol{K} > k) \\ &= \mathrm{E}[(\boldsymbol{\Lambda}_{k+1}+P_{k+1}^r)^2|\boldsymbol{K} > k] - \mathrm{E}[(\boldsymbol{\Lambda}_{k+1}+P_{k+1}^r)|\boldsymbol{K} > k]^2 \\ &= \sum_{j=1}^{m} v^2\,(b_{k+1}^{(j)}-{}_{k+1}V)^2\,q_{x+k}^{(j)} - \left\{\sum_{j=1}^{m} v\,(b_{k+1}^{(j)}-{}_{k+1}V)q_{x+k}^{(j)}\right\}^2 \\ &= \sum_{j=1}^{m} v^2\,(b_{k+1}^{(j)}-{}_{k+1}V)^2\,q_{x+k}^{(j)} - (P_{k+1}^r)^2 \end{aligned} \tag{10.4.22}$$

を得る．よって(10.4.20)に代入して保険者損失の分散は

$$\mathrm{Var}(\boldsymbol{L}) = \sum_{k=0}^{\infty} v^{2k} \left\{\sum_{j=1}^{m} v^2\,(b_{k+1}^{(j)}-{}_{k+1}V)^2\,q_{x+k}^{(j)} - (P_{k+1}^r)^2\right\} {}_kp_x^{(\tau)} \tag{10.4.23}$$

となる．脱退原因別に異なる保険金額を前提としているのでやや複雑な形とな

るが，脱退原因によらず保険金を一定，つまり $b_{k+1}^{(j)}=b_{k+1}$ ($k=0,1,2,\cdots$, $j=1,2,\cdots,m$)とすると

$$\begin{aligned}\mathrm{Var}(\boldsymbol{L}) &= \sum_{k=0}^{\infty} v^{2k}\left\{v^2\left(b_{k+1}-{}_{k+1}V\right)^2\left(q_{x+k}^{(\tau)}-(q_{x+k}^{(\tau)})^2\right)\right\}{}_kp_x^{(\tau)} \\ &= \sum_{k=0}^{\infty} v^{2(k+1)}\left(b_{k+1}-{}_{k+1}V\right)^2{}_{k+1}p_x^{(\tau)}\,q_{x+k}^{(\tau)} \qquad (10.4.24)\end{aligned}$$

となる．

10.5　章末問題

問題 10.1　次の多重脱退表を完成させよ．

x	$q_x^{(1)}$	$q_x^{(2)}$	$q_x^{(\tau)}$	$p_x^{(\tau)}$	$l_x^{(\tau)}$	$d_x^{(1)}$	$d_x^{(2)}$	$d_x^{(\tau)}$
30	0.0010	0.0030			10,000			
31	0.0011	0.0030						
32	0.0012	0.0030						

問題 10.2　二重脱退について考える．20 歳の被保険者について，死亡による脱退は最終年齢 $\omega=100$ の一様分布に従い，死亡以外の原因による脱退は年齢に依らない一定の脱退力 0.05 に従うとする．この者が 5 年以上 10 年未満の期間残存する確率を求めよ．

問題 10.3　二重脱退表について，次のように一部が抜粋されている．$l_{32}^{(\tau)}$ を求めよ．

x	$l_x^{(\tau)}$	$q_x^{(1)}$	$q_x^{(2)}$	$q_x^{*(1)}$	$q_x^{*(2)}$
30	1,000	0.12	0.20	0.14	y
31				0.16	$3y$

問題 10.4　脱退原因は 2 つとする．$q_x^{(2)}=0.0110$，$q_x^{*(1)}=0.0131$，$q_x^{*(2)}=0.0111$ のとき，$q_x^{(1)}$ を求めよ．

問題 10.5　脱退原因が 4 つの場合に，(10.3.13)を導くのと同様の方法により $q_x^{(1)}$ の近似式を求めよ．

問題 10.6　脱退原因は 2 つとする．$q_x^{(1)}=0.015$，$q_x^{(2)}=0.013$ のとき(10.3.20)を用いて $q_x^{*(1)}$，$q_x^{*(2)}$ の近似値を求めよ．

問題 10.7　$\mu_{x+t}^{(j)}=0.02t^{j-1}$ $(j=1,2,3)$ のとき，$\Pr(\boldsymbol{J}=1|\boldsymbol{T}=t)$ を求めよ．

問題 10.8　$\mu_{x+t}^{(1)}=\dfrac{1}{80-t}$ $(0\leqq t<80)$，$\mu_{x+t}^{(2)}=\dfrac{1}{75-t}$ $(0\leqq t<75)$ のとき $q_x^{(1)}$，$q_x^{(2)}$，$q_x^{(\tau)}$ を求めよ．

問題 10.9　脱退原因は 2 つとする．原因 1 による脱退は年間を通じて一様であるが，原因 2 による脱退は年央でのみ発生する．$q_x^{*(1)}=0.015$，$q_x^{*(2)}=0.020$ のとき $q_x^{(1)}$，$q_x^{(2)}$ を求めよ．

問題 10.10　以下の様な終身保険を考える．

(1) 飛行機搭乗時の事故死に対して 1,000,000 円給付

(2) 飛行機搭乗時外の事故死に対しては 500,000 円給付

(3) 事故以外の原因による死亡に対しては 250,000 円給付

ここで，保険金の支払いは即時支払とし，それぞれの脱退力は次のとおりとする：

$\mu^{(1)}=1/2{,}000{,}000$，$\mu^{(2)}=1/250{,}000$，$\mu^{(3)}=1/10{,}000$，$\delta=0.06$.

この保険の一時払保険料を求めよ．

問題 10.11　以下の 3 重脱退モデルにおいて $q_x^{(2)}$ を求めよ．

$$\mu_{x+t}^{(1)}=0.1t^2 \quad 0\leqq t\leqq 1$$
$$\mu_{x+t}^{(2)}=0.2t^2 \quad 0\leqq t\leqq 1$$
$$\mu_{x+t}^{(3)}=0.7t^2 \quad 0\leqq t\leqq 1$$

問題 10.12　m 重脱退モデル $\mu_x^{(j)}(t)=\dfrac{j}{625}$ $(j=1,2,3,\cdots,m \quad 0\leqq t)$ について，(x) の平均余命は 125/11 であるという．このとき，(x) が将来奇数番目の脱退事由により脱退する確率を求めよ．

問題 10.13 【Excel 演習】 脱退原因は3つとする．原因1の場合は2000，原因2の場合は1000，原因3の場合は500を年末に支払う保険期間5年の保険を考える．各脱退率は以下に従うものとして，この保険の年払純保険料と責任準備金を計算せよ．ただし，i=3% とする．

t	$q^{(1)}$	$q^{(2)}$	$q^{(3)}$
0	0.00022	0.0012	0.0033
1	0.00023	0.0014	0.0034
2	0.00024	0.0016	0.0036
3	0.00026	0.0018	0.0038
4	0.00028	0.0021	0.0042

11 実務上の取り扱い

前章までは，連生保険等の様々な保険モデルの保険料や責任準備金を，保険者損失を表す確率変数を用いて導出し，定義してきた．

この章では，これまで導出した定義式を使って，生命保険会社の実務で取り扱われる諸量がどう算出されるか，いくつかのトピックを取り上げて紹介していくこととする．より詳しくは，参考文献[9]を参照してもらいたい．

11.1 営業保険料

純保険料とは将来の保険給付を賄う保険料であった．一方，契約者が保険会社に実際に払い込む保険料を**営業保険料**(gross premium)という．この営業保険料には，純保険料以外に，契約の維持管理に必要な経費に対応する**付加保険料**(expense loading)が含まれている．つまり，営業保険料=純保険料+付加保険料となる．この節では，営業保険料を算出するための実務上の取り扱い例を紹介する．

11.1.1 保険料計算基礎

営業保険料を計算する際に用いる死亡率を**保険料計算用予定死亡率**[*1]，予定利率を**保険料計算用予定利率**[*2]という．

死亡保険の予定死亡率は，生命保険の長期性を勘案し，単年度の確率的変動や将来死亡率が悪化した場合に備えて一定の**安全割増**を持たせている．

予定利率は資産の現在および将来の運用利回り(見込み)や運用方針なども考慮しながら，生命保険のキャッシュフローの長期安定性等を勘案して設定する．

---

*1 予定死亡率(assumed mortality rate)と呼ぶ．

*2 予定利率(assumed interest rate)と呼ぶ．

11.1.2　付加保険料

純保険料は保険給付に対応するものであるが，付加保険料は新契約の獲得や維持管理に関わる経費に対応する[*3]．営業保険料全体で会社は事業運営全般を賄うことになる．なお，保険種類間の公平性の観点からは，付加保険料はその保険種類の経費を全て賄うことが必要となる．

付加保険料の設定方法・方式は様々であり，一般的に記述することは困難であるが，ここでは一例として α-β-γ 方式について説明する．

α-β-γ 方式とは，保険会社の経費(事業費と呼ぶ)を，大きく新契約費，集金費，維持費の3つの区分に分けて，それらに対応して，付加保険料を保険金または営業保険料に比例して設定する方法である．その際の比例係数を，予定新契約費率，予定集金費率，予定維持費率と呼ぶ．予定新契約費を α，予定集金費を β，予定維持費を γ で表すが，α, β, γ でそれぞれの付加保険料の比例係数を指すこともある[*4]．

付加保険料と経費の対応がそれぞれの区分でなされるため，その効率を管理することにより，コスト管理が図りやすい方法である．ただ，体系が保険金や保険料比例に単純化したものであることから，その体系にかならずしもそぐわない保険種類もある．

(1) **予定新契約費**　新契約の募集や締結に要する費用である．例えば，募集経費(営業職員給与，代理店手数料)，医的審査経費，保険証券発行経費などがこれに含まれる．この費用は新契約当初の一時的な経費であり，通常，保険金額比例の予定新契約費 α が中心になっている．ただし，募集等の体制維持に要する経費は，営業保険料比例として，保険料払込期間中毎年かかるものとすることがある．

(2) **予定集金費**　保険料を保険会社が集金するために要する経費である．銀行経由や団体経由など様々な方法で保険料を集金するが，保険料集金のつどかかる経費であり，通常，営業保険料比例の予定集金費 β が対応する．

(3) **予定維持費**　保険契約の維持管理のために要する経費であり，システム経

[*3] 外国では付加保険料(loading)に安全割増や営業利益を含めることがあるが，我が国では一般に付加保険料はこれらを含まない予定事業費を指すことが多い．以下では付加保険料は予定事業費とする．

[*4] β を予定維持費率，γ を予定集金費率に対応させる会社もある．

費，内務職員給与や保険金支払のための経費など様々な経費が含まれる．この経費は毎年かかる経費であり，通常，保険金比例の予定維持費 γ が対応する．なお，保険料払込終了後の期間に対しては，予定維持費率を変更する場合があるため，γ ではなく γ' を用いる[*5]．

11.1.3 営業保険料算式

α-β-γ 方式の付加保険料を使用した営業保険料の算式は，付加保険料が将来の経費支出に等しいと考えて，営業保険料の収入現価と，保険金および経費の支出現価に対して収支相等の原則を用いる．

養老保険の例で考える．保険金額 1，保険期間 n 年，x 歳加入の契約を考える．求める営業保険料を $P^*_{x:\overline{n|}}$ と書くとする．

収入現価の期待値は $P^*_{x:\overline{n|}}\,\ddot{a}_{x:\overline{n|}}$，支出現価の期待値については，保険金が $A_{x:\overline{n|}}$，新契約費が α，集金費が $\beta\,P^*_{x:\overline{n|}}\,\ddot{a}_{x:\overline{n|}}$，維持費が $\gamma\,\ddot{a}_{x:\overline{n|}}$ なので，収支相等の原則を用いて，

$$P^*_{x:\overline{n|}}\,\ddot{a}_{x:\overline{n|}} = A_{x:\overline{n|}}+\alpha+\beta\,P^*_{x:\overline{n|}}\,\ddot{a}_{x:\overline{n|}}+\gamma\,\ddot{a}_{x:\overline{n|}} \tag{11.1.1}$$

となるので，これを $P^*_{x:\overline{n|}}$ について解くと

$$P^*_{x:\overline{n|}} = \frac{A_{x:\overline{n|}}+\alpha+\gamma\,\ddot{a}_{x:\overline{n|}}}{(1-\beta)\,\ddot{a}_{x:\overline{n|}}} \tag{11.1.2}$$

となる．また，別の形にすると

$$P^*_{x:\overline{n|}} = \frac{1}{1-\beta}\left(P_{x:\overline{n|}}+\frac{\alpha}{\ddot{a}_{x:\overline{n|}}}+\gamma\right) \tag{11.1.3}$$

となり，$P^*_{x:\overline{n|}}=P_{x:\overline{n|}}(1+k)+C$ の形で書けることが分かる．

m 年払込($m<n$，短期払込)の場合，維持費のみ上記の場合と異なり $\gamma\,\ddot{a}_{x:\overline{m|}}+\gamma'\,(\ddot{a}_{x:\overline{n|}}-\ddot{a}_{x:\overline{m|}})$ となるので

$${}_mP^*_{x:\overline{n|}}\,\ddot{a}_{x:\overline{m|}} = A_{x:\overline{n|}}+\alpha+\beta\,{}_mP^*_{x:\overline{n|}}\,\ddot{a}_{x:\overline{m|}}+\gamma\,\ddot{a}_{x:\overline{m|}}+\gamma'\,(\ddot{a}_{x:\overline{n|}}-\ddot{a}_{x:\overline{m|}}) \tag{11.1.4}$$

となり，整理すると

$${}_mP^*_{x:\overline{n|}} = \frac{A_{x:\overline{n|}}+\alpha+\gamma\,\ddot{a}_{x:\overline{m|}}+\gamma'\,(\ddot{a}_{x:\overline{n|}}-\ddot{a}_{x:\overline{m|}})}{(1-\beta)\,\ddot{a}_{x:\overline{m|}}} \tag{11.1.5}$$

となる．やはり，${}_mP^*_{x:\overline{n|}}={}_mP_{x:\overline{n|}}(1+k)+C$ の形で書ける．

---

*5 保険料収入にかかるシステム経費を予定集金費ではなく予定維持費で賄っている場合などは，保険料収入終了前後で予定維持費率を変更することがある．

11.1.4　保険料返還給付のある保険

純保険料の章でも考えたように，営業保険料でも保険料返還給付がある保険について考える．ここでは，期間 n 年で満期前に死亡したときは払込営業保険料の累計と同額を返還し，満期まで生存すれば保険金 1 を支払う保険とする．

簡単のため営業保険料が

$$P^* = P(1+k)+C \tag{11.1.6}$$

の形であるとする．死亡した場合に既払込営業保険料を返還することを考えると

$$P\ddot{a}_{x:\overline{n}|} = P^*(IA)^{1}_{x:\overline{n}|}+A_{x:\overset{1}{\overline{n}|}} \tag{11.1.7}$$

$$= \{P(1+k)+C\}(IA)^{1}_{x:\overline{n}|}+A_{x:\overset{1}{\overline{n}|}} \tag{11.1.8}$$

となり，純保険料を表すと

$$P = \frac{A_{x:\overset{1}{\overline{n}|}}+C(IA)^{1}_{x:\overline{n}|}}{\ddot{a}_{x:\overline{n}|}-(1+k)(IA)^{1}_{x:\overline{n}|}} \tag{11.1.9}$$

であるから，営業保険料は

$$P^* = \frac{A_{x:\overset{1}{\overline{n}|}}+C(IA)^{1}_{x:\overline{n}|}}{\ddot{a}_{x:\overline{n}|}-(1+k)(IA)^{1}_{x:\overline{n}|}}(1+k)+C \tag{11.1.10}$$

となる．

11.2　実務上の責任準備金

第 8 章では，保険者損失を表す確率変数 ${}_t\boldsymbol{L}_x$ を導入し，その期待値や VaR により責任準備金を定める方法を説明した．このうち，期待値による責任準備金は，養老保険を例にとれば，(8.1.9)から，

$$E[{}_t\boldsymbol{L}_{x:\overline{n}|}|\boldsymbol{K}_x > t] = A_{x+t:\overline{n-t}|} - P_{x:\overline{n}|}\ddot{a}_{x+t:\overline{n-t}|}$$

であった．この算式で定まる責任準備金は，純保険料を用い，保険料払込期間中の純保険料が契約からの経過によらず一定であることから，**平準純保険料式責任準備金**(net level premium reserve)と呼ばれている．

11.2.1　チルメル式責任準備金

営業保険料を契約からの経過によらず一定(すなわち平準「営業」保険料)と

して商品設計した場合，平準営業保険料の計算式は前節で見たとおりである．平準営業保険料の算式は，営業保険料の内訳である純保険料が平準式か否かについて，何も要請していない．収支相等の原則と純保険料の定義から，純保険料の収入現価が保険金の支出現価と一致することを要請するだけである．

仮に純保険料を平準式と定めると，営業保険料との差額である付加保険料も平準式となる．予定新契約費の項で説明したとおり，費用の支出は契約当初にかかることが多い．それに対応する付加保険料が平準式であると，支出済の費用を保険料払込期間にわたって後から回収することとなるため，初年度は付加保険料が不足する．そこで，初年度の純保険料を平準式の純保険料より少なくし(従って付加保険料を多くし)，逆に，次年度以降の純保険料を多くする(付加保険料を小さくする)という工夫を考える．図で表すと以下のようなイメージである．

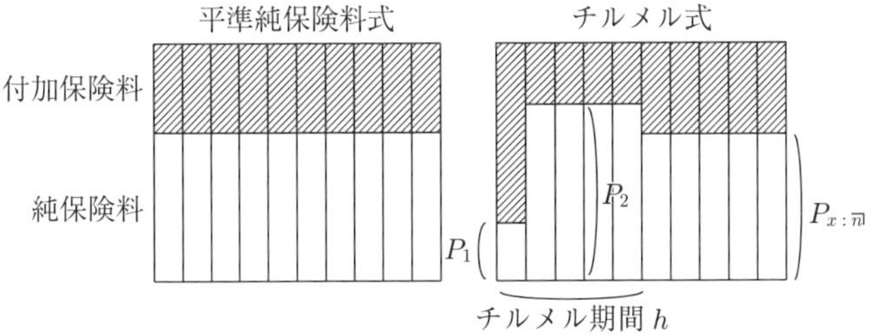

保険料全期払込の養老保険の場合(保険金額 1，保険期間 n 年，x 歳加入，平準純保険料は $P_{x:\overline{n|}}$)を考える．初年度の純保険料を P_1，第 2 年度以降第 h 年度までの純保険料を $P_2\,(h \leqq n)$ とすると，上記より $P_1 < P_{x:\overline{n|}} < P_2$ である．

$$P_2 - P_1 = \alpha^z \tag{11.2.1}$$

とおくと，平準純保険料を h 年払込む場合の現価額と，初年度は P_1，次年度から $h-1$ 年間 P_2 を払込む場合の現価額が同じになるので

$$P_{x:\overline{n|}}\,\ddot{a}_{x:\overline{h|}} = P_1 + P_2\,(\ddot{a}_{x:\overline{h|}} - 1) \tag{11.2.2}$$

$$= -\alpha^z + P_2\,\ddot{a}_{x:\overline{h|}} \tag{11.2.3}$$

であり，よって

$$P_2 = P_{x:\overline{n|}} + \frac{\alpha^z}{\ddot{a}_{x:\overline{h|}}} \tag{11.2.4}$$

$$P_1 = P_{x:\overline{n|}} - \alpha^z \left(1 - \frac{1}{\ddot{a}_{x:\overline{h|}}}\right) \tag{11.2.5}$$

となり，$P_1 < P_{x:\overline{n|}} < P_2$ となっていることが確認できる．

この純保険料に対応する責任準備金（${}_tV^{[hz]}_{x:\overline{n|}}$ と表す）を考える．

(1) $1 \leqq t \leqq h$ の場合

$$\begin{aligned} {}_tV^{[hz]}_{x:\overline{n|}} &= A_{x+t:\overline{n-t|}} - \{P_2\ \ddot{a}_{x+t:\overline{h-t|}} + P_{x:\overline{n|}}\ (\ddot{a}_{x+t:\overline{n-t|}} - \ddot{a}_{x+t:\overline{h-t|}})\} \\ &= A_{x+t:\overline{n-t|}} - P_{x:\overline{n|}}\ \ddot{a}_{x+t:\overline{n-t|}} - \frac{\alpha^z}{\ddot{a}_{x:\overline{h|}}}\ \ddot{a}_{x+t:\overline{h-t|}} \qquad (11.2.6) \\ &= {}_tV_{x:\overline{n|}} - \frac{\alpha^z}{\ddot{a}_{x:\overline{h|}}}\ \ddot{a}_{x+t:\overline{h-t|}} \qquad (11.2.7) \end{aligned}$$

(2) $t > h$ の場合

$$ {}_tV^{[hz]}_{x:\overline{n|}} = {}_tV_{x:\overline{n|}} \tag{11.2.8}$$

上の式で表される責任準備金を**チルメル式責任準備金**（Zillmer's method, Zillmerized reserve）といい，h をチルメル期間という．チルメル期間 h が保険料払込期間より短いときを**短期チルメル式**，保険料払込期間と同じときを**全期チルメル式**といい，責任準備金を ${}_tV^{[z]}_{x:\overline{n|}}$ と表す．チルメル式責任準備金も収支相等の原則に則っているため，${}_0V^{[hz]}=0$ であるが，(11.2.7) に形式的に $t=0$ を代入すると ${}_tV^{[hz]}_{x:\overline{n|}} = -\alpha^z$ となり負となる．実務上，$t \geqq 1$ の責任準備金との連続性があると便利なことがあるため，${}_0V^{[hz]} = -\alpha^z$ と表現することが多いが，収支相等の原則が成立しないことを意味しているわけではないので，注意されたい．α^z を**チルメル割合**（Zillmer quota）という．

チルメル式責任準備金の図は以下のとおり．なお，破線 ${}_tV_{x:\overline{n|}}$ は平準純保険料式責任準備金であり，チルメル期間 h 以降で一致する．

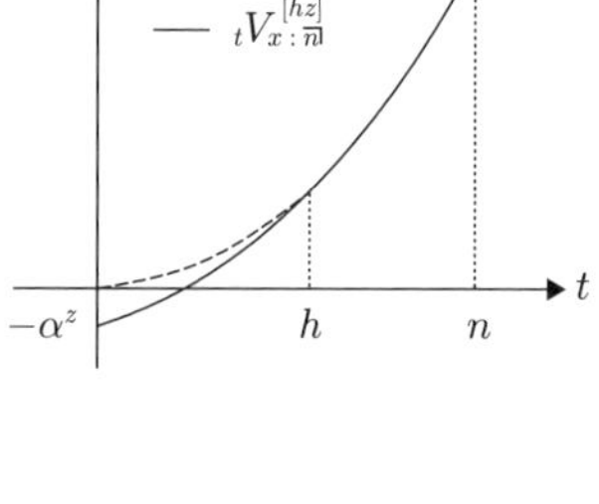

このような責任準備金の考えは**チルメル**(Zillmer)による．ただ，保険料に比べて α^z の値が大き過ぎる場合には，$t=1$ などにおいて責任準備金が負値となることがある．負の責任準備金を容易に認めると，募集のための新契約費が過大になり過ぎる懸念があることや，途中で解約があれば負値を埋めるため会社に損失が発生するなど不都合が生じる．このため，実務上は負値の責任準備金は0に修正する．

例題1 40歳加入，全期払込10年満期の養老保険(保険金額1，保険金年末支払)において，$i=1.5\%$，予定新契約費は新契約時に保険金額の2.5%，予定集金費は保険料払込のつど営業保険料の3%，予定維持費は毎年始めに保険金額の0.25%とする．この契約の責任準備金を，チルメル割合0.020の5年チルメル式で積むとき，第1年度のチルメル式による保険料 P_1，第2年度のチルメル式による保険料 P_2 の値をそれぞれ求めよ(ただし $\ddot{a}_{40:\overline{10|}}=9.277$，$\ddot{a}_{40:\overline{5|}}=4.838$)．

解 $P=(1/\ddot{a}_{40:\overline{10|}})-d=0.093015$，$P_2=P+(0.020/\ddot{a}_{40:\overline{5|}})=0.097149$，$P_1=P_2-0.020=0.077149$.

11.2.2 初年度定期式責任準備金

$t=1$ で全期チルメル式責任準備金がちょうど0になるような α^z の値を求める．保険料 m 年払込 n 年満期養老保険で保険金年末支払の場合を考えると，(11.2.6)にあたる式は

$$ {}^m_t V^{[z]}_{x:\overline{n|}} = A_{x+t:\overline{n-t|}} - \left({}_m P_{x:\overline{n|}} + \frac{\alpha^z}{\ddot{a}_{x:\overline{m|}}} \right) \ddot{a}_{x+t:\overline{m-t|}} \qquad (11.2.9) $$

であり，$t=1$ でこの値が0となるならば，

$$ 0 = A_{x+1:\overline{n-1|}} - \left({}_m P_{x:\overline{n|}} + \frac{\alpha^z}{\ddot{a}_{x:\overline{m|}}} \right) \ddot{a}_{x+1:\overline{m-1|}} \qquad (11.2.10) $$

となる．よって，この時のチルメル割合 α^z は

$$ \alpha^z = \left({}_{m-1}P_{x+1:\overline{n-1|}} - {}_m P_{x:\overline{n|}} \right) \ddot{a}_{x:\overline{m|}} \qquad (11.2.11) $$

である．これと(11.2.4)と(11.2.1)により，

$$ P_2 = {}_{m-1}P_{x+1:\overline{n-1|}} \qquad (11.2.12) $$

$$ P_1 = v q_x \qquad (11.2.13) $$

となる(章末問題)．よって

$$\alpha^z = {}_{m-1}P_{x+1:\overline{n-1|}} - vq_x \tag{11.2.14}$$

となる．

つまり初年度の純保険料は1年定期保険の純保険料となり，第2年度以降の純保険料は，第2年度から始まり残り $n-1$ 年間の $m-1$ 年払込養老保険の純保険料となる．このような α^z を用いたチルメル式責任準備金を**初年度定期式責任準備金**といい，米国で責任準備金の最低積立水準として導入されている．初年度定期式責任準備金を ${}^{m}_{t}V^{[PT]}_{x:\overline{n|}}$ で表すと，$t \geqq 1$ のとき，

$$\begin{aligned} {}^{m}_{t}V^{[PT]}_{x:\overline{n|}} &= {}^{m-1}_{t-1}V_{x+1:\overline{n-1|}} \\ &= A_{x+t:\overline{n-t|}} - {}_{m-1}P_{x+1:\overline{n-1|}}\, \ddot{a}_{x+t:\overline{m-t|}} \end{aligned} \tag{11.2.15}$$

である．

ただし，保険種類によっては，(11.2.14)で定めた割合は高額になり過ぎる場合もあるため，チルメル割合にさらに制限を加えることがある．米国の最低責任準備金である**保険監督官式責任準備金**ではチルメル割合に制限を加えるが，この方法は修正初年度定期式と呼ばれている．修正初年度定期式のひとつである保険監督官式責任準備金ではチルメル割合を以下のように決定する．

(11.2.14)における ${}_{m-1}P_{x+1:\overline{n-1|}}$ が，同一年齢で加入した20年払込終身保険の場合の純保険料 ${}_{19}P_{x+1}$ より小さい場合は(11.2.14)をそのまま用い，大きい場合は

$$\alpha^z = {}_{19}P_{x+1} - vq_x \tag{11.2.16}$$

とする．

11.2.3 営業保険料式責任準備金

チルメル式や初年度定期式責任準備金は，契約からの経過に応じて変動させた純保険料の収入現価とこれに対応する保険金の支出現価の差をとって算出した．純保険料の変動に付加保険料を用いたものの，純保険料に関する収入および支出から求める点は平準純保険料式と同じであるため，純保険料式責任準備金のひとつである．これに対して，付加保険料を含めた営業保険料収入とこれに対応する支出を考え，その現価の差から算出した責任準備金を**営業保険料式責任準備金**(gross premium (reserve) valuation)という．営業保険料の収入に対応する支出は，会社の事業経営全体にわたったものとなり，純保険料式で考

えた保険金の支出以外に，次のものが考えられる．

- 将来見込まれる事業費の支出(予定事業費とは必ずしも一致しない)
- 将来の契約者配当支払
- 脱退率(解約率)を計算基礎に反映する

保険金支払という契約義務を履行するのに，支払財源の直接の裏づけとなる純保険料部分の責任準備金が重要なのは当然ではあるが，一方で，保険会社を取り巻く環境には様々なものがあり，純保険料部分に限定せず事業経営全体にわたって必要な準備金を認識することも重要である．例えば，付加保険料を低く設定しすぎて将来の事業費支出が賄えるか危惧される場合，純保険料式責任準備金で認識できないその不足額が，営業保険料式責任準備金であれば認識できる．

なお，保険料を計算するのに保険料計算基礎があったように，責任準備金を計算するのにも責任準備金計算基礎という概念が存在する．責任準備金は，純保険料式／営業保険料式あるいはVaR等の定義式と，これに使用する責任準備金計算基礎を決めて算出できるものだが，採用した定義式から計算基礎が自明に定まるものではない．また，保険料計算基礎と一致するものでもない(8.3節および発展：標準責任準備金)．例えば，契約から数年経った後に，以後の死亡発生，事業費支出，資産運用利回り等を予想しなおして責任準備金計算基礎を設定することを考えよう．保険料計算基礎が契約当初の環境を反映した予想に基づき設定されたのに対して，この責任準備金計算基礎は，契約以後の環境変化を反映したその時点での最新の予想に基づいて設定される．もし契約当初の予想に反し，近年死亡率が上昇しており以後も高まると予想されるならば，それを反映した責任準備金計算基礎で責任準備金を算出することで，将来の保険金支払に必要な負債が認識できることとなる．

発展：標準責任準備金

我が国では現在(2019年)，責任準備金については保険業法上，指定する保険契約については標準責任準備金の積立が求められている．この標準責任準備金制度は1996年の新業法施行時に導入されたが，金融自由化の流れの中で自由化・競争促進を図る一方，長期にわたる保険事業の健全性確保のために併せて設けられたものである．標準責任準備金制度では標準責任準備金の積立方法と計算基礎率を金融庁長官が定めることとしている．具体的には，積立方法は平準純保険料式，予定死亡率は日本アクチュアリー会が作成した生保標準生命表，予定利率は過去の長期国債の応募者利回りを基準として設定する利率として保守的に定められている．ただし，特別の事情がある場合は5年チルメル式等の積立も認められている．

また，この標準責任準備金制度では将来の支払能力に不足が生じると認められたときは，追加責任準備金の積立が必要となる．具体的には，保険計理人がアクチュアリー会で作成した実務基準に基づいて収支分析を行い，その積立が必要と判断した旨を記載した意見書を取締役会に提出する．保険計理人は責任準備金の十分性など保険会社の健全性を確保するための重要な役割を負っており，保険業法により任命する必要があるが，高度な保険数理の専門家として日本アクチュアリー会の正会員であることが求められている．

11.3 解約返戻金

生命保険の契約は長期にわたるものがほとんどで，その間に契約を解約する可能性もある．保険期間中に契約者の意思で契約を止めることを**解約**という．保険が不要になった，保険料が払えなくなった等，解約の理由は契約者の事情による．解約の際には，今まで保険会社に支払ってきた保険料をもとに算出した金額が**解約返戻金**(cash value, surrender value)として払い戻されることが多い．解約返戻金の算出方法はいろいろ考えられるが，その一例を紹介しよう．

時点tでの解約返戻金を記号${}_tW$で表すこととする．時点tまでに払い込んだ保険料は，一部は事業費として支出され，残りは将来の保険給付に備えて責任準備金として積み立てられる．解約して将来の保険給付の権利を放棄するならば，この責任準備金を払い戻そうと考えるのは自然であろう．特に，チルメル式責任準備金で説明した保険会社の新契約費の支出実態を考えると，平準純保険料式責任準備金ではなく，チルメル式責任準備金を返戻金として${}_tW={}_tV^{[hz]}$とするのもひとつの方法である．実務では，チルメル式責任準備金の算式を簡便化した次の式により，解約返戻金額を定めることがある：

$$ {}_tW = {}_tV_x - \sigma\cdot\frac{\max\{0, 10-t\}}{10}. \qquad (11.3.1) $$

σは解約控除といい，様々な要件を考慮して決められる．要件としては，会社の健全性や公平性，契約者の期待等である．解約控除をどう定めるかはより深い議論が必要になるので本書では割愛する．

解約控除の理由は主に新契約費の回収による．事業費は営業保険料の中に織り込まれており，新契約費はすでに支出しているものの解約が行われると保険料(の中の新契約費)が回収されないことになる．このため，解約返戻金の金額算出にはこれを反映する．

11.4 利源分析

営業保険料は，ある程度の死亡発生(予定死亡率)や資産運用収益(予定利率)等を計算基礎として見込んでいる．しかし，実際の契約群団で発生する死亡や変動する金融市場で得られる資産運用収益は，計算基礎どおりに実現することはない．

この節では，保険料計算基礎と現実との乖離に着目し，次のような保険会社のある年度をモデルケースにして，保険会社の利益を分析する方法を考える．

- この会社の保有契約は全て終身払(保険料年払)の終身保険で，死亡保険金額 1，全て過去のある年の年始に x 歳で加入した契約である．
- 今年の年始時点で加入から $(t-1)$ 年，年末残存契約は年末時点で t 年が経過している．
- 前年末の契約件数は l_b 件，前年末の契約のうち d 件の契約が死亡により，w 件の契約が解約により消滅し，当年末に l_e 件が残存した．したがって，$l_b=d+w+l_e$．
- この年に支払った保険金は総額で $d=d{\cdot}1$ (簡単のため年末支払とする)．
- この年に支払った解約返戻金は総額で $\tilde{W}=w{\cdot}{}_tW$ (簡単のため年末支払とする)．
- この年に支出した事業費は総額で $\tilde{E}$ (簡単のため年始に支出するとする)．
- この年の(営業)保険料の収入は総額で $\tilde{P}^*=l_b{\cdot}P_x^*$ で，年始に払い込まれた．
- この年の資産運用による収益(厳密には資産運用収益から資産運用費用を控除した，正味の収益)は総額で $\tilde{I}$．
- この会社は，前年末に $\tilde{V}_b=l_b{\cdot}V_b$，当年末に $\tilde{V}_e=l_e{\cdot}V_e$ の責任準備金を積み立てている．

11.4.1 保険会社の利益

会社の利益は，収益と呼ばれる利益の増加項目から，費用と呼ばれる利益の減少項目を差し引いて求められ，これがマイナスになれば利益ではなく損失が発生したこととなる．収益や費用には，保険料の収入や保険金の支払いといった現金のやりとりを伴うものだけではなく，責任準備金の増減も含まれる．責任準備金が増加する$(\tilde{V}_e>\tilde{V}_b)$と増加分が費用となり，減少する$(\tilde{V}_e<\tilde{V}_b)$と減少分が収益となる．

その他の項目と合わせて，この年の保険会社の利益は次のとおりである：

$$
\begin{aligned}
\text{利益} &= \text{収益}-\text{費用} \\
&= \tilde{P}^*+\tilde{I}+(\tilde{V}_b-\tilde{V}_e)-\tilde{E}-d-\tilde{W} \\
&= (\tilde{P}^*+\tilde{I}+\tilde{V}_b)-(\tilde{E}+d+\tilde{W}+\tilde{V}_e). \qquad (11.4.1)
\end{aligned}
$$

	費用		収益	
	事業費	$\tilde{E}$		
	保険金	d	保険料	$\tilde{P}^*$
	解約返戻金	$\tilde{W}$	資産運用収益	$\tilde{I}$
	当年末責任準備金	$\tilde{V}_e$	前年末責任準備金	$\tilde{V}_b$
計	$\tilde{E}+d+\tilde{W}+\tilde{V}_e$		$\tilde{P}^*+\tilde{I}+\tilde{V}_b$	
利益	$(\tilde{P}^*+\tilde{I}+\tilde{V}_b)-(\tilde{E}+d+\tilde{W}+\tilde{V}_e)$ （マイナスなら損失）			

今，ある保険契約群団を考え，その契約の始期から消滅するまでの損益を考える．(11.4.1)と同様に考えると，毎年のキャッシュフロー収支は，$\tilde{P}^*+\tilde{I}-\tilde{E}-d-\tilde{W}$ で表され，これに責任準備金の積立 $\tilde{V}_b-\tilde{V}_e$（正値の場合は戻入となり収益が増加し，負値の場合は積立てとなり費用が増加する）を加味して当期の期間損益が求められる．保険契約が終了すると責任準備金を積み立てる必要がなくなるので，通期でみたキャッシュフローの累計収支と累計損益は一致する．言い換えると，累計収支は同じでも，責任準備金の積立方式によって，期間損益の捉え方が異なることになる．この点は，生命保険会計を理解する上で重要なポイントになる．章末問題で簡単な事例を扱っているので，確認してほしい．

11.4.2 利源別損益

利益の額は分かったが，この利益はなぜ発生したのだろうか．

例えば，保険金の支払いが多いほど保険会社の利益は減るであろうが，ある程度の死亡発生を見込んだ収支相等の原則により営業保険料を設定しているのだから，それに応じた死亡が発生しても，利益がマイナス(損失)になることはないと予想される．つまり，利益がプラスになるかマイナスになるかの境となる保険金の支払額があると考えられる．それはいくらで，この年に支払った保険金はその額より多かったのだろうか，少なかったのだろうか．資産運用収益や事業費の支出についても同様のことが考えられる．

これらを組み合わせると，「会社利益は+10 百万円だった．これは，保険金の支払額が予定より少なかったために+14 百万円の利益が発生したが，事業費の支出が予定より多かったために 4 百万円の損失が発生した結果である.」といったことが分かることもある．

利益の源泉(これを利源という)別に利益を分解し，利益の発生原因を分析することを，利源分析という．保険会社の利源にはどのようなものがあるか，それぞれの利源別損益はどう計算されるかを考えよう．

そのためにまず，保険金支払額の例と同様，他の保険料計算基礎に対しても，利益・損失の境となる金額を考える．そこで必要となるのが，再帰式(8.2.4 節および 8.2.5 節)である．(8.2.11)を，(8.2.13)と同様に予定死亡率を用いて表すと，

$$(1+i)\cdot({}_{t-1}V+P_x^*) = q_{x+t-1}\cdot(1-{}_tV)+{}_tV+(1+i)\cdot P_{t-1}^L \qquad (11.4.2)$$

となる．ただし，第 t 年度の再帰式で，また，左辺の保険料は年始に支払われる第 t 回目の営業保険料に改め，それに対応して右辺に営業保険料中の付加保険料 P_{t-1}^L(これを予定事業費として認識する)を加算している．

モデルケースの前年末の契約件数 l_b 件を(11.4.2)に乗じ，$l_b=d+w+l_e$ および $\tilde{P}^*=l_b\cdot P_x^*$ に注意すれば，

$$(1+i)\cdot l_b\cdot{}_{t-1}V+(1+i)\cdot\tilde{P}^* = l_b\cdot q_{x+t-1}\cdot(1-{}_tV)+(d+w+l_e)\cdot{}_tV+(1+i)\cdot l_b\cdot P_{t-1}^L$$

つまり，

$$\begin{aligned}0 = \tilde{P}^* &- l_b\cdot P_{t-1}^L \\ &- l_b\cdot q_{x+t-1}\cdot(1-{}_tV) \\ &+ i\cdot(\tilde{P}^*-l_b\cdot P_{t-1}^L+l_b\cdot{}_{t-1}V) \\ &+ l_b\cdot{}_{t-1}V-(d+w+l_e)\cdot{}_tV \end{aligned} \qquad (11.4.3)$$

を得る．この式は，保険料計算基礎で予定したとおりに事業費を支出し，予定

どおりに発生した死亡契約には保険金を支払い，予定どおりに当年末に残存した契約には再帰式の責任準備金を積み立てると，会社利益はゼロとなることを意味している．

一方で，会社の利益を G とすれば，(11.4.1)は次のように書き直せる．

$$\begin{aligned} G = {} & \tilde{P}^* - \tilde{E} \\ & -d\cdot(1-{}_tV) \\ & +\tilde{I} \\ & +(\tilde{V}_b - \tilde{W} - \tilde{V}_e - d\cdot{}_tV) \end{aligned} \tag{11.4.4}$$

(11.4.4)から(11.4.3)を引くと，

$$\begin{aligned} G = {} & -(\tilde{E} - l_b\cdot P^L_{t-1}) \\ & -(d - l_b\cdot q_{x+t-1})\cdot(1-{}_tV) \\ & +(\tilde{I} - i\cdot(\tilde{P}^* - l_b\cdot P^L_{t-1} + l_b\cdot{}_{t-1}V)) \\ & +(\tilde{V}_b - l_b\cdot{}_{t-1}V) - (\tilde{W} + \tilde{V}_e - (w+l_e)\cdot{}_tV) \end{aligned} \tag{11.4.5}$$

となる．

「再帰式の責任準備金」${}_tV$ は，この会社が年末に積み立てる責任準備金 V_e とは直接関係ない．あくまで利源分析のために用いる責任準備金である．「再帰式を満たす，利源分析に用いる責任準備金」がどのようなものかは 11.4.3 節で触れることとし，いったん，「必ずしも会社が積み立てる責任準備金と同じものではないが，再帰式を満たす責任準備金を別途導入し，これを用いて利源分析を行う」と考えて読み進めてもらいたい．

この式の各項を，以下見ていこう．

(1) 費差損益　$-(\tilde{E} - l_b\cdot P^L_{t-1})$

予定事業費よりも事業費の支出が少ない場合に発生する利益(費差益)であり，事業費支出の方が多い場合は費差損となる．

(2) 死差損益　$-(d - l_b\cdot q_{x+t-1})\cdot(1-{}_tV)$

終身保険のような死亡保険では，予定死亡率よりも実際の死亡率が低い場合に発生する利益(死差益)であり，高い場合は死差損となる．

死差損益は，死亡率から把握するのではなく，危険保険料と危険保険金を比較することで把握している．$d\cdot(1-{}_tV)$ が死亡の発生した契約の危険保険金の総額であり，$l_b\cdot q_{x+t-1}\cdot(1-{}_tV)$ が全契約の危険保険料の総額であるから，その差が死差損益を表す．なお，(8.2.14)によれば危険保険料総額は $l_b\cdot v\cdot q_{x+t-1}\cdot(1-{}_tV)$ となり，現価率だけずれが生じていることに気づくであろう．これは，予定利息が確保できた前提で危険保険料と危険保険金との差を死差損益と認識することとし，危険保険料にかかる予定利息が確保できたかどうかは利差損益に含めて認識するためである．

保険料計算基礎を同じくする定期保険と養老保険の死差損益を比べてみよう．予定死亡数と実際に発生した死亡者数の差 $(d-l_b\cdot q_{x+t-1})$ は 2 つの保険種類で同じだが，危険保険金 $(1-{}_tV)$ は定期保険の方が大きい．このため，死差損または死差益のいずれが発生した場合も，その金額は定期保険の方が大きいことが分かる．

(3) **利差損益**　$+(\tilde{I}-i\cdot(\tilde{P}^*-l_b\cdot P_{t-1}^L+l_b\cdot{}_{t-1}V))$

責任準備金に付利される予定利息よりも，資産運用収益が多い場合に発生する利益(利差益)であり，少ない場合は利差損となる．

年始に払い込まれた営業保険料から付加保険料と同額の事業費を支出したとして，その差額である純保険料$(\tilde{P}^*-l_b\cdot P_{t-1}^L)$が会社に残り，これを前年末に積み立てていた責任準備金 $l_b\cdot{}_{t-1}V$ と同額の資産に加える．この合計額を予定利率どおりに運用した場合に得られる予定利息が $i\cdot(\tilde{P}^*-l_b\cdot P_{t-1}^L+l_b\cdot{}_{t-1}V)$ である．これと実際の運用収益 $\tilde{I}$ との大小によって利差損益が決まることを表している．実際の事業費支出と予定事業費の差は費差損益によって把握するため，利差損益の計算では予定どおり付加保険料と同額の事業費を支出したとするのである．

なお，実務で利差損益を計算する場合，$\tilde{I}$ は，資産運用収益の全額ではなく，インカムゲインと呼ばれる利息や配当金等の収入と，有価証券による運用益のうち売却損益や評価損益を除いたものだけを対象とする．有価証券の売却損益や評価損益は，別途，価格変動損益で取り扱うこととなる．

(4) **責任準備金関係損益**　$+(\tilde{V}_b-l_b\cdot{}_{t-1}V)-(\tilde{W}+\tilde{V}_e-(w+l_e)\cdot{}_tV)$

保険会社が年末に積み立てる責任準備金と，利源分析に用いる責任準備金との差額が，会社利益に及ぼした影響を分析する損益である．また，責任準備金関係損益の内訳として，**解約損益**がある．これは，解約で消滅した契約に対して消滅時に会社が積み立てていた責任準備金と，支払った解約返戻金との差額によって生じる損益である．

まず簡単な場合として，この会社が積み立てる責任準備金が，利源分析に用いる責任準備金と一致していると仮定して式の意味を考えてみよう．つまり，

$$\tilde{V}_b = l_b{\cdot}V_b = l_b{\cdot}{}_{t-1}V \text{ かつ } \tilde{V}_e = l_e{\cdot}V_e = l_e{\cdot}{}_tV$$

とする．すると，

$$+(\tilde{V}_b - l_b{\cdot}{}_{t-1}V) - (\tilde{W} + \tilde{V}_e - (w + l_e){\cdot}{}_tV) = -(\tilde{W} - w{\cdot}{}_tV) = -w{\cdot}({}_tW - {}_tV) \tag{11.4.6}$$

となるから，この金額は解約の発生状況によって決まることが分かる．解約が発生しなければ責任準備金関係損益はゼロであるが，一般に ${}_tW \leqq {}_tV$ であるから，解約が発生すれば解約益が発生することとなる．責任準備金関係損益の内訳である $-w{\cdot}({}_tW - {}_tV)$ を解約損益という．

11.3 節で見たとおり，保険会社は新契約成立に伴う事業費(新契約費)を支出しており，契約の継続を前提に以後の保険料から支出済の事業費を回収する．しかし，解約が発生すると回収できないこととなるため，残存契約との公平性等に配慮して ${}_tW \leqq {}_tV$ と設定することで未回収事業費の一部を回収するが，それでも全額が回収できるわけではない．費差損益と解約損益とに分解して解約損益だけ見ると，解約によって利益が発生したかのように見えるものの，合算して考えれば利益にはならず，未回収事業費の分だけ損失が発生していることに注意が必要である．

次に，この会社が積み立てる責任準備金が利源分析に用いる責任準備金と一致しないと仮定しよう．つまり，

$$\tilde{V}_b = l_b{\cdot}V_b \neq l_b{\cdot}{}_{t-1}V \text{ かつ } \tilde{V}_e = l_e{\cdot}V_e \neq l_e{\cdot}{}_tV$$

とする．

$$\begin{aligned} &+(\tilde{V}_b - l_b{\cdot}{}_{t-1}V) - (\tilde{W} + \tilde{V}_e - (w + l_e){\cdot}{}_tV) \\ &= +(\tilde{V}_b - \tilde{V}_e) - (l_b{\cdot}{}_{t-1}V - l_e{\cdot}{}_tV) - w{\cdot}({}_tW - {}_tV) \end{aligned} \tag{11.4.7}$$

解約損益以外の項 $+(\tilde{V}_b - \tilde{V}_e) - (l_b{\cdot}{}_{t-1}V - l_e{\cdot}{}_tV)$ を見よう．実際に積み立てる責任準備金が前年末の $\tilde{V}_b$ から当年末の $\tilde{V}_e$ になることで，$+(\tilde{V}_b - \tilde{V}_e)$ の利益が発生する．これと再帰式の責任準備金変動による利益 $(l_b{\cdot}{}_{t-1}V - l_e{\cdot}{}_tV)$ との

差が解約損益以外の責任準備金関係損益となり，会社利益に影響を及ぼすこととなる．

(5) 価格変動損益

有価証券の売却損益や評価損益等の，キャピタルゲインと呼ばれる価格変動性資産の運用収益に関する損益であるが，本書での説明は省略する．興味のある読者は参考文献[9]を参照されたい．

(6) その他の損益

税金の支払い等，これまでの損益のどれにも属さない項目の損益である．興味のある読者は参考文献[9]を参照されたい．

11.4.3　利源分析に用いる責任準備金と利源別損益の関係

会社が年末に積み立てる責任準備金の水準は，会社利益に影響を与える．年末に積み立てる責任準備金の具体例としては，保険料計算基礎とは異なる基礎率による標準責任準備金(発展：標準責任準備金を参照)や，保険料計算基礎による平準純保険料式責任準備金などが考えられる．

これに対して，利源分析に用いる責任準備金は，会社利益には影響を与えないが，その内訳である利源別損益には影響を与える．つまり，利源分析に用いる責任準備金をどう選択したかによって，ある利源の損益が大きくなれば，他の利源の損益が小さくなるということが起こりうる．利源分析に用いる責任準備金としては，保険料計算基礎による平準純保険料式，5年チルメル式，全期チルメル式等の責任準備金が考えられる．

本節では，利源分析に用いる責任準備金に①平準純保険料式および②5年チルメル式を選択した場合を比較して，利源分析の結果がどう変わるか，その概要を定性的に見てみよう．

利源分析に用いる責任準備金の額が①と②とで異なるのは当然であるが，同時に，付加保険料と純保険料の額，(純保険料の内訳として)危険保険料と貯蓄保険料の額が，契約から5年以内は経過に応じて異なることとなる．

このため，契約から5年以内の①と②の利源別損益の大小関係は，次の表のようになる．

費差損益	$-(\tilde{E}-l_b\cdot P^L_{t-1})$	①<② (t=1) ①>②
死差損益	$-(d-l_b\cdot q_{x+t-1})\cdot(1-{}_tV)$	|①|<|②|
利差損益	$+(\tilde{I}-i\cdot(\tilde{P}^*-l_b\cdot P^L_{t-1}+l_b\cdot{}_{t-1}V))$	①<②
責任準備金関係損益		
解約損益以外	$+(\tilde{V}_b-\tilde{V}_e)-(l_b\cdot{}_{t-1}V-l_e\cdot{}_tV)$	①>② (t=1) ①<②
解約損益	$-w\cdot({}_tW-{}_tV)$	①>②

初年度(t=1)の費差損益は①<②となるが，翌年以降の単年度の費差損益は①>②となる(チルメル期間経過後(t≧6)は①=②となる．以下，この注意は省略する)．

他の利源別損益にはどのような影響があるだろうか．会社の利益は分析の仕方によらず決まっているから，チルメル期間内の費差損益の大小と他利源の大小は，一般に逆になっているはずである．

利源分析に用いる責任準備金は①>②であるから，危険保険金 $(1-{}_tV)$ は①<②となり，死差損益は |①|<|②| となる．すなわち，死差益が発生した場合は①<②であるが，死差損が発生した場合は①>②(損失額は②の方が大きい)となる．

予定利息計算に用いている金額は，

$$(\tilde{P}^*-l_b\cdot P^L_{t-1}+l_b\cdot{}_{t-1}V)$$

$$=(\text{純保険料}+\text{前年末責任準備金})=v\cdot(\text{当年末責任準備金}+\text{保険金})$$

であるから，予定利息を賄うのに，①の方が②より多くの資産運用収益が必要となる．資産運用収益は分析の仕方によらず同額だから，予定と実績との差額である利差損益は①<②となる．

解約した契約のために積み立てていた責任準備金も①>②であり，支払った解約返戻金は分析の仕方によらず同額だから，解約損益は①>②となる．責任準備金の増加にあてる純保険料は，初年度は①>②，次年度以降は①<②となるため，責任準備金の増加予定額 $-(l_b\cdot{}_{t-1}V-l_e\cdot{}_tV)$ の大小もこれと同じになる．この結果，解約損益以外の責任準備金関係損益は，初年度は①>②，次年度以降は①<②となり，費差損益の大小と逆になっている．これは，付加保険

料と純保険料の合計額である営業保険料は分析の仕方によらず同額だから，費差損益で用いた付加保険料の大小と責任準備金の増加にあてる純保険料の大小が逆になることに対応している．

実務では②5年チルメル式責任準備金を用いて利源分析することが多い．これは，次の理由による．加入初年度の事業費支出が多い保険会社の実態を考慮すると，①平準純保険料式で分析したのでは，初年度が費差損，次年度以降が費差益となるのはほぼ当然であり，分析結果を見てもその年の事業費支出が適正な範囲に収まっているかが分からない．しかし，加入からの経過に応じて差を設けるチルメル式によって予定事業費を認識して費差損益を算出すれば，その年の事業費支出の適正性が判断できるであろう．また，実態はともかく，加入からの経過によらない事業費支出構造を目指している会社であれば，①平準純保険料式で利源分析したほうが，目指す支出構造と実態との差異をより適正に判断できることとなる．会社の実態を踏まえた事業費支出の適正性判定や，会社の目標とする事業費支出と実態との差異把握等，利源分析をどのように利用するかに応じて，いずれの方法で分析するかを選択する必要がある．

11.5 計算基礎の変更

11.5.1 保険料計算基礎の変更による影響

本節では利率および死亡率の変更が保険価格に与える影響を考察する．

一般に生命保険契約は長期にわたるため，契約時に想定していた利率や余命の前提と実績に差異が生じる．一方，既に締結された保険契約の保険料を事後的に変更する(引き上げる)ことは，法律上あるいは契約者保護の観点から困難である．従って，計算前提の変更による影響をあらかじめよく把握した上で保険料の決定を行うことが，アクチュアリーの重要な役割になる．

影響額の計算は，コンピュータが発達した現在では，計算前提を変更して再計算して求めるのが現実的だが，計算基礎の変更によって生じる影響を大まかに知っておくことも大切である[*6]．

実務上は他の計算基礎，例えば脱退率などによる影響も分析しておくことが

[*6] 実務的にも，複雑な計算モデルを構築して精緻な影響額の計測を行うことより，前提の違いが保険会社の財政にどの程度のインパクトを与えるかを大まかに把握することの方が重要となることも多い．

望ましいが，本書では取り扱わない．こうした前提変更における影響(感応度)の把握は，個別の保険商品に対して行うだけでなく，保険会社の保有契約全体の保険収支を対象に将来収支予測(シミュレーション)を行うことも有効な手法となる．

11.5.2　利率の変更

始めに，x 歳加入，保険料年払(終身払込)，保険金年末支払，保険金額 1 の終身保険の例で，利率 i を $i'(>i)$ に上げる場合を考える．利率を下げる場合は反対の結果が得られる．

利率変更後の一時払純保険料 A'_x は，(5.1.3) の v を $v'(<v)$ に置き換えて計算され，$A'_x<A_x$ となる[*7]．また，終身年金の一時払純保険料も，(6.1.4) から $\ddot{a}'_x<\ddot{a}_x$ となる．他の保険種類の保険金現価や年金現価も同様に小さくなる．保険金支払や年金のキャッシュフローが同一(時期・金額が同一)であれば，利率が高いほど保険金現価や年金現価が小さくなるということは自明であろう[*8]．

年払純保険料に与える影響については，保険種類を問わず，保険期間の初期に収支残を生じるケース(このとき平準純保険料式責任準備金は正値となる)では，利率が高いとその分期待される運用収益(予定利息ともいう)が増加するため，年払純保険料は低くなる．これは，第 8 章の責任準備金の再帰式を変形した (8.2.13) と純保険料の分解式 (8.2.14) を用いて，

$$
\begin{aligned}
{}_{t+1}V-{}_tV &= [P-vq_{x+t}(1-{}_{t+1}V)]+i[{}_tV+P-vq_{x+t}(1-{}_{t+1}V)] \\
&= P^s_t+i({}_tV+P^s_t)
\end{aligned}
$$

と表すと，毎年の責任準備金の増加は，貯蓄保険料 P^s_t と，年始の責任準備金と貯蓄保険料の合計に対する利息部分から構成され，貯蓄保険料の符号が責任準備金の符号に直結することが分かる．

保険期間の初期に収支残を生じるケースは，この貯蓄保険料が正値となる場

---

*7　変更後の計算基礎率を用いて算定した価格(P や ${}_tV$ など)を，記号の右肩に $'$ を付して表示し，その差分を $\Delta i=i'-i$，$\Delta P=P'-P$，$\Delta_t V={}_tV'-{}_tV$ などで表している．

*8　定期保険，生存保険，養老保険の一時払純保険料は (5.1.12) (5.1.20) (5.1.25) から $A'^{\,1}_{x:\overline{n|}}<A^{1}_{x:\overline{n|}}$，$A'_{x:\overline{n|}}{}^{\!\!1}<A_{x:\overline{n|}}{}^{\!\!1}$，$A'_{x:\overline{n|}}<A_{x:\overline{n|}}$ が，有期年金は (6.1.12) から $\ddot{a}'_{x:\overline{n|}}<\ddot{a}_{x:\overline{n|}}$ が示される．

合に他ならない．

以下では，死亡率が年齢とともに上昇する前提を置いて考えてみる．このとき，

$$\ddot{a}_x > \ddot{a}_{x+1} > \cdots > \ddot{a}_{x+t} > \cdots \tag{11.5.1}$$

が成り立つ．これは，

$$\ddot{a}_x = 1+vp_x+v^2p_xp_{x+1}+v^3p_xp_{x+1}p_{x+2}+\cdots$$
$$\ddot{a}_{x+1} = 1+vp_{x+1}+v^2p_{x+1}p_{x+2}+v^3p_{x+1}p_{x+2}p_{x+3}+\cdots$$

の両式の第 $k+1$ 番目の項同士を比較すると，$p_x>p_{x+1}>\cdots$ より，常に $v^kp_xp_{x+1}\cdots p_{x+k-1}>v^kp_{x+1}p_{x+2}\cdots p_{x+k}$ となることから導かれる．上式で $v=1$ とすることにより，

$$e_x > e_{x+1} > \cdots > e_{x+t} > \cdots \tag{11.5.2}$$

となることも導かれる．

終身保険の(平準純保険料式)責任準備金は，${}_tV_x=1-\dfrac{\ddot{a}_{x+t}}{\ddot{a}_x}$ と表されるので，この前提の下では，正値(かつ t に関して単調増加)となり，(収支相等の原則に従って計算された)年払純保険料は減少する[*9]．

同じ前提の下では，定期保険でも，契約初期の貯蓄保険料や(平準純保険料式)責任準備金はプラスになるため，年払純保険料は減少する[*10]．

次に，責任準備金(${}_tV_x$)に与える影響を考える．時点 t における責任準備金 ${}_tV_x$ の増減額 $\Delta_t V_x$ は，

$$\Delta_t V_x = {}_tV'_x-{}_tV_x = \left(1-\frac{\ddot{a}'_{x+t}}{\ddot{a}'_x}\right)-\left(1-\frac{\ddot{a}_{x+t}}{\ddot{a}_x}\right) = \frac{\ddot{a}_{x+t}}{\ddot{a}_x}-\frac{\ddot{a}'_{x+t}}{\ddot{a}'_x} \tag{11.5.3}$$

と表される．ここで右辺の符号を考える．一般に，利率の上昇(下降)による(生命)年金現価の変化割合 $\left(\dfrac{\ddot{a}'_x}{\ddot{a}_x}\right)$ は，年金支払期間(あるいは平均余命)が長いほど小さく(大きく)なる．従って，死亡率が年齢とともに上昇する前提の下

*9 養老保険の場合も，$\ddot{a}_{x:\overline{n}|}>\ddot{a}_{x+1:\overline{n-1}|}>\cdots>\ddot{a}_{x+t:\overline{n-t}|}>\cdots$，${}_tV_{x:\overline{n}|}=1-\dfrac{\ddot{a}_{x+t:\overline{n-t}|}}{\ddot{a}_{x:\overline{n}|}}$ から，同様の結果を得る．

*10 死亡保険金額が一定のケースを前提としている．死亡率がバスタブ曲線の形状をとる場合や，死亡率が単調増加でも保険金額が逓減する定期保険では，責任準備金が負値となりうることがある．年払純保険料への影響の厳密な証明は，参考文献[5]などに記載があるので参照されたい．

で利率を上げる場合，

$$1 > \frac{\ddot{a}'_{x+t}}{\ddot{a}_{x+t}} > \frac{\ddot{a}'_x}{\ddot{a}_x} > 0 \tag{11.5.4}$$

が成り立ち，(11.5.3)より，$\Delta_t V_x<0$ が導かれる[*9, *11]．

定期保険，生存保険の場合はこうした式変形はできないが，死亡率が年齢とともに上昇する前提の下では結果は同様となる．証明は読者に委ねる．

例題2　利力を δ(一定)，死力を μ(一定)として，利力を $\delta'(>\delta)$ に上げたときの終身保険(保険料終身払込)の年払純保険料と責任準備金の影響を述べよ．

解　まず，連続モデル(保険金即時支払，保険料連続払)で考える．

$$\overline{A}_x = \frac{\mu}{\delta+\mu}, \quad \overline{a}_x = \frac{1-\overline{A}_x}{\delta} = \frac{1}{\delta+\mu} \text{ より}$$

$$\overline{P}_x = \frac{\overline{A}_x}{\overline{a}_x} = \mu, \quad {}_t\overline{V}_x = \overline{A}_{x+t} - \overline{P}_x \overline{a}_{x+t} = 0$$

従って，利力の変化は，年払純保険料，責任準備金に影響しない．

次に，離散モデル(保険金期末支払，保険料年払)の場合を考える．$P_x=vq=e^{-\delta}(1-e^{-\mu})$ となり，利力(率)を上げると年払純保険料は減少する．責任準備金は0となり，利力の変化に影響しない．

例題2の結果から，期末の責任準備金が正値でなくても，年間の保険料収入と保険金支払のタイミングの差によりその年度内に収支残が生じる場合は，利率の変化が年払純保険料に影響を与えることが分かる．

11.5.3　死亡率の変更

まず，終身保険の例で，死亡率を上げる場合を考える．死亡率を下げる場合は，反対の結果が得られる．元々の死亡率 q_x に対し，計算の対象区間に含まれる全年齢 x で新たな死亡率 $q'_x(>q_x)$ を用いるケースを想定する．

このとき ${}_tp'_x<{}_tp_x$ となるため，(6.1.4)と(6.1.6)より $\ddot{a}'_x<\ddot{a}_x$，$A'_x>A_x$ と

---

*11　死亡率が単調増加でなく $\ddot{a}_x>\ddot{a}_{x+t}$ とならない場合は，$1>\dfrac{\ddot{a}'_{x+t}}{\ddot{a}_{x+t}}>\dfrac{\ddot{a}'_x}{\ddot{a}_x}$ は成立しない．終身保険の責任準備金への影響を判定する際には，各年齢での $\dfrac{\ddot{a}'_x}{\ddot{a}_x}$ の変化を求める方法が有効になる．これは利率と死亡率の両方を変更する場合にも機能する．

なり，年払純保険料は $P'_x > P_x$ となることが容易に導けるが[*12]，ここでは第8章の責任準備金の再帰式を用いたアプローチを試みる．以下，${}_tV_x$ を ${}_tV$ と簡略に記載する．まず，

$$
\begin{aligned}
{}_tV + P &= vq_{x+t} + vp_{x+t} \cdot {}_{t+1}V \\
{}_tV' + P' &= vq'_{x+t} + vp'_{x+t} \cdot {}_{t+1}V'
\end{aligned}
$$

より，両辺の差分をとり，

$$
\begin{aligned}
\Delta_t V + \Delta P &= v\Delta q_{x+t} + vp'_{x+t} \cdot \Delta_{t+1} V + v(p'_{x+t} - p_{x+t})_{t+1}V \\
&= v\Delta q_{x+t}(1 - {}_{t+1}V) + vp'_{x+t} \cdot \Delta_{t+1} V. \qquad (11.5.5)
\end{aligned}
$$

両辺に $v^t{}_tp'_x$ を乗じて，

$$
v^t{}_tp'_x(\Delta_t V + \Delta P) = v^{t+1}{}_tp'_x \Delta q_{x+t}(1 - {}_{t+1}V) + v^{t+1}{}_{t+1}p'_x \cdot \Delta_{t+1} V. \qquad (11.5.6)
$$

これを，$t=0$ から $\omega-x-1$ まで辺々加え，境界条件 ${}_0V' = {}_0V = 0$，${}_{\omega-x}V' = {}_{\omega-x}V = 1$ より $\Delta_0 V = \Delta_{\omega-x} V = 0$ となることに留意すると，

$$
\Delta P \cdot \ddot{a}'_x = \sum_{t=0}^{\omega-x-1} v^{t+1}{}_tp'_x \Delta q_{x+t}(1 - {}_{t+1}V) \qquad (11.5.7)
$$

となる．ここで，$1 - {}_{t+1}V > 0$ であることから，死亡率を上げる場合($\Delta q_{x+t} > 0$ の場合)は右辺>0，よって $\Delta P > 0$ となる．これは，一般的な死亡保険に共通の特徴であり，死亡率を上げると年払純保険料が高くなることが分かる[*13]．

また，(11.5.6)を $t=0$ から $s-1\,(0<s<\omega-x)$ まで辺々加えて，

$$
v^s{}_sp'_x \Delta_s V = \sum_{t=0}^{s-1} v^t{}_tp'_x[\Delta P - v\Delta q_{x+t}(1 - {}_{t+1}V)] \qquad (11.5.8)
$$

$$
\Delta_s V = \frac{\displaystyle\sum_{t=0}^{s-1} v^t{}_tp'_x[\Delta P - v\Delta q_{x+t}(1 - {}_{t+1}V)]}{v^s{}_sp'_x} \qquad (11.5.9)
$$

を導く．

[*12] $P_x = \dfrac{A_x}{\ddot{a}_x}$ において，P'_x の方が，分子が大きく，分母は小さい．

[*13] 生存保険の場合は，(11.5.7)の $(1 - {}_{t+1}V)$ の項が $-{}_{t+1}V$ に置き換わるため，符号が逆向きとなり，年払純保険料は減少する．

厳密ではないが，$v\Delta q_{x+t}(1-{}_{t+1}V)$ を第 $t+1$ 年度の危険保険料の増分，$\Delta P-v\Delta q_{x+t}(1-{}_{t+1}V)$ を第 $t+1$ 年度の貯蓄保険料の増分と見なすと，(11.5.9)は，時点 s における責任準備金の差額 $\Delta_s V$ は，s 年度までの貯蓄保険料の(生存率を考慮した)終価として表されると解釈できる．従って，年払純保険料の増分 ΔP と危険保険料の増分の大小関係が，$\Delta_s V$ の符号に影響を与えることが分かる．

具体的なケースで考察してみる．

終身保険の場合は，死亡率が年齢とともに上昇する前提で，かつ，死亡率の上昇幅 $\Delta q_{x+t}(>0)$ が各年齢で概ね同水準であれば，${}_{t+1}V(<1)$ は単調増加，$v\Delta q_{x+t}(1-{}_{t+1}V)$ は単調減少となる．ΔP は定額なため，$\Delta P-v\Delta q_{x+t}(1-{}_{t+1}V)$ は時系列 t に関して単調増加となる．$\Delta_0 V=\Delta_{\omega-x}V=0$ であることに留意すると，$\Delta_s V$ の形状は，最初は t の増加につれて負値をとり，その後，負値額が減少して 0 に戻ることになる[*14]．すなわち，死亡率を上げた場合は，責任準備金は減少する．養老保険でも同様の結果を得る．

一方，定期保険のように $(1-{}_{t+1}V)$ がほぼ一定で，Δq_{x+t} が年齢の上昇につれて単調増加となる場合には，$\Delta P-v\Delta q_{x+t}(1-{}_{t+1}V)$ が単調減少となり，同じく $\Delta_0 V=\Delta_n V=0$ に留意すると，$\Delta_s V$ の形状は最初は t の増加につれて正値をとり，その後，正値額が減少して 0 に戻ることになる[*15]．この結果，責任準備金は増加することが分かる．

生存保険においては，(11.5.8)は，

$$v^s{}_sp'_x\Delta_s V=\sum_{t=0}^{s-1}v^t{}_tp'_x[\Delta P+v\Delta q_{x+t}\cdot{}_{t+1}V] \qquad (11.5.10)$$

と表される．$\Delta q_{x+t}(>0)$ のときは ΔP は負値になる．通常，${}_{t+1}V(<1)$ は単調増加であることから，Δq_{x+t} が概ね年齢の上昇につれて同水準もしくは単調増加となる場合には，$\Delta P+v\Delta q_{x+t}\cdot{}_{t+1}V$ も単調増加となるので，境界条件に留意すると右辺は t の増加につれて負値から正値に転じる．従って，責任準備金は減少することが分かる．

例題 3　死力がメーカムの法則 $\mu_x=A+Bc^x\,(A>0, B>0, c>1)$ に従う場合で，死力に以下の変更が生じたとき，終身年金現価 $\overline{a}_x^{(\delta,\mu'_x)}$ を $\overline{a}_x^{(\delta,\mu_x)}$ を用いて表せ．ここで右肩の $(\delta,\mu_x),(\delta,\mu'_x)$ は，用いる計算基礎を表すものとす

*14　このとき $\Delta P-v\Delta q_{x+t}(1-{}_{t+1}V)$ が負値から正値に転じる t が唯一つ存在する．

*15　このとき $\Delta P-v\Delta q_{x+t}(1-{}_{t+1}V)$ が正値から負値に転じる t が唯一つ存在する．

る．

（1）$A'=A+a$（定数）のとき

（2）$B'=Bc^h$（h：定数）のとき

（3）$c'=c^k$（k：定数）のとき

解　（1）$\mu'_x=\mu_x+a$（定数）なので，

$$\overline{a}_x^{(\delta,\mu'_x)} = \int_0^{\omega-x} \mathrm{e}^{-\delta t}\cdot\exp\left[-\int_0^t(\mu_{x+s}+a)ds\right]dt$$
$$= \int_0^{\omega-x} \mathrm{e}^{-(\delta+a)t}\cdot\exp\left(-\int_0^t\mu_{x+s}ds\right)dt$$

と表され，これは死力 μ_x，利力 $\delta+a$ として計算した年金現価 $\overline{a}_x^{(\delta+a,\mu_x)}$ に一致する．

（2）$\mu'_x=\mu_{x+h}$ となるので，$\overline{a}_x^{(\delta,\mu'_x)}=\overline{a}_x^{(\delta,\mu_{x+h})}$．

（3）$\mu'_x=\mu_{kx}$ となるので，$\overline{a}_x^{(\delta,\mu'_x)}=\overline{a}_x^{(\delta,\mu_{kx})}$．

11.6　章末問題

問題 11.1　30 歳加入，保険料年払全期払込，保険期間 30 年の生存保険で，満期まで生存すれば満期時に生存保険金 1 を支払い，満期までに死亡すれば，死亡した年末に既払込平準年払営業保険料に利息を付けないで支払う保険を考える．予定利率は年 3.0% とし，予定事業費は以下のとおりとする．

- 予定新契約費：新契約時にのみ生存保険金額 1 に対し 0.03，保険料払込のつど，営業保険料 1 に対し 0.1.
- 予定集金費：保険料払込のつど，営業保険料 1 に対し 0.03.
- 予定維持費：毎年始に生存保険金 1 に対し 0.001.

このとき，平準年払営業保険料を求めよ．必要であれば $\ddot{a}_{30:\overline{30}|}=19.796$，$A_{30:\overset{1}{\overline{30}|}}=0.377$，$(I\ddot{a})_{30:\overline{30}|}=260.283$ を用いよ．

問題 11.2　ある年齢で契約する養老保険（保険金額 1，保険金年末支払）について，一時払営業保険料が 0.66309，年払全期払込の営業保険料は 0.08598 である．ただし予定事業費は，一時払の場合，新契約費は保険金額 1 に対し 0.03，集金費なし，維持費は毎年始に保険金額 1 に対し 0.002，年払の場合，新契約費は保険金額 1 に対し 0.03，集金費は保険料払込のつど年払営業保険料1に対し0.03，維持費は毎年始に保険金額1に対し0.003とする．このとき，予定利率はいくらか．

問題 11.3 x 歳加入，保険期間 n 年，年払全期払込生存保険において，被保険者が満期まで生存すれば保険金1を支払い，死亡すればその年末に既払込保険料に年 i% の利息を付けて支払う場合の営業保険料はいくらか．ただし i は予定利率とし，$A_{x:\overline{n|}}^{\ \ 1}$=0.377，$\ddot{a}_{x:\overline{n|}}$=19.796，$\ddot{a}_{\overline{n|}}$=20.188，${}_np_x$=0.915 とし，予定新契約費は生存保険金額1に対し0.03，予定集金費は保険料払込のつど年払営業保険料1に対し0.03，予定維持費は毎年始に生存保険金額1に対し0.001とする．

問題 11.4 m 年払込 n 年満期養老保険について，t=1 で全期チルメル式責任準備金がちょうど0になった．このとき，(11.2.11),(11.2.12)および(11.2.13)を示せ．

問題 11.5 40歳加入，保険期間10年，保険料年払全期払込養老保険(保険金額1，保険金年末支払)の t 年経過時の5年チルメル式責任準備金 ${}_tV_{40:\overline{10|}}^{[5z]}$ において，${}_1V_{40:\overline{10|}}^{[5z]}$=0.070 となるチルメル割合 α の値を求めよ．ただし，$A_{40:\overline{10|}}$ = 0.746，$A_{41:\overline{9|}}$ = 0.768，$\ddot{a}_{40:\overline{10|}}$ = 8.718，$\ddot{a}_{41:\overline{9|}}$ = 7.961，$\ddot{a}_{40:\overline{5|}}$ = 4.703，$\ddot{a}_{41:\overline{4|}}$ =3.819 とする．

問題 11.6 x 歳加入，保険期間 n 年，保険料年払全期払込養老保険(保険金額1，保険金年末支払)において，チルメル割合 α の10年チルメル式責任準備金 ${}_tV_{x:\overline{n|}}^{[10z]}$ が，${}_1V_{x:\overline{n|}}^{[10z]}$=0 となるという．$i$=2.75%，$\alpha$=0.03，$\ddot{a}_{x:\overline{10|}}$=8.702，$\ddot{a}_{x:\overline{n|}}$=16.987 のとき，$p_x$ の値を求めよ．

問題 11.7 x 歳加入，保険期間 n 年，保険料年払全期払込養老保険(保険金額1，保険金年末支払)において，全期チルメル式責任準備金 ${}_tV_{x:\overline{n|}}^{[z]}$ が ${}_1V_{x:\overline{n|}}^{[z]}$= 0 となるチルメル割合 α は，α=0.03 であった．p_x=0.996，$\ddot{a}_{x:\overline{n|}}$=12.363 のとき，予定利率はいくらか．

問題 11.8 30歳加入，保険期間30年，保険料年払全期払込養老保険(保険金額1，保険金年末支払)において，責任準備金を初年度定期式責任準備金で積み立てるとしたとき，チルメル割合の値はいくらか．ただし，i=3.0%，p_{30}=0.99926，$\ddot{a}_{30:\overline{30|}}$=19.796 とする．

問題 11.9　x 歳加入，保険料年払全期払込，保険期間 n 年の次の給付を行う保険を考える．

- 満期まで生存すれば，満期時に生存保険金 1 を支払う．
- 満期までに死亡すれば，死亡した年末に，チルメル割合が α である全期チルメル式責任準備金と同額を支払う（各年度末の全期チルメル式責任準備金は常に正である）．

また，予定事業費は，新契約時にのみ，生存保険金 1 に対し α（チルメル割合と等しい）とする．このとき，この保険の年払平準営業保険料を求めよ．
（平成 21 年度アクチュアリー試験）

問題 11.10　次の等式を示せ．

(1) $\dfrac{d}{di}A_x=-v(IA)_x$

(2) $\dfrac{d}{di}\overline{A}_x=-v(\overline{I}\overline{A})_x$，$\dfrac{d}{d\delta}\overline{A}_x=-(\overline{I}\,\overline{A})_x$

(3) $\dfrac{d}{di}\ddot{a}_x=\dfrac{d}{di}a_x=-v(Ia)_x$

(4) $\dfrac{d}{di}\overline{a}_x=-v(\overline{I}\overline{a})_x$，$\dfrac{d}{d\delta}\overline{a}_x=-(\overline{I}\overline{a})_x$

問題 11.11　利率 i を $j(>i)$ に変更したとき，a_x^i と a_x^j の間に

$$a_x^j = a_x^i-\frac{j-i}{1+i}(Ia)_x^i$$

の近似式が成り立つ（ただし，$j-i$ は微小とする）．

今，$i=3\%$ として，$\ddot{a}_x^{3\%}=16.024$，$(I\ddot{a})_x^{3\%}=185.334$ のとき，$\ddot{a}_x^{3.1\%}$ の値を求めよ．

問題 11.12　2 つの異なる生命表において，${}_tV'_x={}_tV_x\,(0\leqq t\leqq n)$ が成り立つとき，

$$q'_y = q_y+\frac{k}{v\ddot{a}_{y+1}}\quad (x \leqq y < x+n)$$

と表されることを示せ．ただし，k は定数とし，利率は一定とする．

問題 11.13　x 歳加入，保険料年払全期払込，保険金年末支払，保険金額 1，保険期間 n 年の養老保険において，予定利率は $i(>0)$ とし，死力は年齢によらず一定とする．このとき，上記の基礎率から

- 利力を 0.001 だけ加算した場合の年払平準純保険料を P_A

- 死力を 0.001 だけ加算した場合の年払平準純保険料を P_B

とするとき，$P_A - P_B$ を表す式を求めよ．（平成 21 年度アクチュアリー試験）

問題 11.14　【Excel 演習】 40 歳加入，保険金額 1000，保険期間 10 年の養老保険を考える．死亡率は巻末の例示用生命表に従うとし，予定利率は 3%，予定事業費は以下のとおりとする．

- 予定新契約費：新契約時に保険金 1 に対し 0.03
- 予定集金費：保険料払込みのつど，営業保険料 1 に対し 0.03
- 予定維持費：毎年始に保険金 1 に対し 0.002

このとき，

(1) 年払平準営業保険料を求めよ．

(2) 全期チルメル式責任準備金を求めよ．ただし，$\alpha^z = 0.025$ とする．

(3) 実際の運用利率は 3.1%，死亡率は予定死亡率の 9 割，事業費は予定事業費の 9 割とする．今，
 (a) 平準純保険料式責任準備金を積み立てる場合と，
 (b) 全期チルメル式責任準備金を積み立てる場合
 で，利益総額と毎年の利益はどう異なるか．

(4) (3)で累計収支と利益総額が一致することを確認せよ．

(5) (3)で求めた利益総額，毎年の利益の利源別損益は各々どのようになるか．

(6) 保険会社が年末に平準純保険料式責任準備金を積み立てることとし，利源分析は全期チルメル式責任準備金で行うこととする．このとき，毎年の利源別損益を求めよ．

(7) 将来の市場環境の悪化に備え，予め年払平準営業保険料を(1)の 5% 増しで設定した．この水準は，累計収支で見て，利率の低下，死亡率の上昇，事業費の上昇に各々どの程度まで耐えられるか，検証せよ．

12　確率過程によるモデル

本章と次章では確率過程を用いた生命保険数学の記述を行う．確率過程では時刻の経過とともに変化する確率変数を表現することができる．本章では確率過程を導入することにより，これまでの前提となっていた利率一定というモデルから離れる．これにより，利率が変動するモデルでの責任準備金の定義など，発展した生命保険数学の世界が開かれる．

通常の死亡リスクは大数の法則で制御可能であったのに対して，金利の変動リスク(金利リスク)は全ての契約が同じ影響を受けることになり，大数の法則は成り立たず扱いが難しい．この金利リスクのように全ての契約が同じ影響を受けるリスクはシステミックリスク[*1]と呼ばれるが，この金利リスクを生命保険数学で扱うには利率が変動するモデルを用いることが必要になる．

なお，利率が変動するモデルを本格的に扱うには数理ファイナンスの知識が必要になるため，本章ではごく簡単な例にとどめている．また，本章では数学的な厳密さより直観的な分かりやすさを重視して説明した．

12.1　確率過程とは

時刻をパラメータにもつ確率変数の族を考え，離散の場合は $\{X(k)\}_{k=1}^{\infty}$，または $\{X(k)\}_{k=0}^{\infty}$，連続の場合は $\{X(t)\}_{t\geqq 0}$ を**確率過程**(stochastic process)と呼ぶ(各 $X(i)$ は確率変数)．また，これまでは確率変数は太文字で表してきたが，ここから通常の字体も併用する．

■**ランダムウォーク**　公平なコインを何回も投げることを考える．i 回目のコインが表なら$+1$，裏なら -1 となる確率変数を $C(i)$ とする．$C(0)=0$ として $R(n)=C(0)+\cdots+C(n)$ とおくと，$\{R(k)\}_{k\geqq 0}$ は確率過程となる．以下はこの確率過程の 3 本の**サンプルパス**(sample path，見本路)である．

---

*1　一方，死亡リスクのように大数の法則が働くリスクは分散可能リスク(または非システミックリスク)と呼ばれる．

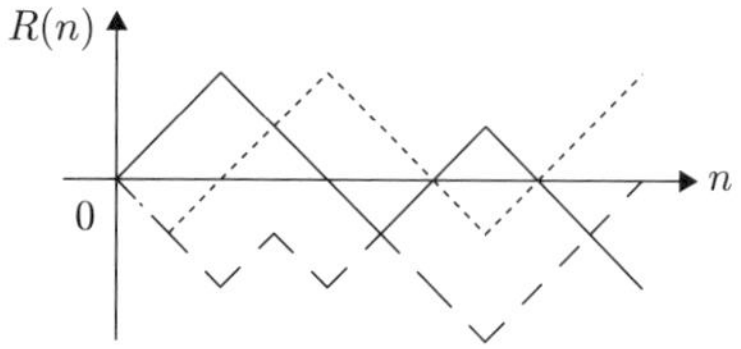

12.2 積分表示

簡単のため離散時間の確率過程 $R(t), Q(t)$ を考える．t はとびとびの値 $t=0, 1, 2, \cdots$ を取るとする．

このとき，新たな確率過程 $O(t)$（O_t と書いても良い）を

$$O(t) = \sum_{s=0}^{t-1} Q(s)\{R(s+1)-R(s)\} \tag{12.2.1}$$

によって定義し，$Q(t)$ の $R(t)$ による積分と呼ぶことにする．

直観的に(12.2.1)の連続極限をとった

$$O(t) = \int_0^t Q(s)dR(s) \tag{12.2.2}$$

を $Q(t)$ の $R(t)$ による（連続時間の）積分と見なす*2.

また，今後は離散の(12.2.1)も(12.2.2)の積分表示で表すことにする．

12.3 保険モデルの確率過程による表示

章の冒頭で述べたように，第5章から第8章で扱った様々な保険モデルの確率変数を，確率過程，積分表示を用いて記述することを考える．

12.3.1 保険金過程

保険金額1の年末支払の死亡保険に対して，**保険金過程**を死亡年度までは0，死亡した翌年度から1となる確率過程 $\{Z(k)\}_{k=0}^{\infty}$ として定義する（$Z(0)=0$ とする）．

以下は保険金過程のサンプルパスである（$\boldsymbol{K}_x=3$，つまり第3保険年度に死亡が発生して，保険金年末支払のため $t=4$ で1となる）．

---

*2 厳密には，例えば参考文献[7]などを参照．

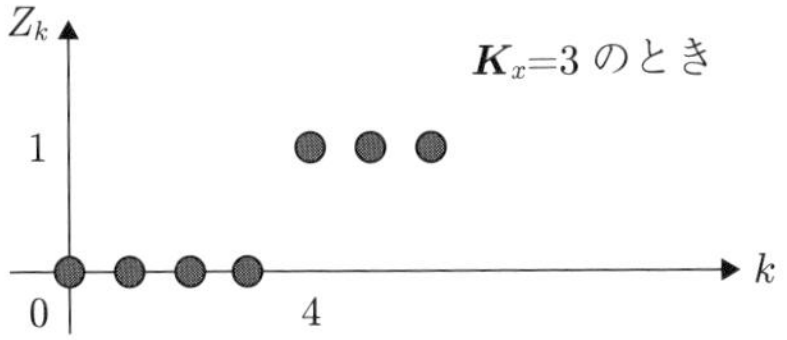

このとき，第 5 章の保険金現価 $v^{\boldsymbol{K}_x}$ は以下のように表される．

■終身保険の場合　終身保険については，$v^{\boldsymbol{K}_x}=\int_0^\infty v^s dZ(s)=\sum_{s=0}^{\infty} v^s(Z(s+1)-Z(s))$ となる．なぜなら，Z の定義より，$\boldsymbol{K}_x=k$ のときは

- $s<k$ で $Z(s+1)-Z(s)=0-0=0$,
- $s=k$ で $Z(s+1)-Z(s)=1-0=1$,
- $s>k$ では $Z(s+1)-Z(s)=1-1=0$,

となるので，

$$\sum_{s=0}^{\infty} v^s(Z(s+1)-Z(s)) = v^k \tag{12.3.1}$$

から

$$\sum_{s=0}^{\infty} v^s(Z(s+1)-Z(s)) = v^{\boldsymbol{K}_x} \tag{12.3.2}$$

となる．また，これより

$$A_x = \mathrm{E}\left[\int_0^\infty v^s dZ(s)\right] = \mathrm{E}\left[\sum_{s=0}^{\infty} v^s(Z(s+1)-Z(s))\right] \tag{12.3.3}$$

となる．

■定期保険の場合　同様に，定期保険については

$$A^1_{x:\overline{n|}} = \mathrm{E}\left[\int_0^n v^s dZ(s)\right]\left(= \mathrm{E}\left[\sum_{s=0}^{n} v^s(Z(s+1)-Z(s))\right]\right) \tag{12.3.4}$$

となる．

12.3.2　年金過程

年金 1 の期始払生命年金を考える．この生命年金の**年金過程** $\{Y(k)\}_{k=0}^{\infty}$ を生存している期間中，毎年 1 ずつ増え，死亡した翌年度からは一定となる確率過程として定義する（$Y(0)=0$ とする）．

以下は年金過程のサンプルパスである（$\boldsymbol{K}_x=3$，つまり第 3 保険年度に死亡

が発生して，期始払年金のため時点 $0, 1, 2$ まで 1 ずつ支払われる．支払った年金額の合計の推移は以下のとおりとなる）．

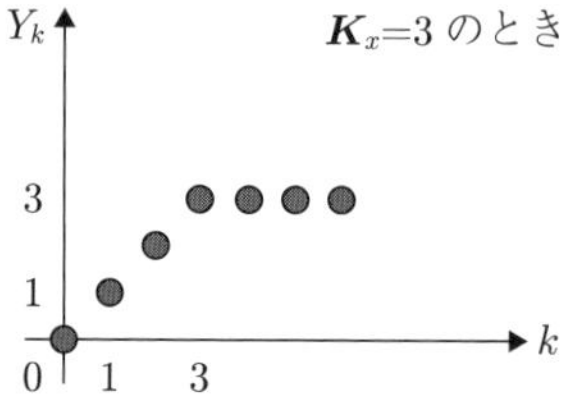

このとき，第 6 章の年金現価 $\ddot{a}_{\overline{\boldsymbol{K}_x}|}$ は以下のように表される．

■**終身年金の場合**　終身年金については

$$\ddot{a}_{\overline{\boldsymbol{K}_x}|} = \int_0^\infty v^s dY(s) = \sum_{s=0}^\infty v^s (Y(s+1) - Y(s)) \qquad (12.3.5)$$

となる．なぜなら，Y の定義より $\boldsymbol{K}_x = k$ のときは

- $s < k$ で $Y(s+1) - Y(s) = s+1-s = 1$,
- $s \geqq k$ では $Y(s+1) - Y(s) = k-k = 0$,

となるので，

$$\sum_{s=0}^\infty v^s (Y(s+1) - Y(s)) = 1 + v + \cdots + v^{k-1} = \ddot{a}_{\overline{k}|} \qquad (12.3.6)$$

から

$$\sum_{s=0}^\infty v^s (Y(s+1) - Y(s)) = \ddot{a}_{\overline{\boldsymbol{K}_x}|} \qquad (12.3.7)$$

である．また，これより

$$\ddot{a}_x = \mathrm{E}\left[\int_0^\infty v^s dY(s)\right] = \mathrm{E}\left[\sum_{s=0}^\infty v^s (Y(s+1) - Y(s))\right] \quad (12.3.8)$$

となる．

■**有期年金の場合**　同様に，有期年金については

$$\ddot{a}_{x:\overline{n}|} = \mathrm{E}\left[\int_0^n v^s dY(s)\right] \left(= \mathrm{E}\left[\sum_{s=0}^{n-1} v^s (Y(s+1) - Y(s))\right]\right) \qquad (12.3.9)$$

となる．

12.3.3 保険者損失過程

$Z(k)$ を保険金過程，$Y(k)$ を年金過程とする．また P を年払純保険料とし，$B(k)=Z(k)-P\cdot Y(k)$ とおき，これを時刻 k までにおける金利を考慮しない保険者のキャッシュフローであると考える．さらに，利率が時刻とともに変わるとき，時刻 k における現価率の確率過程を $v(k)$ とする（利率一定であれば $v(k)=v^k$）．

そして，$v(k)$ を $B(k)$ で時刻 t から時刻 ∞ まで積分し，時刻 t の価値に戻した

$$L(t) = \frac{1}{v(t)} \int_t^{\infty} v(s)dB(s) \tag{12.3.10}$$

を考え[*3]，これを時刻 t での保険者損失過程であるとする．

いま，利率が一定と仮定して，$B(k)=Z(k)-P\cdot Y(k)$ とすると（P は定数），

$$\begin{aligned} L(t) &= \frac{1}{v^t} \int_t^{\infty} v^s dB(s) \\ &= \frac{1}{v^t} \sum_{s=t}^{\infty} v^s (B(s+1)-B(s)) \\ &= \sum_{s=t}^{\infty} v^{s-t}(Z(s+1)-Z(s))-P\left(\sum_{s=t}^{\infty} v^{s-t}(Y(s+1)-Y(s))\right) \end{aligned} \tag{12.3.11}$$

となる．ここで，(12.3.2) と同様の式変形で，

$$\sum_{s=t}^{\infty} v^{s-t}(Z(s+1)-Z(s)) = \begin{cases} v^{\boldsymbol{K}_x - t} & \boldsymbol{K}_x > t \text{ のとき} \\ 0 & \boldsymbol{K}_x \leqq t \text{ のとき} \end{cases} \tag{12.3.12}$$

となり，(12.3.7) と同様の式変形で，

$$\sum_{s=t}^{\infty} v^{s-t}(Y(s+1)-Y(s)) = \begin{cases} \ddot{a}_{\overline{\boldsymbol{K}_x - t|}} & \boldsymbol{K}_x > t \text{ のとき} \\ 0 & \boldsymbol{K}_x \leqq t \text{ のとき} \end{cases} \tag{12.3.13}$$

となるので，

---

*3　現価率 $v(s)$ は次のように理解すればよい．

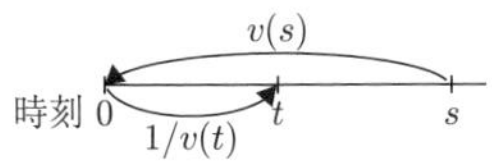

$$L(t) = \begin{cases} v^{\boldsymbol{K}_x - t} - P\ddot{a}_{\overline{\boldsymbol{K}_x - t}|} & \boldsymbol{K}_x > t \text{ のとき} \\ 0 & \boldsymbol{K}_x \leqq t \text{ のとき} \end{cases} \quad (12.3.14)$$

となる．これは第8章の(8.1.4)と同じである．

12.4 責任準備金

保険者損失過程から責任準備金を定義しよう．第8章と同様に条件付期待値として導入される．なお，ここでの条件は $\mathcal{F}_t$ として，時刻 t までの利率の動き，および被保険者の生死に関する**全情報**[*4]とする．

そこで責任準備金を

$$V(t) = E[L(t)|\mathcal{F}_t] = \frac{1}{v(t)} E\left[\int_t^\infty v(s)dB(s)\middle|\mathcal{F}_t\right] \quad (12.4.2)$$

と定義する[*5]．なお，条件付期待値の簡単な解説は付録12.6.3節で行う．

この $V(t)$ は時刻 t までの金利，および被保険者の生死に関する情報を考慮した上で，その将来分の保険者損失の期待値を取ったものを意味している．なお，この定義での $V(t)$ は確率変数となる．

この責任準備金について，簡単な利率変動モデルで考察を行う．

12.4.1 利率一定モデル

まずは簡単な，金利が一定の場合を考える．

---

*4 この呼び方は本書独特の呼び方であり，被保険者の生死に関する過不足ない全ての情報とする．なお，$\sigma(X)$ が X の全情報(通常 X で生成される σ-加法族と呼ぶ)であることの正確な定義式は以下のとおり．

$$\sigma(X) = \sigma(X^{-1}(I_a); I_a = (a, \infty), \forall a \in \mathbb{R}) \quad (12.4.1)$$

また，後述の定義(12.6.4)より，X は $\sigma(X)$-可測であることが直ちに分かる．

*5 (8.1.1)では，

$${}_tV_x = \mathrm{E}[{}_t\boldsymbol{L}_x|\boldsymbol{K}_x > t] \quad (12.4.3)$$

であり，同じ形であることが分かる(ちなみにこれは期待値，つまり定数である)．また，条件付期待値が確率変数であることを強調するため斜体の E を使用する．

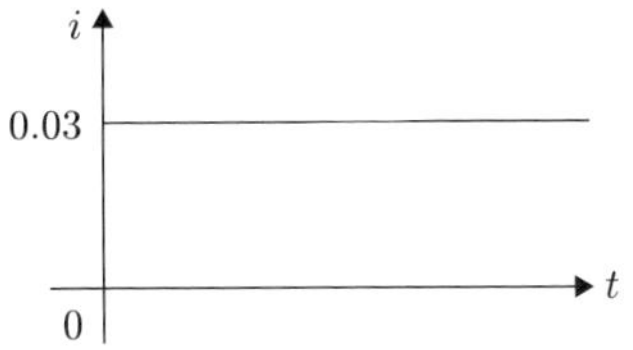

時刻 t でのこの契約に対する全情報(12.6.1 節参照)は，時刻 t までに死亡した場合は時刻 t 以前のいつに死亡したのか，または時刻 t でまだ生存していることを意味し，(12.4.2)と後述する(12.6.5)より以下のようになる：

$$V(t) = E\left[\int_t^{\infty} v^{s-t} dB(s) \middle| \mathcal{F}_t\right] = \begin{cases} \mathrm{E}\left[\int_t^{\infty} v^{s-t} dB(s) \middle| \boldsymbol{K}_x > t\right] & \boldsymbol{K}_x > t \text{ のとき} \\ 0 & \boldsymbol{K}_x \leqq t \text{ のとき}. \end{cases} \tag{12.4.4}$$

12.4.2　簡単な利率変動モデル

次に，利率が時刻とともに変動するモデルを考える．

最初 5 年は i=3% で，その後は 50% の確率で i=2% または i=4% となる例で考える．

利率のパスとしては次の 2 つを考える：

$$\begin{cases} w_1 = 5 \text{ 年目まで } 3\% \text{ かつ } 5 \text{ 年経過後は } 2\% \\ w_2 = 5 \text{ 年目まで } 3\% \text{ かつ } 5 \text{ 年経過後は } 4\%. \end{cases}$$

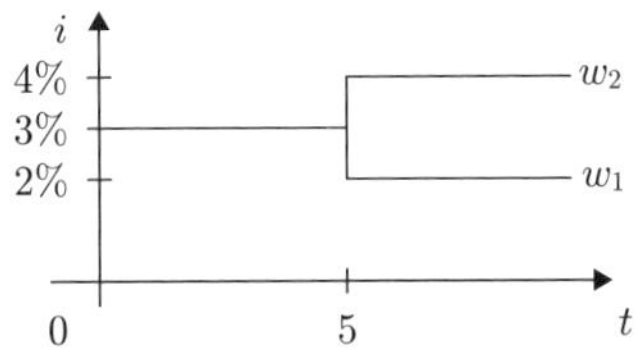

■ $\boldsymbol{t \leqq 5}$ **のとき**　時点 t での情報(利率の動きと被保険者の生死)は，i=3% と決まっており，時刻 t までに死亡した場合は時刻 t 以前のいつに死亡したのか，または時刻 t でまだ生存していることを意味し，(12.4.2)と，後述する(12.6.5)より

$$V(t)=\begin{cases}\dfrac{1}{v(t)}\mathrm{E}\left[\displaystyle\int_t^{\infty}v(s)dB(s)\middle|\boldsymbol{K}_x>t\right] & \boldsymbol{K}_x>t\text{ のとき}\\ 0 & \boldsymbol{K}_x\leqq t\text{ のとき}\end{cases}\qquad(12.4.5)$$

となる．ここで，確率過程 $v(s)$ は，先程の利率のパス $w_1(s)$，$w_2(s)$ を用いれば，

$$v(s)=\begin{cases}v(w_1(s)) & \cdots\text{ 確率 }50\%\\ v(w_2(s)) & \cdots\text{ 同上}\end{cases}$$

である．

これを用いて，$V(t)$ を記述すると，次のとおり：

$$V(t)=\begin{cases}\dfrac{1}{2}\dfrac{1}{v(w_1(t))}\mathrm{E}\left[\displaystyle\int_t^{\infty}v(w_1(s))dB(s)\middle|\boldsymbol{K}_x>t\right] & \\ \quad+\dfrac{1}{2}\dfrac{1}{v(w_2(t))}\mathrm{E}\left[\displaystyle\int_t^{\infty}v(w_2(s))dB(s)\middle|\boldsymbol{K}_x>t\right] & \boldsymbol{K}_x>t\text{ のとき}\\ 0 & \boldsymbol{K}_x\leqq t\text{ のとき．}\end{cases}$$

なお，$v(w_1(s))$，$v(w_2(s))$ は次のとおりである：

$$v(w_1(s))=\begin{cases}\left(\dfrac{1}{1.03}\right)^s & s\leqq 5\text{ のとき}\\ \left(\dfrac{1}{1.03}\right)^5\left(\dfrac{1}{1.02}\right)^{s-5} & s>5\text{ のとき}\end{cases}$$

$$v(w_2(s))=\begin{cases}\left(\dfrac{1}{1.03}\right)^s & s\leqq 5\text{ のとき}\\ \left(\dfrac{1}{1.03}\right)^5\left(\dfrac{1}{1.04}\right)^{s-5} & s>5\text{ のとき．}\end{cases}$$

$s\leqq5$ と $s>5$ でそれぞれ違ってくるため積分計算も5年までと，それ以降に分けて計算すれば，$V(t)$ は以下のような算式になる：

$$V(t)=\begin{cases} 1.03^t\,\mathrm{E}\left[\int_t^5\left(\frac{1}{1.03}\right)^s dB(s)\middle|\boldsymbol{K}_x>t\right] \\ \quad +\frac{1.03^t}{2}\,\mathrm{E}\left[\int_5^\infty\left(\frac{1}{1.03}\right)^5\left(\frac{1}{1.02}\right)^{s-5} dB(s)\middle|\boldsymbol{K}_x>t\right] \\ \quad +\frac{1.03^t}{2}\,\mathrm{E}\left[\int_5^\infty\left(\frac{1}{1.03}\right)^5\left(\frac{1}{1.04}\right)^{s-5} dB(s)\middle|\boldsymbol{K}_x>t\right] & \boldsymbol{K}_x>t\text{ のとき} \\ 0 & \boldsymbol{K}_x\leqq t\text{ のとき}. \end{cases}$$

■ $t>5$ **のとき**　ここでの時刻 t での情報とは，利率が w_1 か w_2 のどちらであるか，そして時刻 t までに死亡した場合は時刻 t 以前のいつに死亡したのか，または時刻 t でまだ生存していることを意味する．

$t\leqq5$ のときと同様に，(12.4.2)と，後述する(12.6.5)より以下のとおりになる：

$$V(t)=\begin{cases} \frac{1}{v(w_1(t))}\mathrm{E}\left[\int_t^\infty v(w_1(s))dB(s)\middle|A_1\right] & A_1\text{のとき} \\ \frac{1}{v(w_2(t))}\mathrm{E}\left[\int_t^\infty v(w_2(s))dB(s)\middle|A_2\right] & A_2\text{のとき} \\ 0 & A_3\text{のとき} \\ 0 & A_4\text{のとき}. \end{cases}$$

ただし，A_1 は $\boldsymbol{K}_x>t$ かつ利率のパスが w_1，A_2 は $\boldsymbol{K}_x>t$ かつ利率のパスが w_2，A_3 は $\boldsymbol{K}_x\leqq t$ かつ利率のパスが w_1，A_4 は $\boldsymbol{K}_x\leqq t$ かつ利率のパスが w_2 とする．

この式に，$v(w_1(s))$，$v(w_2(s))$ を先程と同様に導入すれば，次のようになる：

$$V(t)=\begin{cases} (1.03)^5(1.02)^{t-5}\mathrm{E}\left[\int_t^\infty\left(\frac{1}{1.03}\right)^5\left(\frac{1}{1.02}\right)^{s-5} dB(s)\middle|A_1\right] & A_1\text{のとき} \\ (1.03)^5(1.04)^{t-5}\mathrm{E}\left[\int_t^\infty\left(\frac{1}{1.03}\right)^5\left(\frac{1}{1.04}\right)^{s-5} dB(s)\middle|A_2\right] & A_2\text{のとき} \\ 0 & A_3\text{のとき} \\ 0 & A_4\text{のとき}. \end{cases}$$

なお，この例について簡単にコメントすると，責任準備金の定義からは $t \leqq 5$ と $t>5$ の場合に分けて結果が示されたが，ここで重要なのは $t \leqq 5$ のときである．すなわち，会社がある保有契約(経過 t 年とする)の責任準備金を将来利率が変動するモデルで計算しようとするときは(現時点を t 時点として)，将来の利率のパスをある確率過程に従って発生させ，その利率のパスそれぞれに沿って時刻 t での現価を計算し，さらに利率のパスに関する期待値を取ることによって，責任準備金が計算できることが理解できるであろう．

利率のパスはこのような簡単な例ではなく，数理ファイナンスで使用するような複雑な金利モデルであっても同様である．

12.5　保険者損失とマルチンゲール

第8章で，各年度の保険者損失は互いに線形無相関であるというハッテンドルフの定理(第8章の例題4)を示したが，ここではその定理を，金利が変動する場合にまで拡張してみる．

$\mathcal{F}_t$ を「時刻 t までの金利の動き，および契約者の生死に関する全情報」として，以下のような確率過程を考える：

$$M(s) = E\left[\int_0^\infty v(t)dB(t)\middle|\mathcal{F}_s\right]. \qquad (12.5.1)$$

これは**マルチンゲール**(martingale)である(マルチンゲールの定義については12.6.4節参照，なおマルチンゲールになることは同節の性質1より)．

また $M(s)$ は全期間の保険者損失の時刻 s までの情報を知った上での条件付期待値とみなせる．当然ながら，$M(0)=0$(収支相等の原則)であり，時刻が進むにつれて $M(t)$ はより詳しく計算できるようになり，最終時刻においては $M(\infty)=\int_0^\infty v(t)dB(t)$ になり，この値は保険会社の最終的な損益である．

期間 $(r, s]$ における保険者の収支 $L(r, s)$ を，

「その期間の保険者損失の現価」

+「時刻 s における責任準備金の現価」

−「時刻 r における責任準備金の現価」

と定義する(なお，現価とは時刻0に割り引くことを意味する)．そうすると，

$$L(r,s)=\int_r^s v(t)dB(t)+v(s)V(s)-v(r)V(r) \qquad (12.5.2)$$

であり，これは $M(s)-M(r)$ となる．なぜなら(12.4.2)より

$$v(k)V(k)=E\left[\int_k^\infty v(t)dB(t)\middle|\mathcal{F}_k\right] \qquad (12.5.3)$$

なので，

$$L(r,s)=\int_r^s v(t)dB(t)+E\left[\int_s^\infty v(t)dB(t)\middle|\mathcal{F}_s\right]-E\left[\int_r^\infty v(t)dB(t)\middle|\mathcal{F}_r\right] \qquad (12.5.4)$$

となる．さらに積分 $\int_0^u v(t)dB(t)$ は $\mathcal{F}_u$-可測であり，$E\left[\int_0^u v(t)dB(t)\middle|\mathcal{F}_u\right]=\int_0^u v(t)dB(t)$ であるので，

$$\begin{aligned}\int_r^s v(t)dB(t)&=\int_0^s v(t)dB(t)-\int_0^r v(t)dB(t)\\&=E\left[\int_0^s v(t)dB(t)\middle|\mathcal{F}_s\right]-E\left[\int_0^r v(t)dB(t)\middle|\mathcal{F}_r\right] \qquad (12.5.5)\end{aligned}$$

と表されるため，(12.5.5)を(12.5.4)に代入して

$$\begin{aligned}L(r,s)&=E\left[\int_0^\infty v(t)dB(t)\middle|\mathcal{F}_s\right]-E\left[\int_0^\infty v(t)dB(t)\middle|\mathcal{F}_r\right]\\&=M(s)-M(r) \qquad (12.5.6)\end{aligned}$$

となる．これは，期間 $(r,s]$ における保険者の収支 $L(r,s)$ が**マルチンゲール差分**(12.6.4 節参照)になることを言っている．後述する(12.6.10)より，$k>l$ に対して，$L(k,k+1)$((8.1.23)における Λ_k)と $L(l,l+1)$((8.1.23)における Λ_l)が無相関，つまり各年度の保険者の収支は互いに無相関であることが分かる．

こうして確率過程に書き直すことによって，マルチンゲールとの関係などより深い理解も可能となる．

12.6 付録——条件付期待値とマルチンゲール

12.6.1 確率の構築

現代数学において，確率モデルを扱うときは，確率空間と呼ばれる 3 つの組 $(\Omega,\mathcal{F},P)$ をもとに考える．Ω は**標本空間**(sample space)と呼ばれる任意の

集合で，起こりうる全ての根元事象を集めたものとみなされる．

例えば，サイコロの例では，根元事象としては $\{1\}$ や $\{2\}$ などで，標本空間は $\Omega=\{1,2,3,4,5,6\}$ である．

$\mathcal{F}$ は**情報**(information)[*6] と呼ばれ，以下の 3 つの性質を満たす Ω の部分集合の族である：

$$\emptyset \in \mathcal{F},\ \ A \in \mathcal{F} \Rightarrow A^c \in \mathcal{F},\ \ A_n \in \mathcal{F} \Rightarrow \cup_{n=1}^{\infty} A_n \in \mathcal{F}. \quad (12.6.1)$$

サイコロの例では $\sigma(\{1,2,3\},\{4,5,6\})$ などである[*7]．そして $\mathcal{F}$ の元のことを**事象**(event)と呼ぶ．事象 A に対して $P(A)$ を定め，$P{:}\mathcal{F}\rightarrow[0,1]$ が以下の性質を満たすとき，P を**確率測度**(probability measure)，または単に確率と呼ぶ：

$$A \in \mathcal{F} \Rightarrow 0 = P(\emptyset) \leqq P(A) \leqq P(\Omega) = 1 \qquad (12.6.2)$$

$$\{A_n\}_{n\geqq 1},\quad A_i \cap A_j = \emptyset \quad (i \neq j),\quad A = \cup_{n=1}^{\infty} A_n \Rightarrow P(A) = \sum_{n=1}^{\infty} P(A_n). \qquad (12.6.3)$$

$(\Omega,\mathcal{F},P)$ の 3 点セットを**確率空間**(probability space)という．以下で特に断りの無い限りは確率空間が与えられているものとして話をすすめる．

12.6.2　可測性

Ω 上の実数値関数 $f{:}\Omega\rightarrow\mathbb{R}$ が **$\boldsymbol{\mathcal{F}}$-可測**(measurable)であるとは($\mathcal{F}$ の**確率変数**とも言う)[*8]，

$$\text{任意の } a \in \mathbb{R} \text{ に対して，} \{\omega \in \Omega; f(\omega) > a\} \in \mathcal{F} \qquad (12.6.4)$$

を満たすことである．なお，$\{\omega\in\Omega; f(\omega)>a\}$ は $\{f(\omega)>a\}$ と略記することもある．

12.6.3　条件付期待値

確率変数としての条件付期待値を，簡単な場合について解説する．確率空

[*6] 他書では σ-加法族，σ-集合族などと呼ばれることが多い．

[*7] $\sigma(A_1,\cdots,A_k)$ とは，$A_1,\cdots,A_k$ で生成される集合族を表す．すなわち，$A_1,\cdots,A_k$ のあらゆる和集合，共通部分，補集合を含む集合族の中で最小のものである．ちなみに $\sigma(\{1,2,3\},\{4,5,6\})=\{\emptyset,\{1,2,3\},\{4,5,6\},\{1,2,3,4,5,6\}\}$ である．

[*8] 解析学では可測，確率論では確率変数という．

間 $(\Omega, \mathcal{F}, P)$ が与えられているとする．事象の族 $\mathcal{A}=\{A_i\}_{i=1}^{\infty}$ で，$i\neq j$ で $A_i\cap A_j=\emptyset$, $\Omega=\cup_{n=1}^{\infty}A_n$ となるものを**分割**と呼ぶ．また，分割のなかでも有限個の事象で Ω が分割されている場合は**有限分割**と呼ぶ．情報 $\mathcal{F}$ が，特に有限分割 $\mathcal{A}$ から与えられるとき，すなわち $\mathcal{F}=\sigma(A_1, A_2, \cdots, A_n)$ のとき，確率変数 X の情報 $\mathcal{F}$ による条件付期待値 $E\left[X|\mathcal{F}\right]$ は

$$E\left[X|\sigma(A_1, A_2, \cdots, A_n)\right] = \begin{cases} \mathrm{E}[X|A_1] & \omega\in A_1 \text{のとき} \\ \quad\vdots & \\ \mathrm{E}[X|A_n] & \omega\in A_n \text{のとき} \end{cases} \tag{12.6.5}$$

と定義される．

12.6.4 マルチンゲール

確率空間 $(\Omega, \mathcal{F}, P)$ について，$\mathcal{F}$ の部分情報*9の増大列*10$\{\mathcal{F}_t\}_{t\geqq 0}$ を与え，$(\Omega, \mathcal{F}, P, \{\mathcal{F}_t\}_{t\geqq 0})$ を**フィルター付確率空間**と呼ぶ*11．

$\{X(t)\}_{t\geqq 0}$ について，すべての $t\geqq 0$ に対し $X(t)$ が $\mathcal{F}_t$-可測のとき，$\{X(t)\}$ は $\boldsymbol{\mathcal{F}_t}$**-適合**(adapted)であるという．このとき特に，$E[X(t)|\mathcal{F}_t]=X(t)$ が成立する．

$\mathcal{F}_t$-適合な確率過程 $\{X(t)\}$ が $t>s$ で

$$\mathrm{E}\left[|X(t)|\right] < \infty, \quad t \geqq 0 \tag{12.6.6}$$

$$E\left[X(t)-X(s)|\mathcal{F}_s\right] = 0 \tag{12.6.7}$$

を満たすとき，$\{X(t)\}$ を $\boldsymbol{\mathcal{F}_t}$**-マルチンゲール**(または単にマルチンゲール)という．

確率過程がマルチンゲールであれば，(12.6.7)を見ると，時刻 s までの情報を知ったとしてもそれ以降の増分の条件付期待値は 0，つまりこの条件は公平性を表していると言える．また，$\{X(t)\}$ が $\mathcal{F}_t$-適合(すべての $t\geqq 0$ に対し $X(t)$ が $\mathcal{F}_t$-可測)という仮定も公平性を表している．というのも，$X(t)$ が $\mathcal{F}_t$-可測であれば $E[X(t)|\mathcal{F}_t]=X(t)$ であり，情報 $\mathcal{F}_t$ が分かれば $X(t)$ につい

---

*9 情報 $\mathcal{F}$, $\mathcal{G}$ について，$\mathcal{F}\subset\mathcal{G}$ のとき，$\mathcal{F}$ を $\mathcal{G}$ の部分情報と呼ぶ．

*10 増大列 $\{\mathcal{F}_t\}_{t\geqq 0}$ とは，情報(または σ-加法族)の集まりで，$s<t$ について $\mathcal{F}_s\subset\mathcal{F}_t$ となるものである．

*11 $\{\mathcal{F}_t\}_{t\geqq 0}$ には通常，完備性，右連続性などが求められる．詳しくは参考文献[6]などを参照．

て全てを知ることができることになるが，これは時刻 t までの情報が分かれば $X(t)$ が分かるという非常に妥当な条件を表している．

例えば，$X(t)$ が $\mathcal{F}_{t-1}$-可測であれば，$E[X(t)|\mathcal{F}_{t-1}]=X(t)$ であり，時刻 $t-1$ の段階で $X(t)$ が分かることから，公平とは言い難い．

以下では本章で用いたマルチンゲールの基本的な性質を述べる．これらの性質は条件付期待値の定義から導かれるものであるが，本書では条件付期待値の正確な定義を与えていないため，詳しくは参考文献[6]などを参照されたい．

$(\Omega, \mathcal{F}, P, \{\mathcal{F}_t\}_{t\geqq 0})$ をフィルター付確率空間とし，確率変数 X は平均を持つとする．

性質 1

$$W(l) = E[X|\mathcal{F}_l] \text{ は } \mathcal{F}_l\text{-マルチンゲールである．} \tag{12.6.8}$$

なぜなら，$n>m$ で

$$\begin{aligned} E[W(n)-W(m)|\mathcal{F}_m] &= E\big[E[X|\mathcal{F}_n]-E[X|\mathcal{F}_m]|\mathcal{F}_m\big] \\ &= E[X|\mathcal{F}_m]-E[X|\mathcal{F}_m] = 0. \end{aligned} \tag{12.6.9}$$

よって(12.6.7)を満たす．

以上から，$W(l)=E[X|\mathcal{F}_l]$ は $\mathcal{F}_l$-マルチンゲールである．

性質 2

$X(t)$ を $\mathcal{F}_t$-マルチンゲールとする．$X(0)=0$ なら，$\mathrm{E}[X(t)]=0$ であり，$t_2>t_1>s_2>s_1$ に対して，

$$\mathrm{E}[(X(t_2)-X(t_1))(X(s_2)-X(s_1))] = 0 \tag{12.6.10}$$

となる．

なぜなら，マルチンゲールであることから，

$$\begin{aligned} &E\big[(X(t_2)-X(t_1))(X(s_2)-X(s_1))|\mathcal{F}_{t_1}\big] \\ &\quad = (X(s_2)-X(s_1))E\big[(X(t_2)-X(t_1))|\mathcal{F}_{t_1}\big] = 0. \end{aligned} \tag{12.6.11}$$

また時刻 0 での情報は何もないので $\mathcal{F}_0=\sigma(\emptyset, \Omega)\subset\mathcal{F}_{t_1}$ であり，条件付期待値の基本的な性質から，

$$\begin{aligned} &E\big[E[(X(t_2)-X(t_1))(X(s_2)-X(s_1))|\mathcal{F}_{t_1}]|\mathcal{F}_0\big] \\ &\quad = E[(X(t_2)-X(t_1))(X(s_2)-X(s_1))|\mathcal{F}_0] \\ &\quad = \mathrm{E}[(X(t_2)-X(t_1))(X(s_2)-X(s_1))] \end{aligned} \tag{12.6.12}$$

となる．よって(12.6.10)を得る．

X_t をマルチンゲールとするとき，X_t-X_s をマルチンゲール差分と呼ぶ．マルチンゲール差分は平均 0，互いに共通期間のない 2 つのマルチンゲール差分の共分散は 0 である．

なお，これら 2 つの性質は，ハッテンドルフの定理の本質的な部分に対応している．

13　多重状態モデル

本章では**マルコフ過程**(Markov process)を用いたモデルの例を紹介する．前章とは異なるアプローチであり，利率は再び一定とする．生命保険には就業不能保険や重病保険のように生存と死亡の 2 状態以外の状態の存在を前提とした商品がある．これらの保険では時間の経過と共に被保険者の状態が変化することをマルコフ過程を用いてモデル化できる．また，前章までの終身保険や連生保険などのモデルも一般化できる[*1]．

13.1　多重状態モデル

第 10 章で多重脱退について述べたが，本章では更に一般的なモデルを考える．元の状態への復帰を扱う場合や，連生保険の場合にも応用できる利点がある．例えば，次の 4 つの状態を考え図の矢印の状態の推移が起こるとする．

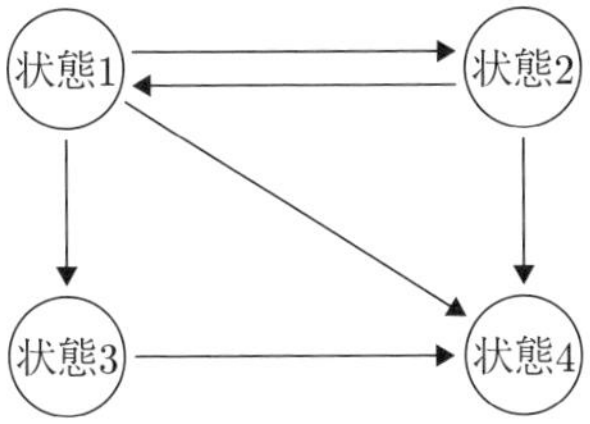

このとき，状態 1 と状態 2 は一度他の状態へ推移してもまたその状態に戻る可能性がある．これを**過渡的状態**(transient state)と呼ぶ．状態 3 は一度他の状態へ推移すると再びその状態に戻ることはない．これを**狭義過渡的状態**(strictly transient state)と呼ぶ．状態 4 は一度その状態に推移するとその後他の状態には推移しない．これを**吸収状態**(absorbing state)と呼ぶ．状態数がいくつであっても，各状態はこの 3 つのうちのいずれかに当てはまる．そ

*1　本章の多くは，参考文献[8]を参考にしている．

こで，一般的な**状態空間**を定義し，これを $\mathcal{S}$ で表す[*2]．

$$\mathcal{S} = \{1, 2, \cdots, N\} \tag{13.1.1}$$

状態間の直接的な推移をペア (i, j) で表し，直接的な推移の集合を $\mathcal{T}$ とする．間接的な推移は複数の直接的な推移のペア (i, j) によって表される．前述の例では，状態 1 から状態 4 への推移は直接的な推移 $(1,4)$ と間接的な推移 $(1,2)(2,4)$，$(1,2)(2,1)(1,2)(2,4)$ などがある．この例では過渡的状態が存在することによって，間接的な推移は無数に考えられる．この場合 $\mathcal{T}$ は

$$\mathcal{T} = \{(1,2), (1,3), (1,4), (2,1), (2,4), (3,4)\} \tag{13.1.2}$$

となる．これらの状態空間と状態間の推移の集合の 2 つのペア $(\mathcal{S}, \mathcal{T})$ を**多重状態モデル**(multiple state model)と呼ぶ．

$\boldsymbol{S}_t$ を契約時点を 0 としたときの経過時刻 $t(\geqq 0)$ におけるランダムな状態とし，初期状態(契約時点での状態)は 1 とする(つまり $\boldsymbol{S}_0=1$)．このとき $\{\boldsymbol{S}_t\}$ は状態空間 $\mathcal{S}$ に値をとる時間的に連続な確率過程である．また，将来の予測として考えられる $\{\boldsymbol{S}_t\}$ の実現値 $\{s_t\}$ を**サンプルパス**という．

サンプルパスと保険契約のキャッシュフローを対比してみたのが次図である．経過時刻 t とその時点の状態および保険料の払込みや一時金・年金の支払いとの関係は次のとおりである．矢印が下向きの場合は保険会社から見たインのキャッシュフロー，上向きの場合はアウトのキャッシュフローを表す．例えば状態 1 を健康状態，状態 2 を就業不能状態(入院治療中)，状態 3 を要介護状態(寝たきり状態)，状態 4 を死亡などとするとイメージしやすいであろう．

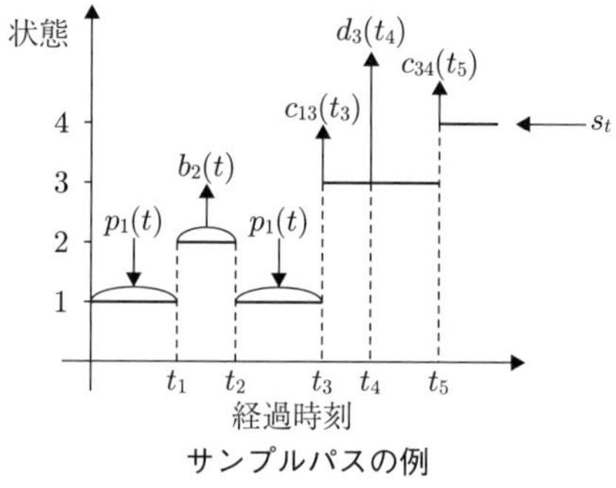

サンプルパスの例

*2 各状態は番号や状態を表す語句の頭文字を付して記載することが一般的である．

s_t　$\{\boldsymbol{S}_t\}$ のサンプルパス
$p_1(t)$　被保険者が状態 1 の期間中，契約者が保険会社に払込む連続払保険料
$b_2(t)$　被保険者が状態 2 の期間中，保険会社が支払う連続払年金
$c_{13}(t_3)$　状態 1 から状態 3 へ推移した時点 t_3 に保険会社が支払う一時金
$d_3(t_4)$　被保険者が状態 3 の期間中，時点 t_4 に保険会社が支払う一時金
$c_{34}(t_5)$　状態 3 から状態 4 へ推移した時点 t_5 に保険会社が支払う一時金

いくつか具体的な保険商品で見てみよう．ただし，保険料は p，死亡保険金は c，年金は b と一定額であり，死亡保険金は即時支払，保険料・年金は連続払とする．

■養老保険　保険期間 n 年，保険料は全期払込とし，状態は 1：生存，2：死亡の 2 つである．満期保険金は死亡保険金と同額であり，次のようになる．

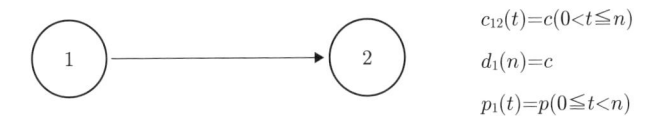

$c_{12}(t)=c(0<t\leqq n)$
$d_1(n)=c$
$p_1(t)=p(0\leqq t<n)$

一般に生死のみに依存する保険は全てこのパターンに集約される．例えば $d_1(n)=0$ のときは定期保険に，更に $n\to\infty$ とすると終身保険(保険料終身払込)となる．また，$c_{12}(t)$，$d_1(n)$ に替え，$b_1(t)=b$ $(t>n)$ とすると n 年据置終身年金のモデルになる．

■介護保険　保険期間 n 年，保険料は全期払込とし，状態は 1：生存，2：死亡，3：要介護の 3 つである．死亡または要介護状態になった時点で支払われる保険金は一定額 c とし，支払い後に契約は消滅するものとする．よって，次のようになる[*3]．

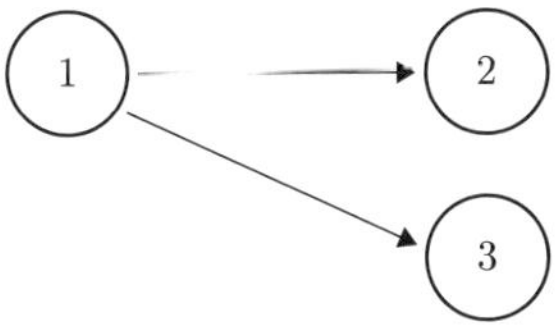

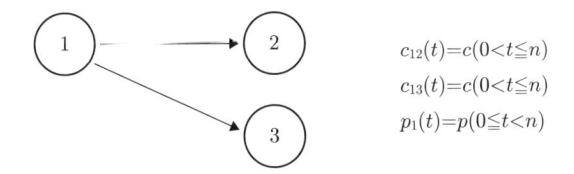

$c_{12}(t)=c(0<t\leqq n)$
$c_{13}(t)=c(0<t\leqq n)$
$p_1(t)=p(0\leqq t<n)$

*3　状態 3(要介護状態)への移行後に契約が消滅する場合は，状態 3 からその他の状態への移行(回復・死亡)をモデル化する必要がない．

被保険者の生存中に特定の状態(就業不能状態，重病状態など)に該当することを要件に給付が支払われる場合は，このパターンで表現できる．特定の状態が継続する間における一時的な給付は $d_3(t)$ で，連続的な給付は $b_3(t)$ で表される．

■連生年金　現在 x 歳の夫の死亡を条件に現在 y 歳の妻に連続払年金 b を支払うものとする．保険料は両者が生存している場合に限り，期間 n 年を上限として払い込まれるとする．このとき各状態と給付，保険料の関係は次のようになる．

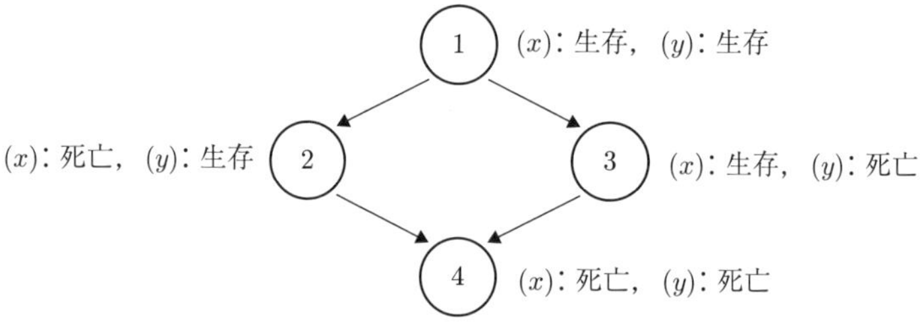

$$b_2(t) = b \quad (t > 0)$$

$$p_1(t) = p \quad (0 \leqq t < n)$$

このように複数の被保険者の状態のペアを新たに 1 つの状態とみなすことで連生保険も扱うことができる．

13.2　推移確率と推移力

確率過程 $\{\boldsymbol{X}_t\}$ がマルコフ性(Markov property)をもつとは，次の式

$$\Pr(\boldsymbol{X}_{t+u} = j | \boldsymbol{X}_s = i_s,\ 0 \leqq s \leqq t) = \Pr(\boldsymbol{X}_{t+u} = j | \boldsymbol{X}_t = i_t) \quad (13.2.1)$$

を満たすときをいう．ただし，i_s は時点 s における状態を表す．この条件は，将来の実現値は過去の状態の履歴には依存せず，現在の状態のみによって決まるということである．生命保険においても，被保険者の将来の状態が過去の履歴に依存せず，現在の状況にのみ依存するという仮定は自然であり，マルコフ性を前提としたモデルに適合する．

推移確率(transition probability)を条件付確率を用いて

$$P_{ij}(t,u)=\Pr(\boldsymbol{S}_u=j|\boldsymbol{S}_t=i) \quad (t \leqq u) \tag{13.2.2}$$

で定義する．つまり，時点 t において状態 i であるという条件の下で，時点 u において状態 j となる確率である（$j=i$ の時も想定する）．なお $u=t$ のときは，後述する δ_{ij} を用いて，$P_{ij}(t,t)=\delta_{ij}$ となることに留意されたい[*4]．

また，時点 t から時点 u の間，状態 i がずっと続く確率を**占有確率**（occupancy probability）と呼び

$$P_{\underline{ii}}(t,u)=\Pr(\boldsymbol{S}_s=i,\ t \leqq s \leqq u|\boldsymbol{S}_t=i) \tag{13.2.3}$$

で定義する．

マルコフ性が満たされていると，時点 t～u 間における推移確率はその間のある時点 ω で状態 k を経由する 2 つの推移確率の積の和で表現できる．(13.2.2) を (2.3.8) とマルコフ性を前提にして変形すると，$t \leqq w \leqq u$ について

$$\begin{aligned}
P_{ij}(t,u) &= \Pr(\boldsymbol{S}_u=j|\boldsymbol{S}_t=i) \\
&= \sum_k \Pr(\{\boldsymbol{S}_u=j\}\cap\{\boldsymbol{S}_w=k\}|\boldsymbol{S}_t=i) \\
&= \sum_k \Pr(\boldsymbol{S}_w=k|\boldsymbol{S}_t=i)\Pr(\boldsymbol{S}_u=j|\{\boldsymbol{S}_w=k\}\cap\{\boldsymbol{S}_t=i\}) \\
&= \sum_k \Pr(\boldsymbol{S}_w=k|\boldsymbol{S}_t=i)\Pr(\boldsymbol{S}_u=j|\boldsymbol{S}_w=k) \\
&= \sum_k P_{ik}(t,w)P_{kj}(w,u)
\end{aligned} \tag{13.2.4}$$

つまり

$$P_{ij}(t,u)=\sum_k P_{ik}(t,w)P_{kj}(w,u) \quad (t \leqq w \leqq u) \tag{13.2.5}$$

となり，これは**チャップマン・コルモゴロフの等式**（Chapman-Kolmogorov equation）と呼ばれる．占有確率の場合はこの等式は

$$P_{\underline{ii}}(t,u)=P_{\underline{ii}}(t,w)P_{\underline{ii}}(w,u) \quad (t \leqq w \leqq u) \tag{13.2.6}$$

となる（章末問題）．

次に，**推移力**（force of transition）を次式で定義する[*5]：

---

*4 δ_{ij} は**クロネッカーのデルタ**（Kronecker delta）と呼ばれる．本文中の (13.2.8) を参照．

*5 この定義は今までの死力や脱退力の拡張となっている．例えば各状態がそれぞれ，1：生存，2：死亡の 2 状態モデルの場合の死力の式を変形すると

$$\mu_{ij}(t) = \lim_{h \to 0} \frac{P_{ij}(t, t+h) - \delta_{ij}}{h} \tag{13.2.7}$$

$$\text{ただし，}\delta_{ij} = \begin{cases} 1 & i = j\text{ のとき} \\ 0 & i \neq j\text{ のとき} \end{cases} \tag{13.2.8}$$

記号 δ_{ij} を用いたのは $i{=}j$ のときの推移力 μ_{ij} が，状態 i からの脱退力(減少度合)を示すものとするためである．これは前章までの死力や脱退力に対応するものであるが，この推移力の値を統計データを用いて推定することで推移確率の計算が可能になる．以下，推移力は与えられた前提で議論を進める．

推移力の定義より

$$P_{ij}(t, t+h) = \begin{cases} 1 + h\mu_{ij}(t) + o(h) & i = j\text{ のとき} \\ h\mu_{ij}(t) + o(h) & i \neq j\text{ のとき} \end{cases} \tag{13.2.9}$$

となる[*6]．この式とチャップマン・コルモゴロフの等式から

$$\begin{aligned} P_{ij}(z, t+h) &= \sum_k P_{ik}(z, t) P_{kj}(t, t+h) \\ &= P_{ij}(z, t) + h \sum_k P_{ik}(z, t) \mu_{kj}(t) + o(h) \end{aligned} \tag{13.2.10}$$

となり，更に

$$\frac{P_{ij}(z, t+h) - P_{ij}(z, t)}{h} = \sum_k P_{ik}(z, t) \mu_{kj}(t) + \frac{o(h)}{h} \tag{13.2.11}$$

と変形して $h \to 0$ とすると**前進微分方程式**(forward differential equation)

$$\begin{aligned} \mu_{x+t} &= -\frac{1}{{}_tp_x} \cdot \frac{d\,{}_tp_x}{dt} = \frac{1}{{}_tp_x} \cdot \frac{d\,{}_tq_x}{dt} = \frac{1}{{}_tp_x} \cdot \lim_{h \to 0} \frac{{}_{t+h}q_x - {}_tq_x}{h} \\ &= \frac{1}{\Pr(\boldsymbol{S}_{x+t} = 1 | \boldsymbol{S}_x = 1)} \cdot \lim_{h \to 0} \frac{\Pr(\{\boldsymbol{S}_{x+t+h} = 2\} \cap \{\boldsymbol{S}_{x+t} = 1\} | \boldsymbol{S}_x = 1)}{h} \\ &= \lim_{h \to 0} \frac{\Pr(\boldsymbol{S}_{x+t+h} = 2 | \boldsymbol{S}_{x+t} = 1)}{h} \\ &= \lim_{h \to 0} \frac{P_{12}(x+t, x+t+h) - \delta_{12}}{h} = \mu_{12}(x+t) \end{aligned}$$

となることが確認できる．

*6 ここで，$o(h)$ は $\lim_{h \to 0} \frac{o(h)}{h} = 0$ となることを意味する．

$$\frac{d}{dt}P_{ij}(z,t)=\sum_{k}P_{ik}(z,t)\mu_{kj}(t) \tag{13.2.12}$$

が導かれる．ここで $P(z,t)$ を，$P_{ij}(z,l)$ を (i,j) 成分にもつ**推移行列**(transition matrix)とし，$A(t)$ を，$\mu_{ij}(t)$ を (i,j) 成分にもつ行列とすると

$$\frac{d}{dt}P(z,t)=P(z,t)A(t) \tag{13.2.13}$$

となり，よりシンプルな形で表すことができる．

微小時間 h が経過すると状態 i からいずれかの状態へ移るので(状態 i が継続する場合を含む)，

$$\sum_{j}P_{ij}(t,t+h)=1 \tag{13.2.14}$$

が成り立つ．これを

$$\frac{P_{ii}(t,t+h)-1}{h}=-\sum_{j:j\neq i}\frac{P_{ij}(t,t+h)}{h} \tag{13.2.15}$$

と変形して $h\to 0$ とすると

$$\mu_{ii}(t)=-\sum_{j:j\neq i}\mu_{ij}(t) \tag{13.2.16}$$

を得る．ここで，状態 i から他の異なる状態への推移力の和を

$$\mu_{i}(t)=\sum_{j:j\neq i}\mu_{ij}(t) \tag{13.2.17}$$

と定義すると $\mu_{ii}(t)=-\mu_{i}(t)$ となり，前進微分方程式は

$$\frac{d}{dt}P_{ij}(z,t)=\sum_{k:k\neq j}P_{ik}(z,t)\mu_{kj}(t)-P_{ij}(z,t)\mu_{j}(t) \tag{13.2.18}$$

と書き換えることができる．占有確率についての前進微分方程式は

$$\frac{d}{dt}P_{\underline{ii}}(z,t)=-P_{\underline{ii}}(z,t)\mu_{i}(t) \tag{13.2.19}$$

となる(章末問題)．

マルコフ性を満たすモデルでの前進微分方程式を使った推移確率の計算例を紹介しよう．

例題 1

2 状態(1：生存，2：死亡)モデルの推移確率を求めよ．ただし推移力 $\mu_{11}(t)$，$\mu_{12}(t)$ は与えられているものとする．

解

契約年齢を x とする．(13.2.16)より $\mu_{11}(x+t)=-\mu_{12}(x+t)$ を用いると $A(x+t)$，前進微分方程式はそれぞれ

$$A(x+t) = \begin{pmatrix} -\mu_{12}(x+t) & \mu_{12}(x+t) \\ 0 & 0 \end{pmatrix} \quad (13.2.20)$$

$$\frac{d}{dt}P_{11}(x, x+t) = -P_{11}(x, x+t)\mu_{12}(x+t) \quad (13.2.21)$$

$$\frac{d}{dt}P_{12}(x, x+t) = P_{11}(x, x+t)\mu_{12}(x+t) \quad (13.2.22)$$

となり，(13.2.21)より

$$\frac{d}{dt}\log\{P_{11}(x, x+t)\} = -\mu_{12}(x+t) \quad (13.2.23)$$

となるので初期条件 $P_{11}(x, x)=1$ を用いて

$$P_{11}(x, x+t) = \exp\left(-\int_x^{x+t}\mu_{12}(u)du\right) \quad (13.2.24)$$

を得る．これより

$$P_{12}(x, x+t) = 1-\exp\left(-\int_x^{x+t}\mu_{12}(u)du\right) \quad (13.2.25)$$

も得られる．状態 1(生存)は狭義過渡的状態なので，占有確率 $P_{\underline{11}}(x, x+t)$ は推移確率 $P_{11}(x, x+t)$ と一致する．保険数学の記号を使うと

$${}_tp_x = P_{\underline{11}}(x, x+t) = P_{11}(x, x+t) \quad (13.2.26)$$

$${}_tq_x = P_{12}(x, x+t) \quad (13.2.27)$$

と表される．

13.3　就業不能モデル（3 状態モデルの例）

多重状態モデルの例として，就業不能者に対する給付をモデル化する．1：就業状態，2：就業不能状態，3：死亡の 3 つの状態を考えて，2 種類の推移パターンについて推移確率を求める．推移パターンを複雑にしていくと，より現実に近いモデルになるが，その分計算も複雑になる．保険の内容に応じて最適なモデルを選択することが大切である．

13.3.1　多重状態モデル I（復帰のないモデル）

契約年齢 x，脱退原因が 2 つ（就業不能，死亡）の多重脱退モデルの推移確率を求めよう．なお，このモデルでは就業不能状態からの復帰はないものとし，推移力 $\mu_{12}(t)$，$\mu_{13}(t)$，$\mu_{23}(t)$ は与えられているとする．

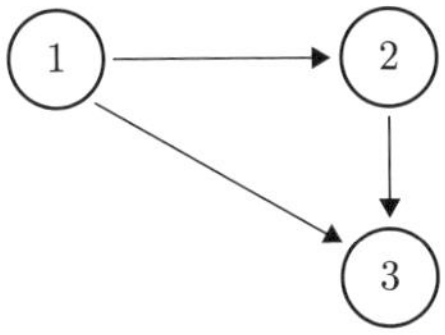

状態 1, 2 が狭義過渡的状態，状態 3 が吸収状態となるため，求める推移確率は，$P_{11}(x,x+t)$，$P_{12}(x,x+t)$，$P_{13}(x,x+t)$，$P_{22}(x,x+t)$，$P_{23}(x,x+t)$ であり，これを推移行列を用いて表すと

$$
\begin{aligned}
&\frac{d}{dt}\begin{bmatrix} P_{11}(\cdot) & P_{12}(\cdot) & P_{13}(\cdot) \\ & P_{22}(\cdot) & P_{23}(\cdot) \\ & & 1 \end{bmatrix} \\
&= \begin{bmatrix} P_{11}(\cdot) & P_{12}(\cdot) & P_{13}(\cdot) \\ & P_{22}(\cdot) & P_{23}(\cdot) \\ & & 1 \end{bmatrix} \begin{bmatrix} -\mu_1(x+t) & \mu_{12}(x+t) & \mu_{13}(x+t) \\ 0 & -\mu_{23}(x+t) & \mu_{23}(x+t) \\ 0 & 0 & 0 \end{bmatrix}
\end{aligned}
\tag{13.3.1}
$$

となる．紙面の都合上，各推移確率の 2 期間 $(x,x+t)$ を $(\cdot)$ と略して表した．

これより，

$$\frac{d}{dt}P_{11}(x,x+t) = -P_{11}(x,x+t)\mu_1(x+t) \qquad (13.3.2)$$

$$\frac{d}{dt}P_{22}(x,x+t) = -P_{22}(x,x+t)\mu_{23}(x+t) \qquad (13.3.3)$$

なので，初期条件 $P_{11}(x,x)=P_{22}(x,x)=1$ を用いて，

$$P_{11}(x,x+t) = \exp\left(-\int_x^{x+t}\mu_1(u)du\right) \qquad (13.3.4)$$

$$P_{22}(x,x+t) = \exp\left(-\int_x^{x+t}\mu_{23}(u)du\right) \qquad (13.3.5)$$

となる．更に，

$$P_{23}(x,x+t) = 1-P_{22}(x,x+t) \qquad (13.3.6)$$

を得る．$P_{11}(x,x+t)$，$P_{22}(x,x+t)$ が求まれば，$P_{12}(x,x+t)$ は，

$$P_{12}(x,x+t) = \int_x^{x+t} P_{11}(x,u)\mu_{12}(u)P_{22}(u,x+t)du \qquad (13.3.7)$$

と表される．この式は，x から $x+t$ の間の時点 u で状態 1 から状態 2 に推移するとして，この u を x から $x+t$ まで積分している．この両辺を t で微分し，$P_{22}(u,x+t)=P_{22}(x,x+t)/P_{22}(x,u)$ と(13.3.3)を用いると，(13.3.1)を展開して得られる

$$\frac{d}{dt}P_{12}(x,x+t) = P_{11}(x,x+t)\mu_{12}(x+t)-P_{12}(x,x+t)\mu_{23}(x+t) \qquad (13.3.8)$$

が満たされることが確認できる．最後に，

$$P_{13}(x,x+t) = 1-P_{11}(x,x+t)-P_{12}(x,x+t) \qquad (13.3.9)$$

を得る．なお，状態 1, 2 は狭義過渡的状態であることから，

$$P_{\underline{11}}(x,x+t) = P_{11}(x,x+t) \qquad (13.3.10)$$

$$P_{\underline{22}}(x,x+t) = P_{22}(x,x+t) \qquad (13.3.11)$$

となる．

就業不能状態にかかわる給付額が就業不能状態に移行した時点で確定するようなケース(一時金，確定年金など)では，状態 2 から状態 3 への推移や状態 2 の継続をモデル化する必要がなく，むしろ第 10 章の多重脱退モデルを用いるほうが簡明である．一方，就業不能状態の継続を条件に年金を支払うようなケースでは状態 2 の継続をモデル化する必要が生じる．

例題 2 上述のモデルで，$\mu_{12}=0.03$，$\mu_{13}=\mu_{23}=0.025$(定数)とするとき，現在就業状態にある人が，(1)10 年間就業状態にいる確率，(2)10 年以内に就業不能状態になり 10 年後まで生存する確率，(3)10 年以内に死亡する確率を求めよ．

解

(1) $P_{11}(x,x+t)=\exp\left\{-\int_0^t(0.03+0.025)du\right\}=\exp(-0.055t)$ より，
$P_{\underline{11}}(x,x+10)=P_{11}(x,x+10)=\exp(-0.55)=0.5769.$

(2) $P_{12}(x,x+t)=\int_0^t P_{11}(x,x+u)\,\mu_{12}P_{22}(x+u,x+t)\,du,$
$P_{22}(x+u,x+t)=\exp\int_0^{t-u}(-0.025)ds=\exp\{-0.025(t-u)\}$ より，

$$\begin{aligned}
&P_{12}(x,x+t)\\
&=\int_0^t \exp(-0.055u)\times0.03\times\exp\{-0.025(t-u)\}du\\
&=0.03\exp(-0.025t)\int_0^t\exp(-0.03u)du\\
&=\exp(-0.025t)\times\{1-\exp(-0.03t)\}
\end{aligned}$$

よって，$P_{12}(x,x+10)=\exp(-0.25)\times\{1-\exp(-0.3)\}=0.2019.$

(3) $P_{13}(x,x+10)=1-P_{11}(x,x+10)-P_{12}(x,x+10)=0.2212.$

13.3.2 多重状態モデル II (復帰のあるモデル)

次に状態 2→1 への推移パターンを追加して，就業不能状態から就業状態への復帰があるモデルを考える．各状態間の推移力は与えられているものとして，推移確率を求めよう．

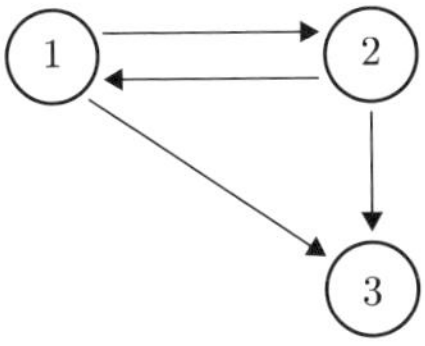

状態 1, 2 が過渡的状態となるため，求める推移確率にさらに $P_{21}(x,x+t)$ が加わる．これを推移行列を用いて表すと

$$\frac{d}{dt}\begin{bmatrix} P_{11}(\cdot) & P_{12}(\cdot) & P_{13}(\cdot) \\ P_{21}(\cdot) & P_{22}(\cdot) & P_{23}(\cdot) \\ & & 1 \end{bmatrix}$$
$$= \begin{bmatrix} P_{11}(\cdot) & P_{12}(\cdot) & P_{13}(\cdot) \\ P_{21}(\cdot) & P_{22}(\cdot) & P_{23}(\cdot) \\ & & 1 \end{bmatrix} \begin{bmatrix} -\mu_1(x+t) & \mu_{12}(x+t) & \mu_{13}(x+t) \\ \mu_{21}(x+t) & -\mu_2(x+t) & \mu_{23}(x+t) \\ 0 & 0 & 0 \end{bmatrix} \tag{13.3.12}$$

となる．状態1と状態2は狭義過渡的状態ではないため，$P_{\underline{ii}}(x,x+t)=P_{ii}(x,x+t)$ とはならないが，占有確率に関する前進微分方程式

$$\frac{d}{dt}P_{\underline{11}}(x,x+t) = -P_{\underline{11}}(x,x+t)\mu_1(x+t) \tag{13.3.13}$$
$$\frac{d}{dt}P_{\underline{22}}(x,x+t) = -P_{\underline{22}}(x,x+t)\mu_2(x+t) \tag{13.3.14}$$

と初期条件 $P_{\underline{11}}(x,x)=P_{\underline{22}}(x,x)=1$ から，

$$P_{\underline{11}}(x,x+t) = \exp\left(-\int_x^{x+t}\mu_1(u)du\right) \tag{13.3.15}$$
$$P_{\underline{22}}(x,x+t) = \exp\left(-\int_x^{x+t}\mu_2(u)du\right) \tag{13.3.16}$$

となる．一方，(13.3.12)より，

$$\frac{d}{dt}P_{11}(x,x+t) = P_{12}(x,x+t)\mu_{21}(x+t)-P_{11}(x,x+t)\mu_1(x+t) \tag{13.3.17}$$
$$\frac{d}{dt}P_{12}(x,x+t) = P_{11}(x,x+t)\mu_{12}(x+t)-P_{12}(x,x+t)\mu_2(x+t) \tag{13.3.18}$$

が得られるのでこの両式から，$P_{12}(x,x+t)$ を消去し，$P_{11}(x,x+t)$ に関する2階微分方程式を求めると，

$$\begin{aligned}&\frac{d^2}{dt^2}P_{11}(x,x+t)+\left[-\frac{d}{dt}\log\mu_{21}(x+t)+\mu_1(x+t)+\mu_2(x+t)\right]\frac{d}{dt}P_{11}(x,x+t)\\&+\left[-\mu_1(x+t)\frac{d}{dt}\log\mu_{21}(x+t)+\frac{d}{dt}\mu_1(x+t)-\mu_{12}(x+t)\mu_{21}(x+t)\right.\\&\qquad\left.+\mu_1(x+t)\mu_2(x+t)\right]P_{11}(x,x+t)=0\end{aligned} \tag{13.3.19}$$

となる．これに初期条件 $P_{11}(x,x)=1$，$\left.\dfrac{d}{dt}P_{11}(x,x+t)\right|_{t=0}=-\mu_1(x)$ を用いてこの 2 階微分方程式を解けば，$P_{11}(x,x+t)$ を求められる．同様に残りの推移確率も求めることができる．しかし，変数係数微分方程式を解析的に求めるのは困難であり，コンピュータを使って，必要な精度で数値解析によって求めればよいであろう．

例えば，$P_{11}(x,x+t)$ と $P_{\underline{22}}(x,x+t)$ が求まると，$P_{12}(x,x+t)$ は，

$$P_{12}(x,x+t)=\int_x^{x+t}P_{11}(x,u)\mu_{12}(u)P_{\underline{22}}(u,x+t)du \qquad (13.3.20)$$

の形で表される．(13.3.7) と比較すると，$P_{\underline{22}}(u,x+t)$ の箇所が異なっている．同様に $P_{21}(x,x+t)$ も同じような形で表すことが可能なので確認してほしい．最後に，$P_{13}(x,x+t)$ と $P_{23}(x,x+t)$ は，

$$P_{11}(x,x+t)+P_{12}(x,x+t)+P_{13}(x,x+t)=1 \qquad (13.3.21)$$

$$P_{21}(x,x+t)+P_{22}(x,x+t)+P_{23}(x,x+t)=1 \qquad (13.3.22)$$

より求められる．

13.3.3　マルコフ過程の応用

マルコフ性を満たす多重状態モデルにおいて，1 期間の推移確率が分かっている場合，推移確率の行列計算を行うことにより，多期間の推移確率を容易に求めることができる．今，推移行列 $P(x,x+1)$ は (i,j) 成分に $P_{ij}(x,x+1)$ を持つことから，チャップマン・コルモゴロフの等式を順次適用することにより，

$$P(x,x+t)=P(x,x+1)\cdot P(x+1,x+2)\cdot\cdots\cdot P(x+t-1,x+t)$$

と表される．推移確率が定常のとき，すなわち，時刻によって変わらないときは，

$$P(x,x+t)=P(x,x+1)^t$$

となる．このとき，$P(x,x+t)$ の (i,j) 成分は，期初に状態 i にいて，t 期間後に状態 j にいる確率を表す．

例題 3

保険期間3年の就業不能保険(復帰のあるモデル)を考える．推移行列が，

$$P(x,x+1)=\begin{pmatrix}0.85&0.1&0.05\\0.2&0.7&0.1\\0&0&1\end{pmatrix},\quad P(x+1,x+2)=\begin{pmatrix}0.8&0.15&0.05\\0.15&0.75&0.1\\0&0&1\end{pmatrix},$$

$$P(x+2,x+3)=\begin{pmatrix}0.75&0.2&0.05\\0.1&0.75&0.15\\0&0&1\end{pmatrix}$$

で与えられるとき，就業状態で加入した人が，

(1) 3年後に就業状態，就業不能状態，死亡している確率を各々求めよ．

(2) 3年間一度も就業不能状態にならずに生存している確率を求めよ．

(3) 3年以内に就業不能状態になる確率を求めよ．

また，現在，就業不能状態にある人が，

(4) 3年以内に死亡する確率を求めよ．

ただし，同一年度中に複数の推移は生じないものとする．

解

(1) $P(x,x+3)=P(x,x+1)P(x+1,x+2)P(x+2,x+3)$

$$=\begin{pmatrix}0.85&0.1&0.05\\0.2&0.7&0.1\\0&0&1\end{pmatrix}\begin{pmatrix}0.8&0.15&0.05\\0.15&0.75&0.1\\0&0&1\end{pmatrix}\begin{pmatrix}0.75&0.2&0.05\\0.1&0.75&0.15\\0&0&1\end{pmatrix}$$

$$=\begin{pmatrix}0.5415&0.2909&0.1676\\0.2543&0.4693&0.2765\\0&0&1\end{pmatrix}.$$

$P(x,x+3)$ の $(1,1)(1,2)(1,3)$ 成分が各々の場合の確率を表すことから，就業状態にある確率54%，就業不能状態にある確率29%，死亡している確率17%.

(2) $P_{\underline{11}}(x,x+3)=P_{\underline{11}}(x,x+1)P_{\underline{11}}(x+1,x+2)P_{\underline{11}}(x+2,x+3)=0.85\times 0.8\times 0.75=0.51.$

(3) $P_{12}(x,x+1)+P_{\underline{11}}(x,x+1)P_{12}(x+1,x+2)+P_{\underline{11}}(x,x+2)P_{12}(x+2,x$

$+3)=0.1+0.85\times 0.15+0.85\times 0.8\times 0.2=0.3635$.

(別解)就業不能状態にならずに死亡する確率を先に求め(0.1265 となる), (2)の事象との合計を全事象から差し引いて求めることもできる$(1-0.51-0.1265=0.3635)$.

(4) $P_{23}(x, x+3)=0.2765$.

13.4 就業不能に関する諸給付

本節では, 前節の3状態モデルにおける推移確率を用いて, 就業不能に関する代表的な給付の年払純保険料や責任準備金を導く. 本節で紹介する給付は, ある決まった時点での状態のみに依存するため, 推移力を用いずに推移確率や占有確率によって表現される.

13.4.1 就業不能年金(disability annuity)

被保険者が就業不能状態である限り一生涯にわたり一定の年金 b を各年度の期末に支払う場合を考える. 保険料の払込期間を終身として, 年払純保険料 P を求めてみよう. ただし, 保険料の払込みは各年度の期始に被保険者が就業状態である場合に行われるとする.

以降は式を見易くするため, 状態に関する表記を $1\to a$, $2\to i$, $3\to d$ に替え, 年金現価率の表記を a_x^{ai} などとする. a は就業状態(active), i は就業不能状態(invalid), d は死亡(dead)を表す. 年金現価率の右上の添字の1文字目は現在の状態を表し, 2文字目は年金が支払われるときの状態(支払条件)を表している. 例えば, $\ddot{a}_x^a$, $\ddot{a}_x^i$ はおのおの現在就業状態, 就業不能状態である被保険者が生存中支払われる終身年金の現価を表す. また, a_x^{ai} は現在就業状態にある被保険者が, 将来の各年度の期末に生存していて, かつ就業不能状態にあるときに支払われる期末払終身年金の現価を表す. 同様に, $\ddot{a}_x^{aa}$, $\ddot{a}_x^{ii}$ は, おのおの, 現在就業状態, 就業不能状態にある被保険者が, 将来の各年度の期始に生存し, かつおのおの就業状態, 就業不能状態にあるときに支払われる期始払終身年金の現価を表す[*7].

これらの年金現価率を, 前節の推移確率を用いて表すと,

---

*7 $\ddot{a}_x^{aa}$ は第10章の多重脱退モデルにおける $\ddot{a}_x^{[\tau]}$ に相当する.

$$\ddot{a}_x^{aa} = \sum_{k=0}^{\infty} v^k P_{11}(x, x+k), \quad \ddot{a}_x^{ii} = \sum_{k=0}^{\infty} v^k P_{22}(x, x+k) \tag{13.4.1}$$

$$a_x^{ai} = \sum_{k=1}^{\infty} v^k P_{12}(x, x+k), \quad a_x^{ia} = \sum_{k=1}^{\infty} v^k P_{21}(x, x+k) \tag{13.4.2}$$

となる．また，

$$\ddot{a}_x^{a} = \ddot{a}_x^{aa} + a_x^{ai}, \quad \ddot{a}_x^{i} = \ddot{a}_x^{ii} + a_x^{ia} \tag{13.4.3}$$

である．以下では就業不能状態から就業状態への復帰がある前提で記載する*8．これらを用いて P は，

$$P = \frac{b \cdot a_x^{ai}}{\ddot{a}_x^{aa}} \tag{13.4.4}$$

となる．また，時点 t において就業状態にある被保険者の責任準備金は

$${}_tV_x^{(a)} = b \cdot a_{x+t}^{ai} - P \cdot \ddot{a}_{x+t}^{aa} \tag{13.4.5}$$

となる．時点 t において就業不能状態にある被保険者の責任準備金は，

$${}_tV_x^{(i)} = b \cdot \ddot{a}_{x+t}^{ii} - P \cdot a_{x+t}^{ia} \tag{13.4.6}$$

と表せる．時点 t では被保険者は就業不能状態にあるため時点 t の保険料は払い込まれないことに注意してほしい*9．

なお，上記のケースで保険料の払込期間を m 年とする場合は

$$\ddot{a}_{x:\overline{m}|}^{aa} = \sum_{k=0}^{m-1} v^k P_{11}(x, x+k) \tag{13.4.7}$$

$$a_{x:\overline{m-1}|}^{ia} = \sum_{k=1}^{m-1} v^k P_{21}(x, x+k) \tag{13.4.8}$$

を定義し，これを用いて P は

$$P = \frac{b \cdot a_x^{ai}}{\ddot{a}_{x:\overline{m}|}^{aa}} \tag{13.4.9}$$

となる．このとき，時点 t において就業状態にある被保険者の責任準備金は，

$${}_tV_x^{(a)} = \begin{cases} b \cdot a_{x+t}^{ai} - P \cdot \ddot{a}_{x+t:\overline{m-t}|}^{aa} & (t < m) \\ b \cdot a_{x+t}^{ai} & (t \geqq m) \end{cases} \tag{13.4.10}$$

となる．時点 t において就業不能状態にある被保険者の責任準備金は，

---

*8 就業状態への復帰後は保険料の払込みを要する前提とする．

*9 就業不能状態から就業状態への復帰がないモデルでは，$a_x^{ia}=0$ となるため，${}_tV_x^{(i)}= b \cdot \ddot{a}_{x+t}^{ii} = b \cdot \ddot{a}_{x+t}^{i}$ となる．

$$
{}_tV_x^{(i)} = \begin{cases} b\cdot\ddot{a}_{x+t}^{ii} - P\cdot a_{x+t:\overline{m-1-t|}}^{ia} & (t < m) \\ b\cdot\ddot{a}_{x+t}^{ii} & (t \geqq m) \end{cases} \tag{13.4.11}
$$

となる．

ここで，多重状態モデルにおける責任準備金の再帰式を考えてみる．(13.4.5),(13.4.6)において，$b=1$とすると，

$$
{}_{t-1}V_x^{(a)} + P = vp_{x+t-1}^{ai}\cdot{}_tV_x^{(i)} + vp_{x+t-1}^{aa}\cdot{}_tV_x^{(a)} \tag{13.4.12}
$$

$$
{}_{t-1}V_x^{(i)} = 1 + vp_{x+t-1}^{ii}\cdot{}_tV_x^{(i)} + vp_{x+t-1}^{ia}\cdot{}_tV_x^{(a)} \tag{13.4.13}
$$

となる．ここで右上に添字を付した生存率(p^{ai}など)は，各年齢の期始と期末の状態に応じた生存率を表すが，詳しくは13.6節を参照してほしい．(13.4.12),(13.4.13)と$q_x^a=1-p_x^a=1-(p_x^{aa}+p_x^{ai})$，$q_x^i=1-p_x^i=1-(p_x^{ia}+p_x^{ii})$より，

$$
P = -vq_{x+t-1}^{a}\cdot{}_tV_x^{(a)} + vp_{x+t-1}^{ai}({}_tV_x^{(i)} - {}_tV_x^{(a)}) + v{}_tV_x^{(a)} - {}_{t-1}V_x^{(a)} \tag{13.4.14}
$$

$$
0 = -vq_{x+t-1}^{i}\cdot{}_tV_x^{(i)} + vp_{x+t-1}^{ia}({}_tV_x^{(a)} - {}_tV_x^{(i)}) + v{}_tV_x^{(i)} - ({}_{t-1}V_x^{(i)} - 1) \tag{13.4.15}
$$

ここで，

$$
P_k^{r(a)} = -vq_{x+k-1}^{a}\cdot{}_kV_x^{(a)} + vp_{x+k-1}^{ai}({}_kV_x^{(i)} - {}_kV_x^{(a)}) \tag{13.4.16}
$$

$$
P_k^{r(i)} = -vq_{x+k-1}^{i}\cdot{}_kV_x^{(i)} + vp_{x+k-1}^{ia}({}_tV_x^{(a)} - {}_kV_x^{(i)}) \tag{13.4.17}
$$

とおくと，$P_k^{r(a)}$，$P_k^{r(i)}$はおのおのk年度における年始の被保険者の状態a，iに対する危険保険料となる[*10]．

これらを用いて各年度の保険者損失を

*10　(13.4.16),(13.4.17)の右辺第1項は，それぞれ死亡に対する危険保険料に相当するが，本設例では死亡時給付を0としているため負値となる．

$$
\boldsymbol{\Lambda}_k = \begin{cases} 0 & S_{k-1}=d\text{ のとき} \\ -P_k^{r(a)} & S_{k-1}=a,\ S_k=a\text{ のとき} \\ -P_k^{r(a)}+v({}_kV_x^{(i)}-{}_kV_x^{(a)}) & S_{k-1}=a,\ S_k=i\text{ のとき} \\ -P_k^{r(a)}-v{}_kV_x^{(a)} & S_{k-1}=a,\ S_k=d\text{ のとき} \\ -P_k^{r(i)} & S_{k-1}=i,\ S_k=i\text{ のとき} \\ -P_k^{r(i)}-v({}_kV_x^{(i)}-{}_kV_x^{(a)}) & S_{k-1}=i,\ S_k=a\text{ のとき} \\ -P_k^{r(i)}-v{}_kV_x^{(i)} & S_{k-1}=i,\ S_k=d\text{ のとき} \end{cases} \tag{13.4.18}
$$

と定義すると，各 $k(\geqq 1)$ について

$$
\mathrm{E}[\boldsymbol{\Lambda}_k]=\mathrm{E}[\boldsymbol{\Lambda}_k|S_{k-1}=a]=\mathrm{E}[\boldsymbol{\Lambda}_k|S_{k-1}=i]=0 \tag{13.4.19}
$$

$$
\mathrm{Cov}(\boldsymbol{\Lambda}_k,\boldsymbol{\Lambda}_l)=0 \quad (k\neq l) \tag{13.4.20}
$$

が成り立ち，契約時点での保険者損失 ${}_0\boldsymbol{L}_x$ を

$$
{}_0\boldsymbol{L}_x=\sum_{k=1}^{\infty} v^{k-1}\cdot\boldsymbol{\Lambda}_k \tag{13.4.21}
$$

と表すことが可能となる．${}_0\boldsymbol{L}_x$ の分散については(8.1.34)(10.4.24)と同様の展開も理論的には考えられるが，状態 a，i に応じて複数の責任準備金が存在し簡潔な形では示されないためここでは割愛する．

例題 4　例題 2 と同じモデルで，保険期間 10 年の就業不能保険を考える．各年度の年末に就業不能状態にあるとき 100 を支払い，死亡時に 1000 を即時に支払う保険の年払純保険料を求めよ．ただし，利力を 3% とし，保険料は各年度の年始に就業状態にあるときに支払うものとする．

解　${}_tp_x^{aa}=\exp(-0.055t)$，${}_tp_x^{ai}=\exp(-0.025t)\{1-\exp(-0.03t)\}$ より，保険料収入現価は $P\ddot{a}_{x:\overline{10|}}^{aa}=P\sum_{k=0}^{9}v^k{}_kp_x^{aa}=P\sum_{k=0}^{9}e^{-0.03k-0.055k}=7.026643P$．就業不能時給付の支出現価は

$$
\begin{aligned} 100\times a_{x:\overline{10|}}^{ai} &= 100\times\sum_{k=1}^{10}v^k{}_kp_x^{ai}=100\times\sum_{k=1}^{10}\left(e^{-0.055k}-e^{-0.085k}\right) \\ &= 102.8178. \end{aligned}
$$

死亡保険金支出現価は，

$$1000\times\overline{A}^{ad}{}^{\,1}_{x:\overline{10|}}=1000\times\int_0^{10}e^{-0.03t}\left({}_tp_x^{aa}\cdot\mu_{x+t}^{ad}+{}_tp_x^{ai}\cdot\mu_{x+t}^{id}\right)dt$$
$$=25\times\int_0^{10}e^{-0.03t}\left(e^{-0.055t}+e^{-0.025t}-e^{-0.055t}\right)dt$$
$$=25\times\int_0^{10}e^{-0.055t}dt=192.2955.$$

収支相等の原則より，$7.026643P=102.8178+192.2955$.

よって，$P=41.999$.

例題 5　例題 3 において各年度の年末に就業不能状態にあるとき給付金 100 を支払い，死亡時に保険金 1000 を即時に支払う保険の年払純保険料を求めよ．ただし，死亡は年間を通して一様に発生するとし，$i=3\%$ とする．

解

$$a_{x:\overline{3|}}^{ai}=\sum_{k=1}^{3}v^k{}_kp_x^{ai}=0.1v+0.2025v^2+0.29088v^3=0.55415$$

$$\overline{A}^{ad}{}^{\,1}_{x:\overline{3|}}=\frac{i}{\delta}A^{ad}{}^{\,1}_{x:\overline{3|}}=\frac{i}{\delta}\cdot\sum_{k=1}^{3}v^k\left({}_{k-1}p_x^{aa}\cdot q_{x+k-1}^{ad}+{}_{k-1}p_x^{ai}\cdot q_{x+k-1}^{id}\right)$$
$$=\frac{0.03}{\log(1.03)}\left\{0.05v+(0.85\times0.05+0.1\times0.1)\,v^2+(0.695\times0.05+0.2025\times0.15)\,v^3\right\}=0.15998$$

$$\ddot{a}_{x:\overline{3|}}^{aa}=\sum_{k=0}^{2}v^k{}_kp_x^{aa}=1+0.85v+0.695v^2=2.48035.$$

$P\ddot{a}_{x:\overline{3|}}^{aa}=100\times a_{x:\overline{3|}}^{ai}+1000\times\overline{A}^{ad}{}^{\,1}_{x:\overline{3|}}$ より

$P=(55.415+159.98)/2.48035=86.84$.

(別解)死亡が年央に発生するとして，$\overline{A}^{ad}{}^{\,1}_{x:\overline{3|}}$ を

$$\sum_{k=1}^{3}v^{k-\frac{1}{2}}\left({}_{k-1}p_x^{aa}\cdot q_{x+k-1}^{ad}+{}_{k-1}p_x^{ai}\cdot q_{x+k-1}^{id}\right)$$

で近似してもほぼ同じ結果が得られる．

13.4.2　保険料払込免除(特約)(waiver of premium)

x 歳の就業者が保険期間 n 年の養老保険に加入しており，これに保険期間中に就業不能状態となったときに保険料の払込みを免除する特約を付加する場合を考える．養老保険の(全期払)年払営業保険料を P^G とすると，この特約の一時払純保険料は，

$$P^G \cdot a^{ai}_{x:\overline{n-1|}} \tag{13.4.22}$$

となる．この特約の年払純保険料は保険料の払込みが，保険期間中かつ就業状態にある期間内に行われることから，

$$P = \frac{P^G \cdot a^{ai}_{x:\overline{n-1|}}}{\ddot{a}^{aa}_{x:\overline{n|}}} \tag{13.4.23}$$

と表される*11．

また，時点 t における責任準備金は，被保険者が就業状態のとき，

$$P^G \cdot a^{ai}_{x+t:\overline{n-t-1|}} - P \cdot \ddot{a}^{aa}_{x+t:\overline{n-t|}}, \tag{13.4.24}$$

被保険者が就業不能状態にあるとき，

$$P^G \cdot \ddot{a}^{ii}_{x+t:\overline{n-t|}} \tag{13.4.25}$$

と表される*12．

13.5 重病保険モデル

多重状態モデルの例として**重病保険**(critical illness cover)を紹介する*13．この保険は，被保険者の生存中に保険契約で特定された重病(critical illness, dread disease)に罹ったと診断されたときに一時金を支払う保険である．

本節で扱うモデルは重病状態から健康体への回復を想定しないもので，13.3 節の多重状態モデル I の応用である．重病状態への移行が任意の時期に生じることから，推移力と推移確率を用いた連続時間モデルで記載する．

---

*11 一度でも就業不能状態となった場合に，以後の保険料の払込みを免除する場合は，(13.4.22),(13.4.23)の $a^{ai}_{x:\overline{n-1|}}$，$\ddot{a}^{aa}_{x:\overline{n|}}$ に替えて，おのおの $(a^{a}_{x:\overline{n-1|}} - a^{aa}_{x:\overline{n-1|}})$，$\ddot{a}^{aa}_{x:\overline{n|}}$ とすればよい．

*12 就業状態に復帰した場合は，保険料払込免除の対象外とする前提にしている．一度でも就業不能状態になった後は，以後の保険料全額の払込みを免除する場合は(13.4.24)の $a^{ai}_{x+t:\overline{n-t-1|}}$，$\ddot{a}^{aa}_{x+t:\overline{n-t|}}$ に替えておのおの $(a^{a}_{x+t:\overline{n-t-1|}} - a^{aa}_{x+t:\overline{n-t-1|}})$，$\ddot{a}^{aa}_{x+t:\overline{n-t|}}$ を，(13.4.25)の $\ddot{a}^{ii}_{x+t:\overline{n-t|}}$ に替えて $\ddot{a}^{i}_{x+t:\overline{n-t|}}$ を用いればよい．

*13 特定の重病とは例えば，心臓病，要手術の冠状動脈病，癌，脳卒中などであり，入院や治療に多額の資金を要する．重病保険は 1983 年に南アフリカで開発され，その後世界に広まるようになった．

13.5.1 適用する多重状態モデル

被保険者の状態を a：健康体，i：重病体，d：死亡の 3 つに分類する[*14]．状態間の直接的な推移を次の図に表す[*15]．

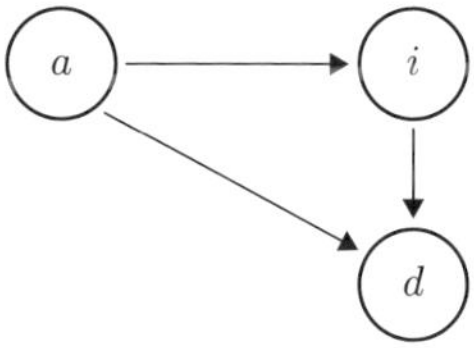

本節では $x+t$ 時点における状態 $a\to i$，$a\to d$，$i\to d$ の推移力がそれぞれ μ_{x+t}^{ai}，μ_{x+t}^{ad}，μ_{x+t}^{id} と与えられているものとして，推移確率を求める[*16]．

ここで μ_{x+t}^{ad} は重病以外の原因による死亡であり，μ_{x+t}^{id} は重病と重病以外の原因による死亡を合わせたものであり，通常，$\mu_{x+t}^{ad}<\mu_{x+t}^{id}$ である．モデル上は，重病以外の原因による死亡は，重病者と重病者以外で同じとして，その差分 $(\mu_{x+t}^{id}-\mu_{x+t}^{ad})$ を重病者における重病による死亡分と見なすことも多い．

このとき，推移行列 $A(x+t)$ は

$$A(x+t)=\begin{pmatrix} -\mu_{x+t}^{ai}-\mu_{x+t}^{ad} & \mu_{x+t}^{ai} & \mu_{x+t}^{ad} \\ 0 & -\mu_{x+t}^{id} & \mu_{x+t}^{id} \\ 0 & 0 & 0 \end{pmatrix} \tag{13.5.1}$$

となる．これを(13.3.4),(13.3.5),(13.3.10),(13.3.11)に当てはめると

$${}_tp_x^{\overline{aa}}={}_tp_x^{aa}=\exp\left(-\int_0^t(\mu_{x+u}^{ai}+\mu_{x+u}^{ad})du\right) \tag{13.5.2}$$

$${}_tp_{x+u}^{\overline{ii}}={}_tp_{x+u}^{ii}=\exp\left(-\int_0^t\mu_{x+u+s}^{id}ds\right) \tag{13.5.3}$$

が得られる．(13.5.3)は $x+u$ で重病に罹患した被保険者が，時点 $x+u+t$ においても重病状態で生存している確率を示している．

以上の推移力，推移確率を用いて，代表的な給付形態である**追加保険金給付**(additional benefit)と**前払給付**(accelerated benefit)の諸価格を求めてみる．

[*14] a は "active"，i は "illness"，d は "dead" の頭文字である．

[*15] 重病体 i から健康体 a への復帰は想定しない．

[*16] 対して第 10 章の多重脱退モデルでは健康体からの脱退($a\to i$，$a\to d$)に重きが置かれている．

13.5.2　追加保険金給付

追加保険金給付とは，契約時に健康状態にある被保険者が保険期間中に重病と診断されたとき(つまり推移 $a \to i$ が起きた時点)に給付が支払われるものである．重病に罹患せずに死亡した場合は，保険金が支払われないため，通常は一般の死亡保険に上乗せして加入するケースが多い．

保険金額 1 に対する一時払純保険料を $\overline{A}^{1}_{x:\overline{n}|}{}^{(DD)}$ で表すと[*17]

$$\overline{A}^{1}_{x:\overline{n}|}{}^{(DD)} = \int_0^n v^u \ {}_u p_x^{aa} \mu_{x+u}^{ai} du \qquad (13.5.4)$$

となる．

連続モデルの場合の年払純保険料 $\overline{P}^{1}_{x:\overline{n}|}{}^{(DD)}$ は，保険料が被保険者が健康なときに払込まれるとすれば，収支相等の原則より

$$\overline{P}^{1}_{x:\overline{n}|}{}^{(DD)} = \frac{\overline{A}^{1}_{x:\overline{n}|}{}^{(DD)}}{\overline{a}^{aa}_{x:\overline{n}|}} \qquad (13.5.5)$$

となる．ただし被保険者が健康体である限り支払われる年金現価率を

$$\overline{a}^{aa}_{x:\overline{n}|} = \int_0^n v^u \ {}_u p_x^{aa} du \qquad (13.5.6)$$

とする．このとき時点 t で状態 a の被保険者の責任準備金は

$${}_t\overline{V}^{1}_{x:\overline{n}|}{}^{(DD)} = \overline{A}^{\ 1}_{x+t:\overline{n-t}|}{}^{(DD)} - \overline{P}^{1}_{x:\overline{n}|}{}^{(DD)} \cdot \overline{a}^{aa}_{x+t:\overline{n-t}|} \qquad (13.5.7)$$

となる．

13.5.3　前払給付

前払給付とは死亡保険金の支払いに代えて，被保険者の生存中に保険金の全額あるいは一部を前倒しで支払うことにより，生きるために必要な資金を準備することを目的とするものである[*18]．$0<\lambda\leqq 1$ とし保険金総額 S に対して，λS を重病診断時に，残りの $(1-\lambda)S$ を死亡時に，支払うものとする．保険金支払を加速させるという意味から λ は加速パラメータと呼ばれている．保険期間中に重病状態を経ずに死亡した場合は，死亡保険金 S がそのまま支払われる[*19]．

---

*17　DD は "dread disease" の意味である．

*18　この支払形態は重病保険だけでなく，末期症状保障，長期医療介護保障などにも適用される．

*19　日本においては死亡保険に $\lambda=1$ の前払給付を上乗せするものが一般的である．

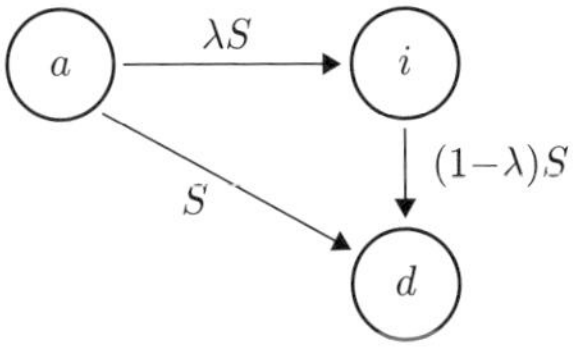

簡単のため $S=1$ とする．この一時払純保険料を $\overline{A}^{1}_{x:\overline{n}|}{}^{(D+DD:\lambda)}$ で表すと

$$\overline{A}^{1}_{x:\overline{n}|}{}^{(D+DD:\lambda)} = \int_0^n {}_up_x^{aa}\Big[v^u\mu_{x+u}^{ad}+\mu_{x+u}^{ai}\Big(\lambda v^u+(1-\lambda)\times\int_0^{n-u} v^{u+s}\,{}_sp_{x+u}^{ii}\cdot\mu_{x+u+s}^{id}ds\Big)\Big]du \qquad (13.5.8)$$

となる．(13.5.8)の大括弧内の第2項は契約時点から継続して健康状態にあった者が，$x+u$ 時点で重病状態に該当して給付 λ が支払われ，その後重病状態が継続したまま $x+u+s$ 時点で死亡し保険金の残額 $(1-\lambda)$ が支払われるケースを表しており，これを $0<u<n$，$0<s<n-u$ の区間で積分したものになっている．

連続時間モデルの場合の年払純保険料 $\overline{P}^{1}_{x:\overline{n}|}{}^{(D+DD:\lambda)}$ は，保険料が被保険者が健康なときに払い込まれるとすれば，収支相等の原則より

$$\overline{P}^{1}_{x:\overline{n}|}{}^{(D+DD:\lambda)} = \frac{\overline{A}^{1}_{x:\overline{n}|}{}^{(D+DD:\lambda)}}{\overline{a}^{aa}_{x:\overline{n}|}} \qquad (13.5.9)$$

となる．ここで

$$\overline{A}^{1}_{x:\overline{n}|}{}^{(D:\lambda)} = \int_0^n {}_up_x^{aa}\Big[v^u\,\mu_{x+u}^{ad}+(1-\lambda)\mu_{x+u}^{ai}\times\int_0^{n-u} v^{u+s}\,{}_sp_{x+u}^{ii}\cdot\mu_{x+u+s}^{id}ds\Big]du \qquad (13.5.10)$$

$$\overline{A}^{1}_{x:\overline{n}|}{}^{(DD:\lambda)} = \int_0^n \lambda\,v^u\,{}_up_x^{aa}\,\mu_{x+u}^{ai}du \qquad (13.5.11)$$

とおくと，(13.5.8)は

$$\overline{A}^{1}_{x:\overline{n}|}{}^{(D+DD:\lambda)} = \overline{A}^{1}_{x:\overline{n}|}{}^{(D:\lambda)}+\overline{A}^{1}_{x:\overline{n}|}{}^{(DD:\lambda)} \qquad (13.5.12)$$

と分解され，$\overline{A}^{1}_{x:\overline{n}|}{}^{(D:\lambda)}$ は死亡時給付，$\overline{A}^{1}_{x:\overline{n}|}{}^{(DD:\lambda)}$ は前払給付の現価を表す．さらに死亡時給付現価は状態 a での死亡(給付額1)と状態 i での死亡(給付額 $1-\lambda$)の2種類に分解される．

$\lambda=1$ のとき，(13.5.10),(13.5.11)はそれぞれ

$$\overline{A}^{1}_{x:\overline{n}|}{}^{(D:1)} = \int_0^n v^u\ {}_up_x^{\overline{aa}}\ \mu_{x+u}^{ad} du \qquad (13.5.13)$$

$$\overline{A}^{1}_{x:\overline{n}|}{}^{(DD:1)} = \int_0^n v^u\ {}_up_x^{\overline{aa}}\ \mu_{x+u}^{ai} du \qquad (13.5.14)$$

となる．

時点 t における状態 a の被保険者の責任準備金は

$${}_t\overline{V}^{1}_{x:\overline{n}|}{}^{(a)} = \overline{A}^{\ 1}_{x+t:\overline{n-t}|}{}^{(D+DD:\lambda)} - \overline{P}^{1}_{x:\overline{n}|}{}^{(D+DD:\lambda)} \cdot \overline{a}^{aa}_{x+t:\overline{n-t}|} \qquad (13.5.15)$$

となる．また，時点 t における状態 i の被保険者の責任準備金は，当初の保険金 1 に対して，

$${}_t\overline{V}^{1}_{x:\overline{n}|}{}^{(i)} = (1-\lambda) \int_t^n v^{u-t}\ {}_{u-t}p_{x+t}^{\overline{ii}} \cdot \mu_{x+u}^{id} du \qquad (13.5.16)$$

と表せる．

13.6　離散時間モデル（脱退残存表の活用）

本節では推移力の代わりに**脱退残存表**（decrement table）が得られた場合の離散時間モデルによるアプローチを紹介する．

これは第 10 章で述べた多重脱退表の応用であり，主集団としての健康者の集団から死亡と死亡以外の 2 つの脱退要因がある二重脱退表と，さらに副集団として非健康者の集団をとり，その副集団から死亡による脱退残存表を組み合わせたものである（非健康者が回復して健康者集団に復帰することを考える場合もあるが，ここでは取り上げない）．

脱退残存表の例

x	l_x^{aa}	d_x^{aa}	i_x	l_x^{ii}	d_x^{ii}	l_x	d_x
30	100,000	74	200	0	0	100,000	74
31	99,726	76	199	200	1	99,926	77
32	99,451	79	199	398	1	99,849	80

まず，脱退残存表の各項目と計算に使用する記号との関係をまとめておく．以下では，健康者（あるいは就業者），非健康者（あるいは就業不能者），死亡の 3 状態を前提に記載するが，重病保険，介護保険などの場合は非健康者をおの

おの重病者，要介護者などに読み替えてほしい．

l_x^{aa}　x 歳の健康者数

d_x^{aa}　x 歳と $x+1$ 歳の間における健康者の死亡数
（非健康状態を経由しない死亡）

i_x　x 歳と $x+1$ 歳の間において健康者が非健康者となる数

l_x^{ii}　x 歳の非健康者数

d_x^{ii}　x 歳と $x+1$ 歳の間における非健康者の死亡数

l_x　x 歳の生存総数（$= l_x^{aa}+l_x^{ii}$）

d_x　x 歳と $x+1$ 歳の間における死亡総数

このとき，

$$l_{x+1}^{aa} = l_x^{aa}-d_x^{aa}-i_x \tag{13.6.1}$$

$$l_{x+1}^{ii} = l_x^{ii}+i_x-d_x^{ii} \tag{13.6.2}$$

の関係式が成り立つ．

脱退残存表の i_x には，期末時点（$x+1$ 歳）で生存している者（l_x^{ai}）と死亡している者（d_x^{ai}）が含まれる．また d_x^{ii} は期始時点（x 歳）の健康者から 1 年内に非健康状態になった者（i_x）のうち当年中に死亡する者（d_x^{ai}）と，期始時点で非健康状態にあった者の死亡（$d_x^{ii}-d_x^{ai}$）とが含まれることに注意してほしい．これらに留意して，年始に状態 a にある被保険者 l_x^{aa} に対して，以下が定義される．

p_x^{aa}　1 年後も状態 a で生存している確率 $\dfrac{l_{x+1}^{aa}}{l_x^{aa}}$

q_x^{aa}　1 年以内に非健康状態にならずに死亡する確率 $\dfrac{d_x^{aa}}{l_x^{aa}}$

$q_x^{(i)}$　1 年以内に非健康状態になる確率 $\dfrac{i_x}{l_x^{aa}}$ $(= p_x^{ai}+q_x^{ai})$

p_x^{ai}　1 年後に状態 i で生存している確率 $\dfrac{l_x^{ai}}{l_x^{aa}}$

q_x^{ai}　1 年以内に非健康状態になり，死亡する確率 $\dfrac{d_x^{ai}}{l_x^{aa}}$

p_x^{a}　1 年後に生存している確率 $\dfrac{l_{x+1}^{aa}+l_x^{ai}}{l_x^{aa}}$ $(= p_x^{aa}+p_x^{ai})$

q_x^{a}　1 年以内に死亡する確率 $\dfrac{d_x^{aa}+d_x^{ai}}{l_x^{aa}}$ $(= q_x^{aa}+q_x^{ai})$

(13.6.1)から次の関係式が成り立つ.

$$p_x^{aa}+q_x^{aa}+q_x^{(i)}=1 \tag{13.6.3}$$

占有確率 ${}_tp_x^{\underline{aa}}$ および推移確率 ${}_tp_x^{aa}$ については状態 a が狭義過渡的状態なので

$${}_tp_x^{\underline{aa}}={}_tp_x^{aa}=p_x^{aa}\cdot p_{x+1}^{aa}\cdot\cdots\cdot p_{x+t-1}^{aa} \tag{13.6.4}$$

が成り立つ.

また,年始に状態 i にある被保険者 l_x^{ii} に対して,以下が定義される.

p_x^{ii}　1 年後も状態 i で生存している確率 $(=1-q_x^i)$

q_x^i　1 年以内に死亡する確率 $\dfrac{d_x^{ii}-d_x^{ai}}{l_x^{ii}}$

d_x^{ai} を $i_x\cdot\dfrac{q_x^i}{2}$ で近似して q_x^i について整理すると,次式が得られる.

$$q_x^i=\frac{d_x^{ii}}{l_x^{ii}+\dfrac{i_x}{2}}. \tag{13.6.5}$$

このとき,$q_x^{ai}=\left(i_x\cdot\dfrac{q_x^i}{2}\right)\cdot\dfrac{1}{l_x^{aa}}$,$p_x^{ai}=i_x\left(1-\dfrac{q_x^i}{2}\right)\cdot\dfrac{1}{l_x^{aa}}$ となる.

なお,脱退残存表から形式的な $q_x^{ii}=\dfrac{d_x^{ii}}{l_x^{ii}}$ が導出されるが,非健康者に対する給付について計算を行う場合は,新たに副集団に入ってくる者のない閉集団非健康者の脱退表が必要となる.この脱退表に対応する死亡率としては,q_x^{ii} ではなく q_x^i を用いるのが適切である.

占有確率 ${}_tp_x^{\underline{ii}}$ および推移確率 ${}_tp_x^{ii}$ については,状態 i が狭義過渡的なので

$${}_tp_x^{\underline{ii}}={}_tp_x^{ii}=p_x^{ii}\cdot p_{x+1}^{ii}\cdot\cdots\cdot p_{x+t-1}^{ii} \tag{13.6.6}$$

が成り立つ.

最後に,これらを用いて,連続時間モデルで示した前節の重病保険の追加保険金給付の(13.5.4),(13.5.5),(13.5.6),(13.5.7)を表すと

$$A_{x:\overline{n}|}^{1\ (DD)}=\sum_{k=1}^{n}v^k\ {}_{k-1}p_x^{\underline{aa}}\cdot q_{x+k-1}^{(i)} \tag{13.6.7}$$ [20]

[20] 被保険者が平均して年央に重病に罹患すると仮定して,即時払の保険金現価を $\overline{A}_{x:\overline{n}|}^{1\ (DD)}=\sum_{k=0}^{n-1}v^{k+\frac{1}{2}}\ {}_kp_x^{\underline{aa}}\cdot q_{x+k}^{(i)}$ と近似することもある.

$$P^{1}_{x:\overline{n}|}{}^{(DD)} = \frac{A^{1}_{x:\overline{n}|}{}^{(DD)}}{\ddot{a}^{aa}_{x:\overline{n}|}} \tag{13.6.8}$$

$$\ddot{a}^{aa}_{x:\overline{n}|} = \sum_{k=0}^{n-1} v^k \cdot {}_k p^{aa}_x \tag{13.6.9}$$

$${}_tV^{1}_{x:\overline{n}|}{}^{(DD)} = A^{\ 1}_{x+t:\overline{n-t}|}{}^{(DD)} - P^{1}_{x:\overline{n}|}{}^{(DD)} \cdot \ddot{a}^{aa}_{x+t:\overline{n-t}|} \tag{13.6.10}$$

となる．

(13.6.7),(13.6.9)は(5.1.12),(6.1.12)において，${}_kp_x$ を ${}_kp^{aa}_x$ に，q_{x+k} を $q^{(i)}_{x+k}$ に置き換えて得られたものになる[*21]．

前払給付(λ=1 の場合)については，上述の追加保険金給付の例で $q^{(i)}_{x+k}$ を $q^{aa}_{x+k}+q^{(i)}_{x+k}$ に置き換えて計算される．$q^{aa}_{x+k}+q^{(i)}_{x+k}=q^{aa}_{x+k}+(p^{ai}_{x+k}+q^{ai}_{x+k})=q^{a}_{x+k}+p^{ai}_{x+k}$ に留意すると，一時払純保険料 $A^{1}_{x:\overline{n}|}{}^{(D+DD:\lambda)}$ を死亡時給付と前払給付に分けられる．$0<\lambda<1$ のケースでは，重病状態となった後の脱退表も必要になる．一時払純保険料については(13.5.8)と同様に

$$A^{1}_{x:\overline{n}|}{}^{(D+DD:\lambda)} = \sum_{k=1}^{n} {}_{k-1}p^{aa}_x \Biggl[v^k q^{aa}_{x+k-1} + \lambda v^k q^{(i)}_{x+k-1} + (1-\lambda)\left(v^k q^{ai}_{x+k-1} + p^{ai}_{x+k-1} \sum_{s=0}^{n-k-1} v^{k+s+1}\, {}_sp^{ii}_{x+k} \cdot q^{i}_{x+k+s} \right) \Biggr] \tag{13.6.11}$$

と表されることを確認されたい．その他についての記載は本書では割愛する．

13.7 章末問題

問題 13.1　占有確率についてのチャップマン・コルモゴロフの等式(13.2.6)と前進微分方程式(13.2.19)を導け．

問題 13.2　13.3.2 節の多重状態モデルについて考える．

(1)　$\mu_{13}(x+t)=\mu_{23}(x+t)=\mu(x+t)$ のとき，つまり，吸収状態 3 への推移力が状態 1, 2 について同じであるとき

---

*21　$p_{x+k}+q_{x+k}=1$ となるのに対し，$p^{aa}_{x+k}+q^{(i)}_{x+k}\neq 1$ となることに注意．

$$P_{13}(x, x+t) = 1-\exp\left(-\int_x^{x+t} \mu(u)du\right)$$

となることを示せ．

(2) 各推移力が定数で $\mu_{12}(x+t)=\mu_{12}$，$\mu_{13}(x+t)=\mu_{13}$，$\mu_{21}(x+t)=\mu_{21}$，$\mu_{23}(x+t)=\mu_{23}$ となるとき，$P_{11}(x, x+t)$，$P_{12}(x, x+t)$ はある定数 a, b を用いて

$$P_{11}(x, x+t) = \frac{(b+\mu_{12}+\mu_{13})e^{at}-(a+\mu_{12}+\mu_{13})e^{bt}}{b-a}$$

$$P_{12}(x, x+t) = \frac{\mu_{12}(e^{at}-e^{bt})}{a-b}$$

と表されることを示せ．

(3) 更に $\mu_{13}=\mu_{23}=\mu$ と仮定すると $P_{11}(x, x+t)$，$P_{12}(x, x+t)$ は

$$P_{11}(x, x+t) = \frac{\mu_{21}e^{-\mu t}+\mu_{12}e^{-(\mu+\mu_{12}+\mu_{21})t}}{\mu_{12}+\mu_{21}}$$

$$P_{12}(x, x+t) = \frac{\mu_{12}(e^{-\mu t}-e^{-(\mu+\mu_{12}+\mu_{21})t})}{\mu_{12}+\mu_{21}}$$

と表せることを示せ．

また

$$P_{13}(x, x+t) = 1-e^{-\mu t}$$

となることを示せ．

問題 13. 3　就業者である x 歳の被保険者が保険期間(n 年)中に就業不能となった場合，その年度末から満期までの各年度末(満期時を含む)に生存している限り，年額 1 の年金を支払うとき，この保険の年金現価を，$\ddot{a}^{a}_{x:\overline{n+1}|}$ と $\ddot{a}^{aa}_{x:\overline{n+1}|}$ を用いて表せ．ただし，就業不能者から就業者への回復はないものとする．

問題 13. 4　死亡・就業不能脱退残存表において，生存者総数に占める就業不能者数の割合が x 歳で 0.035，$x+1$ 歳で 0.04 とする．x 歳の就業者が 1 年以内に就業不能になる確率が 0.006，x 歳の絶対死亡率が 0.02 のとき，x 歳の就業不能者の絶対死亡率 q^{i}_{x} を求めよ．ただし，死亡および就業不能はそれぞれ独立かつ 1 年を通じて一様に発生するものとし，就業不能者から就業者への回復はないものとする．

問題 13.5　就業不能者の死力 (μ^i) と，就業者の死力 (μ^a) がおのおの年齢によらず一定(定数)で，$\mu^i=2\mu^a$ の関係があるとする．${}_tp_x^{aa}=e^{-0.01t}$，${}_tp_x^{i}=e^{-0.008t}$ であるとき，就業不能の瞬間発生率 μ^{ai} と ${}_tp_x^{ai}$ を求めよ．

問題 13.6　【Excel 演習】　例題 5 と同じ前提で，保険期間 10 年の年払純保険料を求めよ．ただし，$P(x+k,\ x+k+1)=P(x+2,\ x+3)(k\geqq3)$ とする．

問題 13.7　【Excel 演習】　3 状態の就業不能モデル(復帰のあるモデル)を考える．今，各状態間の推移力が，$\mu_x^{ai}=0.002$，$\mu_x^{ia}=0.1\mu_x^{ai}$，$\mu_x^{ad}=0.0006+0.00002\times(1.105)^x$，$\mu_x^{id}=1.2\mu_x^{ad}$ で与えられるとき，次の給付を行う保険期間 5 年の就業不能保険の純保険料(年額)を求めよ．ただし，$i=3\%$ とする．

(1)　各年末に就業不能状態にあるとき　給付額 100
　　死亡したとき　死亡保険金　1000(即時支払)
　　保険料年払

(2)　就業不能状態にあるとき　給付年額 100(連続払)
　　死亡したとき　死亡保険金　1000(即時支払)
　　保険料連続払

(ヒント) (13.3.2) (13.3.3) (13.3.8) を用いて，微小区間をとり，各推移確率を数値解析的に求めよ．

例示用生命表

以下の生命表は本書の学習用として，第 20 回生命表(男)の死亡率を参考にして独自に作成したものであり，実用を目的としたものではない．完全平均余命および定常人口は，端数年齢における生存数を前後の年齢の生存数の 1 次式で近似して算出したものである．

年齢	生存数	死亡数	生存率	死亡率	完全平均余命	定常人口	(参考) $i = 3\%$ 一時払純保険料		年金現価
x	l_x	d_x	p_x	q_x	$\mathring{e}_x$	T_x	$1000A_x$	$1000(^2A_x)$	$\ddot{a}_x$
0	100,000	298	0.99702	0.00298	78.56	7,855,974	109.52	19.01	30.573
1	99,702	45	0.99955	0.00045	77.79	7,756,123	110.16	17.24	30.551
2	99,657	32	0.99968	0.00032	76.83	7,656,444	113.06	17.85	30.451
3	99,625	22	0.99978	0.00022	75.85	7,556,802	116.17	18.62	30.345
4	99,603	16	0.99984	0.00016	74.87	7,457,188	119.47	19.54	30.232
5	99,587	14	0.99986	0.00014	73.88	7,357,593	122.91	20.57	30.113
6	99,573	14	0.99986	0.00014	72.89	7,258,012	126.47	21.69	29.991
7	99,560	14	0.99986	0.00014	71.90	7,158,446	130.15	22.87	29.865
8	99,546	13	0.99987	0.00013	70.91	7,058,893	133.93	24.13	29.735
9	99,533	11	0.99989	0.00011	69.92	6,959,354	137.84	25.47	29.601
10	99,522	9	0.99991	0.00009	68.93	6,859,827	141.88	26.92	29.462
11	99,513	9	0.99991	0.00009	67.93	6,760,310	146.06	28.47	29.319
12	99,504	10	0.99990	0.00010	66.94	6,660,802	150.36	30.12	29.171
13	99,494	14	0.99986	0.00014	65.95	6,561,303	154.79	31.85	29.019
14	99,480	18	0.99982	0.00018	64.96	6,461,816	159.31	33.66	28.864
15	99,462	23	0.99977	0.00023	63.97	6,362,345	163.94	35.53	28.705
16	99,439	28	0.99972	0.00028	62.98	6,262,895	168.67	37.48	28.542
17	99,411	35	0.99965	0.00035	62.00	6,163,469	173.50	39.49	28.377
18	99,376	43	0.99957	0.00043	61.02	6,064,075	178.41	41.56	28.208
19	99,334	50	0.99950	0.00050	60.05	5,964,720	183.42	43.68	28.036
20	99,284	56	0.99944	0.00056	59.08	5,865,411	188.51	45.86	27.861
21	99,228	60	0.99940	0.00060	58.11	5,766,155	193.72	48.12	27.682
22	99,169	62	0.99937	0.00063	57.14	5,666,956	199.05	50.48	27.499
23	99,106	65	0.99934	0.00066	56.18	5,567,819	204.52	52.96	27.312
24	99,041	66	0.99933	0.00067	55.22	5,468,745	210.13	55.56	27.119

年齢	生存数	死亡数	生存率	死亡率	完全平均余命	定常人口	(参考) $i = 3\%$ 一時払純保険料		年金現価
x	l_x	d_x	p_x	q_x	$\mathring{e}_x$	T_x	$1000A_x$	$1000(^2A_x)$	$\ddot{a}_x$
25	98,975	66	0.99933	0.00067	54.25	5,369,737	215.91	58.32	26.920
26	98,908	66	0.99933	0.00067	53.29	5,270,796	221.87	61.24	26.716
27	98,842	67	0.99932	0.00068	52.33	5,171,920	228.01	64.34	26.505
28	98,775	69	0.99930	0.00070	51.36	5,073,112	234.32	67.63	26.288
29	98,706	71	0.99928	0.00072	50.40	4,974,372	240.82	71.10	26.065
30	98,635	73	0.99926	0.00074	49.43	4,875,701	247.51	74.76	25.836
31	98,562	75	0.99924	0.00076	48.47	4,777,103	254.38	78.63	25.600
32	98,487	78	0.99921	0.00079	47.50	4,678,579	261.45	82.72	25.357
33	98,409	84	0.99915	0.00085	46.54	4,580,131	268.72	87.04	25.107
34	98,325	90	0.99908	0.00092	45.58	4,481,764	276.16	91.57	24.852
35	98,235	96	0.99902	0.00098	44.62	4,383,484	283.79	96.31	24.590
36	98,139	103	0.99895	0.00105	43.67	4,285,297	291.61	101.30	24.322
37	98,036	111	0.99887	0.00113	42.71	4,187,210	299.62	106.53	24.046
38	97,925	119	0.99878	0.00122	41.76	4,089,230	307.83	112.01	23.765
39	97,805	129	0.99868	0.00132	40.81	3,991,365	316.23	117.76	23.476
40	97,676	140	0.99857	0.00143	39.86	3,893,624	324.82	123.77	23.181
41	97,537	150	0.99846	0.00154	38.92	3,796,018	333.61	130.06	22.879
42	97,386	164	0.99832	0.00168	37.98	3,698,556	342.61	136.66	22.570
43	97,223	180	0.99815	0.00185	37.04	3,601,252	351.80	143.54	22.255
44	97,043	199	0.99795	0.00205	36.11	3,504,119	361.17	150.71	21.933
45	96,844	220	0.99773	0.00227	35.18	3,407,176	370.72	158.16	21.605
46	96,624	243	0.99749	0.00251	34.26	3,310,442	380.43	165.90	21.272
47	96,382	264	0.99726	0.00274	33.35	3,213,939	390.31	173.93	20.933
48	96,117	285	0.99703	0.00297	32.44	3,117,689	400.38	182.28	20.587
49	95,832	311	0.99675	0.00325	31.53	3,021,714	410.64	190.98	20.235
50	95,521	341	0.99643	0.00357	30.63	2,926,038	421.08	200.01	19.876
51	95,180	374	0.99607	0.00393	29.74	2,830,688	431.68	209.37	19.512
52	94,805	412	0.99565	0.00435	28.86	2,735,696	442.44	219.05	19.143
53	94,393	451	0.99522	0.00478	27.98	2,641,096	453.34	229.04	18.769
54	93,942	492	0.99476	0.00524	27.11	2,546,929	464.38	239.35	18.390

年齢	生存数	死亡数	生存率	死亡率	完全平均余命	定常人口	(参考) $i=3\%$ 一時払純保険料		年金現価
x	l_x	d_x	p_x	q_x	$\mathring{e}_x$	T_x	$1000A_x$	$1000(^2A_x)$	$\ddot{a}_x$
55	93,450	541	0.99421	0.00579	26.25	2,453,233	475.56	250.00	18.006
56	92,909	594	0.99361	0.00639	25.40	2,360,054	486.86	260.94	17.618
57	92,315	643	0.99303	0.00697	24.56	2,267,442	498.26	272.18	17.227
58	91,671	693	0.99244	0.00756	23.73	2,175,449	509.79	283.77	16.831
59	90,978	744	0.99182	0.00818	22.91	2,084,124	521.46	295.72	16.430
60	90,234	797	0.99117	0.00883	22.09	1,993,518	533.29	308.07	16.024
61	89,437	855	0.99044	0.00956	21.29	1,903,682	545.27	320.84	15.612
62	88,582	916	0.98966	0.01034	20.49	1,814,672	557.40	334.01	15.196
63	87,666	972	0.98891	0.01109	19.69	1,726,548	569.67	347.60	14.775
64	86,694	1,029	0.98813	0.01187	18.91	1,639,367	582.13	361.69	14.347
65	85,665	1,094	0.98723	0.01277	18.13	1,553,188	594.78	376.32	13.913
66	84,571	1,172	0.98614	0.01386	17.36	1,468,070	607.61	391.47	13.472
67	83,399	1,272	0.98475	0.01525	16.60	1,384,084	620.58	407.09	13.027
68	82,127	1,395	0.98301	0.01699	15.85	1,301,321	633.61	423.08	12.579
69	80,732	1,536	0.98097	0.01903	15.11	1,219,892	646.62	439.32	12.133
70	79,196	1,681	0.97877	0.02123	14.39	1,139,928	659.54	455.72	11.689
71	77,514	1,830	0.97639	0.02361	13.70	1,061,573	672.37	472.27	11.249
72	75,684	1,979	0.97385	0.02615	13.01	984,974	685.10	488.96	10.811
73	73,705	2,134	0.97105	0.02895	12.35	910,279	697.75	505.82	10.377
74	71,571	2,296	0.96792	0.03208	11.70	837,641	710.30	522.81	9.946
75	69,275	2,463	0.96445	0.03555	11.07	767,218	722.71	539.89	9.520
76	66,812	2,632	0.96061	0.03939	10.46	699,174	734.97	557.02	9.099
77	64,181	2,803	0.95632	0.04368	9.87	633,677	747.06	574.17	8.684
78	61,377	2,980	0.95144	0.04856	9.30	570,898	758.94	591.28	8.276
79	58,397	3,155	0.94598	0.05402	8.75	511,011	770.57	608.27	7.877
80	55,242	3,313	0.94002	0.05998	8.22	454,192	781.90	625.05	7.488
81	51,929	3,448	0.93361	0.06639	7.71	400,606	792.94	641.62	7.109
82	48,481	3,569	0.92639	0.07361	7.23	350,401	803.70	657.99	6.740
83	44,913	3,672	0.91824	0.08176	6.76	303,704	814.12	674.07	6.382
84	41,241	3,745	0.90919	0.09081	6.32	260,628	824.17	689.76	6.037

年齢	生存数	死亡数	生存率	死亡率	完全平均余命	定常人口	(参考) $i = 3\%$ 一時払純保険料		年金現価
x	l_x	d_x	p_x	q_x	$\mathring{e}_x$	T_x	$1000A_x$	$1000(^2A_x)$	$\ddot{a}_x$
85	37,495	3,775	0.89932	0.10068	5.90	221,260	833.81	704.98	5.706
86	33,720	3,765	0.88836	0.11164	5.51	185,652	843.02	719.69	5.390
87	29,956	3,703	0.87639	0.12361	5.13	153,814	851.76	733.80	5.090
88	26,253	3,581	0.86358	0.13642	4.79	125,709	860.00	747.24	4.807
89	22,672	3,386	0.85064	0.14936	4.47	101,247	867.76	760.01	4.540
90	19,285	3,173	0.83547	0.16453	4.16	80,268	875.15	772.28	4.287
91	16,112	2,896	0.82029	0.17971	3.88	62,570	881.99	783.73	4.052
92	13,217	2,585	0.80440	0.19560	3.62	47,905	888.39	794.53	3.832
93	10,632	2,256	0.78780	0.21220	3.38	35,981	894.38	804.72	3.626
94	8,376	1,922	0.77047	0.22953	3.16	26,477	899.99	814.33	3.434
95	6,453	1,598	0.75242	0.24758	2.95	19,063	905.24	823.39	3.253
96	4,855	1,293	0.73363	0.26637	2.76	13,409	910.15	831.92	3.085
97	3,562	1,018	0.71412	0.28588	2.58	9,200	914.75	839.95	2.927
98	2,544	779	0.69389	0.30611	2.42	6,147	919.05	847.51	2.779
99	1,765	577	0.67294	0.32706	2.26	3,992	923.07	854.63	2.641
100	1,188	414	0.65131	0.34869	2.12	2,516	926.83	861.31	2.512
101	774	287	0.62901	0.37099	1.98	1,535	930.35	867.60	2.391
102	487	192	0.60607	0.39393	1.86	905	933.64	873.51	2.278
103	295	123	0.58253	0.41747	1.74	514	936.73	879.08	2.172
104	172	76	0.55844	0.44156	1.64	281	939.62	884.32	2.073
105	96	45	0.53385	0.46615	1.53	147	942.36	889.29	1.979
106	51	25	0.50882	0.49118	1.44	74	944.98	894.06	1.889
107	26	13	0.48343	0.51657	1.34	35	947.58	898.80	1.800
108	13	7	0.45774	0.54226	1.24	16	950.36	903.89	1.704
109	6	3	0.43186	0.56814	1.11	6	953.85	910.29	1.584
110	2	1	0.40587	0.59413	0.91	2	959.40	920.63	1.394
111	1	1	0.00000	1.00000	0.50	1	970.87	942.60	1.000

(参考)計算基数

計算機器が現代ほど発達していなかった時代において，保険料や責任準備金を計算する際に，より迅速かつ正確に計算結果を出せるよう，「計算基数」と呼ばれる数値表をあらかじめ作成することで計算作業の効率化が図られていた．

現在では計算基数がなくともコンピュータによって保険料等を即時に計算できる環境にあるものの，日本の生命保険会社の多くが依然として(参考.4)や(参考.5)のように保険料等の計算方法の記述に計算基数を用いている．

ここでは，代表的な計算基数の定義およびその利用方法について概説する．

まず，計算基数 D_x，C_x，N_x，M_x，S_x および R_x を次のとおり定義する：

$$\begin{cases} D_x = v^x \cdot l_x & C_x = v^{x+1} \cdot d_x \\ N_x = \sum_{y=x}^{\omega-1} D_y & M_x = \sum_{y=x}^{\omega-1} C_y \\ S_x = \sum_{y=x}^{\omega-1} N_y & R_x = \sum_{y=x}^{\omega-1} M_y \end{cases} \tag{参考.1}$$

このとき，定期保険(保険金年末支払)の一時払純保険料 $A^1_{x:\overline{n|}}$ および有期年金の現価 $\ddot{a}_{x:\overline{n|}}$ は，(5.1.12)および(6.1.12)より次のとおり表される：

$$\begin{aligned} A^1_{x:\overline{n|}} &= \sum_{k=1}^{n} v^k \cdot {}_{k-1}p_x \cdot q_{x+k-1} \\ &= \sum_{k=1}^{n} v^k \cdot \frac{l_{x+k-1}}{l_x} \cdot \frac{d_{x+k-1}}{l_{x+k-1}} \\ &= \sum_{k=1}^{n} \frac{v^{x+k} \cdot d_{x+k-1}}{v^x \cdot l_x} \\ &= \frac{\sum_{k=1}^{n} C_{x+k-1}}{D_x} = \frac{M_x - M_{x+n}}{D_x}, \end{aligned} \tag{参考.2}$$

$$\begin{aligned} \ddot{a}_{x:\overline{n|}} &= \sum_{k=0}^{n-1} v^k \cdot {}_kp_x = \sum_{k=0}^{n-1} v^k \cdot \frac{l_{x+k}}{l_x} \\ &= \sum_{k=0}^{n-1} \frac{v^{x+k} \cdot l_{x+k}}{v^x \cdot l_x} \\ &= \frac{\sum_{k=0}^{n-1} D_{x+k}}{D_x} = \frac{N_x - N_{x+n}}{D_x}. \end{aligned} \tag{参考.3}$$

例題1

40歳加入，保険料年払全期払込，保険金年末支払，保険期間10年の定期保険の年払純保険料 $P^{1}_{40:\overline{10|}}$ および3年経過後の責任準備金 ${}_{3}V^{1}_{40:\overline{10|}}$ をそれぞれ計算基数により表し，末尾に掲載している例示用計算基数を用いてそれぞれの値を求めよ．

解

$$P^{1}_{40:\overline{10|}} = \frac{A^{1}_{40:\overline{10|}}}{\ddot{a}_{40:\overline{10|}}} = \frac{M_{40}-M_{50}}{N_{40}-N_{50}} \tag{参考.4}$$

$$= \frac{9{,}726.24-9{,}174.86}{694{,}119.25-433{,}082.56} = 0.002112.$$

$${}_{3}V^{1}_{40:\overline{10|}} = A^{1}_{43:\overline{7|}} - P^{1}_{40:\overline{10|}}\cdot\ddot{a}_{43:\overline{7|}}$$

$$= \frac{M_{43}-M_{50}}{D_{43}} - \frac{M_{40}-M_{50}}{N_{40}-N_{50}}\cdot\frac{N_{43}-N_{50}}{D_{43}} \tag{参考.5}$$

$$= \frac{9{,}595.37-9{,}174.86}{27{,}275.15} - \frac{9{,}726.24-9{,}174.86}{694{,}119.25-433{,}082.56}\cdot\frac{607{,}005.66-433{,}082.56}{27{,}275.15}$$

$$= 0.001948.$$

例題2

逓増定期保険の一時払純保険料 $(IA)^{1}_{x:\overline{n|}}$ を計算基数により表せ．

解

(5.3.5)より，

$$(IA)^{1}_{x:\overline{n|}} = \sum_{k=1}^{n} k\cdot v^{k}\cdot {}_{k-1}p_{x}\cdot q_{x+k-1}$$

$$= \sum_{k=1}^{n}\frac{k\cdot C_{x+k-1}}{D_{x}} = \frac{C_{x}+2C_{x+1}+\cdots+n\cdot C_{x+n-1}}{D_{x}}$$

$$= \frac{(C_{x}+\cdots+C_{x+n-1})+(C_{x+1}+\cdots+C_{x+n-1})+\cdots+(C_{x+n-1})}{D_{x}}$$

$$= \frac{(M_{x}-M_{x+n})+(M_{x+1}-M_{x+n})+\cdots+(M_{x+n-1}-M_{x+n})}{D_{x}}$$

$$= \frac{(M_{x}+M_{x+1}+\cdots+M_{x+n-1})-n\cdot M_{x+n}}{D_{x}}$$

$$= \frac{R_{x}-R_{x+n}-n\cdot M_{x+n}}{D_{x}}. \tag{参考.6}$$

例題3

(6.1.15)式の $1=A_{x:\overline{n|}}+d\cdot\ddot{a}_{x:\overline{n|}}$ が成り立つことを計算基数を用いて証明せよ．

解

$C_{x}=v^{x+1}\cdot d_{x}=v^{x+1}\cdot(l_{x}-l_{x+1})=v\cdot D_{x}-D_{x+1}$ より，$M_{x}=v\cdot N_{x}-N_{x+1}$ が成り立つ．また，(参考.2)と同様に

$$A_{x:\overline{n}|} = \sum_{k=1}^{n} v^k \cdot {}_{k-1}p_x \cdot q_{x+k-1} + v^n \cdot {}_n p_x = \frac{M_x - M_{x+n} + D_{x+n}}{D_x} \quad (参考.7)$$

と表されるので,

$$\begin{aligned}
&A_{x:\overline{n}|} + d \cdot \ddot{a}_{x:\overline{n}|} \\
&= \frac{M_x - M_{x+n} + D_{x+n}}{D_x} + d \cdot \frac{N_x - N_{x+n}}{D_x} \\
&= \frac{(v \cdot N_x - N_{x+1}) - (v \cdot N_{x+n} - N_{x+n+1}) + D_{x+n} + (1-v)(N_x - N_{x+n})}{D_x} \\
&= \frac{(N_x - N_{x+1}) - (N_{x+n} - N_{x+n+1}) + D_{x+n}}{D_x} \\
&= \frac{D_x - D_{x+n} + D_{x+n}}{D_x} = 1.
\end{aligned}$$

同様に,連合生命保険モデルや就業不能保険等でも適切に計算基数を定義することにより保険料等をうまく表すことができる.例えば,

$$\begin{cases} l_{xy} = l_x \cdot l_y \\ D_{xy} = v^{\frac{1}{2}(x+y)} \cdot l_{xy} \\ N_{xy} = \displaystyle\sum_{k=0}^{\omega - \max\{x,y\}-1} D_{x+k,y+k} \end{cases} \quad (参考.8)$$

と定義した基数を用いると,連生年金の一時払純保険料 $\ddot{a}_{xy}$ は(9.6.2)より,

$$\begin{aligned}
\ddot{a}_{xy} &= \sum_{k=0}^{\infty} v^k \cdot {}_k p_{xy} = \sum_{k=0}^{\infty} v^k \cdot \frac{l_{x+k}}{l_x} \cdot \frac{l_{y+k}}{l_y} \\
&= \sum_{k=0}^{\infty} \frac{v^{\frac{1}{2}(x+k+y+k)} \cdot l_{x+k} \cdot l_{y+k}}{v^{\frac{1}{2}(x+y)} \cdot l_x \cdot l_y} \\
&= \frac{N_{xy}}{D_{xy}} \quad (参考.9)
\end{aligned}$$

と表される.

例示用生命表の生存数，死亡数による計算基数（利率は 3%）

年齢	D_x	C_x	N_x	M_x
0	100,000.00	289.32	3,057,297.85	10,952.49
1	96,798.06	42.29	2,957,297.85	10,663.17
2	93,936.41	29.18	2,860,499.80	10,620.88
3	91,171.21	19.47	2,766,563.39	10,591.69
4	88,496.27	13.75	2,675,392.18	10,572.22
5	85,904.96	11.68	2,586,895.91	10,558.47
6	83,391.19	11.33	2,500,990.96	10,546.80
7	80,950.99	11.00	2,417,599.76	10,535.46
8	78,582.19	9.92	2,336,648.77	10,524.46
9	76,283.47	8.15	2,258,066.58	10,514.54
10	74,053.48	6.47	2,181,783.11	10,506.40
11	71,890.11	6.28	2,107,729.63	10,499.92
12	69,789.94	6.78	2,035,839.52	10,493.64
13	67,750.45	9.21	1,966,049.58	10,486.87
14	65,767.92	11.49	1,898,299.14	10,477.66
15	63,840.86	14.26	1,832,531.21	10,466.16
16	61,967.16	16.85	1,768,690.35	10,451.91
17	60,145.45	20.44	1,706,723.19	10,435.06
18	58,373.20	24.37	1,646,577.74	10,414.63
19	56,648.64	27.50	1,588,204.54	10,390.26
20	54,971.18	29.89	1,531,555.90	10,362.76
21	53,340.19	31.07	1,476,584.72	10,332.87
22	51,755.52	31.66	1,423,244.53	10,301.80
23	50,216.42	32.18	1,371,489.00	10,270.14
24	48,721.63	31.69	1,321,272.58	10,237.96
25	47,270.86	30.75	1,272,550.95	10,206.27
26	45,863.29	29.83	1,225,280.09	10,175.52
27	44,497.63	29.38	1,179,416.79	10,145.69
28	43,172.21	29.34	1,134,919.16	10,116.31
29	41,885.43	29.28	1,091,746.95	10,086.97
30	40,636.18	29.19	1,049,861.52	10,057.69
31	39,423.41	29.09	1,009,225.34	10,028.50

年齢	D_x	C_x	N_x	M_x
32	38,246.07	29.33	969,801.93	9,999.41
33	37,102.77	30.62	931,555.86	9,970.07
34	35,991.49	32.15	894,453.09	9,939.46
35	34,911.04	33.22	858,461.61	9,907.31
36	33,861.00	34.52	823,550.56	9,874.09
37	32,840.24	36.03	789,689.56	9,839.57
38	31,847.70	37.72	756,849.32	9,803.54
39	30,882.37	39.58	725,001.62	9,765.82
40	29,943.31	41.57	694,119.25	9,726.24
41	29,029.60	43.40	664,175.94	9,684.67
42	28,140.68	45.90	635,146.34	9,641.27
43	27,275.15	48.99	607,005.66	9,595.37
44	26,431.74	52.61	579,730.51	9,546.38
45	25,609.27	56.44	553,298.78	9,493.77
46	24,806.93	60.45	527,689.51	9,437.33
47	24,023.95	63.91	502,882.58	9,376.88
48	23,260.31	67.07	478,858.63	9,312.97
49	22,515.76	71.04	455,598.32	9,245.90
50	21,788.91	75.52	433,082.56	9,174.86
51	21,078.76	80.43	411,293.65	9,099.34
52	20,384.39	86.09	390,214.88	9,018.91
53	19,704.58	91.44	369,830.49	8,932.82
54	19,039.22	96.86	350,125.91	8,841.38
55	18,387.82	103.36	331,086.69	8,744.52
56	17,748.89	110.11	312,698.87	8,641.15
57	17,121.82	115.86	294,949.99	8,531.04
58	16,507.26	121.16	277,828.17	8,415.18
59	15,905.31	126.32	261,320.91	8,294.02
60	15,315.73	131.30	245,415.61	8,167.70
61	14,738.34	136.79	230,099.88	8,036.40
62	14,172.27	142.27	215,361.54	7,899.61
63	13,617.22	146.62	201,189.27	7,757.33
64	13,073.98	150.67	187,572.05	7,610.72

年齢	D_x	C_x	N_x	M_x
65	12,542.52	155.50	174,498.07	7,460.05
66	12,021.70	161.77	161,955.55	7,304.55
67	11,509.78	170.41	149,933.85	7,142.78
68	11,004.14	181.51	138,424.07	6,972.37
69	10,502.11	194.03	127,419.93	6,790.85
70	10,002.19	206.16	116,917.82	6,596.82
71	9,504.70	217.87	106,915.63	6,390.66
72	9,010.00	228.75	97,410.93	6,172.79
73	8,518.82	239.44	88,400.93	5,944.04
74	8,031.26	250.14	79,882.11	5,704.60
75	7,547.20	260.49	71,850.84	5,454.46
76	7,066.89	270.26	64,303.64	5,193.97
77	6,590.81	279.50	57,236.74	4,923.72
78	6,119.34	288.50	50,645.94	4,644.21
79	5,652.61	296.46	44,526.60	4,355.71
80	5,191.51	302.32	38,873.99	4,059.25
81	4,737.98	305.39	33,682.49	3,756.94
82	4,294.59	306.92	28,944.51	3,451.54
83	3,862.59	306.61	24,649.92	3,144.63
84	3,443.48	303.59	20,787.33	2,838.02
85	3,039.59	297.11	17,343.85	2,534.43
86	2,653.94	287.66	14,304.27	2,237.31
87	2,288.99	274.70	11,650.32	1,949.66
88	1,947.62	257.96	9,361.34	1,674.96
89	1,632.94	236.79	7,413.72	1,417.00
90	1,348.58	215.42	5,780.78	1,180.21
91	1,093.88	190.86	4,432.20	964.79
92	871.17	165.44	3,338.32	773.93
93	680.36	140.17	2,467.15	608.50
94	520.37	115.96	1,786.79	468.33
95	389.25	93.56	1,266.42	352.37
96	284.35	73.54	877.17	258.80
97	202.53	56.21	592.81	185.27

年齢	D_x	C_x	N_x	M_x
98	140.42	41.73	390.28	129.05
99	94.60	30.04	249.86	87.32
100	61.80	20.92	155.26	57.28
101	39.08	14.08	93.46	36.36
102	23.87	9.13	54.38	22.28
103	14.04	5.69	30.51	13.16
104	7.94	3.40	16.47	7.46
105	4.31	1.95	8.52	4.06
106	2.23	1.06	4.22	2.11
107	1.10	0.55	1.98	1.04
108	0.52	0.27	0.88	0.49
109	0.23	0.13	0.36	0.22
110	0.10	0.06	0.13	0.09
111	0.04	0.04	0.04	0.04

章末問題略解

第1章

問題 1.1 第2式のみ示す.
$\frac{1}{\ddot{a}_{\overline{n}|}}-\frac{1}{\ddot{s}_{\overline{n}|}}=\frac{d}{1-v^n}-\frac{d}{(1+i)^n-1}=\frac{((1+i)^n)d}{(1+i)^n-1}-\frac{d}{(1+i)^n-1}=\frac{((1+i)^n-1)d}{(1+i)^n-1}=d.$
問題 1.2 $i^{(m)}=m\{(1+i)^{1/m}-1\}=i-\frac{1}{2}(1-1/m)i^2+\frac{1}{6}(1-1/m)(2-1/m)i^3+\cdots<i$,
$i^{(m)}=m\{e^{\delta/m}-1\}=\delta+\frac{1}{2m}\delta^2+\frac{1}{6m^2}\delta^3+\cdots>\delta$ 他は省略.
問題 1.3 (1) $\ddot{a}_{\overline{10}|}=8.108$, $a_{\overline{10}|}=7.722$, $\ddot{s}_{\overline{10}|}=13.207$, $s_{\overline{10}|}=12.578$.
(2) ${}_{3|}\ddot{a}_{\overline{10}|}=7.004$, $\ddot{a}^{(4)}_{\overline{10}|}=7.962$, $\overline{a}_{\overline{10}|}=7.912$.
(3) $(I\ddot{a})_{\overline{10}|}=41.342$, $(Ia)_{\overline{10}|}=39.374$, $(I\ddot{s})_{\overline{10}|}=67.343$, $(Is)_{\overline{10}|}=64.136$.
問題 1.4 $\ddot{a}_{\overline{16}|}=\ddot{a}_{\overline{8}|}+v^8\ddot{a}_{\overline{8}|}$ から $v^8=0.75941$ であり, $i=3.5\%$.
問題 1.5 最初の5年間の毎年の返済額 165,958 円. 次の5年間の毎年の返済額 82,979 円.
問題 1.6 $e^{20\delta}-1=4(e^{10\delta}-1)$ と $\delta\neq 0$ から, $\delta=0.1099$.
問題 1.7 省略
問題 1.8 6.90% ハーディの公式は $I=\int_0^1 M(t)\delta dt \fallingdotseq \delta\frac{A+B}{2}$ および
$i=e^\delta-1\fallingdotseq\delta(1-\delta/2)^{-1}$ による.
問題 1.9 (1) $\frac{10{,}000{,}000}{a_{\overline{10}|}}=1{,}295{,}046$ 円 (2) t 回目の返済額
$10{,}000{,}000\{\frac{1}{10}+(1-\frac{t-1}{10})\cdot 0.05\}$.
問題 1.10 省略
問題 1.11 (1) $i+\frac{1}{s^{(j)}_{\overline{10}|}}$ (2) $i+\frac{1}{s^{(j)}_{\overline{10}|}}=\frac{1}{a^{(k)}_{\overline{10}|}}$ であるから, $i=3.77\%$.

第2章

問題 2.1 (1) 2/27 (2) 91/216 (3) 35/216.
問題 2.2

k	1	2	3	4	5	6
$\Pr(\boldsymbol{X}=k)$	1/36	3/36	5/36	7/36	9/36	11/36

により, $\mathrm{E}[\boldsymbol{X}]=161/36$, $\mathrm{Var}(\boldsymbol{X})=2555/1296$.
問題 2.3 期待値 14/3, 標準偏差 $\sqrt{14}/3$.
問題 2.4 $\Pr(-1/2\leqq\boldsymbol{X}\leqq 1/2)=5/8$, $\mathrm{E}[\boldsymbol{X}]=-1/12$, $\mathrm{Var}(\boldsymbol{X})=35/144$.
問題 2.5 (1) $f(k,l)=\Pr(\{\boldsymbol{X}=k\}\cap\{\boldsymbol{Y}=l\})=\begin{cases}0 & k>l\\ k/36 & k=l\\ 1/36 & k<l\end{cases}$,
$g(k)=1/6$, $h(l)=(2l-1)/36$.
(2) $\mathrm{E}[\boldsymbol{X}|\boldsymbol{Y}=4]=22/7$, $\mathrm{Var}(\boldsymbol{X}|\boldsymbol{Y}=4)=62/49$.
問題 2.6 i 個目のサイコロの目が1または2の時に限り1をとる確率変数を $\boldsymbol{X}_i$ および $\boldsymbol{Y}_i$ とすると, $i\neq j$ のとき $\boldsymbol{X}_i$ と $\boldsymbol{Y}_j$ は独立であるから,
$\mathrm{Cov}(\boldsymbol{X},\boldsymbol{Y})=\sum_i \mathrm{Cov}(\boldsymbol{X}_i,\boldsymbol{Y}_i)=-n/36$.
問題 2.7 (1) $\mathrm{E}[\boldsymbol{Y}]=np, \mathrm{Var}(\boldsymbol{Y})=np(1-p)$ (二項分布)

(2) $\Pr(|\boldsymbol{Y}-\mathrm{E}[\boldsymbol{Y}]|\leqq \mathrm{E}[\boldsymbol{Y}])=\Pr\left(\frac{|\boldsymbol{Y}-\mathrm{E}[\boldsymbol{Y}]|}{\sqrt{\mathrm{Var}(\boldsymbol{Y})}}\leqq\sqrt{\frac{np}{1-p}}\right)\geqq 0.90$ より $\sqrt{np/(1-p)}\geqq F^{-1}(0.95)$（$F^{-1}(0.90)$ ではない）だから，268.

問題 2.8 (1) 平均 n のポアソン分布（ポアソン分布の再生性）.

(2) $\Pr(\boldsymbol{Y}\leqq \mathrm{E}[\boldsymbol{Y}])=\Pr((\boldsymbol{Y}-\mathrm{E}[\boldsymbol{Y}])/\sqrt{\mathrm{Var}(\boldsymbol{Y})}\leqq 0)\cong 0.5$.

問題 2.9 支払総額 $\boldsymbol{S}$ は，死亡数を表す二項分布 $\boldsymbol{X}$（$\mathrm{E}[\boldsymbol{X}]=10$，$\mathrm{Var}(\boldsymbol{X})=9.99$）によって $\boldsymbol{S}=100$ 万円$\times\boldsymbol{X}$ となることに注意すると，$\Pr(\boldsymbol{S}\geqq 1{,}500$ 万$)=\Pr(\frac{\boldsymbol{X}-10}{\sqrt{9.99}}\geqq 1.58)$ $=0.057$.

問題 2.10 (1) $\mathrm{E}[\boldsymbol{X}]=1{,}000$，$\mathrm{Var}(\boldsymbol{X})=999{,}000{,}000$.

(2) $\mathrm{E}[\boldsymbol{X}]=999{,}000$，$\mathrm{Var}(\boldsymbol{X})=999{,}000{,}000$.

(3) $\mathrm{E}[\boldsymbol{X}]=1{,}000{,}000$，$\mathrm{Var}(\boldsymbol{X})=0$.

第3章

問題 3.1 ${}_tp_x=\exp\left(-\int_x^{x+t}\mu_s ds\right)$ より，両辺を x で微分して，$\frac{d\,{}_tp_x}{dx}={}_tp_x(\mu_x-\mu_{x+t})$. この両辺を t に関して積分すれば，$\frac{d\mathring{e}_x}{dx}=\mu_x\mathring{e}_x-1$.

問題 3.2 $q_{x-1}=\int_0^1 {}_tp_{x-1}\,\mu_{x-1+t}dt<\int_0^1\mu_x dt=\mu_x$,
$q_x=\int_0^1 {}_tp_x\,\mu_{x+t}dt>\int_0^1 p_x\,\mu_x dt=p_x\mu_x$. よって $q_{x-1}<\mu_x<\frac{q_x}{p_x}$.

問題 3.3
$-\int_0^t\mu_{x+s}ds=-\int_0^t\frac{(x+s)}{a^2-(x+s)^2}ds=\frac{1}{2}[\log\{a^2-(x+s)^2\}]_0^t=\log\sqrt{\frac{a^2-(x+t)^2}{a^2-x^2}}$. よって ${}_tp_x=\sqrt{\frac{a^2-(x+t)^2}{a^2-x^2}}$.

問題 3.4 ${}_tp_0=\exp\left(-a\frac{t^2}{2}\right)$. 従って，$\mathring{e}_0=\int_0^\infty {}_tp_0 dt=\frac{\sqrt{2\pi}}{2\sqrt{a}}$.

問題 3.5 ${}_{10}p_{35}=\exp\left(-\int_0^{10}k(35+t)dt\right)=e^{-400k}$. 同様に ${}_{20}p_{40}=e^{-1000k}$ より，${}_{20}p_{40}=({}_{10}p_{35})^{\frac{5}{2}}=0.9^5=0.59049$.

問題 3.6 $\mathring{e}_x=\int_0^{a-x}{}_tp_x dt=\frac{2}{3}(a-x)$ より，$\mathring{e}_{40}=2\mathring{e}_{80}$ を用いて $a=120$. よって $\mathring{e}_{60}=40$.

問題 3.7 (1) ${}_tp'_x={}_tp_{x+\beta}$ より，$\mu'_{x+t}=\mu_{x+\beta+t}$ が成り立つことが分かる．さらに $\mu'_{x+t}=\alpha\mu_{x+t}$ であるから，$\alpha(A+Bc^{x+t})=A+Bc^{x+\beta+t}$. これが常に成り立つから，$A=0$. (2) $\alpha=c^\beta$ より，$\beta=\frac{\log\alpha}{\log c}$.

問題 3.8 ${}_tp_x=\frac{a-(x+t)}{a-x}$ となる．よって 左辺=右辺$=\frac{a-x-\alpha/2}{a-x}$ となるので題意が成り立つ．

問題 3.9 $\log p_x=-\int_0^1 Bc^{x+t}dt=\frac{B(1-c)}{\log c}c^x$ となる．従って，$\log p_x$，$\log p_{x+n}$，$\log p_{x+2n}$ は公比 c^n の等比数列をなす．

問題 3.10 (1) $e_x=\sum_{t=1}^\infty {}_tp_x=p_x+p_x\sum_{t=1}^\infty {}_tp_{x+1}=p_x(1+e_{x+1})$.
(2) ${}_2p_{70}=\frac{e_{70}}{1+e_{71}}\cdot\frac{e_{71}}{1+e_{72}}=0.92317487$.

問題 3.11 (1) $f(t)=-S'(t)=\frac{\alpha}{\omega}\left(1-\frac{t}{\omega}\right)^{\alpha-1}$ (2) $\lambda(t)=\frac{f(t)}{S(t)}=\frac{\alpha}{\omega-t}$.

問題 3.12 ${}_tp'_x=\exp\left(-\int_0^t\mu'_{x+s}ds\right)=\exp\left(-\int_0^t\mu_{x+s}ds+ct\right)=e^{ct}\,{}_tp_x$.

第4章

問題 4.1 ${}_tp_{50}=\frac{S(50+t)}{S(50)}$，$\mathring{e}_{50:\overline{30|}}=\dfrac{\int_0^{30}\left(1-\left(\frac{50+t}{100}\right)^2\right)dt}{1-\left(\frac{50}{100}\right)^2}=22.8$.

問題 4.2 (1) ${}_tp_0=l_t/l_0=(l_1/l_0)(l_2/l_1)\cdots(l_t/l_{t-1})=p_0p_1\cdots p_{t-1}$ なので，それぞれ代入

すると ${}_1p_0=0.90$，${}_2p_0=0.72$，${}_3p_0=0.432$，${}_4p_0=0.1296$，${}_5p_0=0.00$.
(2) 定義より $l_{x+1}=l_x\cdot p_x$ が成り立つので，l_x を帰納的に求めることができる．
$d_x=l_x-l_{x+1}$ より表にすると

x	0	1	2	3	4	5
l_x	100,000	90,000	72,000	43,200	12,960	0
d_x	10,000	18,000	28,800	30,240	12,960	-

(3) 初めて $l_x=0$ となる年齢なので $\omega=5$.

問題 4.3 (1) ${}_tp_0=l_t/l_0=\frac{1}{9}(81-0.90t)^{1/2}$ より
$f(\boldsymbol{T})={}_tp_0\,\mu_t=-\frac{d}{dt}\,{}_tp_0=\frac{1}{20}(81-0.90t)^{-1/2}$．0 歳の余命の確率密度関数 ${}_tp_0\,\mu_t$ を $f(t)$ とする．
(2) $E[\boldsymbol{T}]=\int_0^{90} tf(t)dt=60$.
(3) $\mathrm{E}[\boldsymbol{T}^2]=\int_0^{90} t^2f(t)dt=4{,}320$ よって $\mathrm{Var}(\boldsymbol{T})=\mathrm{E}[\boldsymbol{T}^2]-\mathrm{E}[\boldsymbol{T}]^2=4{,}320-60^2=720$.
(4) $\mathring{e}_0=\frac{T_0}{l_0}$ より $T_0=\mathring{e}_0l_0=60\cdot 9000=540{,}000$.

問題 4.4 $m_x=\frac{d_x}{L_x}=\frac{l_x-l_{x+1}}{\int_0^1 l_{x+t}dt}$．$0<t<1$ な t に対し，題意より $l_x>l_{x+t}>l_{x+1}$ がいえる．$\therefore \int_0^1 l_xdt>\int_0^1 l_{x+t}dt>\int_0^1 l_{x+1}dt$．これを式変形すると $l_x>\int_0^1 l_{x+t}dt>l_{x+1}$．更に式変形して，$\frac{l_x-l_{x+1}}{l_x}<\frac{l_x-l_{x+1}}{\int_0^1 l_{x+t}dt}<\frac{l_x-l_{x+1}}{l_{x+1}}$．これより $1-p_x<m_x<\frac{1-p_x}{p_x}$.
$\therefore q_x<m_x<\frac{q_x}{p_x}$.

問題 4.5 $l_x\cdot{}_2p_x=l_{x+2}$ より $l_x=2$.
$T_{x+1}=\int_0^\infty l_{x+1+t}dt=\int_0^\infty {}_{t+1}p_xl_xdt=\int_0^\infty(0.90)^{t+1}\cdot 2dt=-\frac{1.8}{\log 0.9}=39.338$.

問題 4.6 (1) ${}_tp_x=\frac{l_{x+t}}{l_x}=\frac{S(x+t)}{S(x)}=\frac{\{100-(x+t)\}/100}{(100-x)/100}=1-\frac{t}{100-x}$.
(2) $\mu_x=-\frac{1}{l_x}\cdot\frac{dl_x}{dx}=-\frac{100}{100-x}\cdot\frac{d}{dx}\frac{(100-x)}{100}=-\frac{100}{100-x}\cdot\frac{-1}{100}=\frac{1}{100-x}$.
(3) $\mathring{e}_x=\frac{1}{l_x}\int_0^{100-x} l_{x+t}dt=\frac{100}{100-x}\int_0^{100-x}\frac{100-(x+t)}{100}dt=\frac{1}{2}(100-x)$.

問題 4.7 ${}_nm_x=\frac{l_x-l_{x+n}}{\int_0^n l_{x+t}dt}=\frac{l_x}{\int_0^n l_{x+t}dt}(1-{}_np_x)=\frac{1}{\int_0^n {}_tp_xdt}\,{}_nq_x$．ここで $\int_0^n {}_tp_xdt\leqq\int_0^n 1dt=n$ より ${}_nm_x\geqq\frac{{}_nq_x}{n}$ となることが分かる．等号が成立するのは ${}_tp_x=1\ (0\leqq t\leqq n)$ の場合．すなわち x から $x+t$ 歳までに死亡が起こらない場合．

問題 4.8 $l_{[55]+0.7}=92{,}499-(92{,}499-92{,}170)\times 0.7=92{,}268.7$,
$l_{[55]+1.5}=92{,}170-(92{,}170-91{,}671)\times 0.5=91{,}920.5$,
${}_{0.8}q_{[55]+0.7}=\frac{92268.7-91920.5}{92268.7}=0.00377$.

問題 4.9 ${}_{2|}\ddot{a}_{61:\overline{3}|}=v^2\frac{l_{[61]+2}}{l_{[61]}}+v^3\frac{l_{61+3}}{l_{[61]}}+v^4\frac{l_{61+4}}{l_{[61]}}$ であるから，
${}_{2|}\ddot{a}_{61:\overline{3}|}-0.9852^2\left(\frac{85{,}965}{87{,}320}+0.9852\cdot\frac{84{,}943}{87{,}320}+0.9852^2\cdot\frac{83{,}727}{87{,}320}\right)=2.78911$.

問題 4.10 1 年間の死亡数を $3a$ とする．題意より $l_0=3a$，$l_{20}=2a$，$l_{60}=a$ また，$\mathring{e}_0=\frac{T_0}{l_0}=42$，$\mathring{e}_{60}=\frac{T_{60}}{l_{60}}=15$ より，$T_0=42\times 3a=126a$，$T_{60}=15a$．また，$0.5T_0=T_{20}-T_{60}$ を変形すると，$T_{20}=0.5T_0+T_{60}=0.5\times 126a+15a=78a$ よって，$\mathring{e}_{20}=\frac{T_{20}}{l_{20}}=\frac{78a}{2a}=39$.

第 5 章

問題 5.1 $A_{30}=\sum_{k=1}^{70}\frac{1}{70}v^k=0.276324$，${}^2A_{30}=\sum_{k=1}^{70}\frac{1}{70}(v^2)^k=0.139222$,

$\mathrm{Var}(\boldsymbol{Z}_{30})={}^2A_{30}-(A_{30})^2=0.062867$. 例題 1 と比べ，$A_{30}$ は小さく $\mathrm{Var}(\boldsymbol{Z}_{30})$ は大きい.

問題 5. 2 $\overline{A}^{\ 1}_{30:\overline{30}|}=\int_0^{30} v^t \frac{1}{70}dt=0.284186$，${}^2\overline{A}^{\ 1}_{30:\overline{30}|}=\int_0^{30}(v^2)^t \frac{1}{70}dt=0.200633$，
$\mathrm{Var}(\overline{\boldsymbol{Z}}^{\ 1}_{30:\overline{30}|})={}^2\overline{A}^{\ 1}_{30:\overline{30}|}-(\overline{A}^{\ 1}_{30:\overline{30}|})^2=0.119872$.

問題 5. 3 $A_{30:\overline{30}|}=A^{\ 1}_{30:\overline{30}|}+A_{30:\overset{\ \ 1}{\overline{30}|}}=\sum_{k=1}^{30} v^k \frac{1}{70}+v^{30}\frac{40}{70}=0.515427$，
$\mathrm{Cov}(\boldsymbol{Z}^{\ 1}_{30:\overline{30}|},\ \boldsymbol{Z}_{30:\overset{\ \ 1}{\overline{30}|}})=-A^{\ 1}_{30:\overline{30}|}\cdot A_{30:\overset{\ \ 1}{\overline{30}|}}=-0.065919$，
$\mathrm{Var}(\boldsymbol{Z}_{30:\overline{30}|})=\mathrm{Var}(\boldsymbol{Z}^{\ 1}_{30:\overline{30}|})+\mathrm{Var}(\boldsymbol{Z}_{30:\overset{\ \ 1}{\overline{30}|}})+2\mathrm{Cov}(\boldsymbol{Z}^{\ 1}_{30:\overline{30}|},\ \boldsymbol{Z}_{30:\overset{\ \ 1}{\overline{30}|}})=0.026086$，
$i=5\%$ の場合，$A_{30:\overline{30}|}=0.351822$，$\mathrm{Var}(\boldsymbol{Z}_{30:\overline{30}|})=0.038724$.

問題 5. 4 $F(x)=\Pr(\overline{\boldsymbol{Z}}_{30}\leqq x)=\Pr(v^{\boldsymbol{T}_{30}}\leqq x)=1+\frac{\log x}{70\delta}$，
$f(x)=F'(x)=\frac{2}{7x}\ (e^{-70\delta}\leqq x\leqq 1)$.

問題 5. 5 $\mathrm{Var}(\overline{\boldsymbol{Z}}_{x:\overline{n}|})=\mathrm{Var}(\overline{\boldsymbol{Z}}^{\ 1}_{x:\overline{n}|})+\mathrm{Var}(\boldsymbol{Z}_{x:\overset{\ 1}{\overline{n}|}})-2\overline{A}^{\ 1}_{x:\overline{n}|}\cdot A_{x:\overset{\ 1}{\overline{n}|}}=0.03$.

問題 5. 6 $\boldsymbol{Z}_x=\boldsymbol{Z}^{\ 1}_{x:\overline{n}|}+{}_{n|}\boldsymbol{Z}_x$ より，
$\mathrm{Cov}(\boldsymbol{Z}^{\ 1}_{x:\overline{n}|},\ {}_{n|}\boldsymbol{Z}_x)=\frac{1}{2}\left(\mathrm{Var}(\boldsymbol{Z}_x)-\mathrm{Var}(\boldsymbol{Z}^{\ 1}_{x:\overline{n}|})-\mathrm{Var}({}_{n|}\boldsymbol{Z}_x)\right)$，(5. 1. 10) (5. 1. 14) などを代入. $\boldsymbol{Z}^{\ 1}_{x:\overline{n}|}\cdot{}_{n|}\boldsymbol{Z}_x=0$ より，$\mathrm{Cov}(\boldsymbol{Z}^{\ 1}_{x:\overline{n}|},\ {}_{n|}\boldsymbol{Z}_x)=-\mathrm{E}[\boldsymbol{Z}^{\ 1}_{x:\overline{n}|}]\cdot\mathrm{E}[{}_{n|}\boldsymbol{Z}_x]$.

問題 5. 7 ${}_{n|}A_x=\sum_{k=n}^{\infty} v^{k+1}{}_kp_x\, q_{x+k}=v^n{}_np_x\sum_{k=1}^{\infty} v^k{}_{k-1|}q_{x+n}=A_{x:\overset{\ 1}{\overline{n}|}}\cdot A_{x+n}$.

問題 5. 8 (1) $A^{\ 1}_{30:\overline{30}|}=A_{30}-v^{30}{}_{30}p_{30}\,A_{60}=0.04651$，
${}^2A^{\ 1}_{30:\overline{30}|}={}^2A_{30}-(v^2)^{30}{}_{30}p_{30}\,{}^2A_{60}=0.02692$，$\mathrm{Var}(\boldsymbol{Z}^{\ 1}_{30:\overline{30}|})=0.02476$.
(2) $A_{30:\overline{30}|}=A^{\ 1}_{30:\overline{30}|}+v^{30}{}_{30}p_{30}=0.42341$，
${}^2A_{30:\overline{30}|}={}^2A^{\ 1}_{30:\overline{30}|}+(v^2)^{30}{}_{30}p_{30}=0.18220$，$\mathrm{Var}(\boldsymbol{Z}_{30:\overline{30}|})=0.00292$.
(3) $A_{30}=0.11063$，${}^2A_{30}=0.02288$，$\mathrm{Var}(\boldsymbol{Z}_{30})=0.01064$.

問題 5. 9 $\overline{A}_x=\frac{1-e^{-\delta(\omega-x)}}{\delta(\omega-x)}$，${}^2\overline{A}_x=\frac{1-e^{-2\delta(\omega-x)}}{2\delta(\omega-x)}$，
$\mathrm{Var}(\overline{\boldsymbol{Z}}_x)=\frac{1-e^{-2\delta(\omega-x)}}{2\delta(\omega-x)}-\left(\frac{1-e^{-\delta(\omega-x)}}{\delta(\omega-x)}\right)^2$，$\overline{A}^{\ 1}_{x:\overline{n}|}=\frac{1-e^{-\delta n}}{\delta(\omega-x)}$，${}^2\overline{A}^{\ 1}_{x:\overline{n}|}=\frac{1-e^{-2\delta n}}{2\delta(\omega-x)}$，
$\mathrm{Var}(\overline{\boldsymbol{Z}}^{\ 1}_{x:\overline{n}|})=\frac{1-e^{-2\delta n}}{2\delta(\omega-x)}-\left(\frac{1-e^{-\delta n}}{\delta(\omega-x)}\right)^2$，$A_{x:\overset{\ 1}{\overline{n}|}}=e^{-\delta n}\cdot\frac{\omega-x-n}{\omega-x}$，${}^2A_{x:\overset{\ 1}{\overline{n}|}}=e^{-2\delta n}\cdot\frac{\omega-x-n}{\omega-x}$，
$\mathrm{Var}(\boldsymbol{Z}_{x:\overset{\ 1}{\overline{n}|}})=e^{-2\delta n}\cdot\frac{\omega-x-n}{\omega-x}\cdot\frac{n}{\omega-x}$.

問題 5. 10 $\overline{A}_x=\frac{\mu}{\delta+\mu}$，${}^2\overline{A}_x=\frac{\mu}{2\delta+\mu}$，$\mathrm{Var}(\overline{\boldsymbol{Z}}_x)=\frac{\mu\delta^2}{(2\delta+\mu)(\delta+\mu)^2}$，$\overline{A}^{\ 1}_{x:\overline{n}|}=\frac{\mu\{1-e^{-(\delta+\mu)n}\}}{\delta+\mu}$，
${}^2\overline{A}^{\ 1}_{x:\overline{n}|}=\frac{\mu\{1-e^{-(2\delta+\mu)n}\}}{2\delta+\mu}$，$\mathrm{Var}(\overline{\boldsymbol{Z}}^{\ 1}_{x:\overline{n}|})=\frac{\mu}{2\delta+\mu}\{1-e^{-(2\delta+\mu)n}\}-\left\{\frac{\mu}{\delta+\mu}(1-e^{-(\delta+\mu)n})\right\}^2$，
$A_{x:\overset{\ 1}{\overline{n}|}}=e^{-(\delta+\mu)n}$，${}^2A_{x:\overset{\ 1}{\overline{n}|}}=e^{-(2\delta+\mu)n}$，$\mathrm{Var}(\boldsymbol{Z}_{x:\overset{\ 1}{\overline{n}|}})=e^{-2(\delta+\mu)n}(e^{\mu n}-1)$.

問題 5. 11
$(IA)_x=\sum_{k=1}^{\infty} kv^k{}_{k-1}p_x\,q_{x+k-1}=\sum_{k=1}^{\infty} kve^{-(\delta+\mu)(k-1)}(1-e^{-\mu})=\frac{vq}{(1-vp)^2}$，
$v=e^{-\delta}$，$p=e^{-\mu}$，$q=1-e^{-\mu}$.

問題 5. 12 ${}^2\overline{A}_x=\frac{\mu}{2\delta+\mu}=0.5$ より $\mu=2\delta=0.1$，
$(\overline{I}\,\overline{A})_x=\int_0^{\infty}\mu te^{-(\delta+\mu)t}dt=\frac{\mu}{(\delta+\mu)^2}=4.444$.

問題 5. 13 $A_x=vq_x+vp_xA_{x+1}$ より，$A_{x+1}=(0.71-\frac{0.05}{1.03})\times\frac{1.03}{0.95}=0.717$.

問題 5. 14 $(IA)_x=\sum_{k=1}^{\infty} kv^k{}_{k-1}p_x\,q_{x+k-1}$
$=\sum_{k=1}^{\infty} v^k{}_{k-1}p_x\,q_{x+k-1}+vp_x\sum_{k=2}^{\infty}(k-1)v^{k-1}{}_{k-2}p_{x+1}\,q_{x+k-1}$
$=A_x+vp_x(IA)_{x+1}$ (第 2 項は $k-1$ を l に置換)
$A_{x:\overline{1}|}=v=0.9709$ より $A_{x:\overset{\ 1}{\overline{1}|}}=vp_x$，よって $(IA)_{x+1}=8.765$.

問題 5. 15 $(IA)^{\ 1}_{x:\overline{n}|}=\sum_{k=1}^{n} kv^k{}_{k-1|}q_x$
$=\sum_{k=1}^{\infty} kv^k{}_{k-1|}q_x-\sum_{k=n+1}^{\infty}\{(k-n)+n\}v^{(k-n)+n}{}_np_x\cdot{}_{k-n-1|}q_{x+n}$
$=(IA)_x-v^n{}_np_x\{(IA)_{x+n}+nA_{x+n}\}$
$=(IA)_x-A_{x:\overset{\ 1}{\overline{n}|}}\{(IA)_{x+n}+nA_{x+n}\}$.

問題 5.16 (5.3.4)(5.3.6)より $\boldsymbol{Z}=\begin{cases}(n+1)v^{\boldsymbol{K}_x} & (\boldsymbol{K}_x\leqq n)\\ 0 & (\boldsymbol{K}_x>n)\end{cases}$ となる.

問題 5.17 $A_x=vq_x+vp_x\left(\frac{\delta}{i}\overline{A}_{x+1}\right)=\frac{0.01}{1.05}+\frac{0.99}{1.05}\cdot\frac{0.04879}{0.05}\cdot 0.2=0.194$.

問題 5.18 $h>0$ について, $\overline{A}_x=\mathrm{E}[v^T|T<h]\cdot{}_hq_x+v^h\cdot{}_hp_x\cdot\overline{A}_{x+h}$ より,
$\overline{A}_{x+h}-\overline{A}_x=(1-v^h\cdot{}_hp_x)\overline{A}_{x+h}-\mathrm{E}[v^T|T<h]\cdot{}_hq_x$ として, 両辺を h で割り, $h\to 0$ とし,
$\frac{d}{dx}\overline{A}_x=(\delta+\mu_x)\overline{A}_x-\mu_x$ を得る.

問題 5.19 $A_x^{(m)}=\sum_{s=1}^{\infty}v^{\frac{s}{m}}\ {}_{\frac{s-1}{m}}p_x\cdot{}_{\frac{1}{m}}q_{x+\frac{s-1}{m}}$ において, $m\to\infty$ のとき
${}_{\frac{1}{m}}q_{x+\frac{s-1}{m}}=\frac{1}{m}\cdot\mu_{x+\frac{s-1}{m}}$ とみなし, $\lim_{m\to\infty}A_x^{(m)}=\overline{A}_x$.

問題 5.20 (1) $i=3\%$ のとき $A_{40:\overline{10|}}^{1}=0.01841$, $\mathrm{Var}(\boldsymbol{Z}_{40:\overline{10|}}^{1})=0.01513$, $i=5\%$ のとき
$A_{40:\overline{10|}}^{1}=0.01643$, $\mathrm{Var}(\boldsymbol{Z}_{40:\overline{10|}}^{1})=0.01220$. (2) $i=3\%$ のとき $A_{40:\overline{10|}}=0.74609$,
$\mathrm{Var}(\boldsymbol{Z}_{40:\overline{10|}})=0.00028$, $i=5\%$ のとき $A_{40:\overline{10|}}=0.61679$, $\mathrm{Var}(\boldsymbol{Z}_{40:\overline{10|}})=0.00061$.

第6章

問題 6.1 $\ddot{a}_{65:\overline{15|}}=\ddot{a}_{65}-v^{15}\,{}_{15}p_{65}\ddot{a}_{80}=10.814$.

問題 6.2 ${}_{45|}\ddot{a}_{20}=v^{45}\,{}_{45}p_{20}\ddot{a}_{65}=3.174$,
${}_{45|}\ddot{a}_{20:\overline{15|}}=v^{45}\,{}_{45}p_{20}\ddot{a}_{65}-v^{60}\,{}_{60}p_{20}\ddot{a}_{80}=2.467$.

問題 6.3 $\mathrm{Var}(\ddot{\boldsymbol{Y}}_{65})=\frac{{}^2A_{65}-(A_{65})^2}{d^2}=\frac{0.37632-0.59478^2}{(0.03/1.03)^2}=26.589$,
$A_{65:\overline{15|}}=A_{65}+v^{15}\,{}_{15}p_{65}(1-A_{80})=0.68505$,
${}^2A_{65:\overline{15|}}={}^2A_{65}+v^{30}\,{}_{15}p_{65}(1-{}^2A_{80})=0.47593$ より,
$\mathrm{Var}(\ddot{\boldsymbol{Y}}_{65:\overline{15|}})=\frac{{}^2A_{65:\overline{15|}}-(A_{65:\overline{15|}})^2}{d^2}=7.823$,
$\mathrm{Var}({}_{45|}\ddot{\boldsymbol{Y}}_{20})=v^{90}\,{}_{45}p_{20}[\mathrm{Var}(\ddot{\boldsymbol{Y}}_{65})+{}_{45}q_{20}(\ddot{a}_{65})^2]=3.206$.

問題 6.4 v^t は凸関数だから, イェンセンの不等式より, $\mathrm{E}[v^{\boldsymbol{T}_x}]>v^{\mathrm{E}[\boldsymbol{T}_x]}$ であり,
$\overline{A}_x>v^{\mathring{e}_x}$. 左辺$=1-\delta\overline{a}_x$, 右辺$=1-\delta\overline{a}_{\overline{\mathring{e}_x|}}$ より $\overline{a}_x<\overline{a}_{\overline{\mathring{e}_x|}}$.

問題 6.5 (1) $\ddot{a}_{x:\overline{n|}}=1+\sum_{k=1}^{n-1}v^k\,{}_kp_x=1+vp_x\sum_{k=0}^{n-2}v^k\,{}_kp_{x+1}=1+vp_x\ddot{a}_{x+1:\overline{n-1|}}$.
(2) $(I\ddot{a})_x=\sum_{k=0}^{\infty}(k+1)v^k\,{}_kp_x=\sum_{k=0}^{\infty}v^k\,{}_kp_x+vp_x\sum_{k=0}^{\infty}(k+1)v^k\,{}_kp_{x+1}=$
$\ddot{a}_x+vp_x(I\ddot{a})_{x+1}$.
(3) $A_x=1-d\ddot{a}_x$, $A_{x+n}=1-d\ddot{a}_{x+n}$ を代入して整理.
(4) $v\ddot{a}_{x:\overline{n|}}-a_{x:\overline{n|}}=A_{x:\overline{n|}}^{1}$, $d\ddot{a}_{x:\overline{n|}}=1-A_{x:\overline{n|}}$ より.
(5) $\ddot{a}_{x:\overline{n|}}-a_{x:\overline{n|}}=1-v^n\,{}_np_x=1-A_{x:\overline{n|}}^{\ \ 1}$ と $v\ddot{a}_{x:\overline{n|}}-a_{x:\overline{n|}}=A_{x:\overline{n|}}^{1}$ より.
(6) $\boldsymbol{Y}_x=\ddot{\boldsymbol{Y}}_x-1=\frac{1-\boldsymbol{Z}_x}{d}-1$ より, $1=i\boldsymbol{Y}_x+(1+i)\boldsymbol{Z}_x$ で両辺の期待値をとる.

問題 6.6 $A_{x:\overline{n|}}^{1}=v\ddot{a}_{x:\overline{n|}}-a_{x:\overline{n|}}$ と $A_{x:\overline{n|}}=1-d\ddot{a}_{x:\overline{n|}}$ より, $A_{x:\overline{n|}}^{1}=0.05233$.

問題 6.7 $\ddot{a}_{x:\overline{n|}}^{(12)}=\ddot{a}_{x:\overline{1|}}^{(12)}+vp_x\ddot{a}_{x+1:\overline{n-1|}}^{(12)}$, $vp_x=0.96796$,
$\ddot{a}_{x:\overline{1|}}^{(12)}=1-\frac{11}{24}(1-vp_x)=0.98532$ より, $\ddot{a}_{x+1:\overline{n-1|}}^{(12)}=7.773$.

問題 6.8 ${}_tp_x=\exp(-0.05t)$, $\overline{a}_x=\int_0^{\infty}v^t\,{}_tp_x\,dt=\frac{1}{\delta+0.05}=12.5$ より, $\delta=3\%$.

問題 6.9 $\overline{a}_{x:\overline{n|}}=\int_0^n e^{-(\delta+\mu)t}dt=\frac{1}{\delta+\mu}\{1-e^{-(\delta+\mu)n}\}$.

問題 6.10 $\mathrm{E}[\overline{\boldsymbol{Z}}_x]=\int_0^{\omega-x}v^tf(t)dt=\frac{\overline{a}_{\overline{\omega-x|}}}{\omega-x}$, $\mathrm{E}[\overline{\boldsymbol{Y}}_x]=\mathrm{E}[\frac{1-\overline{\boldsymbol{Z}}_x}{\delta}]=\frac{(\omega-x)-\overline{a}_{\overline{\omega-x|}}}{\delta(\omega-x)}$.

問題 6.11 (1) $\frac{d\overline{a}_{x:\overline{n|}}}{dx}=\frac{d}{dx}\int_0^n v^t\,{}_tp_x dt=\int_0^n v^t\,{}_tp_x(\mu_x-\mu_{x+t})dt=$(右辺).
(2) (1)で $n\to\infty$ として, $\overline{A}_x=1-\delta\overline{a}_x$ を代入.
(3) $\frac{d}{dx}(l_x\overline{a}_x)=\frac{dl_x}{dx}\overline{a}_x+l_x\frac{d\overline{a}_x}{dx}=l_x(\delta\overline{a}_x-1)=-l_x\overline{A}_x$.
(4) $\frac{d}{dn}({}_{n|}\overline{a}_x)=\frac{d}{dn}(\int_n^{\infty}v^t\,{}_tp_x\,dt)=-v^n\,{}_np_x=-A_{x:\overline{n|}}^{\ \ 1}$.

問題 6. 12 (1) $A_x=1-d\ddot{a}_x=0.708738$，${}^2A_x=1-(1-v^2)\cdot{}^2\ddot{a}_x=0.569469$，$\mathrm{Var}(\ddot{\boldsymbol{Y}}_x)=\frac{{}^2A_x-(A_x)^2}{d^2}=79.166$.
(2) $\overline{A}_x=1-\delta\overline{a}_x=1-10\delta$，${}^2\overline{A}_x=1-2\delta\cdot{}^2\overline{a}_x=1-14.4\delta$ を $\mathrm{Var}(\overline{\boldsymbol{Y}}_x)=\frac{{}^2\overline{A}_x-(\overline{A}_x)^2}{\delta^2}=40$ に代入し，$\delta=0.04$，$\overline{A}_x=0.6$.
問題 6. 13 $\overline{A}_x=1-\delta\overline{a}_x=1-\delta\int_0^\infty e^{-(\delta+k)t}dt=\frac{1}{5}$，${}^2\overline{A}_x=\frac{1}{9}$，$\mathrm{Var}(\overline{\boldsymbol{Y}}_x)=\frac{{}^2\overline{A}_x-(\overline{A}_x)^2}{\delta^2}=16$ より，$k=0.01666\cdots$.
問題 6. 14 $\overline{a}_x=\int_0^\infty\exp\left(-\delta t-\int_0^t\mu_{x+s}ds\right)dt$，$\overline{a}'_x=\int_0^\infty\exp\left(-3\delta t-\int_0^t\mu'_{x+s}ds\right)dt$ より，$\mu'_{x+s}=\mu_{x+s}-2\delta$.
問題 6. 15 (1) $\mathrm{E}[(\overline{\boldsymbol{Y}}_x)^2]=\int_0^\infty(\overline{a}_{\overline{t|}})^2\,{}_tp_x\,\mu_{x+t}\,dt=\frac{1}{\delta^2}\int_0^\infty(1-v^t)^2\,{}_tp_x\,\mu_{x+t}\,dt=\frac{2}{\delta}\cdot\frac{1}{2\delta}\int_0^\infty(1-v^t)^2\,{}_tp_x\,\mu_{x+t}\,dt=\frac{2}{\delta}\int_0^\infty\frac{1-2v^t+v^{2t}}{2\delta}\,{}_tp_x\,\mu_{x+t}\,dt=\frac{2}{\delta}(\overline{a}_x-{}^2\overline{a}_x)$.
(2) $\mathrm{E}[({}_{n|}\overline{\boldsymbol{Y}}_x)^2]=\int_n^\infty v^{2n}(\overline{a}_{\overline{t-n|}})^2\,{}_tp_x\,\mu_{x+t}\,dt=\int_0^\infty v^{2n}(\overline{a}_{\overline{s|}})^2\,{}_{n+s}p_x\,\mu_{x+n+s}\,ds=v^{2n}\,{}_np_x\cdot\mathrm{E}[(\overline{\boldsymbol{Y}}_{x+n})^2]$ であり，(1)より.
問題 6. 16 $\overline{\boldsymbol{Y}}_x=\frac{1-v^{T_x}}{\delta}>20$ より，$\boldsymbol{T}_x>-\frac{\log(1-20\delta)}{\delta}=t$ となる t 年生存確率 ${}_tp_x$ を求める．${}_tp_x=\exp(-\int_0^t\mu_{x+s}\,ds)=\exp(-0.06t)=\exp(0.06\times\frac{\log(1-20\delta)}{\delta})=0.16$.
問題 6. 17 死力一定のとき，生存率も年齢に関係なく一定となる(p とする).
$(Ia)_x=a_x+vp\,a_{x+1}+(vp)^2\,a_{x+2}+\cdots=\ddot{a}_x\cdot a_x=\ddot{a}_x(\ddot{a}_x-1)=240$.
問題 6. 18 $d(\boldsymbol{I}\ddot{\boldsymbol{Y}})_{x:\overline{n|}}=(\boldsymbol{I}\ddot{\boldsymbol{Y}})_{x:\overline{n|}}-v(\boldsymbol{I}\ddot{\boldsymbol{Y}})_{x:\overline{n|}}$ として，

$$d(\boldsymbol{I}\ddot{\boldsymbol{Y}})_{x:\overline{n|}}=\begin{cases}\ddot{\boldsymbol{Y}}_{x:\overline{n|}}-\boldsymbol{K}_x\cdot v^{\boldsymbol{K}_x} & (1\leqq\boldsymbol{K}_x\leqq n)\\ \ddot{\boldsymbol{Y}}_{x:\overline{n|}}-nv^n & (\boldsymbol{K}_x>n)\end{cases}$$ を導き，両辺の期待値をとる.

問題 6. 19 $(IA)_x=A_x+vp_x\cdot(IA)_{x+1}=A_x+vp_x(\ddot{a}_{x+1}-d\,(I\ddot{a})_{x+1})$ より，$p_x=\frac{A_x+\ddot{a}_x-1-(IA)_x}{v\,d\,(I\ddot{a})_{x+1}}$ であり，$A_x=1-d\ddot{a}_x$ より，$d=0.04762$，$v=0.95238$ なので，$p_x=0.970$.
問題 6. 20 端数年齢 $x+u$ に対して，${}_kp_{x+u}$ を ${}_up_x\cdot{}_kp_{x+u}={}_kp_x\cdot{}_up_{x+k}$ にて定める．死亡が一様であることから，${}_up_x=1-uq_x$，${}_up_{x+k}=1-uq_{x+k}=(1-u)+up_{x+k}$ を代入して，$(1-uq_x)_kp_{x+u}=(1-u)_kp_x+u_kp_x\cdot p_{x+k}=(1-u)_kp_x+up_x\cdot{}_kp_{x+1}$.
両辺に v^k を掛け，$k=0,1,2,\cdots$ として辺々加えて，$(1-uq_x)\ddot{a}_{x+u}=(1-u)\ddot{a}_x+up_x\ddot{a}_{x+1}$ より与式を導く.

第 7 章

問題 7. 1 収入現価$=\sum_{k=1}^{\omega-70}P_kv^{k-1}\,{}_{k-1}p_{70}=P_1\sum_{k=1}^{40}\frac{41-k}{40}=\frac{41}{2}P_1$，
支出現価$=410\sum_{k=1}^{\omega-70}v^k\,{}_{k-1|}q_{70}=\frac{410}{40}\sum_{k=1}^{40}v^k=\frac{410}{40}\cdot23.1148$．この 2 式が等しいことから $P_1=11.5574$.
問題 7. 2 保険者損失の現価 $\boldsymbol{L}$ は $\boldsymbol{L}=\begin{cases}\ddot{s}_{\overline{\boldsymbol{K}_x|}}Pv^{\boldsymbol{K}_x}-P\ddot{a}_{\overline{\boldsymbol{K}_x|}} & (1\leqq\boldsymbol{K}_x\leqq n)\\ v^n-P\ddot{a}_{\overline{n|}} & (\boldsymbol{K}_x>n)\end{cases}$ となる.

ここで $\ddot{s}_{\overline{\boldsymbol{K}_x|}}v^{\boldsymbol{K}_x}=\ddot{a}_{\overline{\boldsymbol{K}_x|}}$ より $\boldsymbol{L}=\begin{cases}0 & (1\leqq\boldsymbol{K}_x\leqq n)\\ v^n-P\ddot{a}_{\overline{n|}} & (\boldsymbol{K}_x>n)\end{cases}$ なので，
$\mathrm{E}[\boldsymbol{L}]=(v^n-P\ddot{a}_{\overline{n|}})\sum_{k=n+1}^{\infty}{}_{k-1|}q_x=(v^n-P\ddot{a}_{\overline{n|}})_np_x=0$(収支相等)となり，
$P=\frac{v^n}{\ddot{a}_{\overline{n|}}}=\frac{1}{\ddot{s}_{\overline{n|}}}$ で死亡発生の分布によらない.
問題 7. 3
$\mathrm{E}[(\overline{\boldsymbol{L}}_x)^2]=\mathrm{E}\left[\left(\left(1+\frac{\overline{P}(\overline{A}_x)}{\delta}\right)\overline{\boldsymbol{Z}}_x-\frac{\overline{P}(\overline{A}_x)}{\delta}\right)^2\right]=\left(1+\frac{\overline{P}(\overline{A}_x)}{\delta}\right)^2{}^2\overline{A}_x-$

$2\overline{A}_x \frac{\overline{P}(\overline{A}_x)}{\delta}\left(1+\frac{\overline{P}(\overline{A}_x)}{\delta}\right)+\frac{(\overline{P}(\overline{A}_x))^2}{\delta^2}$. ここで，$1+\frac{\overline{P}(\overline{A}_x)}{\delta}=\frac{1}{\delta\overline{a}_x}$ なので
$\overline{A}_x \frac{\overline{P}(\overline{A}_x)}{\delta}\left(1+\frac{\overline{P}(\overline{A}_x)}{\delta}\right)=\frac{(\overline{P}(\overline{A}_x))^2}{\delta^2}$ よって $\mathrm{E}[(\overline{\boldsymbol{L}}_x)^2]=\left(1+\frac{\overline{P}(\overline{A}_x)}{\delta}\right)^2 {}^2\overline{A}_x-\frac{(\overline{P}(\overline{A}_x))^2}{\delta^2}=$
$\left(1+\frac{\overline{P}(\overline{A}_x)}{\delta}\right)^2 {}^2\overline{A}_x-\frac{(\overline{A}_x)^2}{\delta^2\overline{a}_x^2}=\left(1+\frac{\overline{P}(\overline{A}_x)}{\delta}\right)^2\{{}^2\overline{A}_x-(\overline{A}_x)^2\}=\left(\frac{1}{\delta\overline{a}_x}\right)^2\{{}^2\overline{A}_x-(\overline{A}_x)^2\}$.

問題 7.4 $0.045=\mathrm{Var}(\boldsymbol{L}_{40})=\left(1+\frac{P}{d}\right)^2\{{}^2A_{40}-(A_{40})^2\}$. この式を P について解くと，$P=0.01659$. また，$\ddot{a}_{40}=\frac{1-A_{40}}{d}=23.18118$. 今求めた P と $\ddot{a}_{40}$ を用いて，$\mathrm{E}[\boldsymbol{L}_{40}]$ を求めることができる．$\mathrm{E}[\boldsymbol{L}_{40}]=A_{40}-P\ddot{a}_{40}=-0.05976$.

問題 7.5 $\boldsymbol{L}'_x$ に関する保険料を P' とおくと，$0=\mathrm{E}[\boldsymbol{L}_x]=A_x-P_x\ddot{a}_x$，
$-0.25=\mathrm{E}[\boldsymbol{L}'_x]=A_x-P'\ddot{a}_x$ より，$P'=P_x+\frac{0.25}{\ddot{a}_x}$. また，
$0.20=\mathrm{Var}(\boldsymbol{L}_x)=\left(1+\frac{P_x}{d}\right)^2\{{}^2A_x-(A_x)^2\}=\frac{1}{d^2\ddot{a}_x^2}\{{}^2A_x-(A_x)^2\}$ であるので，
$\mathrm{Var}(\boldsymbol{L}'_x)=\left(1+\frac{P'}{d}\right)^2\{{}^2A_x-(A_x)^2\}=\frac{1.25^2}{d^2\ddot{a}_x^2}\{{}^2A_x-(A_x)^2\}=1.25^2\times 0.20=0.3125$.

問題 7.6 $\boldsymbol{L}'_x$ のもとでの年払保険料を π_x とすると，
$\frac{\mathrm{Var}(\boldsymbol{L}_x)}{\mathrm{Var}(\boldsymbol{L}'_x)}=\frac{\left(1+\frac{P_x}{d}\right)^2}{\left(1+\frac{\pi_x}{d}\right)^2}=\left(\frac{P_x+d}{\pi_x+d}\right)^2=\frac{0.04}{0.06}$ より，$\left(\frac{P_x+0.03}{0.03+0.03}\right)^2=\frac{0.04}{0.06}=\frac{4}{6}$. よって
$\left(\frac{100P_x+3}{6}\right)^2=\frac{4}{6}$，$100P_x+3=\frac{2}{\sqrt{6}}\cdot 6=2\cdot\sqrt{6}$ ゆえに $P_x=0.01899$.

問題 7.7 $0.49=\frac{\mathrm{Var}(\overline{\boldsymbol{Z}}_x)}{\mathrm{Var}(\overline{\boldsymbol{L}})}=\left(1+\frac{\overline{P}(\overline{A}_x)}{\delta}\right)^{-2}=\delta^2(\overline{a}_x)^2$ より，$\delta=\sqrt{\frac{0.49}{100}}=0.07$，
$\overline{P}(\overline{A}_x)=0.07\times(0.49^{-0.5}-1)=0.03$.

問題 7.8 $\overline{A}_{50}=\int_0^{60}e^{-0.013t}\cdot\frac{1}{60}\,dt=\frac{1-e^{-0.013\times 60}}{0.013\times 60}=0.69435$，
${}^2\overline{A}_{50}=\int_0^{60}e^{-0.026t}\cdot\frac{1}{60}\,dt=\frac{1-e^{-0.026\times 60}}{0.026\times 60}=0.50632$，$\mathrm{Var}(\overline{\boldsymbol{L}})=\frac{{}^2\overline{A}_{50}-(\overline{A}_{50})^2}{(1-\overline{A}_{50})^2}=0.25902$.

問題 7.9 収入現価$=P\ddot{a}_{50:\overline{10}|}$，支出現価$=200{}_{10|}\ddot{a}_{50}+P(IA)^{\ 1}_{50:\overline{10}|}$. ここで
${}_{10|}\ddot{a}_{50}=\ddot{a}_{50}-\ddot{a}_{50:\overline{10}|}=11.263$ である．収支相等式より $P=\frac{200{}_{10|}\ddot{a}_{50}}{\ddot{a}_{50:\overline{10}|}-(IA)^{\ 1}_{50:\overline{10}|}}=270.193$.

問題 7.10 (1) $\frac{A_{x:\overline{n}|}}{\ddot{a}_{x:\overline{n}|}}=0.0405$ (2) $\frac{A_{x:\overline{n}|}+A_{x:\overline{n}|}^{\ 1}}{\ddot{a}_{x:\overline{n}|}}=0.0700$
(3) $\frac{A_{x:\overline{n}|}^{\ 1}}{\ddot{a}_{x:\overline{n}|}-(IA)^{\ 1}_{x:\overline{n}|}}=0.0360$ より，$A_{x:\overline{n}|}=0.0405\cdot\ddot{a}_{x:\overline{n}|}$，$A_{x:\overline{n}|}^{\ 1}=0.0295\cdot\ddot{a}_{x:\overline{n}|}$，
$(IA)^{\ 1}_{x:\overline{n}|}=\frac{0.65}{3.6}\cdot\ddot{a}_{x:\overline{n}|}$ となるので求める年払純保険料は
$\frac{A_{x:\overline{n}|}^{\ 1}}{\ddot{a}_{x:\overline{n}|}-\frac{1}{2}(IA)^{\ 1}_{x:\overline{n}|}}=0.0295/\left(1-\frac{1}{2}\times\frac{0.65}{3.6}\right)=0.0324$.

問題 7.11 $P=\frac{A_{x:\overline{n}|}+A_{x:\overline{2n}|}}{\ddot{a}_{x:\overline{2n}|}}=0.1703=\frac{A_{x:\overline{n}|}}{\ddot{a}_{x:\overline{2n}|}}+P_{x:\overline{2n}|}$，
$P_{x:\overline{n}|}=\frac{A_{x:\overline{n}|}}{\ddot{a}_{x:\overline{n}|}}=0.1705=\frac{1}{\ddot{a}_{x:\overline{n}|}}-d$，$P_{x:\overline{2n}|}=\frac{A_{x:\overline{2n}|}}{\ddot{a}_{x:\overline{2n}|}}=0.0740=\frac{1}{\ddot{a}_{x:\overline{2n}|}}-d$ である．第 1 式から $\frac{A_{x:\overline{n}|}}{\ddot{a}_{x:\overline{2n}|}}=0.0963$，よって $\frac{0.1705\cdot\ddot{a}_{x:\overline{n}|}}{\ddot{a}_{x:\overline{2n}|}}=0.0963$. また，第 2, 3 式から
$\ddot{a}_{x:\overline{n}|}=\frac{1}{0.1705+d}$，$\ddot{a}_{x:\overline{2n}|}=\frac{1}{0.0740+d}$. これらの式を合わせると $d=0.0512$ が得られ，
$v=1-d=0.949$，$i=\frac{1}{v}-1=0.054$.

問題 7.12 $\frac{\mathrm{Var}(\boldsymbol{L}_x^{\pi})}{\mathrm{Var}(\boldsymbol{L}_x)}=\frac{\left(1+\frac{\pi_x}{d}\right)^2}{\left(1+\frac{P_x}{d}\right)^2}=\left(\frac{\pi_x+d}{P_x+d}\right)^2$. また，$P_x=\frac{0.4}{20}=0.02$ であるから
$\pi_x=0.024$. $d=\frac{1-A_x}{\ddot{a}_x}=\frac{1-0.4}{20}=0.03$. これらを最初の式に代入すると，
$\frac{\mathrm{Var}(\boldsymbol{L}_x^{\pi})}{\mathrm{Var}(\boldsymbol{L}_x)}=\left(\frac{0.024+0.03}{0.02+0.03}\right)^2=\left(\frac{0.054}{0.05}\right)^2=1.1664$. よって
$\mathrm{Var}(\boldsymbol{L}_x^{\pi})=1.1664\times\mathrm{Var}(\boldsymbol{L}_x)=0.069984$.

問題 7.13 保険料 P は $P=(vq_x+v^2p_x\,q_{x+1})/(1+vp_x)=0.070033$．起こり得る事象とその確率，その事象が起こった時の保険者損失 $\boldsymbol{L}^1_{x:\overline{2}|}$ は以下の表のとおりである．

事象	確率	保険者損失 $\boldsymbol{L}^1_{x:\overline{2}|}$
第1年度に死亡	$q_x=0.05$	$v-P=0.879967$
第2年度に死亡	$p_x\,q_{x+1}=0.095$	$v^2-P-vP=0.765936$
第2年度末に生存	$p_x\,p_{x+1}=0.855$	$-P-vP=-0.136564$

これらの数字と $\mathrm{E}[\boldsymbol{L}^1_{x:\overline{2}|}]=0$ より $\mathrm{Var}(\boldsymbol{L}^1_{x:\overline{2}|})=\mathrm{E}[(\boldsymbol{L}^1_{x:\overline{2}|})^2]=$
$0.05\times0.879967^2+0.095\times0.765936^2+0.855\times(-0.136564)^2=0.110395$.

問題 7.14 $P_x=\frac{1}{\ddot{a}_x}-d$, $P_{x+1}=\frac{1}{\ddot{a}_{x+1}}-d$, $\ddot{a}_x=1+vp_x\cdot\ddot{a}_{x+1}$ より $\ddot{a}_x$, $\ddot{a}_{x+1}$ を消去すると $\frac{1}{P_x+d}=1+vp_x\frac{1}{P_{x+1}+d}$．$v=1-d$ であるから d について整理すると，
$(1-p_x)d^2+(P_{x+1}-(1-p_x)(1-P_x))d-(1-P_x)P_{x+1}+p_xP_x=0$．問題文の値を代入すると $0.01\cdot d^2+0.0112\cdot d-0.00078=0$．これを解くと，$d>0$ であることから $d=0.0658$．ゆえに $i=0.0704$.

問題 7.15 $\ddot{\boldsymbol{Y}}_x$ を x 歳支給開始の終身年金の現価を表す確率変数とする．$\mathrm{E}[\ddot{\boldsymbol{Y}}_{60}]=\ddot{a}_{60}$, $\mathrm{E}[\ddot{\boldsymbol{Y}}_{70}]=\ddot{a}_{70}$,
$\mathrm{Var}(\ddot{\boldsymbol{Y}}_{60})=\frac{1}{d^2}\left\{{}^2A_{60}-(A_{60})^2\right\}=\frac{1}{(0.02913)^2}\{0.30807-(0.53329)^2\}=27.89651$,
$\mathrm{Var}(\ddot{\boldsymbol{Y}}_{70})=\frac{1}{d^2}\left\{{}^2A_{70}-(A_{70})^2\right\}=\frac{1}{(0.02913)^2}\{0.45572-(0.65954)^2\}=24.42616$．この負債全体の従う確率変数を $\boldsymbol{X}$ とすると $\boldsymbol{X}=\sum(1\cdot\ddot{\boldsymbol{Y}}_{60})+\sum(2\cdot\ddot{\boldsymbol{Y}}_{70})$,
$\mathrm{E}[\boldsymbol{X}]=40\times(1\cdot\ddot{a}_{60})+30\times(2\cdot\ddot{a}_{70})=40\cdot16.024+60\cdot11.689=1342.3$, $\mathrm{Var}(\boldsymbol{X})=$
$40\times(1^2\cdot\mathrm{Var}(\ddot{\boldsymbol{Y}}_{60}))+30\times(2^2\cdot\mathrm{Var}(\ddot{\boldsymbol{Y}}_{70}))=40\cdot27.89651+120\cdot24.42616=4046.9996$.
$\Pr\left(\frac{\boldsymbol{X}-\mathrm{E}[\boldsymbol{X}]}{\sqrt{\mathrm{Var}(\boldsymbol{X})}}\geqq1.645\right)=0.05\Rightarrow\boldsymbol{X}=\mathrm{E}[\boldsymbol{X}]+1.645\sqrt{\mathrm{Var}(\boldsymbol{X})}=$
$1342.3+1.645\times\sqrt{4046.9996}=1446.9484$.

問題 7.16 $\mathrm{Var}(\boldsymbol{L}_x)=\left(1+\frac{P_x}{d}\right)^2\{{}^2A_x-(A_x)^2\}$．$P_x$ は収支相等の原則により算出した保険料のため，$P_x=\frac{1}{\ddot{a}_x}-d=\frac{1}{25}-0.03=0.01$.
$\mathrm{Var}(\boldsymbol{L}_x)=\left(1+\frac{0.01}{0.03}\right)^2\{{}^2A_x-(A_x)^2\}=0.0238$,
$\mathrm{Var}(\boldsymbol{L}'_x)=\left(1+\frac{1.1\times0.01}{0.03}\right)^2\{{}^2A_x-(A_x)^2\}$．前者の式を変形して後者の式に代入すると，
$\mathrm{Var}(\boldsymbol{L}'_x)=\dfrac{\left(1+\frac{1.1\times0.01}{0.03}\right)^2}{\left(1+\frac{0.01}{0.03}\right)^2}\times0.0238=0.025$．$\mathrm{E}[\boldsymbol{L}'_x]=A_x-1.1\cdot P_x\cdot\ddot{a}_x=$
$1-d\ddot{a}_x-1.1\cdot P_x\cdot\ddot{a}_x=1-0.03\cdot\ddot{a}_x-1.1\cdot0.01\cdot\ddot{a}_x=1-(0.03+0.011)\cdot25=-0.025$.

問題 7.17 (1) $P^1_{40:\overline{10}|}=0.00211$, $\mathrm{Var}(\boldsymbol{L}^1_{40:\overline{10}|})=0.01539$.
(2) $\pi-P^1_{40:\overline{10}|}=\left(1.645\times\frac{\sqrt{\mathrm{Var}(\boldsymbol{Z}^1_{40:\overline{10}|}-\pi\ddot{\boldsymbol{Y}}_{40:\overline{10}|})}}{100}\right)/(\ddot{a}_{40:\overline{10}|})$ が成り立つよう π を変動して数値解析的に解く，あるいは2次方程式の解を求める．$\mathrm{Var}(\boldsymbol{Z}^1_{40:\overline{10}|})=0.015134$,
$\mathrm{Var}(\ddot{\boldsymbol{Y}}_{40:\overline{10}|})=0.33551$, $\mathrm{Cov}(\boldsymbol{Z}^1_{40:\overline{10}|},\ddot{\boldsymbol{Y}}_{40:\overline{10}|})=-0.059554$ より，$\pi=0.00235$.
(3) $P^1_{40:\overline{10}|}=0.00204$, $\mathrm{Var}(\boldsymbol{L}^1_{40:\overline{10}|})=0.01240$, $\pi=0.00227$.

問題 7.18 (1) $P_{40:\overline{10}|}=0.08558$, $\mathrm{Var}(\boldsymbol{L}_{40:\overline{10}|})=0.00441$.
(2) $\pi=\left(A_{40:\overline{10}|}+\frac{1.645\times\sqrt{\mathrm{Var}(\boldsymbol{Z}_{40:\overline{10}|})}}{100}\right)/\left(\ddot{a}_{40:\overline{10}|}-\frac{1.645\times\sqrt{\mathrm{Var}(\boldsymbol{Z}_{40:\overline{10}|})}}{100d}\right)=0.08571$.
(3) $P_{40:\overline{10}|}=0.07665$, $\mathrm{Var}(\boldsymbol{L}_{40:\overline{10}|})=0.00414$, $\pi=0.07678$.

第8章

問題 8. 1　例題 1 と同様にして，

k	条件付確率	保険金現価	保険料現価	保険者損失	(保険者損失)^2
2	0.2	$v^1=1$	$P\ddot{a}_{\overline{1}|}=0.16$	$v^1-P\ddot{a}_{\overline{1}|}=0.84$	0.7056
3	0.16	$v^2=1$	$P\ddot{a}_{\overline{2}|}=0.32$	$v^2-P\ddot{a}_{\overline{2}|}=0.68$	0.4624
4 以上	0.64	0	$P\ddot{a}_{\overline{2}|}=0.32$	$-P\ddot{a}_{\overline{2}|}=-0.32$	0.1024

${}_1V^1_{x:\overline{3}|}=0.36-0.288=0.072$，$\mathrm{Var}({}_1\boldsymbol{L}^1_{x:\overline{3}|}|\boldsymbol{K}_x>1)=0.28064-0.005184=0.275456$.

問題 8. 2　(1) 再帰式 ${}_tV+P=1000vq_{x+t}+vp_{x+t}\cdot{}_{t+1}V$ より，
$q_{x+t}=\frac{(1+i)({}_tV+P)-{}_{t+1}V}{1000-{}_{t+1}V}$．この式に V の数値を代入すれば，$q_x=0.1$，$q_{x+1}=0.2$ となる．
(2) $\mathrm{Var}({}_0\boldsymbol{L}_{x:\overline{3}|})=v^2(1000-{}_1V)^2p_x\,q_x+v^4(1000-{}_2V)^2{}_2p_x\,q_{x+1}=63457.55$,
(3) $\mathrm{Var}({}_1\boldsymbol{L}_{x:\overline{3}|}|\boldsymbol{K}_x>1)=v^2(1000-{}_2V)^2p_{x+1}\,q_{x+1}=23308.74$.

問題 8. 3　(8. 1. 32) より，${}_t\boldsymbol{L}=\boldsymbol{\Lambda}_{t+1}+v\cdot{}_{t+1}\boldsymbol{L}+({}_tV-v\cdot{}_{t+1}V)$ なので，
$\mathrm{Var}({}_t\boldsymbol{L}|\boldsymbol{K}_x>t)=\mathrm{Var}(\boldsymbol{\Lambda}_{t+1}|\boldsymbol{K}_x>t)+v^2\mathrm{Var}({}_{t+1}\boldsymbol{L}|\boldsymbol{K}_x>t)$ ($\boldsymbol{\Lambda}_{t+1}$ と ${}_{t+1}\boldsymbol{L}$ は互いに無相関)．(8. 1. 25) で $j=t+1$ とすると，$\mathrm{Var}(\boldsymbol{\Lambda}_{t+1}|\boldsymbol{K}_x>t)=v^2(1-{}_{t+1}V)^2p_{x+t}\,q_{x+t}$，
$\mathrm{Var}({}_{t+1}\boldsymbol{L}|\boldsymbol{K}_x>t)=\frac{\mathrm{Var}({}_{t+1}\boldsymbol{L})}{\Pr(\boldsymbol{K}_x>t)}=\frac{\Pr(\boldsymbol{K}_x>t+1)}{\Pr(\boldsymbol{K}_x>t)}\cdot\frac{\mathrm{Var}({}_{t+1}\boldsymbol{L})}{\Pr(\boldsymbol{K}_x>t+1)}=p_{x+t}\mathrm{Var}({}_{t+1}\boldsymbol{L}|\boldsymbol{K}_x>t+1)$
を代入して
$\mathrm{Var}({}_t\boldsymbol{L}|\boldsymbol{K}_x>t)=v^2(1-{}_{t+1}V)^2p_{x+t}\,q_{x+t}+v^2p_{x+t}\mathrm{Var}({}_{t+1}\boldsymbol{L}|\boldsymbol{K}_x>t+1)=0.34694$.

問題 8. 4

$${}_t\boldsymbol{L}^1_{x:\overline{n}|}=\boldsymbol{Z}^{\ 1}_{x+t:\overline{n-t}|}-P^1_{x:\overline{n}|}\ddot{\boldsymbol{Y}}_{x+t:\overline{n-t}|}=\left(1+\frac{P^1_{x:\overline{n}|}}{d}\right)\boldsymbol{Z}^{\ 1}_{x+t:\overline{n-t}|}+\frac{P^1_{x:\overline{n}|}}{d}\boldsymbol{Z}_{x+t:\overset{1}{\overline{n-t}|}}-\frac{P^1_{x:\overline{n}|}}{d}$$

$$\mathrm{Var}({}_t\boldsymbol{L}^1_{x:\overline{n}|}|\boldsymbol{K}_x>t)=\mathrm{Var}\left(\left(1+\frac{P^1_{x:\overline{n}|}}{d}\right)\boldsymbol{Z}^{\ 1}_{x+t:\overline{n-t}|}+\frac{P^1_{x:\overline{n}|}}{d}\boldsymbol{Z}_{x+t:\overset{1}{\overline{n-t}|}}-\frac{P^1_{x:\overline{n}|}}{d}\middle|\boldsymbol{K}_x>t\right)=$$
$$\left(1+\frac{P^1_{x:\overline{n}|}}{d}\right)^2\mathrm{Var}(\boldsymbol{Z}^{\ 1}_{x+t:\overline{n-t}|}|\boldsymbol{K}_x>t)+\left(\frac{P^1_{x:\overline{n}|}}{d}\right)^2\mathrm{Var}(\boldsymbol{Z}_{x+t:\overset{1}{\overline{n-t}|}}|\boldsymbol{K}_x>t)$$
$$+2\left(1+\frac{P^1_{x:\overline{n}|}}{d}\right)\left(\frac{P^1_{x:\overline{n}|}}{d}\right)\mathrm{Cov}(\boldsymbol{Z}^{\ 1}_{x+t:\overline{n-t}|},\ \boldsymbol{Z}_{x+t:\overset{1}{\overline{n-t}|}}|\boldsymbol{K}_x>t).$$

ここで，
$\mathrm{Var}(\boldsymbol{Z}^{\ 1}_{x+t:\overline{n-t}|}|\boldsymbol{K}_x>t)={}^2A^{\ 1}_{x+t:\overline{n-t}|}-(A^{\ 1}_{x+t:\overline{n-t}|})^2$,
$\mathrm{Var}(\boldsymbol{Z}_{x+t:\overset{1}{\overline{n-t}|}}|\boldsymbol{K}_x>t)={}^2A_{x+t:\overset{1}{\overline{n-t}|}}-(A_{x+t:\overset{1}{\overline{n-t}|}})^2$,
$\mathrm{Cov}(\boldsymbol{Z}^{\ 1}_{x+t:\overline{n-t}|},\ \boldsymbol{Z}_{x+t:\overset{1}{\overline{n-t}|}}|\boldsymbol{K}_x>t)=-A^{\ 1}_{x+t:\overline{n-t}|}\cdot A_{x+t:\overset{1}{\overline{n-t}|}}$ を代入して整理すれば求まる．

問題 8. 5　保険者損失を $\boldsymbol{L}$ とすると，$\boldsymbol{L}=400(\boldsymbol{Z}^1_{x:\overline{2}|}-P^1_{x:\overline{2}|}\ddot{\boldsymbol{Y}}_{x:\overline{2}|})$ なので，

$$\boldsymbol{L}=\begin{cases}400(v-P^1_{x:\overline{2}|})=289.306 & \boldsymbol{K}_x=1\text{ のとき}\\ 400(v^2-P^1_{x:\overline{2}|}(1+v))=188.676 & \boldsymbol{K}_x=2\text{ のとき}\\ 400(0-P^1_{x:\overline{2}|}(1+v))=-141.903 & \boldsymbol{K}_x\geqq 3\text{ のとき}\end{cases}$$

．一方，ファクラーの再帰式から ${}_0V^1_{x:\overline{2}|}+P^1_{x:\overline{2}|}=vq_x+vp_x\cdot{}_1V^1_{x:\overline{2}|}\Rightarrow P^1_{x:\overline{2}|}=vq_x+v(1-q_x)\cdot{}_1V^1_{x:\overline{2}|}$ より
$q_x=\frac{P^1_{x:\overline{2}|}-v\cdot{}_1V^1_{x:\overline{2}|}}{v(1-{}_1V^1_{x:\overline{2}|})}=0.17$，$p_x=1-q_x=0.83$ となるので
$\Pr(\boldsymbol{L}<190)=\Pr(\boldsymbol{K}_x\geqq 2)=p_x=0.83$.

問題 8. 6　省略

問題 8. 7　(1) 問題 8. 6 より
${}_tV_x=1-\frac{\ddot{a}_{x+t}}{\ddot{a}_x}=1-\frac{\ddot{a}_{x+1}}{\ddot{a}_x}\cdot\frac{\ddot{a}_{x+2}}{\ddot{a}_{x+1}}\cdot\cdots\cdot\frac{\ddot{a}_{x+t}}{\ddot{a}_{x+t-1}}=1-(1-{}_1V_x)(1-{}_1V_{x+1})\cdots(1-{}_1V_{x+t-1})$.

(2) 8.2.3 節の終身保険に代わり養老保険では過去法の責任準備金について次の式が成り立つ．${}_tV_{x:\overline{n}|}=\frac{\ddot{a}_{x:\overline{t}|}}{A_{x:\overline{t}|}^{\ \ 1}}(P_{x:\overline{n}|}-P^1_{x:\overline{t}|})=\frac{P_{x:\overline{n}|}-P^1_{x:\overline{t}|}}{P_{x:\overline{t}|}^{\ \ 1}}$．これを用いると

$P_{x:\overline{n}|}={}_tV_{x:\overline{n}|}P_{x:\overline{t}|}^{\ \ 1}+P^1_{x:\overline{t}|}={}_tV_{x:\overline{n}|}P_{x:\overline{t}|}^{\ \ 1}+{}_tV_{x:\overline{n}|}P^1_{x:\overline{t}|}-{}_tV_{x:\overline{n}|}P^1_{x:\overline{t}|}+P^1_{x:\overline{t}|}=$
${}_tV_{x:\overline{n}|}P_{x:\overline{t}|}+(1-{}_tV_{x:\overline{n}|})P^1_{x:\overline{t}|}$.

問題 8.8 (6.2.11) より，死亡が一様に発生するとき，$\alpha(m)=\frac{id}{i^{(m)}d^{(m)}}$，$\beta(m)=\frac{i-i^{(m)}}{i^{(m)}d^{(m)}}$ とおいて，$\ddot{a}_x^{(m)}=\alpha(m)\ddot{a}_x-\beta(m)$，$\ddot{a}_{x+t}^{(m)}=\alpha(m)\ddot{a}_{x+t}-\beta(m)$ とできるので

${}_tV_x^{(m)}=A_{x+t}-P_x^{(m)}\ddot{a}_{x+t}^{(m)}={}_tV_x+P_x\ddot{a}_{x+t}-P_x^{(m)}(\alpha(m)\ddot{a}_{x+t}-\beta(m))=$
${}_tV_x+\beta(m)P_x^{(m)}-P_x^{(m)}\left(\alpha(m)-\frac{P_x}{P_x^{(m)}}\right)\ddot{a}_{x+t}$．これに $P_x=\frac{A_x}{\ddot{a}_x}$，$P_x^{(m)}=\frac{A_x}{\ddot{a}_x^{(m)}}$ を代入して整理すれば求まる．

問題 8.9 章末問題 8.7(2) より ${}_tV_{x:\overline{n}|}=\frac{P_{x:\overline{n}|}-P^1_{x:\overline{t}|}}{P_{x:\overline{t}|}^{\ \ 1}}=\frac{0.08-0.01}{0.1}=0.7$.

問題 8.10 $A_{x+t}=vq_{x+t}+vp_{x+t}\,A_{x+t+1}$，$\ddot{a}_{x+t}=1+vp_{x+t}\,\ddot{a}_{x+t+1}$ を ${}_tV_x=A_{x+t}-P_x\ddot{a}_{x+t}$ に代入すればよい．

問題 8.11 (8.1.21) で $j=t+1$ とすると，$\mathrm{E}[\boldsymbol{C}_{t+1}|\boldsymbol{K}_x>t]=vq_{x+t}-P$ となる．一方
$\mathrm{E}[{}_{t+1}\boldsymbol{L}|\boldsymbol{K}_x>t]=\frac{\mathrm{E}[{}_{t+1}\boldsymbol{L}]}{\Pr(\boldsymbol{K}_x>t)}=\frac{\Pr(\boldsymbol{K}_x>t+1)}{\Pr(\boldsymbol{K}_x>t)}\cdot\frac{\mathrm{E}[{}_{t+1}\boldsymbol{L}]}{\Pr(\boldsymbol{K}_x>t+1)}=\frac{{}_{t+1}p_x}{{}_tp_x}\cdot\mathrm{E}[{}_{t+1}\boldsymbol{L}|\boldsymbol{K}_x>t+1]=$
$p_{x+t}\cdot{}_{t+1}V_x$．よって
${}_tV_x=\mathrm{E}[{}_t\boldsymbol{L}|\boldsymbol{K}_x>t]=\mathrm{E}[\boldsymbol{C}_{t+1}+v\cdot{}_{t+1}\boldsymbol{L}|\boldsymbol{K}_x>t]=vq_{x+t}-P+vp_{x+t}\cdot{}_{t+1}V_x$.

問題 8.12 再帰式を用いて ${}_0V+P=vq_x(1000+{}_1V)+vp_x\cdot{}_1V=1000vq_x+v\cdot{}_1V$，
${}_1V+P=vq_{x+1}(1000+{}_2V)+vp_{x+1}\cdot{}_2V=1000vq_{x+1}+v\cdot{}_2V$，
${}_2V+P=vq_{x+2}(1000+{}_3V)+vp_{x+2}\cdot{}_3V=1000vq_{x+2}+v\cdot{}_3V$．これに ${}_0V=0$，${}_3V=1000$ を代入して，v^k $(k=0,1,2)$ をかけて辺々加えると
$P(1+v+v^2)=1000(vq_x+v^2q_{x+1}+v^3q_{x+2})+1000v^3$．よって $P=372.36$.

問題 8.13 ${}_{s+t}V_x=1-\frac{\ddot{a}_{x+s+t}}{\ddot{a}_x}=1-\frac{\ddot{a}_{x+s}}{\ddot{a}_x}\cdot\frac{\ddot{a}_{x+s+t}}{\ddot{a}_{x+s}}=1-(1-{}_sV_x)(1-{}_tV_{x+s})$
${}_{30}V_{30}=1-(1-{}_{15}V_{30})(1-{}_{15}V_{45})=1-(1-{}_{15}V_{30})\times0.6=0.7$ より ${}_{15}V_{30}=0.5$
${}_{15}V_{30}=\frac{A_{45}-A_{30}}{1-A_{30}}=\frac{A_{45}-0.3}{0.7}=0.5$ より $A_{45}=0.65$.

問題 8.14 ${}_t\overline{V}(\overline{A}_x)=1-\frac{\overline{a}_{x+t}}{\overline{a}_x}$ より $\frac{d}{dt}{}_t\overline{V}(\overline{A}_x)=-\frac{d}{dt}\left(\frac{\overline{a}_{x+t}}{\overline{a}_x}\right)$ となる．章末問題 6.11 (2) より
$\frac{d}{dt}{}_t\overline{V}(\overline{A}_x)=\frac{1-(\mu_{x+t}+\delta)\overline{a}_{x+t}}{\overline{a}_x}=\frac{\overline{A}_{x+t}-\mu_{x+t}\overline{a}_{x+t}}{\overline{a}_x}=\frac{\overline{A}_x+\overline{A}_{x+t}-\overline{A}_x}{\overline{a}_x}-\mu_{x+t}(1-{}_t\overline{V}(\overline{A}_x))=$
$\frac{\overline{A}_x}{\overline{a}_x}+\frac{\overline{A}_{x+t}-\overline{A}_x}{\overline{a}_x}-\mu_{x+t}(1-{}_t\overline{V}(\overline{A}_x))=\overline{P}(\overline{A}_x)+\delta\cdot{}_t\overline{V}(\overline{A}_x)-\mu_{x+t}(1-{}_t\overline{V}(\overline{A}_x))$.

問題 8.15 (1) 問題の条件と中心極限定理から，${}_0\boldsymbol{S}_x$ は ${}_0\boldsymbol{S}_x\sim N(10000\times{}_0V_x$, $10000\times\mathrm{Var}({}_0\boldsymbol{L}))$ とみなしてよい．標準正規分布の VaR95% は 1.645 なので
$\mathrm{VaR}_{0.95}({}_0\boldsymbol{S}_x)=0+\sqrt{10000\times63457.55}\times1.645=25190.78\times1.645=41438.83$.
(2) (1) と同様に $({}_1\boldsymbol{S}_x|\boldsymbol{K}_x>1)\sim N(10000\times{}_1V_x,\ 10000\times\mathrm{Var}({}_1\boldsymbol{L}|\boldsymbol{K}>1))$ とみなして
$\mathrm{VaR}_{0.95}({}_1\boldsymbol{S}_x|\boldsymbol{K}_x>1)=10000\times312.98+\sqrt{10000\times23308.74}\times1.645=3154915$.
(3) 例題 10 と同様にして $\mathrm{CTE}_{0.95}({}_0\boldsymbol{S}_x)=0+\frac{25190.78}{0.05\times\sqrt{2\pi}}\exp\left(-\frac{1.645^2}{2}\right)=51949.51$.

問題 8.16 例題 9 と同様に，$\mathrm{E}[\boldsymbol{\Lambda}_4+{}_3V^{\ 1}_{x:\overline{n}|}|\boldsymbol{K}_x>3]={}_3V^{\ 1}_{x:\overline{n}|}=1.95$,
$\mathrm{Var}[\boldsymbol{\Lambda}_4+{}_3V^{\ 1}_{x:\overline{n}|}|\boldsymbol{K}_x>3]=v^2\cdot(1-{}_4V^{\ 1}_{x:\overline{n}|})^2\cdot p_{x+3}\cdot q_{x+3}=$
$\left(\frac{1}{1.03}\right)^2\times(1000-2.34)^2\times0.99815\times0.00185=1732.44$．よって,
$\sum(\boldsymbol{\Lambda}_4+{}_3V^{\ 1}_{x:\overline{n}|}|\boldsymbol{K}_x>3)\sim N(1.95\text{万},1732.44\text{万})\sigma=\sqrt{1732.44\text{万}}=4162.3$．以上から
$\mathrm{VaR}99.5\%=19500+2.576\sigma=30222$.

問題 8. 17　例題 10 と同様に，
$\mathrm{CTE95\%}={}_3V^{\,1}_{x:\overline{n}|}+\frac{\sigma}{0.05\sqrt{2\pi}}\cdot\exp\left(-\frac{1.645^2}{2}\right)=19500+\frac{4162.3}{0.05\times 2.506}\times 0.25846=28085.7.$
問題 8. 18，問題 8. 19　省略（本文中の数表を参照せよ）

第 9 章

問題 9. 1　省略
問題 9. 2　${}_tp_x=\exp(-\int_0^t\mu_{x+s}ds)=\exp(-0.02t)$．${}_tq_y=1-{}_tp_y=1-\exp(-0.03t)$．
$\overline{A}^{\,2}_{xy}=\int_0^\infty v^t{}_tq^{\,2}_{xy}dt=\int_0^\infty v^t{}_tq_y\,{}_tp_x\,\mu_{x+t}dt=$
$\int_0^\infty\exp(-0.05t)\,\{1-\exp(-0.03t)\}\times\exp(-0.02t)\cdot 0.02dt=0.085714.$
問題 9. 3　非喫煙者 (x) の生存率 ${}_tp_x=\frac{80-x-t}{80-x}$，死力 $\mu_{x+t}=\frac{1}{80-x-t}$，喫煙者 (y) の死力 $\mu'_{y+t}=\frac{2}{80-y-t}$ で ${}_tp'_y=(\frac{80-y-t}{80-y})^2$，
$\mathring{e}_{50,60}=\int_0^\infty{}_tp'_{50}\,{}_tp_{60}dt=\int_0^{20}(\frac{30-t}{30})^2(\frac{20-t}{20})dt=6.296.$
問題 9. 4　$\ddot{a}_x=1+a_x=10$，$d=(1-A_x)/\ddot{a}_x=0.06$，$\ddot{a}_{xx}=(1-A_{xx})/d=7.5$，
$A_{xx}+\ddot{A}_{\overline{xx}}=2A_x=0.8$ より $A_{\overline{xx}}=0.25$．求める年払純保険料は $A_{\overline{xx}}/\ddot{a}_{xx}=0.033$．
問題 9. 5　$\overline{A}^{\,1}_{xy}=\int_0^\infty v^t{}_tp_{xy}\,\mu_{x+t}dt=\int_0^\infty\exp\{-(0.05+0.09+0.06)t\}\,0.09dt=0.45.$
$E[(\overline{\boldsymbol{Z}}^{\,1}_{xy})^2]=\int_0^\infty v^{2t}{}_tp_{xy}\,\mu_{x+t}dt=\int_0^\infty\exp\{-(0.10+0.09+0.06)t\}\,0.09dt=0.36.$
$\mathrm{Var}(\overline{\boldsymbol{Z}}^{\,1}_{xy})=0.36-0.45^2=0.1575.$
問題 9. 6　(1) は $\overline{A}^{\,1}_{xx}$，(2) は $2\overline{A}^{\,1}_{xx}$，(3) は $3(\overline{A}_x-\overline{A}^{\,1}_{xx})$，(4) は $4(\overline{A}_x-\overline{A}^{\,1}_{xx})$．(1)～(4) の合計は $7\overline{A}_x-4\overline{A}^{\,1}_{xx}$ となる．ここで $\overline{A}^{\,1}_{xx}+\overline{A}_{xx}^{\ 1}=A_{xx}$ より $\overline{A}^{\,1}_{xx}=\frac{a}{2}\overline{A}_x$ よって答は
$7\overline{A}_x-2\overline{A}_{xx}$．
問題 9. 7　(9.10.11) で ${}_tp_y-{}_tp_{xy}={}_tp_x\,{}_tq_y$ とすれば (1) の形となる．給付内容から (2) であるが，(2) 式で ${}_tp_{xy}={}_tp_x\,{}_tp_y$ と $\overline{a}_{y+t:\overline{n-t}|}=\int_t^n e^{-\delta(s-t)}{}_{s-t}p_{y+t}ds$ を代入すれば
$(2)=\int_0^n\int_t^n e^{-\delta s}{}_tp_x\,\mu_{x+t}\,{}_sp_y ds\,dt=\int_0^n e^{-\delta s}{}_sp_y\int_0^s{}_sp_x\,\mu_{x+t}dt\,ds=$
$\int_0^n e^{-\delta s}{}_sp_y(1-{}_sp_x)ds=(1)$．
(3) については $\frac{d}{dt}\overline{a}_{y+t:\overline{n-t}|}=(\mu_{y+t}+\delta)\overline{a}_{y+t:\overline{n-t}|}-1$（問題 6. 8 を参照）および
$\frac{d}{dt}\overline{A}^{\ 1}_{xy:\overline{t}|}=\frac{d}{dt}\int_0^t e^{-\delta s}{}_sp_{xy}\,\mu_{x+s}ds=e^{-\delta t}{}_tp_{xy}\,\mu_{x+t}$ に注意すれば
$(3)=[-\overline{A}^{\ 1}_{xy:\overline{t}|}\overline{a}_{y+t:\overline{n-t}|}]_0^n+\int_0^n e^{-\delta t}{}_tp_{xy}\,\mu_{x+t}\,\overline{a}_{y+t:\overline{n-t}|}dt=(2)$
(4) の第 2 項
$=\int_0^n\int_0^t{}_tp_x\,\mu_{x+t}e^{-\delta s}{}_sp_y ds\,dt=\int_0^n e^{-\delta s}{}_sp_y\int_s^n{}_tp_x\,\mu_{x+t}dt\,ds=\int_0^n e^{-\delta s}{}_sp_y({}_sp_x-{}_np_x)ds=\overline{a}_{xy:\overline{n}|}-{}_np_x\,\overline{a}_{y:\overline{n}|}$　$(4)=({}_nq_x+{}_np_x)\overline{a}_{y:\overline{n}|}-\overline{a}_{xy:\overline{n}|}=\overline{a}_{y:\overline{n}|}-\overline{a}_{xy:\overline{n}|}\overline{a}_{x|y:\overline{n}|}$ よって
(1)～(4) すべて同じ．
問題 9. 8　${}_\infty q^{\,1}_{xy}=\int_0^\infty{}_tp_{xy}\,\mu_{x+t}dt=\int_0^\infty{}_tp_{xy}BC^{x+t}dt=$
$\frac{C^x}{C^x+C^y}\int_0^\infty{}_tp_{xy}(BC^{x+t}+BC^{y+t})dt=\frac{C^x}{C^x+C^y}\int_0^\infty{}_tp_{xy}(\mu_{x+t}+\mu_{y+t})dt=$
$\frac{C^x}{C^x+C^y}\int_0^\infty{}_tp_{xy}\,\mu_{x+t,y+t}dt=\frac{C^x}{C^x+C^y}{}_\infty q_{xy}=\frac{C^x}{C^x+C^y}$　${}_\infty q_{xy}=1$ より．
問題 9. 9

(1)	①	(V)	②	(B)	③	(K)						
(2)	④	(D)	⑤	(X)	⑥	(H)	⑦	(O)	⑧	(P)	⑨	(E)
(3)	⑩	(Z)	⑪	(K)	⑫	(Q)	⑬	(Z)	⑭	(B)		

(3) での式変形は以下のとおり．まず，$\sum_{s=0}^{t-1}(s+1)\cdot v^{s+1}\cdot{}_sp_{xy}\cdot q^{\ 1}_{x+s,y+s}=$
$\sum_{s=0}^{n-1}(s+1)\cdot v^{s+1}\cdot{}_sp_{xy}\cdot q^{\ 1}_{x+s,y+s}-\sum_{s=t}^{n-1}(s+1)\cdot v^{s+1}\cdot{}_sp_{xy}\cdot q^{\ 1}_{x+s,y+s}=\sum_{s=0}^{n-1}(s+1)\cdot$

$v^{s+1}\cdot{}_sp_{xy}\cdot q^{\ \ 1}_{x+s,y+s}-\sum_{s=0}^{n-t-1}(t+s+1)\cdot v^{t+s+1}\cdot{}_{t+s}p_{xy}\cdot q^{\ \ \ 1}_{x+t+s,y+t+s}=\sum_{s=0}^{n-1}(s+1)\cdot v^{s+1}\cdot{}_sp_{xy}\cdot q^{\ \ 1}_{x+s,y+s}-v^t\cdot{}_tp_{xy}\sum_{s=0}^{n-t-1}(t+s+1)\cdot v^{s+1}\cdot{}_sp_{x+t,y+t}\cdot q^{\ \ \ 1}_{x+t+s,y+t+s}$.
過去法の ${}_tV=\frac{1}{v^t\cdot{}_tp_{xy}}\cdot\{P\cdot\ddot{a}_{xy:\overline{t}|}-\frac{1}{n}\cdot\sum_{s=0}^{t-1}(s+1)\cdot v^{s+1}\cdot{}_sp_{xy}\cdot q^{\ \ 1}_{x+s,y+s}-A_{y:\overline{n}|}\}+{}_t\tilde{V}=\frac{1}{v^t\cdot{}_tp_{xy}}\cdot P\cdot\ddot{a}_{xy:\overline{n}|}-P\cdot\ddot{a}_{x+t,y+t:\overline{n-t}|}-\frac{1}{v^t\cdot{}_tp_{xy}}\cdot\frac{1}{n}\cdot\sum_{s=0}^{n-1}(s+1)\cdot v^{s+1}\cdot{}_sp_{xy}\cdot q^{\ \ 1}_{x+s,y+s}+\frac{1}{n}\cdot\sum_{s=0}^{n-t-1}(t+s+1)\cdot v^{s+1}\cdot{}_sp_{x+t,y+t}\cdot q^{\ \ \ 1}_{x+t+s,y+t+s}-\frac{1}{v^t\cdot{}_tp_{xy}}\cdot A_{y:\overline{n}|}+A_{y+t:\overline{n-t}|}=\frac{1}{n}\cdot\sum_{s=0}^{n-t-1}(t+s+1)\cdot v^{s+1}\cdot{}_sp_{x+t,y+t}\cdot q^{\ \ \ 1}_{x+t+s,y+t+s}+A_{y+t:\overline{n-t}|}-P\cdot\ddot{a}_{x+t,y+t:\overline{n-t}|}+\frac{1}{v^t\cdot{}_tp_{xy}}\cdot\{P\cdot\ddot{a}_{xy:\overline{n}|}-\frac{1}{n}\cdot\sum_{s=0}^{n-1}(s+1)\cdot v^{s+1}\cdot{}_sp_{xy}\cdot q^{\ \ 1}_{x+s,y+s}-A_{y:\overline{n}|}\}$.

問題 9. 10　年払純保険料：5.31，責任準備金 $t=1$：5.20，$t=2$：9.94，$t=3$：14.04(以下略)

問題 9. 11　年払純保険料：10740 円，責任準備金(親生存時)$t=5$：-1846 円

第 10 章

問題 10. 1

x	$q_x^{(1)}$	$q_x^{(2)}$	$q_x^{(\tau)}$	$p_x^{(\tau)}$	$l_x^{(\tau)}$	$d_x^{(1)}$	$d_x^{(2)}$	$d_x^{(\tau)}$
30	0.0010	0.0030	0.0040	0.9960	10,000	10	30	40
31	0.0011	0.0030	0.0041	0.9959	9,960	11	30	41
32	0.0012	0.0030	0.0042	0.9958	9,919	12	30	42

問題 10. 2　$75/80\,e^{-0.25}-70/80\,e^{-0.50}$.

問題 10. 3　$p_{30}^{(\tau)}=1-q_{30}^{(1)}-q_{30}^{(2)}=1-0.12-0.20=0.68$．また，$p_{30}^{(\tau)}=(1-q_{30}^{*(1)})(1-q_{30}^{*(2)})=(1-0.14)(1-y)$ より $y=0.2093$．よって，$l_{32}^{(\tau)}=l_{30}^{(\tau)}\cdot p_{30}^{(\tau)}\cdot p_{31}^{(\tau)}=1000\cdot 0.68\cdot(1-0.16)\cdot(1-3\times 0.2093)=212.54$.

問題 10. 4　$p_x^{(\tau)}=(1-q_x^{*\,(1)})(1-q_x^{*\,(2)})=0.97594541$ より $q_x^{(1)}=1-p_x^{(\tau)}-q_x^{(2)}=0.01305459$.

問題 10. 5　$q_x^{(1)}=q_x^{*\,(1)}\left\{1-\frac{1}{2}(q_x^{*\,(2)}+q_x^{*\,(3)}+q_x^{*\,(4)})+\frac{1}{3}(q_x^{*\,(2)}q_x^{*\,(3)}+q_x^{*\,(3)}q_x^{*\,(4)}+q_x^{*\,(4)}q_x^{*\,(2)})-\frac{1}{4}q_x^{*\,(2)}q_x^{*\,(3)}q_x^{*\,(4)}\right\}$.

問題 10. 6　$q_x^{*\,(1)}\fallingdotseq q_x^{(1)}/(1-\frac{1}{2}q_x^{(2)})=0.01509813$，$q_x^{*\,(2)}\fallingdotseq q_x^{(2)}/(1-\frac{1}{2}q_x^{(1)})=0.01309823$.

問題 10. 7　$1/(1+t+t^2)$.

問題 10. 8　$q_x^{(1)}=149/12000$，$q_x^{(2)}=53/4000$，$q_x^{(\tau)}=77/3000$.

問題 10. 9　$q_x^{(1)}=q_x^{(\tau)}-q_x^{(2)}=0.01485$，$q_x^{(2)}=0.01985$.

問題 10. 10　$\mu_x^{(\tau)}=\mu_x^{(1)}+\mu_x^{(2)}+\mu_x^{(3)}=0.0001045$，${}_tp_x^{(\tau)}=e^{-0.0001045t}$ となる．よって，一時払保険料$=\int_0^\infty e^{-\delta t}\cdot 1{,}000{,}000\cdot{}_tp_x^{(\tau)}\mu^{(1)}dt+\int_0^\infty e^{-\delta t}\cdot 500{,}000\cdot{}_tp_x^{(\tau)}\mu^{(2)}dt+\int_0^\infty e^{-\delta t}\cdot 250{,}000\cdot{}_tp_x^{(\tau)}\mu^{(3)}dt=\frac{1{,}000{,}000}{2{,}000{,}000}\int_0^\infty e^{-0.0601045t}dt+\frac{500{,}000}{250{,}000}\int_0^\infty e^{-0.0601045t}dt+\frac{250{,}000}{10{,}000}\int_0^\infty e^{-0.0601045t}dt=27.5\times 16.6377=457.54$.

問題 10. 11　${}_tp_x^{(\tau)}={}_tp_x^{*(1)}\,{}_tp_x^{*(2)}\,{}_tp_x^{*(3)}=\exp(-t^3/3)$ より $q_x^{(2)}=\int_0^1{}_tp_x^{(\tau)}\mu_{x+t}^{(2)}dt=\int_0^1 0.2t^2\exp(-t^3/3)dt=0.2(1-e^{-1/3})$.

問題 10. 12　$\mu_x^{(\tau)}(t)=\sum_{j=1}^m j/625=m(m+1)/1250$

${}_tp_x^{(\tau)}=\exp\{-\int_0^t\mu_x^{(\tau)}(s)ds\}=\exp\{-m(m+1)t/1250\}$

$\mathring{e}_x=\int_0^\infty{}_tp_x^{(\tau)}dt=\int_0^\infty\exp\{-m(m+1)t/1250\}dt=1250/m(m+1)=125/11$

これより，$m=10$ で，求める確率は
$\Pr(j=1,3,5,7,9)=\int_0^\infty {}_tp_x^{(\tau)}(\mu_x^{(1)}+\mu_x^{(3)}+\mu_x^{(5)}+\mu_x^{(7)}+\mu_x^{(9)})dt$
$=(\mu_x^{(1)}+\mu_x^{(3)}+\mu_x^{(5)}+\mu_x^{(7)}+\mu_x^{(9)})/\mu_x^{(\tau)}\times\int_0^\infty {}_tp_x^{(\tau)}\mu_x^{(\tau)}dt$
$=(\mu_x^{(1)}+\mu_x^{(3)}+\mu_x^{(5)}+\mu_x^{(7)}+\mu_x^{(9)})/\mu_x^{(\tau)}$
$=\{(1+3+5+7+9)/625\}\div\{(1+2+3+\cdots+9+10)/625\}=25/55=5/11.$

問題 10.13 年払純保険料：3.803，責任準備金 $t=0$：0，$t=1$：0.63，$t=2$：1.01，$t=3$：1.08，$t=4$：0.82，$t=5$：0.

第 11 章

問題 11.1 $P^*=(A_{30:\overline{30|}}^{\ 1}+0.03+0.001\ddot{a}_{30:\overline{30|}})/(0.87\ddot{a}_{30:\overline{30|}}-(IA)_{30:\overline{30|}}^{\ 1})$ および $(IA)_{30:\overline{30|}}^{\ 1}=(IA)_{30:\overline{30|}}-30A_{30:\overline{30|}}^{\quad\ 1}=\ddot{a}_{30:\overline{30|}}-d(I\ddot{a})_{30:\overline{30|}}-30A_{30:\overline{30|}}^{\quad\ 1}$ から，$P^*=0.02616$.

問題 11.2 $A_{x:\overline{n|}}+0.03+0.002\ddot{a}_{x:\overline{n|}}=0.66309$,
$(A_{x:\overline{n|}}+0.03+0.003\ddot{a}_{x:\overline{n|}})/(1-0.03)\ddot{a}_{x:\overline{n|}}=0.08598$ および $A_{x:\overline{n|}}=1-d\ddot{a}_{x:\overline{n|}}$ から
$i=d/(1-d)=5\%$.

問題 11.3 $P^*=\frac{A_{x:\overline{n|}}^{\ 1}+0.03+0.001\ddot{a}_{x:\overline{n|}}}{0.97\ddot{a}_{x:\overline{n|}}-\sum_{t=1}^n v^t\ddot{s}_{\overline{t|}}\cdot{}_{t-1|}q_x}$.
$v^t\cdot\ddot{s}_{\overline{t|}}=\ddot{a}_{\overline{t|}}$ と $\sum_{t=1}^n\ddot{a}_{\overline{t|}}\cdot{}_{t-1|}q_x=\ddot{a}_{x:\overline{n|}}-\ddot{a}_{\overline{n|}}\cdot{}_np_x$ に注意して $P^*=0.02387$.

問題 11.4 省略

問題 11.5
${}_1V_{40:\overline{10|}}^{[5z]}={}_1V_{40:\overline{10|}}-\alpha/\ddot{a}_{40:\overline{5|}}\cdot\ddot{a}_{41:\overline{4|}}=A_{41:\overline{9|}}-A_{40:\overline{10|}}/\ddot{a}_{40:\overline{10|}}\cdot\ddot{a}_{41:\overline{9|}}-\alpha/\ddot{a}_{40:\overline{5|}}\cdot\ddot{a}_{41:\overline{4|}}$ から，$\alpha=0.021$.

問題 11.6 ${}_1V_{x:\overline{n|}}^{[10z]}=1-\ddot{a}_{x+1:\overline{n-1|}}/\ddot{a}_{x:\overline{n|}}-\alpha/\ddot{a}_{x:\overline{10|}}\cdot\ddot{a}_{x+1:\overline{9|}}=0$ および
$\ddot{a}_{x:\overline{n|}}=1+vp_x\ddot{a}_{x+1:\overline{n-1|}}=16.987$，$\ddot{a}_{x:\overline{10|}}=1+vp_x\ddot{a}_{x+1:\overline{9|}}=8.702$ から $p_x=0.9943$.

問題 11.7 5.2%.

問題 11.8 0.022.

問題 11.9 $P^*=v\cdot{}_tV^{[z]}-{}_{t-1}V^{[z]}\,(2\leqq t\leqq n)$ および $P^*-\alpha=v\cdot{}_1V^{[z]}$ から，$P^*=\frac{v^n+\alpha}{\ddot{a}_{\overline{n|}}}$.

問題 11.10 (1) $\frac{d}{di}A_x=\frac{d}{di}\sum_{k=1}^\infty v^k{}_{k-1|}q_{x+k}=-v\sum_{k=1}^\infty kv^k{}_{k-1|}q_{x+k}=-v(IA)_x$.
(2) $\frac{d}{d\delta}\overline{A}_x=\frac{d}{d\delta}\int_0^\infty e^{-\delta t}{}_tp_x\,\mu_{x+t}dt=-\int_0^\infty te^{-\delta t}{}_tp_x\,\mu_{x+t}dt=-(\overline{I}\,\overline{A})_x$.
$\frac{d}{di}\overline{A}_x=\frac{d\delta}{di}\cdot\frac{d}{d\delta}\overline{A}_x=-v(\overline{I}\,\overline{A})_x$.
(3) $\frac{d}{di}\ddot{a}_x=\frac{d}{di}a_x=\frac{d}{di}\sum_{k=1}^\infty v^k{}_kp_x=-v\sum_{k=1}^\infty kv^k{}_kp_x=-v(Ia)_x$.
(4) $\frac{d}{d\delta}\overline{a}_x=\frac{d}{d\delta}\int_0^\infty e^{-\delta t}{}_tp_xdt=-\int_0^\infty te^{-\delta t}{}_tp_xdt=-(\overline{I}\overline{a})_x$.
$\frac{d}{di}\overline{a}_x=\frac{d\delta}{di}\cdot\frac{d}{d\delta}\overline{a}_x=-v(\overline{I}\overline{a})_x$.

問題 11.11 $\ddot{a}_x^{3.1\%}=\ddot{a}_x^{3\%}-\frac{0.001}{1.03}\times\{(I\ddot{a})_x^{3\%}-\ddot{a}_x^{3\%}\}=15.860$.

問題 11.12 $\frac{\ddot{a}_x}{\ddot{a}'_x}=\frac{\ddot{a}_{x+t}}{\ddot{a}'_{x+t}}=1+k$ とおくと（k は定数，$0\leqq t\leqq n$），$x\leqq y\leqq x+n$ に対し，
$\ddot{a}_y=(1+k)\ddot{a}'_y$．この（左辺）$=1+vp_y\ddot{a}_{y+1}$,
（右辺）$=(1+k)+vp'_y(1+k)\ddot{a}'_{y+1}=1+k+vp'_y\ddot{a}_{y+1}\,(x\leqq y<x+n)$ より，
$vp_y\ddot{a}_{y+1}=k+vp'_y\ddot{a}_{y+1}\,(x\leqq y<x+n)$．よって，$p_y=\frac{k}{v\ddot{a}_{y+1}}+p'_y$,
$q'_y=1-\left(p_y-\frac{k}{v\ddot{a}_{y+1}}\right)=q_y+\frac{k}{v\ddot{a}_{y+1}}$.

問題 11.13 利力を δ，死力を μ とする．利力と死力の合計が A と B で同じなので
$\ddot{a}_{x:\overline{n|}}^A=\ddot{a}_{x:\overline{n|}}^B$．よって，$P_A-P_B=\left(\frac{1}{\ddot{a}_{x:\overline{n|}}^A}-d_A\right)-\left(\frac{1}{\ddot{a}_{x:\overline{n|}}^B}-d_B\right)=v_A-v_B=$
$e^{-(\delta+0.001)}-e^{-\delta}=\frac{1}{1+i}\cdot(e^{-0.001}-1)$.

問題 11. 14 (1) 93.84 (2) $t=0$：0，$t=1$：64.02，$t=2$：155.74，$t=3$：250.26，以下略．(3)(4) 利益総額：16.20(累計収支に一致する)．毎年の利益：(a)初年度 −23.58，第 2 年度 3.61，第 3 年度 3.80，以下略．(b)初年度 −0.78，第 2 年度 1.34，第 3 年度 1.47，以下略．
(5) 利益総額の利源別内訳：(a)費差損益 11.94，死差損益 0.88，利差損益 3.39(b)費差損益 8.47，死差損益 0.90，利差損益 6.83．初年度利益の利源別内訳：(a)費差損益 −23.08，死差損益 0.13，利差損益 −0.63．(b)費差損益 −0.94，死差損益 0.13，利差損益 0.03．
(6) 利益総額の利源別内訳は(5)(b)に一致．初年度利益(−23.58)の利源別内訳は費差損益：−0.94，死差損益：0.13，利差損益：0.03，責任準備金関係損益：−22.80．
(7) 5% 増しの年払営業保険料：98.53．各年の死亡率上昇：5.8〜5.9 倍，利率：2.0〜2.1% 水準までの低下，事業費：1.5〜1.6 倍の増加に耐えられる．

第 13 章

問題 13. 1 (前者)
$P_{\underline{ii}}(t,u)=\Pr(\{S_z=i,\forall z\in[t,w]\}|S_t=i)\times\Pr(\{S_z=i,\forall z\in[w,u]\}|\{S_z=i,\forall z\in[t,w]\})=\Pr(\{S_z=i,\forall z\in[t,w]\}|S_t=i)\times\Pr(\{S_z=i,\forall z\in[w,u]\}|S_w=i)=P_{\underline{ii}}(t,w)\cdot P_{\underline{ii}}(w,u)$．
(後者) $P_{\underline{ii}}(z,t+\Delta t)=P_{\underline{ii}}(z,t)\cdot P_{\underline{ii}}(t,t+\Delta t)$ より，
$\frac{P_{\underline{ii}}(z,t+\Delta t)-P_{\underline{ii}}(z,t)}{\Delta t}=-P_{\underline{ii}}(z,t)\cdot\frac{1-P_{\underline{ii}}(t,t+\Delta t)}{\Delta t}$．両辺を $\Delta t\to 0$ とする．
問題 13. 2 (1) (13. 3. 12)より，$\frac{d}{dt}P_{13}(x,x+t)=\mu(x+t)\{P_{11}(x,x+t)+P_{12}(x,x+t)\}$
よって，$\frac{d}{dt}\{1-P_{13}(x,x+t)\}=-\mu(x+t)\{1-P_{13}(x,x+t)\}$ から導く．
(2) (13. 3. 19)に与件を代入し，$\frac{d^2}{dt^2}P_{11}(x,x+t)+(\mu_{12}+\mu_{13}+\mu_{21}+\mu_{23})\frac{d}{dt}P_{11}(x,x+t)+\{(\mu_{12}+\mu_{13})(\mu_{21}+\mu_{23})-\mu_{12}\mu_{21}\}P_{11}(x,x+t)=0$．
この特性方程式 $t^2+(\mu_{12}+\mu_{13}+\mu_{21}+\mu_{23})t+\{(\mu_{12}+\mu_{13})(\mu_{21}+\mu_{23})-\mu_{12}\mu_{21}\}=0$ の 2 つの解を a,b として，$P_{11}(x,x+t)=Ae^{at}+Be^{bt}$ と表される(A,B：定数)．
境界条件 $P_{11}(x,x)=1$，$\frac{d}{dt}P_{11}(x,x+t)\Big|_{t=0}=\mu_{11}(x)=-\mu_1(x)$ より $A+B=1$，
$Aa+Bb=-(\mu_{12}+\mu_{13})$
よって，$A=\frac{b+\mu_{12}+\mu_{13}}{b-a}$，$B=\frac{a+\mu_{12}+\mu_{13}}{a-b}$ となる．これらを(13. 3. 17)に代入し，
$P_{12}(x,x+t)=\frac{\mu_{12}(e^{at}-e^{bt})}{a-b}$ ただし，
$a=\frac{1}{2}\{-(\mu_{12}+\mu_{13}+\mu_{21}+\mu_{23})+\sqrt{(\mu_{12}+\mu_{13}-\mu_{21}-\mu_{23})^2+4\mu_{12}\mu_{21}}\}$，
$b=\frac{1}{2}\{-(\mu_{12}+\mu_{13}+\mu_{21}+\mu_{23})-\sqrt{(\mu_{12}+\mu_{13}-\mu_{21}-\mu_{23})^2+4\mu_{12}\mu_{21}}\}$．
(3) (2)より $a=-\mu$，$b=-(\mu+\mu_{12}+\mu_{21})$，$A=\frac{\mu_{21}}{\mu_{12}+\mu_{21}}$，$B=\frac{\mu_{12}}{\mu_{12}+\mu_{21}}$．
問題 13. 3 $\ddot{a}^a_{x:\overline{n+1}|}-\ddot{a}^{aa}_{x:\overline{n+1}|}$．
問題 13. 4 $d^{ii}_x=l^{ii}_x+i_x-l^{ii}_{x+1}$，$i_x=\omega_x\cdot l^{aa}_x=\omega_x(l_x-l^{ii}_x)$ であることから，
$q^i_x=\frac{d^{ii}_x}{l^{ii}_x+\frac{1}{2}i_x}=\frac{l^{ii}_x+i_x-l^{ii}_{x+1}}{l^{ii}_x+\frac{1}{2}\omega_x(l_x-l^{ii}_x)}=\frac{l^{ii}_x+\omega_x(l_x-l^{ii}_x)-l^{ii}_{x+1}}{l^{ii}_x+\frac{1}{2}\omega_x(l_x-l^{ii}_x)}$ 右辺の分母・分子を l_x で割り，
$\frac{(l^{ii}_x/l_x)+\omega_x(1-(l^{ii}_x/l_x))-(l^{ii}_{x+1}/l_{x+1})\cdot(1-q_x)}{(l^{ii}_x/l_x)+\frac{1}{2}\omega_x(1-(l^{ii}_x/l_x))}=\frac{0.035+0.006\times(1-0.035)-0.04\times(1-0.02)}{0.035+0.5\times0.006\times(1-0.035)}\fallingdotseq 0.0420$．
問題 13. 5 $\mu^i=-\frac{d}{dt}\log{}_tp^i_x=0.008$，$\mu^a+\mu^{ai}=-\frac{d}{dt}\log{}_tp^{aa}_x=0.01$．題意より，
$\mu^a=\frac{\mu^i}{2}=0.004$．よって $\mu^{ai}=0.006$．
${}_tp^{ai}_x=\int_0^t {}_sp^{aa}_x\cdot\mu^{ai}\cdot{}_{t-s}p^i_{x+s}ds=3(e^{-0.008t}-e^{-0.01t})[=3({}_tp^i_x-{}_tp^{aa}_x)]$．
問題 13. 6 年払純保険料：166.21．
問題 13. 7 45 歳加入のとき (1) 年払純保険料：3.437．(2) 年あたり保険料：3.406．
65 歳加入のとき (1) 年払純保険料：17.74．(2) 年あたり保険料：18.09．

参 考 文 献

[1] Cunningham, R.J., Herzog, T.N., London, R.L., *Models for Quantifying Risk*, 3rd ed., ACTEX Publications, 2008.

[2] Gerber, H.U., *Life Insurance Mathematics*, 3rd ed., Springer, Swiss Association of Actuaries Zürich, 1997.
邦訳：H.U. ゲルバー著，山岸義和訳，『生命保険数学』，シュプリンガー・ジャパン，2007.

[3] The Faculty of Actuaries and Institute of Actuaries, *Core Reading for the 2007 examinations: Subject CT4 models core technical*, The Faculty of Actuaries and Institute of Actuaries, 2007.

[4] Bowers JR., N.L., Gerber, H.U., Hickman, J.C., Nesbitt, C.J., and Jones, D.A., *Actuarial Mathematics*, 2nd ed., The Society of Actuaries, 1997.

[5] 二見 隆，『生命保険数学 上，下巻 1992 年改訂版』，生命保険文化研究所，1992.

[6] Durrett, R., *Probability: Theory and Examples*, 3rd ed., Duxbury Press, 2004.

[7] Shreve, S.E., *Stochastic Calculus for Finance II*, Springer, 2004. 邦訳：S.E. シュリーヴ著，今井達也，河野祐一，田中久充，長森英雄，長山いづみ訳，『ファイナンスのための確率解析 II』，シュプリンガー・ジャパン，2008.

[8] Haberman, S., Pitacco, E., *Actuarial Models for Disability Insurance*, Chapman & Hall/CRC Press, London, 1999.

[9] 社団法人日本アクチュアリー会，『保険 1，2(生命保険)平成 24 年 4 月改訂版』，2012.

[10] 社団法人日本アクチュアリー会，『標準生命表 2007 の作成過程』，日本アクチュアリー会会報別冊 228 号，2007.

[11] 厚生労働省大臣官房統計情報部，『第 20 回 生命表(完全生命表)』，http://www.mhlw.go.jp/toukei/saikin/hw/life/20th/index.html，2007.

[12] 国沢 清典編，『確率統計演習 1 確率』，培風館，1966.

保険用語集

各章で共通に使用される保険契約に関する基本的な用語をまとめておく．各章で説明される保険数理に関する用語については，目次や索引を参照し本文内の説明を読んでほしい．

保険契約(insurance policy)　当事者の一方(保険者)が，一定の事由(保険事故)が生じたことを条件として財産上の給付(保険金支払)を行うことを約し，相手方(保険契約者)がこれに対して保険料を支払うことを約する契約．保険法で定義される．

保険者(insurer, assurer)　保険契約の対象になっている危険(リスク)を引き受け，保険事故が発生した場合に保険金の支払義務を負う者．保険会社．

保険契約者(insured, policyholder)　保険料の支払義務を負う者．個人の場合も，法人の場合もある．

被保険者(insured, assured)　生命保険契約において，その人の生死などが保険事故とされる者．複数人のケースもある．

保険金受取人(beneficiary)　保険金を受け取る権利を有する者．保険契約者や被保険者と同一人のケースや被保険者の遺族とするケースが多い．

保険料(premium)　保険者が危険を負担していることの対価として，保険契約者が保険者に支払う金銭．掛金と同義．

保険金(benefit, insurance money)　保険期間中に保険事故が発生した際に保険者が支払う金銭．金額が小さい場合は給付金，毎年定期的な給付を行う場合は年金などという．

保険期間(policy period)　保険者が保険事故の発生により保険金の支払義務を負う期間．保険契約が有効な期間．

保険事故(claim)　保険金の支払対象となる事象．被保険者の生死など．

生命保険(life insurance[assurance])　主として人の生死に関して一定の保険金を支払う契約．一方，ある偶然の事故によって生じる損害を塡補する契約を損害保険という．また，医療保険や介護保険など，人の生死や疾病に関して保険金が支払われるが，実損を塡補する意味合いが大きい保険契約を日本国内では，生命保険(第1分野)，損害保険(第2分野)と対比して，第3分野の保険と表現することが多い．

キャッシュフロー(cash flow)　一定期間に企業に出入りする資金の流れ・量．

責任準備金(premium reserve)　将来の保険金・年金・給付金の支払いに備え，保険業法で保険種類ごとに積み立てが義務づけられている準備金．代表的な積立方式として「平準純保険料式」と「チルメル式」がある．

アクチュアリー(actuary)　主に保険会社で保険商品・サービスの開発や経営の健全性の維持に携わる保険数理の専門家．年金分野の専門家も多い．

日本アクチュアリー会(IAJ, The Institute of Actuaries of Japan)　日本におけるアクチュアリー学の研究調査，アクチュアリーの教育・育成，資格試験の実施，海外アクチュアリー団体との交流など幅広い活動を行う公益社団法人．

保険数学記号一覧

【年金現価・終価】

（確定年金の年金現価・終価）

$\ddot{a}_{\overline{n}|}$ $\ddot{s}_{\overline{n}|}$　期始払　9, 10

$a_{\overline{n}|}$ $s_{\overline{n}|}$　期末払　10

$\ddot{a}^{(m)}_{\overline{n}|}$ $\ddot{s}^{(m)}_{\overline{n}|}$　期始払，年 m 回払　12

$a^{(m)}_{\overline{n}|}$ $s^{(m)}_{\overline{n}|}$　期末払，年 m 回払　12

$\overline{a}_{\overline{n}|}$ $\overline{s}_{\overline{n}|}$　連続払　13

$(I\ddot{a})_{\overline{n}|}$ $(I\ddot{s})_{\overline{n}|}$　期始払，累加年金　15

$(Ia)_{\overline{n}|}$ $(Is)_{\overline{n}|}$　期末払，累加年金　15

$(D\ddot{a})_{\overline{n}|}$ $(D\ddot{s})_{\overline{n}|}$　期始払，累減年金　16

$(Da)_{\overline{n}|}$ $(Ds)_{\overline{n}|}$　期末払，累減年金　16

（据置期間付確定年金の年金現価）

${}_{f|}\ddot{a}_{\overline{n}|}$　f 年据置，期始払　11

${}_{f|}a_{\overline{n}|}$　f 年据置，期末払　11

${}_{f|}\ddot{a}^{(m)}_{\overline{n}|}$　f 年据置，期始払，年 m 回払　13

${}_{f|}a^{(m)}_{\overline{n}|}$　f 年据置，期末払，年 m 回払　13

${}_{f|}\overline{a}_{\overline{n}|}$　f 年据置，連続払　14

（永久年金の年金現価）

$\ddot{a}_{\infty}$　期始払　11

a_{∞}　期末払　11

$\ddot{a}^{(m)}_{\infty}$　期始払，年 m 回払　13

$a^{(m)}_{\infty}$　期末払，年 m 回払　13

$\overline{a}_{\infty}$　連続払　14

【単生命モデル】

（一時払純保険料）

（終身保険）

A_x　保険金年末支払　68

$\overline{A}_x$　保険金即時支払　69

$A^{(m)}_x$　保険金年 m 回支払　76

$(IA)_x$　保険金逓増，保険金年末支払　78

$(I\overline{A})_x$　保険金逓増，保険金即時支払　79

$(\overline{I}\overline{A})_x$　保険金逓増(連続)，保険金即時支払　79

${}_{n|}A_x$　n 年据置，保険金年末支払　81

${}_{n|}\overline{A}_x$　n 年据置，保険金即時支払　-

（生存保険）

$A_{x:\overset{1}{\overline{n}|}}$　73

（養老保険）

$A_{x:\overline{n}|}$　保険金年末支払　74

$\overline{A}_{x:\overline{n}|}$　保険金即時支払　75

$A^{(m)}_{x:\overline{n}|}$　保険金年 m 回支払　-

（定期保険）

$A^{1}_{x:\overline{n}|}$　保険金年末支払　71

$\overline{A}^{1}_{x:\overline{n}|}$　保険金即時支払　72

$A^{1}_{x:\overline{n}|}{}^{(m)}$　保険金年 m 回支払　76

$(IA)^{1}_{x:\overline{n}|}$　保険金逓増，保険金年末支払　78

$(I\overline{A})^{1}_{x:\overline{n}|}$　保険金逓増，保険金即時支払　79

$(\overline{I}\overline{A})^{1}_{x:\overline{n}|}$　保険金逓増(連続)，保険金即時支払　79

$(DA)^{1}_{x:\overline{n}|}$　保険金逓減，保険金年末支払　78

$(D\overline{A})^{1}_{x:\overline{n}|}$　保険金逓減，保険金即時支払　79

$(\overline{D}\overline{A})^{1}_{x:\overline{n}|}$　保険金逓減(連続)，保険金即時支払　79

（終身年金）

$\ddot{a}_x$ 期始払 84
a_x 期末払 86
$\ddot{a}_x^{(m)}$ 期始払，年 m 回払 92
$a_x^{(m)}$ 期末払，年 m 回払 93
$\overline{a}_x$ 連続払 94
$(I\ddot{a})_x$ 逓増年金，期始払 97
$(Ia)_x$ 逓増年金，期末払 97
$(I\overline{a})_x$ 逓増年金，連続払 97
$(\overline{I}\overline{a})_x$ 逓増年金(連続)，連続払 97
${}_{n|}\ddot{a}_x$ n 年据置，期始払 89
${}_{n|}a_x$ n 年据置，期末払 90
${}_{n|}\ddot{a}_x^{(m)}$ n 年据置，期始払，年 m 回払 92
${}_{n|}\overline{a}_x$ n 年据置，連続払 94

（有期年金）

$\ddot{a}_{x:\overline{n|}}$ 期始払 86
$a_{x:\overline{n|}}$ 期末払 88
$\ddot{a}_{x:\overline{n|}}^{(m)}$ 期始払，年 m 回払 92
$a_{x:\overline{n|}}^{(m)}$ 期末払，年 m 回払 -
$\overline{a}_{x:\overline{n|}}$ 連続払 94
$(I\ddot{a})_{x:\overline{n|}}$ 逓増年金，期始払 97
$(Ia)_{x:\overline{n|}}$ 逓増年金，期末払 97
$(I\overline{a})_{x:\overline{n|}}$ 逓増年金，連続払 97
$(\overline{I}\overline{a})_{x:\overline{n|}}$ 逓増年金(連続)，連続払 97
$(D\ddot{a})_{x:\overline{n|}}$ 逓減年金，期始払 97
$(Da)_{x:\overline{n|}}$ 逓減年金，期末払 97
$(D\overline{a})_{x:\overline{n|}}$ 逓減年金，連続払 97
$(\overline{D}\overline{a})_{x:\overline{n|}}$ 逓減年金(連続)，連続払 97

（年払純保険料）
（終身保険）

P_x 保険金年末支払 102
$P_x^{(m)}$ 保険金年末支払，保険料年 m 回払込 107
${}_mP_x$ 保険金年末支払，保険料 m 年払込 103
$P(\overline{A}_x)$ 保険金即時支払 103
$\overline{P}(\overline{A}_x)$ 保険金即時支払，保険料連続払込 108
$P({}_{n|}A_x)$ n 年据置，保険金年末支払 103
${}_mP({}_{n|}A_x)$ n 年据置，保険金年末支払，保険料 m 年払込 103

（定期保険）

$P_{x:\overline{n|}}^1$ 保険金年末支払 104
$P_{x:\overline{n|}}^{1\,(m)}$ 保険金年末支払，保険料年 m 回払込 108
${}_mP_{x:\overline{n|}}^1$ 保険金年末支払，保険料 m 年払込 -

（生存保険）

$P_{x:\overline{n|}}^{\ \ 1}$ 105
$P_{x:\overline{n|}}^{\ \ 1\,(m)}$ 保険料年 m 回払込 108
${}_mP_{x:\overline{n|}}^{\ \ 1}$ 保険料 m 年払込 -

（養老保険）

$P_{x:\overline{n|}}$ 保険金年末支払 106
$P_{x:\overline{n|}}^{(m)}$ 保険金年末支払，保険料年 m 回払込 108
${}_mP_{x:\overline{n|}}$ 保険金年末支払，保険料 m 年払込 107

（据置期間付終身年金）

$P({}_{n|}\ddot{a}_x)$ n 年据置，期始払 107
$P({}_{n|}a_x)$ n 年据置，期末払 107
$P({}_{n|}\overline{a}_x)$ n 年据置，連続払 107

※ $\overline{P}(\overline{A}_x)$ などの P の上のバー(—)は保険料が連続払込であることを示している．

（純保険料式責任準備金）

（終身保険）

$_tV_x$ 保険金年末支払，保険料年払 118

$_tV(\overline{A}_x)$ 保険金即時支払，保険料年払 129

$_t\overline{V}(\overline{A}_x)$ 保険金即時支払，保険料連続払込 122, 133

$^m_tV_x$ 保険金年末支払，保険料 m 年払込 130

$_tV^{(m)}_x$ 保険金年末支払，保険料年 m 回払込 130

※定期保険，生存保険，養老保険の責任準備金は，x に代えて $\overset{1}{x}{:}\overline{n|}$，$x{:}\overset{1}{\overline{n|}}$，$x{:}\overline{n|}$ として表される．

【連合生命モデル（一時払純保険料のみ）】

（連生終身保険）

A_{xy} 保険金年末支払 153

$\overline{A}_{xy}$ 保険金即時支払 154

$A_{\overline{xy}}$ 最終生存者保険，保険金年末支払 154

$\overline{A}_{\overline{xy}}$ 最終生存者保険，保険金即時支払 155

$\overline{A}^1_{xy}$ (x) 先死亡給付，保険金即時支払 157

$\overline{A}^2_{xy}$ (x) 後死亡給付，保険金即時支払 158

（連生終身年金）

$\ddot{a}_{xy}$ 共存状態給付，期始払 155

$\overline{a}_{xy}$ 共存状態給付，連続払 155

$\ddot{a}_{\overline{xy}}$ 最終生存者年金，期始払 156

$\overline{a}_{\overline{xy}}$ 最終生存者年金，連続払 156

（連生定期保険・連生生存保険・連生養老保険）

$\overline{A}^{\ \ 1}_{\widehat{xy}:\overline{n|}}$ 連生定期保険，保険金即時支払，先死亡給付 154

$A_{xy:\overset{1}{\overline{n|}}}$ 連生生存保険 154

$\overline{A}_{xy:\overline{n|}}$ 連生養老保険，保険金即時支払 154

（遺族年金）…(x) 死亡後 (y) 生存時給付

$a_{x|y}$ 終身年金，期末払 158

$\overline{a}_{x|y}$ 終身年金，連続払 159

$a_{x|y:\overline{n|}}$ 有期年金，期末払 158

索　引

■英字表記

APV(actuarial present value)　68, 77
CTE(conditional tail expectation)　142
EPV(expected present value)　68
VaR(Value at Risk)　134

■あ行

アクチュアリー　278
安全割増　136, 179
イェンセンの不等式(Jensen's inequality)　99
遺児年金(orphan's annuity)　158
遺族年金(reversionary annuity)　158
一時払純保険料(net single premium)　68
一時払保険料(single premium)　68
一様分布(uniform distribution)　26
永久年金(annuity in perpetuity)　11
営業保険料(gross premium)　179
営業保険料式責任準備金　186

■か行

開集団　61
解約　188
解約損益　194
解約返戻金(cash value, surrender value)　188
価格変動損益　195
確定年金(annuity certain)　9
確率過程(stochastic process)　207
確率関数(probability mass function)　19
確率空間(probability space)　218
確率測度(probability measure)　218
確率分布(probability distribution)　19
確率変数(random variable)　19
確率密度関数(probability density function, p.d.f.)　21, 31
過去法の責任準備金(retrospective method)　130
可測(measurable)　218
過渡的状態(transient state)　223
寡婦年金(widow's annuity)　158
簡易生命表　58
完全生命表　58
完全平均寿命($\mathring{e}_0$)　47
完全平均余命($\mathring{e}_x$, complete expectation of life)　47, 62
元本(principal)　2
幾何分布(geometric distribution)　24
危険選択(risk selection)　58
危険保険金(net amount at risk)　132, 192
危険保険料(risk premium)　132, 192
期始払年金(annuity-due)　9
期待値(E[$\boldsymbol{X}$], expected value)　20
期末払年金(immediate annuity)　9
キャッシュフロー　278
吸収状態(absorbing state)　223
狭義過渡的状態(strictly transient state)　223
共存状態(joint-life status)　147
共分散(covariance)　33
クロネッカーのデルタ(Kronecker delta)　227
経験表　58
結合確率関数(joint probability function)　30
結合確率密度関数(joint p.d.f.)　31
現価(present value)　1

現価率(v, discount factor)　5
減債基金(sinking fund)　18
国民表　58
故障率関数(hazard rate function)　42
ゴムパーツの法則(Gompertz's law)　51

■さ行

再帰式(recursive formula)　80, 98, 132
最終生存者年金(last-survivor annuity)　155
最終生存状態(last-survivor status)　149
最終年齢(ω)　45
サンプルパス(sample path)　207, 224
死差損益　192
事象(event)　218
指数分布(exponential distribution)　27
実利率(i, effective rate of interest)　3
死亡数(d_x)　48
死亡年度($\boldsymbol{K}_x$, time interval of failure)　52
死亡法則(law of mortality)　50
死亡率(死亡確率)(${}_tq_x$, mortality rate)　45
終価(accumulated value)　1
就業不能年金(disability annuity)　237
終局表(ultimate life table)　60
収支相等の原則(equivalence principle)　101
終身年金(whole life annuity)　83
終身保険(whole life insurance)　67
従属余命モデル(dependent lifetime model)　160
重病保険(critical illness cover)　242
周辺確率関数(marginal probability function)　31
周辺確率密度関数(marginal p.d.f.)　31
純保険料式責任準備金(net premium reserve)　117, 129, 182
条件付確率(conditional probability)　31
条件付期待値(conditional expectation)　32
条件付分散(conditional variance)　33
将来法の責任準備金(prospective method)　129
初年度定期式責任準備金　186
死力(μ_x, force of mortality)　47
推移確率(transition probability)　226
推移行列(transition matrix)　229
推移力(force of transition)　227
据置期間付終身年金(deferred whole life annuity)　88
据置期間付終身保険(deferred whole life insurance)　81
据置期間付年金(deferred annuity)　11
正規分布(normal distribution, $N(\mu, \sigma^2)$)　28
生存関数(survival function)　41
生存時間解析(survival analysis)　41
生存数(l_x, L_x)　48, 61
生存分布関数(survival distribution function)　41
生存保険(pure endowment)　73
生存率(生存確率)(${}_tp_x$, survival rate)　45
生保標準生命表　58
生命年金(life annuity)　9
生命表(life table)　57
生命保険　278
責任準備金　117, 182, 278
責任準備金関係損益　193
責任準備金の再帰式(recursive relationship of reserve)　132
絶対脱退率(absolute rate of decrement)　168
截断表　58
全期チルメル式　184
前進微分方程式(forward differential equation)　228
選択期間(select period)　59

選択表(select life table) 59
占有確率(occupancy probability) 227
総合表 59
総人口(T_0) 61
総脱退力(total force of decrement) 168
ソルベンシー(solvency) 143

■た行

大数の法則(law of large numbers, LLN) 35
多重状態モデル(multiple state model) 224
多重脱退表(multiple-decrement table) 167
多重脱退モデル(multiple-decrement model) 165
脱退残存表(decrement table) 246
脱退率(probability of decrement) 166
脱退力(force of decrement) 168
短期チルメル式 184
単利(simple interest) 2
チャップマン・コルモゴロフの等式(Chapman-Kolmogorov equation) 227
中央死亡率(m_x, central rate of death) 62
中心極限定理(central limit theorem, CLT) 29, 35
貯蓄保険料(saving premium) 132
チルメル式責任準備金(Zillmer's method, Zillmerized reserve) 184
チルメル割合(Zillmer quota) 184
追加保険金給付(additional benefit) 243
ティーレの微分方程式(Thiele's differential equation) 133
定額年金(level annuity) 14
定期保険(term insurance) 70
逓減定期保険(decreasing term insurance) 78
逓減年金(decreasing annuity) 15, 96
定常状態 61
定常人口 61
逓増終身保険(increasing whole life insurance) 77
逓増定期保険(increasing term insurance) 78
逓増年金(increasing annuity) 15, 96
転化回数(frequency of conversion) 3
転化期間(conversion period) 3
等価(equivalent) 1
独立(independent) 30
独立同分布(independent and identically distributed, i.i.d.) 29
ド・モアブルの法則(de Moivre's law) 50

■な行

二項分布(binomial distribution) 23
日本アクチュアリー会 278
年金過程 209
年払純保険料(net annual premium) 101

■は行

パーセンタイル保険料(percentile premium) 111
ハーディの公式(Hardy's formula) 17
ハザード関数(hazard function) 42, 150
バスタブ曲線(bathtub curve) 44
ハッテンドルフの定理(Hattendorf theorem) 127, 128, 175
バリューアットリスク 134
費差損益 192
被保険者 278
標準正規分布(standard normal distribution, $N(0,1)$) 28
標準責任準備金 187
標準偏差(σ, standard deviation) 21

標本空間(sample space)　217
ファクラーの再帰式　132
付加保険料(expense loading)　179
複利(compound interest)　2
分位点(パーセンタイル，percentile)　22, 135
分散(Var($\boldsymbol{X}$), variance)　20
分布関数(distribution function)　22
平均(E[$\boldsymbol{X}$], mean)　20
閉集団　61
平準払純保険料(net level premium)　101
ベルヌーイ分布(Bernoulli distribution)　23
変動年金(non-level annuity)　15
ポアソン分布(Poisson distribution)　25
保険監督官式責任準備金　186
保険期間　278
保険金　278
保険金受取人　278
保険金過程　208
保険契約　278
保険契約者　278
保険事故　278
保険者　278
保険者損失(present value of loss)　101, 117
保険者損失過程　210
保険料　278
保険料計算基礎　179
保険料払込免除(waiver of premium)　241
保証期間付終身年金(life annuity certain and continuous)　91

■ま行

前払給付(accelerated benefit)　243
マルコフ過程(Markov process)　223
マルコフ性(Markov property)　226
マルチンゲール(martingale)　216, 219
マルチンゲール差分　217, 221
無相関(uncorrelated)　34
名称利率(nominal interest rate)　4
名称割引率(nominal discount rate)　6
メーカムの法則(Makeham's law)　51
モーメント(moment)　20, 68

■や行

有期年金(temporary annuity)　86
養老保険(endowment insurance)　74
予定維持費　180
予定死亡率(assumed mortality rate)　103, 179
予定集金費　180
予定新契約費　180
予定利率(assumed interest rate)　103, 179
余命($\boldsymbol{T}_x$)　41

■ら行

リー・カーター法(Lee-Carter method)　63
利源分析　189
利源別損益　190
利差損益　193
離散型(確率変数)(discrete)　19
リスクバッファー(risk buffer)　137
リスクマージン(risk margin)　136
略算平均余命(e_x, curtate expectation of life)　52
略算余命([$\boldsymbol{T}_x$], curtate duration at failure)　52
利力(δ, force of interest)　7
累加年金(unit increasing annuity)　15
累減年金(unit decreasing annuity)　15
累積ハザード関数(cumulative hazard function)　42
累積分布関数(cumulative distribution function)　22
連合生命(joint-life)　147
連生年金(joint annuity)　155

おわりに

京都大学理学部において，日本アクチュアリー会から派遣された教官による生命保険数学の講義はすでに10年を越える歴史がある．この間，保険数学は人気講義のひとつとなり，多数の優秀な学生が勉強してきた．また，保険会社等に就職しアクチュアリーになった者も数多い．一方で保険数学の講義に対しては独特の記号や計算が多く，数学的な深みや広がりが感じられないという感想もあった．このような感想はその内容からある面では致し方ないものではあったが，我々教官にとっては大変残念であった．

このようなときに理学研究科の河野明教授(当時．現在は京都大学理学研究科名誉教授，同志社大学理工学部教授)から生命保険数学を確率的に記述した教科書を作成してほしいと要望を受けた．河野教授はアクチュアリー教育に対する深い造詣から，確率的アプローチによる生命保険数学の本格的な教科書がないことが，いかに残念な状況であるかを憂いておられた．これを受けて，我々教官内で相談した結果，保険数学ゼミを専攻する修士や確率論専攻のTAの協力の下に教科書を作成する運びとなった．

海外の教科書も参考にしながら徐々に内容を深めていったが，一方，実務的にも確率的モデリングの重要性がますます高まっており，入門書として基本的な事項から確率的モデリングへと橋渡しの役目を果たせるように浅学ながら苦心した．平成22年度からは本内容を京都大学で講義しているが，学生からは生命保険数学の理論的・実務的な内容に興味が持てたなど好意的な感想が多くなった．社会で広く役立つ生命保険数学の面白みを学生が感じ取り，その中からアクチュアリーを目指す優秀な学生が出ることは我々教官にとってはこの上ない喜びでもある．

ここで生命保険数学の今後の展望についても若干記しておこう．確率的アプローチは次のような広がりがある．

まず，生命保険数学は確率統計の応用分野として生命保険数学以外の分野とも広く類似性を持っている．例えば生存時間解析の手法は企業貸付の信用リスクにも応用され，死亡率のゴムパーツ・メーカムの法則も信頼性工学による数理的な説明がある．これら関連する分野との連携がさらに広がることが期待できよう．

次に，本格的な確率過程を導入して生命保険にかかわる確率的モデリングを深化させることである．数理ファイナンスの金利や株価モデルを用いた生命保険のモデリングや，複雑な医療・介護商品のモデリングなど様々な応用がある．これにより，新しい保険商品の開発や保険会社のリスク管理の高度化等に役立つことが期待される．

生命保険数学は社会のニーズに応える数学である．この大きな役割に対して本書が少しでも貢献できれば望外の喜びである．

最後に，本書は京都大学大学院理学研究科の先生・学生を始め，日本アクチュアリー会の会員など多くの方々のご協力があってようやく出来上がった．特に保険数学ゼミの学生には多大な協力をいただいた．彼らとの議論から多くの刺激を受けたし，その骨身を惜しまない献身的な協力なくしては本書が完成することはなかったであろう．ここにご協力いただいた方々の氏名を記して，改めて感謝を申し上げたい．

ご協力いただいた方々

京都大学大学院理学研究科の河野明教授(現在は京都大学名誉教授，同志社大学理工学部教授)，重川一郎教授，森脇淳教授，矢野裕子グローバル COE 特定助教，宮田英明 TA．保険数学ゼミの平成 21 年度修士課程修了の石崎俊君，木村達哉君，小原裕君，中山圭輔君，安井遼太郎君とは本教科書の内容について議論を行い，基となる修士論文を作成してくれた．平成 22 年度修士課程修了の金城壮信君，栗本健児君，進矢隆明君，関口達也君，西口雅人君，吉村雅孝君および現在，保険数学ゼミに所属している植村太亮君，片岡康平君，河野千尋さん，蛭田翔太君，森下輝之君は本文や章末問題の修正や追加，索引の作成など最後まで多大な協力を惜しみなく提供してくれた．また，日本アクチュアリー会関西支部の関西セミナーでも貴重な意見をいただいた．さらに富国生命の中林宏信氏からも貴重な助言と指摘をいただいた．また，出版に際してお世話になった岩波書店の加美山亮氏に厚く感謝します．最後に氏名を具体的には記載できなかったが，ご協力いただいた多くの京都大学の学生にもこの場を借りて感謝いたします．

2012 年 2 月　著者一同

著者一覧

鈴木浩吾　　担当　1 章，2 章，11 章
大同生命主計部，京都大学客員准教授，日本アクチュアリー会正会員

谷田篤史　　担当　3 章，12 章
アクサ生命商品数理部，京都大学理学博士

南　嘉博　　担当　4 章，7 章
日本生命団体年金部，京都大学客員教授，日本アクチュアリー会正会員，年金数理人

鈴木　剛　　担当　5 章，6 章(H23.3 まで)
住友生命企画部，日本アクチュアリー会正会員
注)H26.7 より，住友生命保険計理人，京都大学客員教授

淺野　淳　　担当　5 章，6 章(H23.4 から)，11 章，13 章
住友生命主計部，京都大学客員教授，日本アクチュアリー会正会員

大嶋孝造　　担当　8 章，12 章
住友生命保険計理人，京都大学客員教授，日本アクチュアリー会正会員

中山素生　　担当　9 章，10 章
日本生命団体年金部，京都大学客員教授，日本アクチュアリー会正会員，年金数理人

杉本和大　　担当　1 章，2 章，11 章，付表(改訂増補版より)
大同生命商品部，医務調査室，京都大学客員准教授，日本アクチュアリー会正会員

なお，肩書きは初版発行時(杉本和大は改訂増補版発刊時)のもの．

アクチュアリーのための
生命保険数学入門

2014年7月25日　第1刷発行
2023年1月16日　第6刷発行

編　者　京都大学理学部
　　　　アクチュアリーサイエンス部門

発行者　坂本政謙

発行所　株式会社　岩波書店
　　　　〒101-8002 東京都千代田区一ツ橋 2-5-5
　　　　電話案内 03-5210-4000
　　　　https://www.iwanami.co.jp/

印刷製本・法令印刷

ISBN 978-4-00-006280-0　　Printed in Japan